帝国日本の移動と動員

今西　一・飯塚一幸　編

目次

序章　「満洲移民」研究の問題点

今西　一

はじめに

一九九〇年代になって、ソ連などの社会主義世界体制が崩壊するなかで、グローバリゼーションが全世界を覆っている。経済格差がますます拡大し、「破綻国家」はアフリカから中東にまで波及して、ＥＵにも接近してきている。二〇一五年の世界の「難民」は、六五三〇万人に達し、戦後最高になっている。シリアだけでも、国内難民を入れると一〇九〇万人を超えている。[1]

二〇一五年、欧州には一〇〇万人以上の「難民」が流入した。ＥＵではギリシャ、イタリアに集まった「難民」一六万人の割り当てを始めたものの、ハンガリーは割り当てを拒否している。ハンガリーの国民投票は、五〇パーセントの投票率に達せず、不成立に終わったが、有効票の九八パーセントが「難民」の受け入れに反対している（『毎日新聞』二〇一六年一〇月二日）。『毎日新聞』の二〇一六年一〇月一日のルポルタージュによると――

> 高さ三メートル以上の鉄条網が延々と設置され、厳重に警備されたハンガリー国境前にテントが三〇近く並んでいた。シャワーを浴びていないからだろう。すえた臭いが鼻をつく。セルビア北部ケレビア。（中略）ハンガリーは（EUの―引用者）難民割り当てを拒絶し、国境から流入する難民らの対策を強化した。
> 明白な難民や女性、子供であっても一日計三〇人しか通行を許さない。セルビアでハンガリー入国を待つのは数カ所のキャンプにいる六〇〇〇人。通過だけで数カ月待ちで、仮に通過しても「多くは拘束される」（人権団体）という。
> 順番を待てずに国境に侵入すると、警察が「弾圧」する。難民らによると、ドローン数台が監視しており、難民らを見つけると、警察官がイスラム教で「不浄の生き物」とされる大型犬を放ち、難民らを警棒で何回も殴ったり、催涙スプレーを放ったりして、セルビア側に強制送還する。

「難民」の一人、ムハンマド・アリは、「私たちは動物ではない。人間なのです」と訴えている。政治学者の土佐弘之も、ヨーロッパ「難民」の「動物化」とも言うべき現象を、鋭く糾弾している。[2] しかもこの「難民」こそが、「IS（イスラム国）」など世界のテロ活動の重要な活動基盤になってきている。さすがに平和学の第一人者ヨハン・ガルツゥングは、戦争という「直接的暴力」だけでなく、差別や貧困などの「構造的暴力」を解決していかない限り、世界に「平和」の来ないことを説いている。[3] イギリスのEU離脱やアメリカの「トランプ・ショック」など、グローバリゼーションと「難民」問題は、世界的にナショナリズムと人種主義《レイシズム》のウイルスをまき散らし、テロを拡散させている。

しかも、このヨーロッパの「難民」問題は、決して対岸の火事ではない。二〇一六年の『国勢調査』の結果が公表されたが、ここで調査の開始以来、初めて日本の人口が減少している。九四万七〇〇〇人が減少し、最大の北海道では一二万七〇〇〇人が減ったのである。これからの人口減少は急速で、五〇年後には、八七〇〇〇万人にまで減少すると言われている。そこまでいかなくても、二〇二〇年の東京オリンピックの年には、東京都でさえ人口減少が始まり、自治体の財政危機が深まる。少子高齢化が進む日本では、大量の海外「移民」を受け入れるしかないのだが、現在の外国人技能実習制度ひとつを見ても、職場の移動の自由もなく低賃金で、長時間労働、人権侵害などの問題が起きている。安倍内閣は、期間を三年から五年に延長したが、「労働力はいるが人間はいらない」という態度をとっている。しかし、外国人雇用届出制度で見ても七〇万人、「在日」を入れれば一〇〇万人を超える外国人が、既に日本では働いている。(4) 外国人労働者の雇用環境などの整備は緊急の課題であり、ヘイトスピーチなどは徹底的に禁止しなければならない。

本章では、帝国日本のなかで最大の海外「移民」であった、「満洲移民」の事例を紹介し、日本の移民政策の「負の遺産」を考えてみたい。本書全体が、「移民」や「難民」問題への歴史的・理論的な問題提起を試みている。

帝国日本と「満洲国」

日本の海外「移民」の歴史は、南方の「からゆきさん」や北方の「娘子軍《ジョウシグン》」のような娼妓の「移民」が、明治の初年から見られるが、大量の組織的な海外「移民」は、一八八六年の官約ハワイ移民からである。一九世紀末から二〇世紀初頭の日本の海外「移民」は、オーストラリア、南北アメリカ、メキシコ、フイリピンなど非植民地が中心であるが、特にハワイやブラジルに多く、農業と商業が中心であった。そして、明治維新以降の北海道や沖縄・小笠原などの「国内植民地」への侵略はあるが、帝国日本としてアジア侵略が始まると、台湾、南樺太、朝鮮、「満洲」、南洋と植民地への海外「移民」が拡大している。

日本の海外「移民」の特徴は、本来「移民」は経済的に貧しい地域・国から豊かな地域・国に移動するのだが、貧しい植民地アジアに多い点をどう説明するのかという議論がある。かつての「講座派」マルクス主義では、山田盛太郎のような日本の「インド以下的低賃金」や高額小作料、平野義太郎のような商品・労働「市場の狭隘性」論で説明してきたが、今日では、この議論は実証的に破綻している。(5)

むしろ、「たしかに貧しく、零落した日本人が、職を求め、またビジネスチャンスを求めて植民地へ進出したこともある。しかし日本人の職業分析により明らかになったように、彼らの職業の中心は官公吏・会社員である。ということは植民地支配機関や進出企業が、一部の本国人と大多数の現地人により組織されている（人材の現地化）のではなく、日本本国から多数の人材を派遣しまた現地で日本人を雇用して、植民地を支配し企業を経営していた（人材の日本化）のである」と言われている。(6)「三等郵便局長まで日本人がやっていた日本の植民地」（古屋哲夫談）ということになる。そこには日本の植民地主義の大きな特徴があるが、その問題を「満洲」の農業移民から考えてみたい。

高橋泰隆も指摘しているように、後藤新平は、日露戦争後に満鉄総裁を引き受ける際に、「満洲政策」として、「第一に鉄道、第二に炭鉱開発、第三に移民、第四に農牧諸農工業である」と、「移民」を重視している。それは「民族別の人口の割合が宗主権の帰趨を決する」のであり、「満洲」での「五〇万人の日本人移民はロシアを牽制し、将来に起こる対ロシア戦争に貢献する」というのである。(7)「移民五〇万人」というのは、「満洲」の人口を一五〇〇万として人口の三パーセントを占めるということであり、植民地経営の帰趨は人口の多寡によって決まり、「満洲」は対ロシアの政治的軍事的拠点として位置付けられている。一九三一年に関東軍は「満洲国」を創るが、矢内原忠雄は「満洲国」が独立国かと聞かれて、一九三九年九月現在、日本人官吏が「中央政府に於いて総職員数の三割六分、中央及省公署を通じて二割九分に当たり、満洲人系職員に比し比較的に高い割合を示す」と、その「独立性」については疑問を呈している。(8)

一九四〇年の満洲の鉄道従業員は、「社線が四万一〇〇〇人（日満比率は七対三、以下同）、国線が八万三〇〇〇人（四対六）、北鮮線が三〇〇〇人である」。日本人は満鉄の組織においても、トップや管理職のみならず、現場の雇員や傭員職にいたるまで全領域に従事して、トップはもちろん中間管理職から現場の責任者まで独占していた(9)。このような「内地延長主義」の政治支配になれば、徹底した日本との「同化主義」がとられるようになる。

「満洲移民」の展開

日露戦争後の中国東北部には、日本人はほとんど住んでいなかった。ところが「満洲事変」が起こると、日本では「満洲農業移民論」が沸騰する。国家主義的な農本主義者で、茨城県の日本国民高等学校の校長加藤完治は、特に熱心な「満洲移民」論者であった。彼は一九三二年頃から農林次官石黒忠篤《ただあつ》、農林省農務局長小平権一、東京帝国大学農学部教授那須皓、京都帝国大学農学部教授橋本伝左衛門らの協力を取り付けて、拓務省に「満蒙移植民事業計画書」を提出した。彼らのことを「農政五人男(10)」とか、国民高等学校の所在地を指して「内原グループ(11)」と呼んでいる。

他方関東軍でも「満洲農業移民」を推進する動きが活発になり、一九三二年一月に関東軍主催の「満蒙に於ける法制及経済政策諮問会議」には橋本・那須らも招かれ、「移民」の実施について議論している。この議論をもとに関東軍統治部は、二月に「移民方策案」と「日本人移民要綱」などを作成して、「満洲農業移民」計画を促進する。

しかし、この案にストップをかけたのは、そもそも最初から「満洲移民」には懐疑的であった、大蔵大臣高橋是清であった。高橋は財政難を理由に反対し、関東軍の案は流産するが、拓務省は五・一五事件の直後の議会に再度案を練り直して提出し、大蔵省と折衝した。大蔵省は、この時も「移民政策」に反対したが、移住地の調査支出は認め、補正予算として議会を通した。

そこで拓務省は、八月に予定されている帝国議会で「移民案」を通そうとして、加藤らを「満洲」に派遣して、関東軍と協議させる。加藤は、幕僚や統治部のスタッフとともに関東軍のなかで「農業移民」の受け入れに積極的だった、司令部付《つき》陸軍大尉の東宮鉄男《とうみやかねお》（関東軍参謀河本大作のもとで張作霖爆殺の実行犯）らと会談した。ここで日本国内の農業「改造」と関東軍の「移民計画」との調整が計られる。加藤ら拓務省の政策目的は、国内の経営規模の小さい過剰農民を海外に送りだすことであったが、関東軍は反満抗日勢力に対抗するための治安対策に主眼があった(12)。そもそも東宮は、シベリア出兵の時のロシアのコサック兵に学び、朝鮮人を「満洲」に配置したいと考えていた。しかしこの時に東宮は、日本の在郷軍人を基幹隊として「満洲」に配し、対ソ防衛と治安維持に当たらせるべきだという意見書を提出しており、これが後の関東軍の武装移民（「屯墾軍」）計画の「原型」になる(13)。

ここに大蔵省の「満洲移民」に消極的な議論を打ち破る論拠を見いだした関東軍・拓務省は、一九三二年度に試験移民五〇〇人を依蘭《イーラン》県に入植させる計画を、八月の閣議で了承させ、予算の成立にこぎつけた。もちろんその背景には、五・一五事件による政党政治の終焉、軍部の発言力の増大、農村救済の急務化などがあった(14)。しかし、これを受けて九月から東北・信越・北陸の諸県に「移民募集」の通達が出され、応募者の選考と訓練が慌ただしく行われた。

一〇月初めに四二三人の「第一次試験移民」が東京を出発する。入植地は、東宮の意見で、吉林《チーリン》省樺川《ホワチュワン》永豊《ヨンファン》鎮付近と決められた。途中、反満抗日軍との戦闘に巻き込まれ、翌年四月に到着した「移民」農家は、入植地を「弥《いや》栄村《さかむら》」と名付けた(15)。しかし、治安状況の悪さや食糧事情の悪化から、「第一次移民団」は、一九八人（四七％）の退団者を出している。弥栄村の移民は、重労働から赤痢・大腸カタルに侵される者が相次ぎ（「屯墾病」と言う）、移民団のなかで幹部排斥運動が起こったといわれている。この後、年間五〇〇人規模の「試験移民」は、一九三五年の第四次まで一七八五戸が入植した(16)。

この実績を受けて拓務省は、今度は五年間に二万戸を送りだす計画を立て、一九三六年の第五次では、とりあえず従来の倍、一〇〇〇人を募集した。同年は四つの「移民団」が結成され、ソ連国境に面した密山《ミーシャン》県に送り出された。同年には二・二六事件が起こり、「満洲移民」に反対していた蔵相高橋是清が暗殺された。岡田啓介内閣に代わって登場した広田弘毅内閣は、八月に陸軍の要求を大幅に取り入れた七大国策を発表し、「満洲移民」の推進をそのひとつとした。

二・二六事件を好機と見た関東軍は、五月に「満洲農業移民百万戸移住計画案」を作成し、今後二〇年間で日本の農家一〇〇万戸（五〇〇万人）を「満洲」に送り出すという計画を立てる。計画期間を一期五年とし、一期ごとに一〇万戸を増加させる計画であった。「満洲国」政府も、一〇〇〇万町歩の土地を用意すると約束している。「一〇〇万戸（五〇〇万人）」というのは、「満洲事変」時に三〇〇〇万人といわれた「満洲国」の人口が、二〇年後には、五〇〇〇万人になり、その人口の一割を日本人が占めなくてはならないという政治的要請から出た数字である。

確かに「満洲移民」は、一九三六年には七七〇七人、三七年には七七八八人であったが、三八年には三万一九六人、三八年には四万二四二八人と飛躍的に増加している。しかし、四一年一二月八日のアジア・太平洋戦争が開始する頃になると、四〇年には五万八八〇人いた「満洲移民」が、四一年には三万五七二四人と急減し、四二年には二万七一四九人になる。(17) 日本国内の男性は兵士として徴兵され、女性も軍事工場に徴用されるようになり、明らかに労働力不足になっていったからである。

そこで四二年の第二次五カ年計画からは、南方戦線の拡大などによって「食糧増産」が大きな課題となり、関東軍＝「満洲国」と拓務省の「満洲移民」政策に、農林省が大きく関わってくる。農林省は、日本全国に農林主事を派遣し、村長や「中堅人物」を掌握して、村ごとに「移民」農家の割り当てを行っていくようになる。それが四三年四月からの「皇国農村確立」政策である。農林省は、全国に三〇〇の指定村を作り、補助金を餌に「満洲移民」

を強制する。日本農業研究会の「皇国農村確立」政策の『意見具陳ノ件』(18)には、「満洲開拓ニ協力セシメルコト」と明記されている。分村して母村を日本に置き、その分村を満洲に造り、満洲では「二〇町歩」(実際は二町歩前後)の土地を貰い、母村では耕作面積を拡大して、交換分合や耕地整理を行って、「零細耕作」を解消して経営の「適正規模」を実現する、というのが農林省や「内原グループ」の考え方であった。

近年発掘されて、テレビでも紹介された長野県下伊那郡河野村(現豊丘村)の村長胡桃澤盛の『日記』には、この「皇国農村確立」政策の悲劇がよく書かれている。(19)胡桃澤は、大正デモクラシーのなかで青春を過ごし、社会主義に共感し、「信濃自由大学」に参加して、山本宣治らの講義を聴いたりしている。しかし、一九四〇年一一月一〇・一一日、三六歳の若き村長として、皇紀二千六百年祭典で皇居に列席し、「此の昭代に生を享け、然かも此の光栄に浴し得る有り難さに感無量」、「皇国に生を享けし喜を高らかに唄ふ。我が民族のみの持つ誇りだ」と『日記』に感想を記している。この「二千六百年祭典」が、大きな精神史の転機になる。

そもそも彼は、「事変を処理するの途は中国の民衆と倶に生きて行く、そこに迄行かねば終熄する日は来ない。中国の人と共に生くる前に、同胞だけは共に生きていく事が出来ねばならぬ。自分の仲間だけで各府県毎に各村毎にブロックを作って割拠しているようで果たして中国人と共に生きていく様な事が出来るだろうか」と「満洲移民」には懐疑的であった(一九四〇年五月五日)。だが、四三年には、長野県に派遣されてきた、「農林省経営課長の有益な講話を聴く」。「皇国農村建設の理念、満洲分村の重要視を説かれる」。九月には河野村は皇国農村の指定を受ける。一〇月二二日の日記には、「安息のみを願っていては、今の時局は乗り切れない。俺も男だ」とある。胡桃澤は、村人に必死になって「分村移民」を説いてまわっている。村には九万七五〇〇円の皇国農村の補助金が下付されたが、「移民」の送り出しや農家の育成のために使われている。

河野村に割り当てられた「分村移民」の戸数は五〇戸であったが、二七戸、九五人しか応じてくれなかった。一四歳の少年も参加しているが、それが唯一生き残った久保田諌である。四四年に「満洲」の吉林省に渡るが、現地では即時に二〇歳以上四五歳以下の成人男子二一人が徴兵された。残ったのは老人と子どもだけになった。八月六日のソ連の参戦では、ソ連兵も怖かったが、土地を収奪された中国人の恨みと報復が怖くて、絶望した団員は一六日夜から一七日の朝にかけて七三人が「集団自決」をしている。生き残ったのは久保田少年一人であった。この事実を敗戦後知った胡桃澤村長は、四七年四月二七日に自殺した。真面目な人柄だっただけに、自分を許せなかったのであろう。

敗戦と「満洲棄民」

「満洲国」の崩壊とシベリア抑留の経過については、全国強制抑留者協会の斎藤六郎らの調査によって、かなり詳細に解明されている。[20] そもそも一九四五年七月二六日に発表された「ポツダム宣言」には、「日本国軍隊は、完全に武装を解除せられたる後、各自の家庭に復帰し、平和的且生産的の生活を営むの機会を得せしめらるべし」と書かれている。この「宣言」に、ソ連は八月九日、対日参戦するとともに署名している。そこで八月一六日、ベリア、ブルガーニン、アントーノフの連名で、「日本軍・満洲軍の軍事捕虜を、ソ連邦領土に運ぶことはしない。軍事捕虜収容所は、可能な限り、日本軍の武装解除の場所に組織されなければならない」と、極東ソビエト軍総司令官ワシレフスキー宛てに指令されている。ところが、八日後の八月二四日、スターリン自身によって、「極東およびシベリアでの労働に耐えられる日本人―日本軍事捕虜を、約五〇〇、〇〇〇人選抜すること」となって、五〇万人のシベリア強制労働に政策転換している。

この謎を解く鍵は、関東軍の参謀とソ連極東軍の交渉にある。八月一〇日、梅津美治郎参謀総長の命令で昭和天皇の勅旨を奉じて関東軍に派遣されてきた朝枝繁春という参謀がいる。この時の勅命で出された大本営の命令書は、次のようなものである。

一、関東軍は、米ソ対立抗争という国際情勢をつくりだすために、赤軍ができるだけ早く朝鮮海峡まで進出するように、作戦を指導せよ。

二、戦後の帝国の復興再建を考えて、大陸にいる日本人はできるだけ多く大陸に残留せるようにせよ。残留する日本人は国籍をどう変えてもかまわない。

ひとつは、関東軍はソ連の赤軍とは戦わず、ソ連軍を早く朝鮮海峡まで進出させ、アメリカ軍と朝鮮で衝突させる作戦を立てること。いまひとつは「満洲」にいる日本人は残留させ、そのまま見捨ててもよいという命令である。これが大本営の正式の命令であったことは、同史料が短期間に作戦課長の印から天皇の「允裁」までもらっていることからも確実である。

朝枝は、二一日、軍使としてザバイカル軍管区の司令官カワーレフ大将や政治部将校フェデンコ中将に面会している。この会談の内容は不明であるが、斎藤がソ連国防省のアルキーフ（国立公文書館）から見つけた、八月二六日付の「関東軍方面停戦状況に関する実視報告」には次のように書かれている。

内地における食糧事情及び思想、経済事情より考うるに既定方針通り大陸方面においては在留邦人および武装解除後の軍人は、「ソ」連の庇護下に満鮮に土着せしめて生活を営む如く、「ソ」連側に依頼することを可とす。

と、武装解除後の軍人を日本に帰国させないで、現地に使ってくれと要望している。これがポツダム宣言に違反した、スターリンの五〇万人捕虜計画の根拠である。これに有名な八月二九日の関東軍総司令部がワシレフスキー元帥にあてた「陳情書」（参謀瀬島龍三が執筆）の「これら（一般居留民）の大部分は、元来満洲に居住し、一定の生業を営みあるものにて、その希望者はなるべき駐満の上貴軍の経営に協力せしめ、その他は内地に帰還せしめられたい」という要望を受けて、五七万人以上のシベリア抑留、強制労働が実現する。[21] そして一三五万人と推定される「一般居留民」も、「現地土着」という切り捨てにあっている。

これに対して、長野県から「満洲」に移民し、敗戦後一年二カ月の「難民」生活を経験した永井瑞恵は、「ソ連軍侵攻後のあの一年間に在満日本人二十四万五千人が死にました。それでも足りない「生き残った在満邦人は満州朝鮮に土着して暮らしなさい、日本には帰ってくるな」と言っているあの朝枝繁春大本営参謀の報告書。私たち満洲っ子の腹に据えかねる棄民文書です」と語っている。[22] まさに「満洲棄民」であるが、二四万人余の犠牲者というのもすごい数字で、広島・長崎の原爆投下、東京大空襲をうわまわる数字である。

比較文化史の西川長夫は、一九三四年五月一日、朝鮮と「満洲」の国境の町江界に生まれ、新京で敗戦を迎え、鎮南浦で一〇カ月ほどの抑留生活を送って、三八度線を越えて南に脱出している。日本に着いても、博多から明石の満員列車に乗って、「便所にも行けず、窓から尻を突き出してやっとのことで排便をしたことを覚えています。屈辱的な思い出です」と語っている。西川は、「その旅がいまでも続いているような感じです」とも言っているが、国民国家は必ず国民を裏切る、という彼の国民国家批判の「原風景」はここにある。[23] 斎藤や永井、そして西川のような敗戦、引き上げの体験にこだわり続けた人たちが没していくことが、日本を戦争への途に向かわせ、自民党の改憲や軍備増強の大きな助けになっている。今こそ歴史の教訓に学ぶべきである。

残された課題

残された問題として、ひとつは「皇民化」の比較史が必要だと考えている。近年、戦時体制下の被差別部落の問題、特に西光《さいこう》万吉らの「転向」問題が実証的に明らかになっている。一九三七年七月七日の日中全面戦争勃発から二三日後の三〇日に、奈良県掖上《わきがみ》村戦時対策協議会が結成されている。時局対策協議会は、西光や阪本清一郎ら元水平社の社員が中心になって作られている。その「宣言」は、「東亜平和確立ヲ企図スル日本」に対して「抗日侮日的行為」「頑迷不遜」「挑戦的態度」の中国を討つというものである。「決議」では、「国防ノ強化」のための「銃後ノ責務遂行」、「広義国防（外交・経済・思想戦）」を強化するというものであった。

特に一九三九年一二月には、来年の「皇紀二千六百年」に対する「協議会実行に付いての私見」として西光は、「敬老（日用品配給）券発行の件」「愛児（日用品配給）券発行の件」「産児祝福預金帳を贈る件」といった社会政策を提言している。また、「神田制復活」といった、土地は天皇のものだという古代の土地制度への復活も提言している。このように、若い時にはヨーロッパ思想に憧れ、水平社まで立ち上げた人物が、戦時体制のなかで見事に神がかった言説を説くのは、決して珍しいことではない。戦時下の「皇国臣民」化に、「差別解消」を計ったのである。

差別の「解消」ということでは、「同和結婚」という一般人と部落民との婚姻も奨励されている。一九四二年、京都などで三四四件の「同和婚」が行われている。(24) 婚姻による差別の「解消」というのは、朝鮮の「内鮮結婚」が有名で、一九二〇年四月に、「文化政治」の象徴として行われた、朝鮮王朝の世子《せじゃ》（皇太子）李垠《イウン》と梨本宮方子《まさこ》との「内鮮結婚」が有名であるが、一般的には翌二一年六月に「内鮮人通婚法案」が総督府令九九号をもって成立して以降を言う。三六年に朝鮮総督府総督に着任した南次郎は特に熱心で、彼は「天皇を中心とする信念に於て始めて内鮮一体出来るのである」として、「内鮮一体」とは、「形も、心も、血も、肉も悉く一体にならなければならん」と叫んでいる（「国民精神総動員朝鮮連盟役員総会席上総督挨拶」一九三九年）。もちろん「「内鮮一体」という名の、実は朝鮮人の民族性抹殺、日本民族への同化政策」でしかなかった。[25]

これに対して「満洲国」の「大陸の花嫁」政策では、「移民定着の道具」という性格が終始変わらないが、「アジア太平洋戦争における日本の敗戦色が濃くなると、「花嫁」への要求」は、「大和民族の純血保持」の任務まで公然と唱えられるようになる。これは「女性は「自ら進んで血液防衛部隊とならねばならない」とヒットラーが説いたゲルマン民族の純血主義」の影響であったとされる。中国の東北部にソ連に対する人（日本人）の壁を作ろうとした日本の政策は、「五族協和」と言いながら、徹底した人種差別・性差別を崩さなかった。[26] これが「中国残留婦人」や「残留孤児」の問題を生んだが、朝鮮でも同じ問題がありながら忘れ去られている（本書第十章参照）。

また近年の農業史では、玉真之介によって、北海道農法が「満洲」に導入され、「改良農法」として普及した、という議論がある。これに対しては、今井良一、高嶋弘志らが北海道農法が普及していないことを実証している。[27] 戦後（解放後）、中国東北部の農業改良に大きな役割を果たすのは、「朝鮮族」の人びとであり、なぜ玉のように日本農業の「植民地近代化」を強調しなければならないのか、理解に苦しむところである。

最後に「満洲」問題の戦争責任では、改めて昭和天皇の戦争責任が問われる必要がある。敗戦直後の「満洲棄民」では、引揚げだけでも、二四万五〇〇〇人の死者と、五七万人以上のシベリア抑留の悲劇を生んでいる。かつてハバロフスクのシベリア抑留者の巨大な慰霊碑と広大な墓地を訪れたことがあるが、さすがの「慰霊の旅」好きの明仁天皇も、ここは訪れていなかった。戦後、「満洲移民」の悲劇に対する天皇の戦争責任が問われなかったのは、むしろ不思議である。

本書の内容

以下では、各部の構成にしたがって、それぞれの論文の概要について記しておきたい。

「第一部　帝国の形成」「第一章　日清戦争前後の「朝鮮通漁」と出漁者団体の形成」（石川亮太）は、朝鮮沿海で一八八〇年代から日本人の出稼ぎ漁業が本格化し、一八九七年に初めての包括的な出漁者団体である朝鮮漁業協会が設けられた点に注目する。出漁者団体設置の狙いは、出漁者の「取締」により現地住民との紛争を鎮静化することにあったが、協議会が紛争に介入するなかで、朝鮮側の伝統的な漁業慣行が紛争の原因だとする認識が広がった。こうした日本側の認識は、近代化・文明化を名目とする保護国期の漁業制度「改革」の前提となっていく。

「第二章　明治の技師山本小源太の軌跡」（飯塚一幸）は、帝国大学農科大学乙科で学理農法を学んだ佐賀県西松浦郡出身の山本小源太が、簡易農学校教師、農事巡回教師、府県農事試験場の技手・技師を経て、統監府・朝鮮総督府の技師となるライフヒストリーを描く。小源太の強烈な立身出世願望を支えたのは、旧藩のネットワーク、府県農事試験場と府県立農学校の人事権を掌握する農科大学のネットワーク、そして農科大学で修得した欧米伝来の近代知を小農中心の日本農業に適合させようとした農学の体系であった。小源太は、そうした背景をもって初期の朝鮮総督府における棉作奨励事業の実質的責任者として朝鮮人農民に対峙したのである。

「第三章　台湾高地先住民の土地と生の囲い込み」（中村平）は、台湾先住民の「土地の囲い込み」の問題を、日本植民地主義の「理蕃」政策の歴史的経験から捉え直している。台湾の植民地主義を可能とする条件は、日本人と被治者、被治者のなかの分類という植民地的差異の認識論的確定であり、その認識論の上に、賦役労働の形態を仲介させながら労働力を商品化させる「国民的」包摂が進行していく。

「第二部　帝国の膨張」「第四章　樺太における「国内植民地」の形成」（天野尚樹）では、一九二〇年代末までの樺太史を「国内植民地」の形成期とし、政治的「国内化」と経済的「植民地化」という両側面の動態的過程として分析した。一九二〇年代は、シベリア出兵との関連で帝国日本の北方域が膨張し収縮する時期である。あわせて樺太では、東京資本による林業＝パルプ業への進出が本格化する。その結果、日本人と朝鮮人の移住が島内各地で進む。移住地では、「内鮮融和」を掲げつつ、日朝間、さらには朝鮮人間、男女間の差異化の過程が見られることを明らかにする。

「第五章　満洲鉱業移民構想の成立と挫折」（三木理史）では、従来の「満洲移民」研究が主に農業移民を取り上げ、林業や鉱業移民についてはほとんど注目してこなかった点に再検討を迫る。その上で農業移民の送出に重点を置いた既往の成果を相対化しつつ、それらに比べれば小規模で、しかも挫折する結果に終わった鉱業移民の実例について、満洲国の労働市場との関係から考察したものである。

「第六章　北硫黄島民の生活史における移動とディアスポラ化」（石原俊）は、従来の研究がほとんど言及してこなかった、戦前・戦時・戦後に北硫黄島民が置かれてきた状況について、文献資料だけでなくオーラルヒストリーにも依りながら、再構成を試みたものである。硫黄列島は一九世紀末から入植地として発展してきたが、一九四四年、米軍との地上戦の準備のために全島強制疎開が実施された。その後も島民は、米軍に続いて日本の自衛隊による軍事利用のために、現在まで〈故郷〉への帰島を許されておらず、七〇年以上にわたって「異郷」である本土で苦難を強いられてきたのである。

「第三部　帝国とジェンダー」「第七章　植民地朝鮮における妓生の再組織化と社会的活動」（水谷清佳）は、官妓として宮中のなかの各種宴享で歌舞（呈才）を担当する女楽としての役割を持っていた朝鮮時代の妓生（キーセン）が、大韓帝国期に急変し、身分制度の改革、女楽の解体、妓生団束令などが実施されることで生じた様々な変化の実相を検討した。そして、解体した官妓が、植民地期に組合と券番《けんばん》とに再組織されるなかで、どのように生きる道を切り開いていったかを明らかにする。

「第八章　明治大正期の樺太・サハリンにおける公娼と半公娼」（井潤裕）は、明治大正期の樺太と軍事占領期の北サハリンを対象として、帝国日本の北辺地域の売買春業の実態を分析した。その際、貸座敷や娼妓とともに、芸妓・酌婦とその抱え主となっていた料理屋に焦点をあて、後者をあえて「半公娼」と位置付けて論じる。第一節では黎明期の樺太を、第二節では樺太の周辺を扱い、第三節では一九二〇年に始まる軍事占領期の北サハリンにおける「半公娼」の実態に迫る。さらに第四節では、大正後期の南樺太における公娼・半公娼制度について述べている。

「第九章　植民地朝鮮における愛国婦人会」（広瀬玲子）は、植民地朝鮮における官製婦人団体である愛国婦人会が、韓国併合後から満洲事変までの間に行った、第一次世界大戦・シベリア出兵などへの援護活動を明らかにした。また、朝鮮内における三・一独立運動などの民族独立運動の鎮圧を支援し、国境警備員への援護活動、関東大震災時に行われた罹災朝鮮人への慰撫活動などの実態にも踏み込んでいる。そして、こうした分析を通して女性の植民地責任について考察している。

「第十章　在韓日本人女性の戦後」（玄武岩）は、日本が帝国主義的な拡張を展開するなかで形成された、民族・階級・ジェンダーの結節点に位置する在韓日本人女性が、どのように「戦後」の韓国をくぐりぬけてきたのか、その移動と定住、帰還と送還について、日韓関係の政治的交渉をたどりながら考察している。そこからは、日韓の人びとを絡みつける植民地政策の帰結が、帝国の解体による国民国家の「境界」と衝突することでゆがめられた帝国日本の移動と動員について、女性の視点から見た戦後風景の一側面が見えてくる。

全体として帝国日本の「移動」と「動員」の問題を解明しているが、日韓の関係史のなかの新しい事実やジェンダー史の視点を大胆に取り入れ、さらに北方史をも対象に取り込んでいる。とりわけ、今日の軍「慰安婦」をめぐる議論のなかで、北方史は研究の最も遅れている分野である。その克服の一助になればと願っている。

序章　注

（1）Office of the United Nations High Commissioner for Refugees の年間統計報告書。
（2）土佐弘之『境界と暴力の政治学』（岩波書店、二〇一六年）。
（3）ヨハン・ガルツゥング、藤田明史『ガルツゥング平和学入門』（法律文化社、二〇〇三年）七頁。
（4）宮島喬ほか「なぜ今、移民問題か」（『環』第六一号、二〇一五年）。「「移民いないふり」の限界」（『朝日新聞』二〇一七年六月二一日）。
（5）山田盛太郎『日本資本主義分析』（岩波書店、一九三四年）、平野義太郎『日本資本主義社会の機構』（岩波書店、一九三四年）。これらの考え方を実証的に批判したものに、中村隆英の『戦前期日本経済成長の分析』（岩波書店、一九七一年）などがあり、「講座派」理論では、戦前期日本の急速な経済成長が解けないことが常識になっている。
（6）高橋泰隆『昭和戦前期の農村と満州移民』（吉川弘文館、一九九七年）三五～三六頁。
（7）同右書三七頁。出典は鶴見祐輔『後藤新平』第二巻（勁草書房、一九六五年）。
（8）矢内原忠雄『満洲問題』（岩波書店、一九三四年）五四九頁。
（9）高橋泰隆『日本植民地鉄道史論』（日本経済評論社、一九九五年）三九八・四〇一頁。
（10）日本農業研究所編著『石黒忠篤伝』（岩波書店、一九六九年）七六頁。
（11）坂根嘉弘「大正・昭和戦前期における農政論の系譜」（頼平編『農業政策の基礎理論』家の光協会、一九八七年）。
（12）浅田喬二「満州農業移民政策の立案過程」（満州移民史研究会編『日本帝国主義下の満州移民』龍溪書舎、一九七六年）六～三一頁。
（13）山田豪一「満州における反満抗日運動と農業移民」（岡部牧夫・柳沢遊編『展望日本歴史（二〇）帝国主義と植民地』東京堂出版、二〇〇一年）二九四～二九五頁。
（14）同右書二九六～二九七頁。
（15）同右書三〇五頁。
（16）満洲国史編纂刊行会『満洲国史（各論）』（満蒙同胞援護会、一九七一年）八三〇頁。
（17）蘭信三『「満州移民」の歴史社会学』（行路社、一九九四年）四七頁。
（18）日本農業研究会『意見具陳ノ件』（一九四八年七月）。
（19）「胡桃澤盛日記」刊行会編『胡桃澤盛日記』全六巻（自費出版）。放送は、ＳＢＣスペシャル「残された刻（とき）—満

州移民　最後の証言」（二〇〇九年二月二六日）、ＮＨＫスペシャル「村人は満州に送られた」（二〇一六年八月一四日）などがある。信州の「満洲移民」と分村については、坂口正彦『近現代日本の村と政策』（日本経済評論社、二〇一四年）他を参照。

（20）斎藤六郎『シベリアの挽歌　全抑協会長の手記』（終戦史料館出版部、一九九五年）、以下同書による。なお不破哲三『スターリン秘史』第五巻（新日本出版社、二〇一五年）参照。

（21）戦後強制抑留史編纂委員会編『戦後強制抑留史』第二巻（平和祈念事業特別基金、二〇〇五年）他参照。

（22）永井瑞恵『鎮護満州』（信濃毎日新聞社、二〇一二年）一二三頁。

（23）西川長夫「私にとっての朝鮮」（同『植民地主義の時代を生きて』平凡社、二〇一三年）二四二頁。

（24）朝治武『アジア・太平洋戦争と全国水平社』（解放出版社、二〇〇八年）第二・五章参照。

（25）鈴木裕子「内鮮結婚」（大日方純夫編『日本家族史論集一三　民族・戦争と家族』吉川弘文館、二〇〇三年）一六六～一七四頁。

（26）小川津根子「大陸の花嫁」（植民地文化学会他編『「満洲国」とは何だったのか』小学館、二〇〇八年）一六三～一七一頁。「大陸の花嫁」政策を立案するのは、関東軍の東宮鉄男大尉であるが（東宮大佐記念事業委員会編『東宮鉄男伝』同会刊行、一九四〇年）、これを日本国内で推進した市町村役場や婦人団体の役割は、ほとんど解明されていない。

（27）玉真之介「満州開拓と北海道農法」（『北海道大学農経論叢』第四一集、一九八五年）、今井良一他「植民地経営と農業技術」（岩波講座『帝国日本の学知　第七巻』岩波書店、二〇〇六年）、高嶋弘志「満州移民と北海道」（『釧路公立大学地域研究』第一二号、二〇〇三年）。

第一部　帝国の形成

第一章　日清戦争前後の「朝鮮通漁」と出漁者団体の形成
―朝鮮漁業協会を中心に―

石川亮太

はじめに

朝鮮沿岸での日本人漁業は、一八八三年七月の日朝通商章程（日本側の呼称は「朝鮮国ニ於テ日本人民貿易ノ規則」）によって公式に認められ、一八八九年一一月の日朝通漁章程が細目を定めたことを背景に急増した。(1) 日清戦争以前における日本人漁民の漁場は主に南海岸一帯であったが、日清戦争後には東海岸に拡大し、さらに西海岸へも伸張していった。漁獲物の多くは漁民自身によって、あるいは運搬船業者によって日本に持ち帰られていたが、居留地の流通機構が整備されるとともに朝鮮現地での販売も増えた。

いわゆる居留地体制の下、開港場外での居住・土地利用が認められない状況で、日本人漁民は基本的に日本からの出稼ぎ、いわゆる「通漁」の形で操業し、漁期にあわせて往来を繰り返した。対象とする魚種や漁法は多様で、数十名の漁夫を組織して行う潜水器漁業のような例もあったが、主な出漁者は在来漁法による小経営の漁民であり、彼らの多くは出身地の漁村ごと船団を組んで渡航した。主な出漁元となったのは山口、広島、長崎をはじめとする北部九州と瀬戸内海沿岸の諸県であった。[2]

出漁船は朝鮮海関（税関）から免許を得る必要があった。一八九〇年に免許を交付された出漁船は七一八隻で、その数は一九〇〇年一八九三隻、一九一〇年三九六〇隻と増えた。ピークは植民地化後の一九二一年で、二府二五県から五五〇〇隻、四万二四〇〇人が出漁したという。[3] この間、日露戦争後には現地での移住漁村の形成が本格化し、第一次大戦前後からは動力漁船による企業的漁業が小漁民を圧倒していった。しかし小経営漁民の出稼ぎ漁業（以下では当時の用語に従って通漁と呼ぶ）は日本人の海外漁業の嚆矢となっただけでなく、漁獲物の運搬船業者として出発した林兼をはじめ、以後の日本漁業で大きな役割を果たした漁業資本に成長のきっかけを与えた点で、大きな歴史的意義を持つ。またこうした通漁活動は、日本人が居留地外で朝鮮人と接触する機会を増やし、様々な摩擦と紛争を生んだ一方、[4] 朝鮮人の漁業・漁法に大きな刺激を与えもした。[5] 朝鮮史の視点からしても日本人通漁の拡大は大きな事件だったと言える。

本章で注目したいのは、これら通漁の出漁者による団体形成の過程である。出漁者団体には様々なレベルがあり、漁村を基盤とした船団型の出漁が行われた地方では、日清戦争以前から既に相互扶助を目的とした規約や団体が見られ、府県等がこれに補助金を与えた例もある。だが府県の境界を越えた広域的な出漁者団体の形成が進むのは日清戦争後であり、一九〇〇年に全出漁者の包摂を目指した朝鮮海通漁組合連合会が成立した。これがさらに改編され、一九二三年には通漁の出漁者だけでなく移住漁民、さらに朝鮮人漁民をも包摂した朝鮮水産会へと発展することになる。[6]

このような出漁者の組織化について、従来の研究は日本政府の主導性を強調し、その朝鮮政策の一環として考えてきた。[7] そのような側面は確かに認められる。例えば先述の朝鮮海通漁組合連合会は、農商務省水産局長の牧朴眞の強力な指導の下で成立した。簡単に経緯を述べると次のようである。牧は局長就任の直後、一八九九年六月から七月にかけて一カ月余にわたり朝鮮の漁業事情を視察した。その帰途、牧は福岡に関西一三府県の水産主任官を招集し、府県単位に通漁組合を組織させるとともにその連合会を設け、国庫から補助金を与えるという方針を明らかにした。以後の経過はほぼこれをなぞり、各県で続々と設立された通漁組合を基盤として、翌一九〇〇年四月に連合会の成立を見たのである。

こうした朝鮮海通漁組合連合会の成立について、ロシアによる馬山・巨済島の租借計画が浮上した時期と重なることから、対抗的に朝鮮への勢力扶植を急ぐ日本政府の政治的意図を反映したものとみる見解がある(8)。その蓋然性は高いと思われるが、連合会がそうした「上からの契機」のみによって成立したと見ることはできない。日本国内の水産関係者は日清戦争の勃発直後から出漁者組織化の動きを見せていたし、釜山の日本人居留民はそれより早くから出漁者支援に関わり、一八九七年には同地に朝鮮漁業協会を設けていた。朝鮮海通漁組合連合会は、この朝鮮漁業協会の改組という形をとって成立するのである。

本章では朝鮮海通漁組合連合会の成立以前における、民間レベルの出漁者組織化の動きを、朝鮮漁業協会を中心として明らかにする。そして同協会が成立直後から居留地外の漁場に巡邏船を派遣し、出漁者と朝鮮人住民の紛争に介入するようになったことに注目し、協会が現地の状況をどのように認識していたか考える。朝鮮海通漁組合連合会がこうした朝鮮漁業協会の経験をどう引き継いだかは稿を改めて論じたいが、「おわりに」で簡単な見通しを提示しておく。

一　日清戦争期における国内関係者の動き

先述のように地方レベルの出漁者団体は日清戦争以前から見られたが、府県を超える組織化の動きが明確になったのは、日清戦争の勃発直後、一八九四年九月二〇日から二二日にかけて大分で開かれた朝鮮海漁業協議会でのことである[9]。この会議は大分県水産協会の発起したもので、九州・中四国の一一県から「県官郡吏当業者」七九名が参加した[10]。大分県からの出席者筆頭に挙げられている仲家太郎吉は、同県佐賀関の朝鮮出漁を主導した人物であった。一方、貴族院議員であり水産調査委員会会長として水産政策に関与していた村田保や、農商務省水産課長の下啓助もこの会議に参加していた[11]。漁業者と政府レベルの水産政策担当者が顔を並べていたことになる。

この会議では各県の出漁者が合同して「連合組合」を結成することが決議され、大分県水産協会が創設事務を執るとされた。組合の役割としては、遭難救助・遺族救恤や漁業情報の提供、漁業者の風儀矯正といった相互扶助に属する事項のほか、「共同運送船を造ること」「共同売買を設くること」「共同製造場の設置法を設くること」といった事柄も挙げられ、営利事業への参入も構想されていたのが分かる。

また日本政府への要求事項として、遭難者救助や医療扶助などに加え、日本人通漁に法的根拠を与えていた日朝通漁章程の改訂が挙げられていることが注目される。改訂要求は一〇項目にわたるが、そのうち「出漁者に土地貸与の便を与へしめ、漁業に必要なる家屋の建築を許し、休業の期漁業者をして保管の目的を以て定住を許し、借地料の外は一切の賦課を受けざる事」（第四項）は、かねての懸案の解決を図るものであった。出漁者が沿岸の土地を利用することは、公式には認められていなかったが[12]、出漁者の多くは漁獲物の加工のため陸上での作業を必要とした。現地住民との交渉を経て沿岸に「納屋」等と称する仮小屋を設けることもあったが[13]、しばしば紛争につながり、安定した法的根拠の獲得が求められていたのである[14]。

他の改訂要求としては、漁業上枢要の場所に漁業監督署を設けて日本官吏を派出し、朝鮮官吏と共同して通漁の監督に当たらせること、また、出漁者の漁業免許についても、これまで開港場の海関を通じて発給していたのを、漁業監督署で直ちに付与するように改めること、これまで南海岸・東海岸に限られていた通漁区域を朝鮮全国に拡大すること等があり、朝鮮政府の主権に踏み込む内容が広範に盛り込まれていた。

一八九五年二月には下関で二回目の朝鮮海漁業協議会が開かれ、設立されるべき連合組合の名称が「朝鮮近海漁業連合会」と定められた。議長は第一回に引き続き村田保であった。この会議には一九の道府県から八九名、朝鮮からも一名が参加したという（朝鮮からの出席者は釜山水産会社社長の大橋淡——後述）。この人々は出漁者を始めとする水産関連の当業者と見られ、別に農商務省および各府県の技官・属が二三名参加した[15]。

同じ年の五月に京都で朝鮮近海漁業連合会の設立集会が催され、ここでも村田保を議長として、二八の道府県および朝鮮からあわせて一三三名が出席した[16]。この会議では全二六条の組合規則も採択された。そこではこの団体の性格を「道府県の漁業者及水産業者より成れる朝鮮近海出漁者の組合を以て組織したる連合会」としている。事業内容については前年の大分での協議事項が概ね踏襲され、「漁場調査並に出漁者指導の事」「共同運送法を設くる事」「蓄殖の方法を設くる事」「申合貯金法を設くる事」「共同製造所を設くる事」「漁業監督及風儀矯正の事」「遭難救助船並に救助法を設くる事」「朝鮮海漁業の統計調査報告其他通信の事」の八項目が挙げられている。会長は当面、大日本水産会幹事長に嘱託するとされた。当時の幹事長は設立集会の議長である村田保自身であった。

このように連合会の体裁は整ったが、母体となるべき地方組合はまだ整備されていなかった。設立集会では右の規則を定めると同時に、同年七月までに地方組合を成立させ、出漁関係者は必ずこれに所属させること、農商務大臣と地方長官にも協力を仰ぐこと等を申し合わせた。実際に村田は連合会の会長名義で農商務大臣と各県に協力を要請している[17]。またこれより先、一八九五年三月には貴衆両院に連合会への補助金下付を求める請願書を提出した[18]。ただしこれは会期終了のため審議されなかった[19]。

それでも地方組合の設立は遅々として進まなかった。『大日本水産会報』は協力要請に対する各県の回報状況を順次掲載しているが[20]、ここから地方組合の成立と連合会加盟が明らかなのは熊本・岡山・香川・福岡の各県と北海道久遠郡のみで、他に佐賀・山口・広島県が組合設立を準備中、神奈川県では一名が加盟希望中と伝えている。他は今後勧誘するとか、出漁者少数のため必要なしというものであった。この後、連合会としての活動は、後述する一八九七年一一月の「臨時大集会」まで見られず、休眠状態となったと思われる。

こうした組織づくりの試みと並行して、一八九四年の大分の会議で取り上げられた日朝通漁章程の改訂問題についても政治的な働きかけが行われた。村田保はここでも中心的な役割を果たしている。村田は大分での会議の後、「山口県漁業組合頭取」の安井作二郎に添書を与え、ソウルに日本公使として駐在していた井上馨のもとに派遣し、漁獲物の加工用地の借り入れや漁場の借区などを朝鮮政府に認めさせるよう請願した。(21) また村田は、翌年の下関での会議の後にも井上に書簡を送り、朝鮮近海漁業連合会の成立を伝え、日朝通漁章程の改訂について助力を求めた。(22)

村田がこのような挙に出た背景に日清戦争による日朝関係の変化があったことは間違いない。清国との開戦に先立ち日本は朝鮮王宮を武力で制圧した。一八九四年一〇月には井上馨が公使に着任し、日本からの借款供与を条件として朝鮮政府の改革に介入した。村田はこうした状況に乗じ、井上を通じて朝鮮政府から利権を獲得しようとしたのである。井上がどう応じたかは明らかでないが、結果として日朝通漁章程の改訂は実現しなかった。

以上のように一八九四年から九五年にかけての朝鮮海漁業協議会・朝鮮近海漁業連合会の活動は、全国的な出漁者団体の形成を図ると同時に、通漁上の利権を朝鮮政府から獲得すべく、日本政府に圧力を加えようとしたものであった。そこで村田保のような人物が政府とのパイプ役として深く関わったことは事実だが、全くの「官製」運動であったと見ることもできない。協議会が仲家太郎吉を始めとする出漁元の水産関係者によって発起され、以後も多数の当事者の参加が見られたことは先に述べた通りである。会議録には次のような県代表の声が見られる。「決して朝鮮に遠慮し、通漁規則〔日朝通漁章程〕に顧慮すべからず。進んで〔その〕改正をも建議せんとするにあらずや」（大分県・太田美之吉）、「出漁者の便宜を図る事項なるを以て通漁規則に差支なし、〔中略〕本会の規則は敢て政府の認可を受くるの限りにあらず」（山口県・安井作二郎）[23]。会議の参加者が当業者の立場から、既存の枠組みを超える利権の獲得を図っていたことが窺われる。

二　釜山水産会社の出漁者支援と利権追求

前節では日清戦争期における日本国内の動きを見たが、朝鮮の日本人居留民にとっても通漁は重要な関心事であった。一八八九年に設立された釜山水産会社の活動はそのことをよく示している[24]。やや時期を遡らせ、同社の活動を検討してみよう。

釜山水産会社の設立は一八八九年二月、発起人一〇名の連名で釜山領事に届け出られ、領事は本省に伺いのうえこれを認可した。朝鮮の居留地で設立された最初期の「会社」である。領事に提出された定款によれば、会社は「海産物の売買及捕漁採獲を目的とし併せて委託販売の業を営む」（第二条）もので、資本金五万円・一千株の株式会社であった。発起人一〇名はいずれも釜山在住の日本人で、大半は貿易商であり、大池忠助や迫間房太郎のように植民地期まで釜山の日本人社会の中心となった人物も含まれていた[25]。

設立当初の釜山水産会社は、自ら漁業経営に参入しようとしたというより、日本人出漁者の漁獲物の流通を主な事業とした。同社は干鮑や鱶鰭など、加工海産物の対中国輸出に従事すると同時に、居留地に魚市場を開設してそこで出漁者の漁獲物を販売させた[26]。これは釜山居留民の需要に応じると同時に、出漁者にとっても重要な販路となった。魚市場では一日に一～二回の競りを行い、会社は荷主から売上高の一割に相当する口銭を受け取った。そのうち二分は出漁者の「非常救恤費」として積み立てたという[27]。

釜山水産会社が出漁者の救難費用の準備といった半ば公共的なサービスにも関与したのは、出漁者を支援する官民の体制が未整備で、かつ通漁の拡大が会社にとっても利益をもたらすものだったからだろう。釜山水産会社はまた、操業免許の手続きを出漁者に代わって行ったほか[28]、一八九五年には暴風警報信号を設置し[29]、九六年には日本に持ち帰る漁獲物の通関手続も代行するようになった[30]。郵便物の取り次ぎや為替貯金の手続も行い、「遠く故郷と音信途絶し何等慰安の道を得ざる」出漁者の便宜を図ったという[31]。

釜山水産会社はまた、その「連合漁船」の漁獲物を「望により一手にて買ひ入れ、製造に適するものは之を製して長崎へ輸送し、其鮮魚類は附属の魚市場にて売捌」くという事業も行っていた。一八九〇年中に同社に「連合」した漁船は一二県の三四一隻だったという[32]。また釜山領事館の調査によれば、一八九〇年一月から九一年一〇月までに同地で操業免許を得た出漁船は一二二七隻で、うち八三九隻は同社に「関係せるもの」であった[33]。「連合漁船」「関係せるもの」の詳細は明らかでないが、魚市場での漁獲物販売をはじめ、右のような各種サービスを通じて会社と接点を持った出漁船と見られる。日本国内における出漁者組織の形成に先んじて、釜山で相当数の出漁船を包摂する動きが進んでいたのである。

釜山水産会社は通漁に関する政治的な働きかけも行っていた。詳細は明らかでないが、創立翌年の一八九一年には大日本水産会の紹介を得て中四国・九州の県知事に出漁奨励を上申したという[34]。さらに日清戦争中の一八九五年一月には「朝鮮海漁業拡張の件に付情願書」と題した請願書を釜山領事経由で公使の井上馨に提出した[35]。要請事項は次の三点であった。(一) 出漁者が漁場近辺に漁獲物加工のため常設の建物を設け、製造中の居住を認めること。(二) 右の「製造場」に朝鮮官吏と日本領事館員を派遣して操業免許を発給させ、あわせて警察官を置いて紛議を解決させること。(三) 開港場と「製造場」の間に定期汽船航路を開設し、漁獲物の輸送と資材の輸送に供すること。いずれも既存の通漁章程の枠を超えるもので、前節で見た朝鮮漁業協議会・朝鮮近海漁業連合会の請願と同様、日清戦争に乗じて通漁に関する権益拡大を図ったものであった。要求の重点が沿海の土地利用にある点も同じで、通漁問題の焦点がここにあったことが改めて確認できる。

この請願はまた、釜山水産会社自身への利益誘導を図るものでもあった。右の（一）に言う「製造場」の設置につき、同社は具体的に六カ所を指定して朝鮮政府からの土地賃借を提案しているが、これらに出漁者が個々に施設を設けるのは非効率であるとし、かといって「出稼漁業者は各県より集まり来れる所謂烏合の衆なれば、互いに一面識もなき輩のみ多く、随て相互の間の信用もなければ、其中より製造場の主宰者を出さんことは実に難事」であるから、同社自身が製造場を運営し、漁業者から委託を受けて製造と商品の買い取りを行いたいとする。また「製造場」と開港場を結ぶ航路運航については日本郵船か大阪商船が行うのがよいとしつつも、両社がこれを辞退するならば釜山水産会社が引き受けてもよいとする。釜山水産会社は、通漁による漁獲物流通の要に自身を位置づけようとしていたのであり、それは従来の同社の事業のいっそうの拡大を図るものであった。

釜山水産会社の社長大橋淡は、一八九五年二月に開かれた二回目の朝鮮海漁業協議会、五月の朝鮮近海漁業連合会の設立集会に朝鮮からの唯一の参加者として列席した。前者の会議では「朝鮮海漁業拡張方法」と題した講演も行っており、大橋は会社が井上馨に提出した請願書を紹介している。それについて大橋は、同社が通漁に関する「利益を占有せんとの意ではありませぬ」と断っているものの、一方で朝鮮近海漁業連合会が予定している操業資金の貸与、共同販売や共同運送船の運航といった業務について、営利事業にわたり連合会の趣旨に反するとして再考を求めている。[36] 日本国内での出漁者組織化が自社の事業に対する競合や圧迫に繋がらないよう、予め牽制したものと見ることもできよう。

この釜山水産会社の請願も、前節で見た朝鮮漁業協議会・朝鮮近海漁業連合会の請願と同様、井上馨ないし日本政府に本格的に取り上げられたようではない。しかし同社の請願は、日本の政治的影響力の極大化に乗じて通漁権益を拡大しようとする志向が、居留地の日本人にも共有されていたことを示す。だがその後、朝鮮をめぐる国際関係の急激な展開の中で、このような志向も変化せざるを得なかった。そのことは次節で取り上げたい。

三　出漁者組織化の進展と「取締」論

朝鮮漁業協会の成立

日清戦争後、日本国内での出漁者組織化が順調には進まなかった一方、釜山では釜山水産会社が独自の通漁支援を行い相当数の出漁船と接点を持っていた。ここでは、後者の動きが基盤となって朝鮮漁業協会の設立に至る過程と、その担い手について見てみたい。

朝鮮漁業協会の創立は、釜山領事伊集院彦吉により、一八九七年六月に外務省に報告された[37]。それによれば、協会はこの年二月、「在当港有志者并に広島山口外十三県出稼漁業者総代協議の上、本邦漁民の監督矯正並に保護奨励を以て目的」として設立された。会長には「当港水産会社の取締役にして最も信用ある貿易商」を据え、会員は六月当時で既に一三県から出漁した五五五艘、二七〇〇人に上っていた。また協会は漁船の操業免許取得の手続を「大小残らず」仲介し、免許の発行主体である朝鮮海関も協会に加盟する漁船の申請を優先する状態であったという。

朝鮮漁業協会の創立に伴い、釜山水産会社では「従来取扱ひ来りたる漁業者の代弁事務一切を挙げて該団体に移し、毎月金幾干を拠出して其費用を補助」した[38]。海関における操業手続きの代行は、先に見たように、釜山水産会社が以前から提供してきたサービスであった。協会が創立から四カ月に満たない間に五〇〇艘を越える漁船の加入を得たというのも、釜山水産会社がそれまでに出漁船と結んできた「連合」関係を前提とするものであったと考えれば納得がいく。朝鮮漁業協会は釜山水産会社の通漁支援を引き継ぎ、それに出漁者側も協力する形で出発したと言える。

朝鮮漁業協会の設立については、右の領事報告が届くまで外務省でも把握しておらず、釜山で独自に進められたと見てよい[39]。その起こりについて、協会の後身とされる朝鮮海水産組合の史料（「本組合の沿革及経過の大要」一九一〇年）は次のように回想する[40]。一八九七年一月五日に釜山を襲った暴風雨により、同港に停泊していた漁船の多くが損傷して操業不能となったため、乗組員たちは食糧にも困窮する有様となった。見かねた東本願寺釜山別院の菅原碩城が義捐金を募ったのをきっかけに[41]、釜山の「漁船問屋」が同寺に集会して救済策を協議した。これを受け、かねて「韓海漁業」の発展に関心を持っていた釜山時報社の成田定が伊集院領事に働きかけ、また有志者を糾合して朝鮮通漁協会を発足させた。経費は会員の会費のほか、釜山水産会社から月四〇円の補助を受け、また一八九八年度からは外務省からも補助金を受けたという。

同じ史料はまた、協会創設時の役員を次のように伝えている。

（会長）矢橋寛一郎
（理事）成田定、佐々木正
（評議員）中村俊松、小中服加太郎、柳井寛次郎、木本晋治、白井朴、坂田与市、地曳武右衛門、山崎仙蔵、植藤長左衛門、小林伝次郎、大河原源吉、中村常助、小林金槌、中村重吉、海辺甚太郎

このうち矢橋寛一郎は、先の伊集院の報告が「当港水産会社の取締役にして最も信用ある貿易商」として言及する人物にあたると考えられる。矢橋は旧幕臣であり、一八八八年に釜山に渡航して貿易業に従事した。その傍ら釜山水産会社の社長を一三年間にわたり務めたという[42]。矢橋は居留民会議の議員を務め、居留地にある龍頭山神社の敬神長でもあったといい[43]、居留民社会の重鎮の一人であった。

矢橋を除く役員の多くは詳細不明だが、先の伊集院の報告で「在当港有志者并に広島山口外十三県出稼漁業者総

代」とされた人々だと考えられる。[44] ただし協会創設の実質的な担い手とされ、成立後は理事となった成田定の経歴はやや特異である。成田は熊本県八代郡の士族として一八六八年に生まれ、一八九六年以後に釜山に渡航したようである。[45] 成田には熊本士族を中心とする熊本国権党とつながりがあり、[46] 同党系の朝鮮時報社に職を得たのもその関係であろう。[47] 朝鮮漁業協会には同じく熊本国権党の葉室諶純、[48] 黒龍会の葛生修亮[49]も在籍したことが確認できる。これらアジア主義者の朝鮮漁業協会との結びつきは関心を惹くが、その詳細を明らかにするのは今後の課題である。

出漁者「取締」論

朝鮮漁業協会の成立について、後年の「本組合の沿革及経過の大要」は出漁者救援の必要によるとするが、当初の「朝鮮漁業協会設立趣旨」からは、[50] そのようにだけは言い切れない事情のあったことが窺われる。この文書では、通漁の利益は年々拡大しているとしながらも、次のような主張を展開する。

> 然れども一得あれば一失あり。多数相集まるの余、弊害随て生じ、漁場の競争或は魚類の売買其他種々の事件に因り、朝鮮人との間に紛争葛藤を惹起し、甚たしきは闘争打撃殺傷相生ずる等の事実は、吾人の屡ゝ目撃して夙に憂慮に耐へざる所なり。若し之をして荏苒歳月を経過せんか、或は恐る、終には国際上の問題となり、我が遠洋漁業の一大障碍を来すあらんことを。

このような朝鮮人との紛争を防ぐため、出漁者への監督矯正の法を設けることが最大必要の急務だというのである。引用に続く部分では「監督矯正」の一方で「保護奨励」も必要だと付け加えているが、重点は明らかに前者にあった。協会の前身である釜山水産会社が日清戦争中に展開した利権追求と比べると姿勢の変化は明らかである。

以下、この点を掘り下げることで、この時期の日本人通漁が直面していた問題について考えてみたい。

実は、通漁の奨励から取締へという変化は、同時期の日本国内でも起きていた。代表的な出漁元である山口県の動きを見てみよう。山口県は一八九六年九月、四名の調査員を朝鮮に派遣し、翌九七年一月まで沿岸部の漁業調査を実施させた(51)。その報告を受けた安楽兼道県知事は、外相と農商務相に対し出漁者の早急な取締を求めた。知事によれば、出漁者のふるまいが朝鮮住民の感情を著しく傷つけており、具体的には裸身で村落を徘徊する、婦女子に戯れる、野菜・家畜や器物を窃取する等の事実が確認された。これを放置すれば「国際上に連及し容易ならざる障碍を来す」ことから、出漁者の取締のため各府県の組合およびその連合会を結成させること、「朝鮮近海通漁帝国臣民取締法」を定めて出漁者の組合加入を強制すると同時に、違反者は通漁を停止させることを提案した(52)。

出漁者と朝鮮住民の衝突はこの時期に初めて問題化したわけではない。日清戦争以前から頻繁に発生しており、その一因が日本人出漁者の行動にあることも広く認識されていた(53)。第一節で触れた第一回の朝鮮海漁業協議会でも、農商務省から出席した下啓助は、出漁者の振舞いは「国の体面を涜すもの」であり、「朝鮮の独立を扶け之を誘掖啓発」するための戦争中において、「両国交際上に大関係を及ぼすもの」と警告している(54)。

日清戦争後のこの時期、日本人漁民の取締がより切迫した問題と考えられるようになった背景には、いったん日本の有利に進むかに見えた朝鮮情勢の再度の転換があったと思われる。周知のように、日本は戦争の勝利にも関わらず朝鮮での政治的覇権を握ることができなかった。一八九五年一〇月の王后閔氏殺害と一二月の断髪令は、朝鮮人の間に、日本およびその影響下にあると見なされた開化派政権への強い反発を醸成し、全国で義兵が蜂起した。一八九六年三月には慶尚北道の竹辺において長崎の潜水器漁業者が朝鮮人多数に襲撃され一五名が殺害された。これも義兵あるいはそれに呼応した住民によるものと考えられる(55)。この事件は直ちに日本でも報じられ出漁者を脅かした(56)。先述した山口県の調査も、本来はこの年の四月に開始される予定であったのが、竹辺事件を始めとする「暴

徒蜂起」のため九月まで延期されたのである。(57)

出漁者の行動が日朝関係の悪化を助長することへの危機感は、開港場の居留日本人にも共有されていた。この頃、釜山日本人商業会議所では、「〔沿海部の朝鮮人が〕漁夫の挙動を見て、日本国民は一般に斯る強暴の者にして常に無法を働くは其の国風ならんと誤認し、本邦人に対し彼是猜疑する処ありて、其結果遂に貿易上の信用に影響するに至る」ことを「頗る憂慮」していたという。(58)開港場商人の主導する朝鮮漁業協会が出漁者取締の必要を強調したのも、通漁を巡る紛争が、開港場商人の存立基盤そのものを揺るがす恐れがあると認識されていたからであろう。

さて第一節で取り上げた朝鮮近海漁業連合会は、一八九五年五月に京都で設立集会を開いた後、目立った活動をしていなかったが、一八九七年一一月、神戸で大日本水産会の大集会が開催されたのにあわせ、およそ二年半ぶりに「臨時大集会」を開催し、議題として出漁者の取締問題を取り上げた。そこでは朝鮮漁業協会の理事成田定と、先に山口県から朝鮮視察に派遣された藤田守正が演壇に立ち、いずれも出漁者に対する取締の強化を訴えた。(59)出漁元と朝鮮開港場の双方で、出漁者の行動への危機感が高まっていたことが分かる。この時の議論をやや詳しく紹介しておこう。

成田は、日本国内での議論が出漁奨励に傾き、取締への関心が乏しいのは遺憾だと前置きした上で、朝鮮現地にいる者としては「第一に取締り」が頭に浮かぶのであり、通漁は「奨励する必要はない、政府のお手を藉らぬでも自然に発達する」と言い切った。彼によれば、出漁者と朝鮮人の紛争は「十中八九は日本人の方がいつも悪い」のであり、その理由は「目に一丁字もなく何の弁へもなき」漁業者が、「ただ圧制に劣等国の人民を抑へて仕舞う」という流儀で朝鮮人に接していることにあった。このような出漁者の行動が招きうる結果について成田は次のように警告する。

日韓両国の間は今日は三四年以前とは余程趣きが変って参りまして、先づ日本は今のところでは朝鮮には歓待されぬ方である。之に反して最も歓待せられますのは北の方の一国…近日に至りましては財政の権までも北の方から握ると云ふような不運に属して居る。日本は益々景気が悪いと云ふ有様である。此時に当って一万有余の日本人〔出漁者〕が実に乱暴極まる…粗暴なことを働いて居りましては、他日如何なる問題を惹起して〔通漁による〕三百万円からの利益を失はなければならぬことになるやも計られぬと思ひます。〔文中の…は原文通り〕

「北の一国」がロシアを指すのは明らかである。一八九五年の閔氏殺害をきっかけとして勢力を後退させた日本に代わり、朝鮮での存在感を増したのはロシアであった。引用文に見える「財政の権」は、会議直前の一八九七年一〇月、ロシア人アレクセーエフが朝鮮政府の財政顧問に就任したことを指すとみられる。成田はこうした国際関係の変化を念頭に、出漁者の活動がむしろ日本の国益を損ないかねないことを危惧していたのである。成田はまた、引用文に続く部分で、こうした状況を出漁者自身が改善することは困難であり、政府による取締が不可欠だとも言う。さらに釜山に「一の機関」を設けて取締を委ねればどうかとも提案しているが、その受け皿として、自身の関わる朝鮮漁業協会を念頭に置いていたことは間違いないだろう。

藤田の演説も成田と同様、出漁者の素行が住民の感情を害し、漁業の拡張をむしろ阻害していることを指摘する。そして「事業を拡張しやうとすれば、奨励と云ふよりも寧ろ取締りの方が今日では先きに立つ必要なものと考へます」と結論し、政府による出漁者の取締法の制定を求めると同時に、当業者自身の取締の手段として各地方に組合を設け、その連合会を釜山に置くべきだと主張した。先に紹介した安楽山口県知事の提案と基本的に同じである。そして、そのような連合会の業務は朝鮮漁業協会に委ねればよいと、こちらは成田の演説よりも直接的に言及している。

この後、議長の村田保は、会の決議によるものとして、大日本水産会幹事長の田中芳男と連名で「朝鮮近海通漁帝国臣民取締法」制定の請願書を農商務・外務両大臣に提出している。[60]法案は出漁者が「地方の安寧を妨害」または「風俗を壊乱」する場合に、領事が通漁を禁止できるとの内容であった。あわせて取締については「朝鮮漁業協会の如き団体へ補助費を支給」のうえ委託することを提案した。

日本政府がこの請願にどう対応したか直接には明らかでない。だがそれより前、安楽山口県知事から出漁者取締を提起された外務省は、釜山領事の伊集院彦吉にその要否を諮っている。[61]伊集院も出漁者の粗暴な行動を放置すれば国交上の問題に至るとして山口県知事の提案に賛同し、朝鮮漁業協会に年二万円程度の補助金を与えて取締の業務を委託してはどうかと提案した。[62]これを受けて外務省では農商務省に協力を打診したが、[63]農商務省の姿勢は冷淡で、補助金の捻出は予算上困難であり、取締法についても釜山領事の権限で規定を作れば足るというものだった。[64]この後、法律制定が具体化することはなく、朝鮮漁業協会への補助金も外務省単独で若干を与えるに止まった。[65]

しかし以後も出漁元の府県や水産指導者の間では出漁者取締法の制定を必要とする声があり、一八九八年七月には関西連合府県勧業会、[66]一八九九年四月には関西府県連合水産集談会による政府への建議が確認できる。[67]

四　朝鮮漁業協会の活動実態と紛争処理

朝鮮漁業協会（以下協会と略称する）の「規則」は、その会員を「朝鮮海出漁者及び本会の趣旨を協賛する者」とする。[68]出漁者が個々に加盟する形であり、加盟を強制する法的根拠があったわけでもない。ただし先述のように協会は海関での操業免許の取得を代行しており、その便宜を求めて加盟者は増加したと見られる。協会の年報によると一八九八年中に「本会に入会し釜山海関より漁業免状の下付を受けたる総数」は一二二五隻、乗組員五四六六名であった[69]。翌九九年にはこれが一三七一隻、六一一三名に増加したほか、九八年五月に設置された木浦支部を通じて免許を受けた船が三〇隻、一三七名あった[70]。

右の「規則」は会の目的について、操業免許の手続のほか、漁業者の保護監督、遭難救助、漁場の探検、漁業景況の収集・報告、会員の魚類販売への協力などを挙げている。他に具体的な業務として、巡邏船の備置や郵便箱の設置なども定めている。前掲の年報によれば協会は風帆船一隻を所有しており、九八年中に八回、九九年中に四回の漁場巡回を行い、あわせて六カ所に設置した郵便箱から出漁者の郵便物を回収した。

協会の経費は会員からの年会費および諸手続きの手数料を充てることになっていたが、実際にはそれだけで賄うことはできなかった。年報によると一八九八年の収入は三一二七円であったが、うち会費収入は七五〇円、手数料収入は三六七円に過ぎず、外務省と釜山水産会社の補助金（それぞれ一五〇〇円と四八〇円）が過半を占める状況だった。それでも十分というには程遠く、役員は当初無給で、外務省の補助金を受けてようやく理事二名に月給を出すことができるようになったという。

さて前節で見たように、朝鮮漁業協会成立の背景には、朝鮮人との紛争を惹き起こしがちな出漁者の行動への危惧があった。このことを反映して、協会の「規則」でも特に「本会員は我国と朝鮮国との間に訂約ある通漁規則を堅く遵守すべし」との条項を設け（第一一条）、さらに「本会員は堅く朝鮮人に対する行為を慎み決して乱暴の挙動ある可らず」として、裸体のまま上陸しない等の遵守事項を列挙している（第六条）[71]。また東本願寺釜山別院に依頼して出漁者のための「修身上の説話」を行った。協会の年報ではこれについて「無智、頑迷、粗暴、乱悪にして人生の最下にあるは総ての漁業者の一大欠点とす。故に種々不可謂不正の挙動を為すは日常の習態なり」と説明する[72]。先に見た成田定理事の発言と同じく、出漁者への侮蔑的態度が露わに示されている。

それでは、協会による出漁者の「取締」は、実際の朝鮮人との関係において有効に機能していたのだろうか。先述のように協会は風帆船を保有して漁場を巡回させていた。その任務について協会の年報は「漁業者相互の事件は勿論、日韓人との間に種々の事件より生ずる紛議葛藤を調停して其の親交を温め、又た時として遭難漁船の救護を為す等、恰も本邦水上警察の任務に類似せり」と表現している[73]。このような出漁船の操業現場における監視と紛争への介入は、釜山水産会社の活動には見られなかったところであり、協会によって新たに始められた試みとして注目される。

一八九八（明治三一）、九九（同三二）年の朝鮮漁業協会年報には、巡邏船の介入した事件の概要が記されている。難船救護や日本人同士の喧嘩、乗組員の逃亡など多様な事件が含まれているが、朝鮮人と出漁船の間の紛争に限ると、一八九八年に七件、九九年に四件が記録されている（表1参照）[74]。いずれも断片的な情報で、朝鮮人側の記録と対照させせなければ紛争の実態を知るのには十分でない。しかし「事件の内容」を一瞥すると、そのうち五件は出漁者が沿岸に設置した「納屋」が紛争の発端となっており[75]、第一節、第二節で触れた沿岸部の土地利用が依然として紛争の火種となっていたことが確認できる。

また「協会の措置」を見ると、全ての紛争について出漁者側の有利となるよう解決が図られたことが明らかで、出漁者の非を指摘したり、懲戒を加えたりした例はない。理事の成田は一八九七年の神戸の集会で、日朝人間の紛争の「十中八九は日本人の方がいつも悪い」としたが（前節参照）、それとは食い違う結果となっている。

そして、これらの事件のうち、協会が領事館に報告したことが確実なのは二例に過ぎない[76]。他は巡邏船が現地の村落指導者（洞首）や地方官（郡守）に直接迫って出漁者側の要求を受け入れさせるという形で決着が図られた。協会設立からほぼ一年を経た一八九八年一月、釜山領事の伊集院彦吉は、巡邏船の活動によって朝鮮人は協会を信頼し、出漁者も素行を改めたため、「紛争著しく減少し、昨年の如き当館の手数を煩はしたるもの僅かに一、二件

表1　朝鮮漁業協会巡邏船による紛争介入（日朝人間、1898～99年）

事件発生日	場　所	事件の内容	協会の措置
1898/ 3/ 2	慶尚道統営附近	静岡県山崎千蔵の「納屋」で出漁者と朝鮮人の争闘、住民による物資の略奪	領事館に損害賠償の訴え
1898/ 5/ 3	慶尚道迎日郡	長崎県中島勇太郎、潜水器業「納屋」を巡る住民との争論により被殺	中島の遺体を回収、顛末を領事館に申告
1898/ 9/ 28	慶尚道鎮海	広島県梶原松平の「納屋」に対する「不法」収税	洞首・村民に懇諭し調停
1898/ 9/ 30	慶尚道固城郡	広島県花房丈吉、魚類販売をめぐって朝鮮人と争闘、「納屋」を焼失、朝鮮人に謝罪金十貫文を支払う	洞首に厳談、謝罪金を返金させ、「納屋」再建の妨害を禁止させる。朝鮮人負傷者には薬代給与
1898/ 10/ 4	同上	前項と同一の事件をめぐって近隣でも争論	村民、洞首に通漁章程の主旨を説き訓戒
1898/ 10/ 14	欲知島	明礼宮監李幹在が洞首を通じ日本漁船から収税、出漁者側は拒否	李幹在と面会、徴税の不法を詰り謝罪させる
1898/ 12/ 6	慶尚道巨済島	広島県大畠伊佐次、朝鮮人と争論のうえ負傷、船具破損	船具を弁償させ洞首から村民に訓戒させる
1899/ 8/ 4	咸鏡道富寧郡	朝鮮人が申し合わせて出漁者に焚き木の販売を停止	郡守に談じて停止を解除させる
同	同	同郡安津の碇泊漁船と朝鮮人の間にしばしば争闘	郡守に談じて日本船への妨害を禁じさせる
1899/ 10/ 20	慶尚道巨済島	広島県高橋与吉、朝鮮人に操業を妨害される	村吏に交渉して加害者を処罰させる
1899/ 11/ 19	慶尚道熊川郡	朝鮮人10数名が広島県川口茂七の漁船に乱入、破損	郡守に交渉して損害を賠償させる

出所：朝鮮漁業協会年報（明治31年、同32年）、『朝鮮漁業協会設置及同協会へ補助金支出一件』所収（本文注69・70参照）。日本人相互間の紛争については掲表していない。事件発生日を基準として配列。

に過ぎず」と外務省に報告した[77]。しかし実際には巡邏船が現地で対応し、領事に報告されなかった案件は多数に上ったと考えられる。

一方で、巡邏船が漁場で日本人側の正当性を主張する根拠となったのが、日朝修好条規をはじめとする国家間の取り決めであったことにも注意したい。表1に見える、一八九九年八月に咸鏡北道富寧郡で起きた事件について見てみよう。この事件は、出漁船の立ち寄った村落で住民が申し合わせて焚き木の販売を拒否したというもので、巡邏船の協会職員は郡守に要求して、住民に円滑かつ市場相場に準じた価格で焚き木を供給させた。その際、郡守が住民に下した命令には「日本人の薪炭購入を妨害するのは、もともと日朝修好条規の規定があることで、決して許されない（妨碍日人之薪木購買事、本両国修好条規所定、決不可有此事）」とある。同条規の第六款には非開港場でも船舶の修理や船用品の補給を認めるとの規定があり[78]、協会職員がこれを根拠に郡守に解決を迫ったことが推測される。また一八九八年一〇月には、日本人出漁者と争論する固城郡の「村民及洞首」に対し、協会の巡邏職員が「日韓通漁条約の主旨を説き後来を戒め」たとの記録がある。詳細不明だが日朝通漁章程の規定が利用されたことが窺われる。

出漁者の有利に紛争解決を図る巡邏船の姿勢から、出漁者の取締という協会の趣旨が建前に過ぎなかったと解釈することは容易である。しかし右のような巡邏船の姿勢には、無秩序な暴力に支配されている漁場での両国民間の関係を、国家間の条約・章程に基づいて「秩序」づけるという協会指導者の発想に由来する面もあったのではないだろうか。それは日本人出漁者を「無智、頑迷、粗暴、乱悪にして人生の最下」（前注72）と決めつける姿勢とも矛盾しない。ともあれ、巡邏船が国家間の取り決めを根拠に漁場での紛争に介入したことは、それらの取り決めに現れた両国間の非対称な関係を、開港場の境界を越えて広く両国民間に浸透させる契機となったであろう。

さて、こうした協会の非難の矛先は、国家間の取り決めに抵触する現地の慣行や権威にも向かうことになる。例えば、表1には漁場での収税をめぐる二つの案件が掲げられている（一八九八年九月慶尚道鎮海、同一〇月欲知島）。朝鮮の漁業においては、他の産業と同様、中央・地方の多数の政府機関が収税権を設定するのが通例であった。それらには「無名雑税」などと呼ばれる非法定的なものも多かったが、分節的な財政システムを機能させる重要な財源の一つとなっていた[79]。表1に見える二件に関わるのも、そうした慣行的な収税であったと考えられる。一方で、外国人は一八八二年の朝米修好条約以後、貿易品に対して海関税以外の納税を免じられていた。日本政府は出漁船についてもこれを準用し、海関で規定の税を納付して操業免許を得た以上は、その他の税の対象にはならないと解釈した。表1の二つの事件で巡邏船が収税を「不法」と断じ、「謝罪」させているのもそのためである。

また一八九九年版の協会年報は、表1に挙げた事件とは別に、江原道・慶尚道の地方官が日本人の操業を妨害しているとして複数の例を挙げている。日朝通漁章程の第五条は、資源保護を目的とした地方官の禁制に反して操業してはならないとしており、地方官が通漁を規制する余地がなかったわけではない。だが協会は成田定理事の名義で釜山領事に上申し、「日韓通漁条約は昭なること日星の如し、韓国地方官猥りに不法の訓令を発して我が邦民に対し直接処罰を為す如きの権能なきは、今茲に喋々を須ゐず」として、出漁船の権益擁護を求めたと記録されている[80]。

朝鮮漁業協会の指導者たちは、巡邏船を派遣して漁場での出漁者と住民の紛争に介入する中で、紛争が必ずしも偶発的なものではなく、朝鮮側の慣行や財政システムなどに基づいた構造的なものとしての一面を「発見」したのではないだろうか。その時に協会がとったのは、紛争の背景を現地社会の論理に即して理解するのではなく、国家間条約の優越性を根拠として日本人出漁者の権益を擁護し、伸張を図るという方向であった。

おわりに

本章では日清戦争直後の時期を中心に、朝鮮通漁に関わる出漁者団体の形成過程を検討した。日本国内では開戦直後から出漁者団体の形成を図る動きが見られ、一八九五年には朝鮮近海漁業連合会の成立が宣言された。これは直接には出漁者の互助と共同事業を目的としたものであったが、日清戦争下の情勢に乗じて懸案の漁業権益を獲得しようというものでもあった。だがそれは結果的に成功せず、連合会そのものも、基盤となる地方組合の形成が進まず、ほとんど機能しないまま休眠することになった。

このような国内の動きとは別に、一八九七年には釜山で朝鮮漁業協会が成立した。これを主導したのは釜山の日本人居留民であった。釜山ではこれより前、一八八九年に設立された釜山水産会社が出漁者向けの支援を提供しており、朝鮮漁業協会はこれを引き継ぐ形で発足した。ただしその当初の趣旨が、通漁の振興というよりは、むしろ出漁者の「取締」を強調していたことは注意に値する。王后閔氏の殺害を決定的な転換点として、日清戦後の朝鮮を巡る国際関係が日本に不利に展開する状況で、出漁者が沿岸住民と紛争を起こすことは、開港場に拠点を置く居留民にとって重大なリスク要因となったのである。

だが協会が巡邏船を持ち、漁場を巡回しながら出漁者と住民の紛争に介入するようになったとき、その根拠となったのは日朝修好条規をはじめとする国家間の取り決めであり、協会はそれに従って住民の抵抗や慣行的収税権を「不法」と断じた。朝鮮漁業協会は現場における出漁者と漁民の関係を粗暴で非文明的なものと見なし、これを国家間の取り決めに基づいて秩序化しようとした。だがそれは日朝間の非対称な国家間関係を、出漁者と住民の関係に持ち込み、浸透させるものにほかならなかった。

さて朝鮮漁業協会は一九〇〇年、朝鮮海通漁組合連合会に改組される形で消滅した。その過程についてここで論じることはできないが、それを主導した水産局長牧朴眞が、出漁者と朝鮮人住民の関係をどう認識していたかについて、簡単に触れておきたい。

牧は連合会の成立に先立ち、一八九九年六月から七月にかけ朝鮮を視察した。本章の冒頭で触れたように、牧がその帰途、福岡に出漁元各県の水産主任官を招集して行った会議が連合会成立の直接のきっかけとなった。この会議での牧の演説は、『福岡日日新聞』に「牧水産局長の漁業談」として掲載されている。[81] それによれば牧は、「本邦出漁者にして時に乱暴を働き、徒らに韓人の感情を害して不利益を招くこと少からず」とし、出漁者取締の必要に言及してはいる。しかし日本人と朝鮮人の葛藤はそれほど重大な問題ではないとも言い、むしろ「内地人間の競争激烈にして甚しきは争闘を演ずる」ことの方が深刻な問題だという認識を示している。

では日本人間の競争の背景は何か。牧は「日本人が或海岸、河口等に朝鮮人の名義を以て朝鮮政府の許可を得て専用漁場を占有し、日本人に対して入漁料を取る者あり」といい、「固く取締るべきもの」であることを強調した。前節で見たような朝鮮の伝統的な収税制度を背景に、特権を保有する朝鮮人と結託する出漁者が現れていたのである。[82] 翌年の朝鮮海通漁組合連合会の規約にも「漁者は共同一致相互の利益を増進すべきものなるを以て、私に韓人と結託して一般漁業の妨害を為すが如き行為あるべからず」という条項があり、[83] この問題が重視されていたことが分かる。

「牧水産局長の漁業談」によれば、こうした専用漁場の慣行は日本にも徳川時代の遺制として残っているものの、それは「文明の今日、憂ふべき現象」でしかないと認識されていた。このような認識を持つ牧が、朝鮮の漁業制度をどう見ていたか想像するに難くない。おそらくそれは、韓国の漁業制度の非「文明」性が競争の透明性、公正性を阻害しているという認識だったのであり、第四節で見た朝鮮漁業協会の姿勢とも隔たりがなかったであろう。

日露戦争後、日本の保護国支配下に置かれた韓国では、既存の特権に基づく漁業税の徴収が廃止され、一九〇八年には専用漁業権そのものを否定した（その点で日本のそれよりも急進的な）漁業法が制定された[84]。その際に右のような日本人官僚の認識が構想の底流をなした蓋然性は高い。朝鮮漁業協会の活動もそうした認識を形作るきっかけの一つとなったと言えよう。

第一章　注

（1）近代朝鮮の日本人漁業を全体的に扱った文献として、吉田敬市『朝鮮水産開発史』（朝水会、一九五四年）、金秀姫「朝鮮開港以後に於ける日本漁民の朝鮮近海漁業の展開」（『朝鮮学報』一五三号、一九九四年）、同『近代日本漁民의（の）韓国進出과（と）漁業経営』（景仁文化社、二〇一〇年）、神谷丹路「近代日本漁民の朝鮮出漁の研究」（中央大学大学院博士論文、二〇一四年）。また宮田節子監修「朝鮮の水産業（未公開資料朝鮮総督府関係者録音記録一八）」（『東洋文化研究』一九、学習院大学東洋文化研究所、二〇一七年）は、総督府の政策当局者であった穂積真六郎・西本計三による回顧談で、詳細な注釈とあわせて近代朝鮮における日本人漁業を概観するうえで有用である。

（2）出漁地域の地方史研究の一環として通漁を取り上げた文献は夥しい数に上る。代表的な例として、中井昭『香川県海外出漁史』（香川県水産課、一九六七年）。

（3）吉田敬市『朝鮮水産開発史』二二二頁。

（4）済州島のアワビ・ナマコ漁をめぐる日本人潜水器業者と現地漁民との紛争がよく知られる。近年の研究として、박찬식（パクチャンシク）「開港以後（一八七六～一九一〇）日本漁業의（の）済州島進出」（『歴史와（と）境界』六八、二〇〇八年）、김희연（キムフィヨン）「一八九二年朝日漁業関連条約改正交渉과（と）国際関係」（『韓国史研究』一七〇、二〇一五年）。

（5）日本人出漁者のもたらした漁法が朝鮮人間に定着した例として有明海を起源とするあんこう網がある。片岡千賀之「あんこう網漁業の発達」（『長崎大学水産学部研究報告』八七、二〇〇六年）、呉昌炫（室井康成訳）「二〇世紀前半における日本の鮟鱇網の伝播と朝鮮漁民の受容」（『国立歴史民俗博物館研究報告』一九九、二〇一五年）。

（6）朝鮮海通漁組合連合会は一九〇二年に朝鮮海水産組合、一九一二年に朝鮮水産組合となり、一九二三年に朝鮮水産会令の公布とともに朝鮮水産会に改組された。経緯の大要については、吉田敬市『朝鮮水産開発史』一六五～一七四頁、四三九～四四七頁。

（7）金秀姫「日本帝国主義와（と）日本漁民組織化過程」（同『近代日本漁民의 韓国進出과 漁業経営』第二部第二章）。

（8）同前、四九頁。神谷丹路「近代日本漁民の朝鮮出漁の研究」八四～八九頁。

（9）以下、この会議での協議事項については、別に示さない限り「朝鮮海漁業協議会の概況」（『大日本水産会報（以下では大水と略す）』一四七、一八九四年九月）。なお出席者の出身県として挙げられているのは鹿児島を除く九州六県のほか香川、愛媛、徳島、山口、岡山である。

（10）「佐賀関人沿海漁業の起源」（『大水』一〇三、一八九〇年一〇月）。

（11）村田保（一八四三～一九二五年）は太政官・内務省を経て一八九〇年貴族院議員となった。水産局の設置、漁業法の成立などに尽力し「水産翁」と称された。また一七年間にわたり大日本水産会長を務めた。下啓助（一八五三～一九三七年）は一八八五年農商務省に入り、長く水産行政の立案指導に当たった。岡本信男『水産人物百年史』（水産社、一九六九年）など。

（12）日朝通商章程は日本船が薪水食糧の補給のため非開港場に立ち寄ることを認めており（第三三条）、日朝通漁章程は海岸での捕獲物販売も認めていた（第三条）。しかしいずれも非開港地に滞在して土地を利用することは認めていなかった。

（13）関沢明清・竹中邦香『朝鮮通漁事情』（団々舎書店、一八九四年）一一八頁。

（14）日本政府も日清戦争前からこの問題を認識し、朝鮮政府に出漁者のための「乾魚場」設置を求めたが、受け入れられなかった。原通商局長より陸奥外相へ、「済州島通漁停止ニ対シ報酬トシテ要求スヘキ件之取調方内訓」（送六七八号）、明治二五年九月二三日、『済州島漁業関係雑纂』第三巻（外務省外交史料館所蔵、アジア歴史資料センター（JACAR）、Ref. B11091816400）。この件について注（4）所掲の文献が詳しい。なお以下ではJACAR提供の史料を12桁のレファレンスコード（Ref.――）によって示す。同一の史料が複数ファイルに分割されている場合、最も下位のコードを示す。

（15）「朝鮮近海漁業連合会創立会紀要」（『大水』一五三、一八九五年三月）。

（16）「朝鮮近海漁業連合会臨時大集合要録」（『大水』一五六、一八九五年六月）。

（17）「朝鮮海出漁組合設置の勧誘」（『大水』一五七、一八九五年七月）。

（18）「朝鮮海漁業補助費請願」（『大水』一五四、一八九五年四月）。

（19）「朝鮮近海漁業連合会臨時大集合要録」。

（20）「韓海出漁組合設置の状況」（『大水』一五八～一六一、一八九五年八～一一月）。
（21）「日韓通漁規則」（『大水』一五一、一八九五年一月）。村田の添書は国立国会図書館憲政資料室の井上馨文書に現存する。木京睦人「山口県の朝鮮沿海漁業調査」（『山口県地方史研究』八六、二〇〇一年）。
（22）「韓海漁業拡張に就て村田幹事長の書簡」（『大水』一五四、一八九五年四月）。
（23）「朝鮮近海漁業連合会創立会紀要」。
（24）創業期の釜山水産会社については海産物直輸出活動を中心として論じたことがある。石川亮太『近代アジア市場と朝鮮』（名古屋大学出版会、二〇一六年）七七～九〇頁。釜山水産会社についての以下の叙述は断らない限りこれに拠る。
（25）発起人一覧は石川亮太『近代アジア市場と朝鮮』七九頁を参照。
（26）釜山水産会社の魚市場は、一九〇〇年に木浦魚市場が設立されるまで朝鮮唯一の魚市場であった。吉田敬市『朝鮮水産開発史』二三二頁。
（27）関沢明清・竹中邦香『朝鮮通漁事情』一一五頁。
（28）同前、三一頁。
（29）「私設暴風警報信号標」（『大水』一五七、一八九五年七月）。
（30）「釜山水産会社魚類輸出入通関取扱規則」（『大水』一六四、一八九六年二月）。
（31）釜山水産株式会社「沿革概要」（同『主要鮮魚三ケ年（明治四十三年・同四十四年・大正元年）間月次水揚高及単価』一九一三年序）。
（32）「朝鮮釜山水産会社」（『大水』一〇八、一八九一年四月）。会社は出漁者に資金を前貸しすることもあったが、貸し倒れの危険が大きく、対象漁船は限られていたという。「朝鮮近海漁業連合会談話筆記」（『大水』一五九、一八九六年九月）。
（33）中川恒次郎（在釜山領事代理）より榎本武揚（外相）へ、機密一六号、明治二四年一〇月一六日、『済州島漁業関係雑纂』第一巻（Ref. B11091815300）。
（34）「朝鮮釜山水産会社」。
（35）大橋淡（釜山水産会社取締役会長）より加藤増雄（釜山領事）へ、「朝鮮海漁業拡張ノ件ニ付情願書」、明治二八年一月一七日、『朝鮮国釜山港ニ於テ釜山水産会社設立及請願雑件』（Ref. B10074014OO）。
（36）「朝鮮近海漁業連合会談話筆記」。
（37）伊集院彦吉（釜山領事）より小村外務次官へ、「朝鮮漁業協会ニ関スル件」（公一一一号）、明治三〇年六月一日、『朝鮮漁業協会設置及同協会へ補助金支出一件』（Ref. B11091845400）。以下このフォルダを『朝鮮漁業協会設置』と略称する。
（38）釜山水産株式会社「沿革概要」。
（39）外務省は広島県の通報によって協会の存在を知り、釜山領事の伊集院彦吉に照会した。前注（37）の伊集院の報告はそれへの回答で、協会の設立後しばらく組織の形態が流動的であったため本省への報告を差し控えていたと弁明している。
（40）「本組合の沿革及経過の大要」（『朝鮮海水産組合月報』二一、一九一〇年一〇月）。
（41）東本願寺釜山別院は一八七七年に釜山慈善教社を設け、居留民の救恤や出征兵士の慰問等に当たっていた。大谷派本願寺朝鮮開教監督部『朝鮮開教五十年誌』（一九二七年）一六一～一七〇頁。菅原碩城が同別院輪番に着任したのは一八九五年二月だが（同前、一六七頁）、その前の一八八七年から九四年まで上海別院輪番に在任し、開導学堂（上海日本尋常高等小学校の前身）、上海日本人慈善会の創設に当たった。東本願寺上海別院『東本願寺上海開教六十年史』（一九三七年）六一、六六七～七一頁。菅原については柴田幹夫氏（新潟大学）の教示を得た。
（42）志田勝信・北原定正編『釜山案内記』（拓殖新報社、一九一五年）八三～八四頁。伊集院の報告では矢橋を釜山水産会社の「取締役」とするが、いずれが正しいか不明である。
（43）大曲美太郎編『釜山龍頭山神社史料』（同社務所、一九三六年）四三頁、七〇頁。なお大谷派本願寺朝鮮開教監督部『朝鮮開教五十年誌』は、一八八三年に矢橋が東本願寺釜山別院「重役」に任じられたとする（一六四頁）。
（44）評議員のうち坂田与市は一八八九年の釜山水産会社の設立時に発起人として名を連ねている。前注（25）参照。また白井朴は一八八四年に釜山に渡航した貿易商、中村俊松も「少壮より海産物貿易に従事し、夙に釜山に航して同業を営む」人物であった。中田孝之介『在韓人士名鑑』（木浦新報社、一九〇五年）一三頁、四五頁。
（45）成田の学歴は不明だが、一八九〇年から元老院・法制局・衆議院ほかの雇・属として勤務した。九四年帰郷して力食合資会社に転じ、少なくとも九六年三月までは同社に在籍していた。成田定「履歴書」、明治三三年五月、『朝鮮海通漁組合設置及同組合へ補助金支出一件』（Ref. B11091852800）。また黒龍会『東亜先覚志士記伝』（一九三六年）は同郷の井上毅の門下生とする（下巻、三三七頁）。
（46）熊本国権党は白木為直が一八八一年に創設した紫溟会を基盤とし一八八九年に成立した。成田が帰郷後に身を寄せた力食社は白木が士族授産のため一八七九年に創業したものであった。佐々博雄「熊本国権党系の実業振興策と対外活動」（『人文学会紀要（国士舘大学）』二四、一九九一年）四四頁。
（47）朝鮮時報は一八九四年一一月に熊本国権党の中心人物である安達謙藏が創刊した日刊紙で、一九四〇年に釜山日報に吸収されるまで存続した。佐々博雄「熊本国権党と朝鮮における新聞事業」（『人文学会紀要（国士舘大学）』九、一九七七年）二七～二九頁。永島広紀「「興亜」の実践拠点としての〈釜山港〉と玄洋社・黒龍会」（有馬学編『近代日本の企業家と政治』吉川弘文館、二〇〇九年）二六〇～二六一頁。

(48) 葉室謙純「履歴書」、明治三三年六月、『朝鮮海通漁組合設置及同組合へ補助金支出一件』。葉室は一八八一年から（国権党前身の）紫溟会会員として朝鮮に派遣され、朝鮮内地の探索活動に従事した。佐々博雄「熊本国権党と朝鮮における新聞事業」四三頁。

(49) 葛生は一八九九年二月に朝鮮に渡航し漁業調査を行っていたが、同六月朝鮮漁業協会に入った。一九〇〇年四月に協会が朝鮮海通漁組合連合会に改組された後、同年七月に退職した。葛生修亮『韓海通漁指針』（黒龍会、一九〇三年）緒言。また永島広紀「「興亜」の実践拠点としての〈釜山港〉と玄洋社・黒龍会」二五九～二六〇頁。

(50)「朝鮮漁業協会設立趣旨」『朝鮮漁業協会設置』（Ref. B11091845400）。

(51) この調査については木京睦人「山口県の朝鮮沿海漁業調査」に詳しい。

(52) 安楽山口県知事より大隈外相・榎本農商務相へ、「朝鮮近海通漁者取締ノ件ニ付上申」、明治三〇年二月一三日、『朝鮮漁業協会設置』（Ref. B11091845400）。木京睦人「山口県の朝鮮沿海漁業調査」二九頁。

(53) 関沢明清・竹中邦香『朝鮮通漁事情』二二一～二二三頁。

(54)「朝鮮海漁業協議会に望む」（『大水』一四八、一八九四年一〇月）。

(55) 韓哲昊「日本人 東海侵透와（と）竹辺地域 日本人殺害事件」（『東国史学』五三、二〇一二年）。

(56)「韓海漁業者保護の請願」（『大水』一六六、一八九六年四月）。

(57) 木京睦人「山口県の朝鮮沿海漁業調査」二八頁。

(58) 前注（52）、安楽山口県知事の上申書で紹介されている。

(59) 成田定「朝鮮海出漁者保護監督の必要」、藤田守正「朝鮮近海漁業帝国臣民取締法発布に就て」（いずれも『大水』一八八、一八九八年二月）。藤田の演説については木京睦人「山口県の朝鮮沿海漁業調査」二八～二九頁も参照。

(60)「朝鮮海出漁者の取締法」（『大水』一八七、一八九八年一月）。金秀姫『近代日本漁民의 韓国進出과 漁業経営』四七～四八頁。

(61) 小村外務次官より伊集院釜山領事へ、送六六号、明治三〇年四月一四日、『朝鮮漁業協会設置』（Ref. B11091845400）。

(62) 伊集院釜山領事より小村外務次官へ、「朝鮮国沿岸通漁帝国臣民取締方ノ件ニ付稟請」（公一六一号）、明治三〇年八月一〇日、同前。
(63) 小村外務次官より伊集院釜山領事へ、送一四五号、明治三〇年九月一六日、同前。
(64) 山田信道（農商務大臣）より西徳二郎（外務大臣）へ、水一六九号、明治三一年一二月二七日、同前。
(65) 小村外務次官より伊集院釜山領事へ、機密一一号、明治三一年四月二一日、『朝鮮漁業協会設置』（Ref. B11091845500）。
(66) 秋山山口県知事より大隈外相・大石農商務相へ、明治三一年七月一二日、『日本外交文書』三〇巻、六八〇附記六、一二一三頁。金秀姫『近代日本漁民의 韓国進出과 漁業経営』四八頁。
(67)「関西府県連合水産集談会概況」（『大水』二〇三、一八九九年五月）、「関西府県連合水産集談会決議の建議」（『大水』二〇八、一八九九年一〇月）。
(68)「朝鮮漁業協会規則」『朝鮮漁業協会設置』（Ref. B11091845400）。
(69)「朝鮮漁業協会報告明治三十一年度」同前。
(70)「明治三十二年度朝鮮漁業協会年報」『朝鮮漁業協会設置』（Ref. B11091845500）。一八九八年一月の釜山領事報告は「我漁業者の渡韓するものは殆んど協会に加入せざるものなきに至り」と言う。伊集院釜山領事より都筑馨六（外務次官）へ、「朝鮮漁業協会ニ関スル件」（機密三号）、明治三一年一月二六日、『同』（Ref. B11091845400）。
(71) 具体的には次の五点。「朝鮮人に対する言語動作を慎むべき事」「裸体の侭上陸すべからざる事」「妄りに村落に立入り朝鮮人の感情を害せざる様注意すべき事」「朝鮮婦人酌水洗滌の場所に近接すべからざる事」「朝鮮人と紛争を生じたるときは妄りに腕力を用ゐず組長又は事務所に急報して其指揮を受くべき事」。
(72)「朝鮮漁業協会報告明治三十一年度」。
(73) 同前。
(74) こうした紛争への介入・調停は、一九〇〇年の朝鮮海通漁組合連合会設立後も行われた。金秀姫『近代日本漁民의 韓国進出과 漁業経営』五四〜六〇頁。
(75) 表1、一八九八年三月二日、五月三日、九月二八日、同三〇日、一〇月四日の各件。
(76) 表1、一八九八年三月二日と五月三日の両件。
(77) 前注（70）「朝鮮漁業協会ニ関スル件」。
(78) 前注（12）も参照。
(79) 須川英徳『李朝商業政策史研究』（東京大学出版会、一九九四年）、大沼巧「海税徴収の実態と近代的「所有権」概念と

の矛盾」（須川英徳編『韓国・朝鮮史への新たな視座』勉誠出版、二〇一七年）など。

（80）「明治三十二年度朝鮮漁業協会年報」。

（81）「牧水産局長の漁業談」『福岡日日新聞』明治三二年七月二五日、二六日。

（82）そのような事件の例は「明治三十二年度朝鮮漁業協会年報」に見える。

（83）規約第二三条。農商務省水産局『朝鮮海通漁組合連合会規約各府県朝鮮海通漁組合規約』（一九〇〇年）。

（84）小岩信竹「日韓併合前後の大韓帝国・朝鮮における漁業法の制定と施行」（『東京海洋大学研究報告』五、二〇〇九年）。

第二章　明治の技師山本小源太の軌跡
―府県農事試験場から韓国統監府へ―

飯塚一幸

はじめに

本章では、一八七一年六月一七日に佐賀県西松浦郡西山代村立岩の山本源右衛門・シチの三男として生まれた山本小源太のライフヒストリーを検討する。小源太は、農科大学乙科を卒業後、簡易農学校教師、農事巡回教師、府県農事試験場技手・技師を経て、統監府・朝鮮総督府で技師を務めた人物である。近年明治農政を地主農政として きた通説の見直しが進み、小農保護論に基づく政策と位置付ける研究が進展しつつある。(1) 本章の第一の課題は、こうした明治農政の再解釈を踏まえ、府県農事試験場成立期における技手・技師の育成や移動の実態、彼らの意識と行動を跡付けることである。かつて、安藤広太郎への聞き取りにより初期の農事試験場の実態に迫ろうとした試みがあったが、(2) 技手・技師の事例研究は依然として手つかずの状態に近い。(3)

本章の第二の課題は、近年著しく進みつつある植民地官僚制研究に一つの事例を加えることである。すでに個々の植民地官僚に着目しその心性にまで踏み込んだ研究もある中で、(4) あえて山本小源太を取り上げるのは、植民地期の朝鮮農業史研究において朝鮮で活動した農政官僚や農学者の個別研究が不十分なためである。(5) また、彼が統監府・朝鮮総督府の技師時代に、初期の棉花栽培事業の責任者として最前線で辣腕を振るったからでもある。小源太は、井上勝生が北海道大学に残された珍道東学農民軍指導者の遺骨を「採取」した人物ではないかと推定した、統監府勧業模範場木浦支場長佐藤政次郎(6)の後継者なのであった。

以下では、小源太の生家山本家について、行論に必要な事項を記しておく。西松浦郡西山代村立岩は佐賀藩の支藩である小城藩田尻氏の領地で、山本家は同村の庄屋を務める在村の足軽であり、身分は武士であった。(7) 小源太が農科大学に入る以前から戸主であった一六歳年上の長兄源三は、一八九〇年五月に開かれた日本農談会に佐賀県から命じられて出席するなど、佐賀県を代表する老農として知られていた。その後、一八九五年一〇月に西松浦郡農会の会頭、九六年二月に佐賀県農会副会長に選ばれている。(8) また、一八九四年三月の県会議員選挙で西松浦郡から当選し、九九年九月まで務めた。党派は、一九〇六年二月『佐賀新聞』に政党との関係を絶つ旨の広告を掲載するまで、(9) 一貫して進歩党・憲政本党系であった。小源太は典型的な地方名望家の子弟であった。

なお、山本家文書は伊万里市史編纂事業の過程で見つかり、その後佐賀大学地域学歴史文化研究センターに寄託され、整理が行われている。本章では、山本家文書に大量に含まれている山本源三宛小源太書簡を主な史料として分析を行う。

一　山本小源太の教育歴

東京への遊学

山本小源太は、一八七八年一〇月西松浦郡西山代村立岩小学校に入学し、八四年一一月同郡有田高等小学校へと進学、八六年七月同校を卒業した。翌年九月、佐賀市の干城学校へ入学したが、一八八八年七月佐賀県尋常中学校に転校している。さらに、一八九〇年一一月同校三年在学中に退学し[10]、翌月単身上京した[11]。当初、東京の尋常中学校へ編入学した上で、翌年九月に東京工業学校（現東京工業大学）を受験しようと考えたものの、入学志願期限に間に合わず断念した[12]。結局、東京工業学校の受験に向けて、一月から数学で有名であった神田区今川小路の敬勝館と米国人フレデリック・イーストレイクが設立した日本英学院に通い始め、数学と英語を学ぶ予備校生活となる。

当時敬勝館には東京工業学校予科の生徒が一〇〇名以上在籍しており、年齢は概ね一五・六歳から二五・六歳であり、数学の学力に大きな差があった。他方、日本英学院には三〇歳位の生徒がかなりいて、夜学には官吏も通学しており、小源太は鬚を蓄えた大人が英学の初歩を学んでいる姿を見て驚いている。小源太の見るところ、九州出身の生徒は漢学や数学を得意としているものの、英語は「第一ニ劣等」であった[13]。

東京生活を始めた小源太にとって、決断を迫られたことが二つあった。第一は進学先である。上京を企てた際、小源太にはっきりした志望先があった訳ではない。小源太は上京直後の一八九〇年一二月二八日、飯田町富士見楼で開かれた佐賀県出身者の郷友青年会に参加した。第一議会の開会中で、第一回総選挙において佐賀県から当選した自由党の松田正久が、青年会幹事や帝国大学の学生とともに演説を行っている。その宴席で小源太は、西松浦郡曲川村の生まれで東京工業学校化学科の学生であった西山八次郎に出会った。西山は後に名古屋の松村家へ養子に入り陶業家松村八次郎となる人物で、教員からの信頼も厚く「生長」（級長）を務めるほどであった。

西山は同郷出身の小源太の上京を喜び、翌日飯田町にあった小源太の下宿を訪ねた。その際、西山から将来の希望を尋ねられ、鉄道業に従事する夢を抱いていた小源太は東京工業学校機械科を望んでいると答えている。これに対し西山は、化学科にある陶器科への入学を勧めた。荒木卓爾西松浦郡長が上京して陶器科の視察を行った直後で、佐賀県が石川県にならって有田焼改良のための工業学校設立計画を持っていて、東京工業学校陶器科で学ぶ県の給費生を選考する話が持ち上がっていることを、西山は知っていたのである。西山の語る有田焼の未来や有田にいる多くの知人に思いを馳せ、小源太の心は動いた。(14) こうした経緯はあったが、小源太の選んだ進学先は帝国大学農科大学乙科であった。半年の予備校生活を経て、一八九一年七月小源太は一回の受験で合格し同校に入学した。

もう一つの決断は徴兵検査の受検地であった。上京してすぐ小源太は、徴兵猶予を願い出て東京工業学校卒業後に一年志願兵を務める方法は採らず、合格となっても抽籤で免れるだろうと考え徴兵検査を受検する道を選んだ。次に、受検地を本籍のある佐賀県とするか東京とするかで迷い、東京では徴兵適齢者の人数が多く徴兵されるのは万に一つであるとの意見に従って、東京での受検を決意する。ところが、旧小城藩主家の家従江頭増太郎や西山八次郎は、商人や書生が多い東京では合格者が少なく、もし合格した場合には十中八九徴集されると強く反対したため、(15) 東京ではなく佐賀での受検に変更し徴集を免れている。(16)

このように、小源太の東京遊学を支えていたのは東京在住の佐賀県出身者のネットワークであった。中でも東京で佐賀県出身者が組織していた郷友青年会の会合には熱心に参加しており、松田正久の演説を聞いたのも西山八次郎と出会ったのもこの場であった。(17) とりわけ、一八九一年二月一五日に富士見楼で開かれた郷友青年会の例会は、鍋島本家の嫡男直映《なおみつ》の英国留学送別会を兼ねたために盛会で、帝国大学を始めとした高等教育機関の学生や軍人など二〇〇名余りが集まり、小源太はその中に旧小城藩主鍋島直虎の息子を見つけている。『佐賀県郷友青年会』一八八九年二月号によると、八八年九月時点における在京の佐賀県出身学生数は、帝国大学二〇人、高等中学校二五人、東京農林学校一九人など官立学校一四四人、明治法律学校三三人、英吉利法律学校二五人、慶応義塾一五人など私立学校二四六人で、男子の合計は三九〇人に上り、他に女子も二八人学んでいた。(18) 小源太のような予備校生を加えると在京の佐賀県出身青年はさらに増えるが、例会当日は高等教育機関在籍者の半分近くが集まったと推測される。(19)

例会閉会後には、三崎町練兵場北の松並木のある土手に直映を中心にして並び、写真撮影を行った。佐賀県郷友青年会は、同県出身の高等教育機関在籍者の親睦組織と言ってよく、旧藩主家との旧誼を温める場でもあった。旧藩主家との旧誼は、小源太の東京生活を支える上でも重要であった。農科大学乙科入学にあたって小源太の保証人となったのは、小城鍋島家の家従として家政の中心にいた江頭増太郎であった。[20]当初源三から小源太への仕送りは江頭宛に送られており、それだけでなく一八九一年元旦には小源太自身が江頭邸に出向き三円を拝借している。源三からの仕送りが遅れ手持ちの金が底をつくと、一時を凌ぐ財布としても利用していたのである。[21]江頭が世話をしていた旧小城藩出身の書生は小源太を含め五人いて、小城鍋島家の屋敷にも書生を五人住まわせていた。[22]明治十年代以降の旧誼は精神的なものに止まっていた訳ではなく、旧藩主家とその家政機構は、一時的な資金の借用先や実家から送られてくる仕送りの受取先としての役割[23]に加えて、高等教育機関入学時の保証人としても、東京の書生社会を支える機能を果たしていたのである。

当時の小源太にとって唯一の収入は源三からの仕送りであった。その使い道について、小源太は一八九一年二月一五日付の書簡で次のように源三に申し送っている。

只今ハ学資金ハ八円ナレドモ、八円ニテハ当底相足不申候、如何トナレバ食料・間代・炭油迄一ケ月五円計リ無クテ相不叶、月謝・校費迄二ツノ学校ニテ一ケ月一円六十銭余ニテ、紙筆料（鉛筆・画学紙又画学紙ノ如キモノハ一枚ニテ六銭位ヒ価ヒスルモノナリ、此ノ如ク高価ノモノヲ使フハ画モ尋常ノ画ト異ナリ高尚ナルカ故ナリ）三十銭位ハ費へ、湯銭モ少クトモ十四五銭、郵便税モ少クトモ一ケ月二十銭余ハ相掛リ申候、其他毎月数学講義録等ヲ購読スレハ余之金ハ僅ニテ、青年会費ナリ東京ニアル学友会支部会費モ払フ事相成ラス（中略）、八円ニテ当底《ママ》相足リ不申毎月の仕送り八円は、食費・住居費・暖房費・予備校への月謝・文具代・湯銭・郵便費・教科書代で使い切ってしまい、交際費や衣服・靴代、病気をした際の通院費や薬代など、臨時の出費で費用が嵩むたびに送金を督促するのが通例であった。山本源三は地方名望家とはいえ、両親は健在で三男四女（小源太が農科大学乙科を卒業する時点）を抱えて生活に余裕はなかった。小源太の手紙は決まって支出の予定を事細かに記し節倹を誓う内容にならざるを得なかった。それでも仕送り額は農科大学乙科入学後に毎月九円に増額された。小源太の主観では、農科大学乙科を卒業して就職さえすれば源三からの資金援助は不要となるだろうと想像していたが、実家への経済的依存はそう簡単には断ち切れなかった。

農科大学乙科時代

一八九一年七月、山本小源太は帝国大学農科大学乙科に入学した。農科大学は前年の六月、帝国大学が東京農林学校を合併して発足したばかりであり、小源太は二期生にあたる。乙科はそれまでの別科を改称したもので、応募資格は満二〇歳以上、農学科の場合には田畑五町歩以上所有者若しくはその子弟に限られ、地主の子弟を特別に受け入れる学科であった。そのために、教育内容面では農場実習を中心とする実際的教科に重点を置いていた[24]。

農科大学の教員で小源太が教えを受けたのは、玉利喜造・酒匂《さこう》常明・北尾次郎の各教授、田中節三郎・斎藤万吉・池野成一郎の各助教授、福羽逸人講師という顔触れであった。たとえば入学一年目には、酒匂教授からドイツで学んできた排水法の授業において、「日本農業ニ適当ナル土地改良論」の講義を受けている。また二年目には、理科大学卒業生の池野助教授による植物病理の授業もあった。小源太ら乙科の学生たちは、農業に最も必要と思われる気象学の授業がなかったため、物理学の授業を一週間三時間から五時間に増やし早く終え、その後気象学の授業を組むなど、科目編成にまで強い影響を及ぼしている[25]。

学生の自主的な動きはそれに止まらず、果樹栽培で有名な福羽講師から原稿を借り受け、本科と乙科の学生が「同盟」して費用を出し合い出版した事例もある。学生が農学書の自主出版を進めた動機は、農学の良書が少なく、あっても高価でかつ西洋書の翻訳であるため「日本之小農組織ニハ適セサル所」が多いと感じたからであった[26]。教員だけでなく学生にまで、欧米伝来の近代知を日本の実情に適合させることが農学の課題であると認識していたのである。

こうした認識は、第二議会に上程された信用組合法案に対する態度にも表れている。旧駒場農学校・東京山林学校・東京農林学校・農科大学・札幌農学校の卒業生などで組織されていた研究団体農学会（一八八七年設立）は、信用組合法案についてドイツ農業組合法の模倣であると見て、時期尚早論を唱え反対運動を展開したのである。小源太も右の理解を共有して、源三に農学会の様子を詳細に伝えている[27]。

農科大学乙科には学生と卒業生による講農会という組織があり雑誌を発行していたが、小源太のクラスから規則改正案を提出し改革に乗り出したことも自主的活動に数えられる。この改革構想では、前田正名を会長に迎え他に客員を招く計画であり、小源太も投書家の一人に選ばれた。ところが、投書の材料に窮した「半農書生」の小源太は、源三に①農事試験で好成績を収めた事柄に関する栽培から収穫に至るまでの発育の状況や収支計算、②佐賀県の農況、③農会の必要性、④昨年水害に罹災した田畑の復興状況などについて記事を送ってくれるように懇願している[28]。その後この改革は実を結び、元農商務次官前田正名を会長、玉利喜造等を客員、各学年から一名ずつ幹事とし、幹事長に農科大学技師南波清三郎、編輯長に針谷吾作を据えて、一八九三年一月に講農会は再出発した。小源太自身も論説掛主任に就任することになり、改めて佐賀県下の農業事情に関する情報提供を源三に求めている[29]。

農場実習としては、一年目には麦の中耕、茄子・甘藷・西瓜・南瓜・胡瓜・馬鈴薯の栽培、桑木の接木をはじめとした養蚕見習い、緑茶の製造、馬耕の訓練などを行っている[30]。一八九二年四月には、葛飾郡砂村に野菜の早作りと人造肥料会社の見学に出向き、大日本農会の展覧会や上野公園で開催された家禽品評会に出向いている。特に家禽品評会での知見に基づき、源三が飼育を始めた洋鶏が「ブラマ」ではなく「コーチン」という肉食用の鶏であるとの情報を伝えており、小源太の実習や見学の成果が源三にも及んでいる。(31) 在来知に基づく老農として知られていた源三も、欧米伝来の近代知の摂取に動き始めており、そうした源三の営為を農科大学に在学する小源太の知見が支えていたのである。

小源太が受けた酒匂教授の講義筆記、田中助教授や福羽講師の試験問題、農科大学の販売店で取り寄せた様々な種子、養蜂に関する器械のカタログや定価表などの源三への送付も、同様の意義を有する。(32) ただし、先に述べた講農会への記事材料の提供だけでなく、小源太が佐賀県における米麦作の改良法について卒業論文を執筆しようと決めた際も、整地法、使用する肥料の種類、「播種期日ヨリ改良スヘキ要点」などに関する情報や勧業月報の提供を求めていて、(33) 源三・小源太間の情報のやり取りは双方向的なものであった。欧米伝来の近代知を小農に支えられた日本の農業に見合った内容に適合させるという問題意識を持つ小源太にとって、老農源三が蓄積してきた経験は不可欠なのであった。

二　農事試験場の世界へ

卒業後の進路

山本小源太は農科大学卒業後の進路として、農商務省農事試験場熊本支場への就職を望み、一八九四年三月に佐賀県会議員に当選した源三を通じて、同支場長の大塚由成技師への周旋を依頼した。佐賀・福岡・長崎でも月俸二〇円以上ならば就職すると申し送ったが、(34) まだ農事試験場を開設した府県は少なく、目途が立たないまま九月に卒業となった。そこで小源太は、一転して介補として農科大学に残る道を選択する。介補とは、副手や助手の下で勤務する無給の職であった。介補となれたのは、もちろん教官陣からの信頼があった。小源太の目論見としては、農科大学は「日本全国試験場及農学校等之教員補充之全権ヲ握」っており、大学に残ると「順次昇進之見込モ有之、他ニ転任トナレバ夫丈上位置ニナル事ヲ得」て、立身出世に結びつくと考えたのである。

当時の農場の所員は、農場長が斎藤万吉助教授、助手が山内勇蔵（老農）と針谷吾作（一八八九年度別科卒業生、群馬県庁に就職内定）、副手が農学士高島容孝と農芸化学士光島源太郎、介補が山本小源太、会計兼農夫頭が伊東松助というメンバーであった。この他に篤志農夫が七人、常農夫が九人いて、臨時農夫なども雇われていた。各自の担当は、山内助手が大農場（外国向の農場）、小源太が日本向の農業を分担し、さらに高島副手と小源太が園芸、針谷助手が養蚕、光島副手が分析係を主に担って、農夫や学生を監督しつつ様々な試験に従事することになった。[35]しかし、一八九四年一一月、突然源三からの仕送りが止まった。窮した小源太は「人命ハ朝露ノ如キモノニ候ヘバ何時果ツルモ遺憾ハ無之」と父源右衛門に自殺まで仄めかし仕送りの再開を懇願した[36]が、源三は大学への残留を認めず、小源太は五カ月で介補を辞し帰郷した。

源三が小源太に帰郷を迫ったのは、一八九四年七月の簡易農学校規程公布に伴い[37]、佐賀県で簡易農学校の設立話が進んでいたからでもあった。同校は、一八九五年一月文部大臣の設立認可が下り、四月一日に佐賀郡神野村多布施に設置された。修業年限は二年、初年度の募集人員は本科五〇人、修業年限一年の別科二〇人という内訳であった。小源太は教員免許状を持っていなかったために、まず助教諭心得に任じられた（月俸一五円）[38]。校長事務取扱には農事巡回教師を務めていた中村彦が就任し[39]、以後中村は小源太の技手・技師人生に大きく関わることになる。五月になると小源太は教諭に昇格した[40]。

佐賀県では専任の農事巡回教師はおらず、簡易農学校の教員が兼ねており、小源太も一八九六年一月から二月にかけて神埼郡の各村農談会を巡回して講話を行い、好評を博している。しかし、農事巡回教師との兼任は簡易農学校での教育に支障を来すと考えた小源太は、五人の専任農事巡回教師を置いている茨城県の例を挙げて中村校長に意見を具申したが、現時点では難しいと言われ不満を募らせた(41)。

そうしたこともあってか、小源太は簡易農学校教諭を一年で辞め、一八九六年四月滋賀県栗太郡草津町外一四カ村組合の農事巡回教師に転じた（月俸二五円）。同地は、「林遠里《えんり》信仰者多ク畑苗代或ハ寒水浸・土囲法等流行スル地方」であり、組合会議員には巡回教師排斥運動を起そうと発言する者もいた。小源太はこうした雰囲気の中で、「学理派」の美代清彦滋賀県農事試験場長の後援を得て、「林遠里派」への対抗心を露わにしつつ精力的に農事改良に従事した(42)。農科大学助教授で農場長でもあった斎藤万吉が草津まで足を運んで苦闘する小源太の相談にのり、滋賀県で失敗しても栄転の道はあると励ましたことも、小源太が巡回教師の職務に打ち込む上で大きな支えとなった(43)。

なお、「林遠里派」とは、福岡県生まれの老農林遠里が、一八八七年に門弟を集めて勧農社を組織し、「福岡農法」「筑前農法」などと称される改良農法の普及を図るために、各地に実業教師として派遣した人々を指す。これに対し農科大学卒業生などを中心とする人々を「学理農法派」と呼び、農科大学教授酒匂常明が一八八七年に『改良日本米作法』を刊行して林遠里を批判して以降、対立が表面化していた。すでに林遠里派は一八九四年には行き詰っており、九七年に勧農社が解散に追い込まれることから、小源太が滋賀県で農事改良の第一線に立ったのは、両者の角逐の最終局面だった(44)。

小源太の活動の第一は試作地の経営で、初年度の結果が良好であったため、各村でも小源太に従って農事改良が緒についた。第二は、滋賀県で初めてとなる郡農事講習会の開催である。生徒は村費あるいは自費で参加した三五人、年齢は一八三六年生から七八年生にまで及んでおり、いずれも各町村の有力者あるいはその子弟であった。滋賀県第五課長や美代清彦滋賀県農事試験場長も視察に訪れるなど、全県の注目を集める中で行われたこの講習会は、二八人の卒業生を出し、証書授与式後には卒業生が集まり、長友安孝栗太・野洲郡長を総裁、小源太を会頭とする「栗田興農会」と名付けた農事改良団体を結成した。まさに「小生之子分モ沢山相増」す成果を得たのである。第三は滋賀県では未だなかった郡農会の設立である。これらの成果を踏まえ、小源太は「林派ニ打勝チ好評ヲ博スルニ至リタルハ小生ノミナラズ農科大学派ニ取テ結構ニ御座候」と自賛するまでになる。(45)

府県農事試験場技手への採用

日清戦争後、一八九四年八月に地方農事試験場及地方農事講習所規程が、九九年三月に府県農事試験場国庫補助法が制定され、各府県で農事試験場の開設が相次ぎ、技師・技手の雇用が増え始めた。長野県でも一八九七年六月、現在の長野市芹田に長野県農事試験場が設立され、農事上の改善に関する試験、巡回講話、種苗の配布、農事の伝習などの事業が展開されていく。(46)山本小源太は、この長野県農事試験場の開設に合わせて招かれ、同年九月に同場技手に任じられた（月俸四〇円）。次いで一八九九年三月には、林学士今井雄市の転任に伴い、試験場長佐久間義三郎に次ぐ技手筆頭となった（月俸四五円）。(47)

長野県農事試験場での勤務については、①一八九八年に二町四反歩の試験田を設け試作した、(48)②同年夏から秋にかけて、冬作試験の計画を立案し前年度の麦作試験の成績を一冊にまとめ、稲の中に麦を蒔き稲刈り後に肥料を施す長野県特有の麦作方法の研究を行った、(49)③一八九九年二月から四月にかけて農事講習会のために県内各地へ出張した、(50)④同年五月から試験場で生徒養成に着手した、(51)⑤同年一一月に八王子町で開催された一府九県聯合共進会を視察したことがわかるものの、(52)詳細は不明である。

この間、一八九八年三月に農科大学助教授斎藤万吉から「留任スベキ旨之内命」を受け、一〇月には東京出張を利用して農科大学にまで足を伸ばし、教官に面会して他府県に好条件での転任先はないか探りを入れたが、「当分ハ転任覚束ナ」い旨を告げられ、帰県している。(53) 農科大学が全国の府県農事試験場と府県立農学校の人事権を握っていることを示す出来事である。

一九〇〇年四月、東京府豊多摩郡中野町（現中野区）に東京府農事試験場が設立された。同年五月、佐賀県簡易農学校時代の校長中村彦が二代目の試験場長に就任し、その引きで小源太は六月、同場技手に転じた（月俸五〇円）。(54)

小源太の主な活動の一つは、農会での講話などによる農事改良である。赴任直後の六月二五日に南葛飾郡平井村で開催された郡農会では、害虫と益虫について説明した上で、蝗や浮塵子《ウンカ》の生態や駆除法、長野県農事試験場時代の駆除試験結果などについて話し、講義は二時間に及んでいる。休憩をはさんで幻燈による稲作技術に関する説明も行っている。郡農会の試作地における稲作試験の監督・指導も重要であった。小源太は八月に南葛飾郡内の九カ所の試作地を巡回し、各種の肥料ごとに稲の生育・収量・品質を比較するために、試験の設計を行った。また、他府県の農事試験場調査を行い、試験内容だけでなく試験場の規則・組織・人員・予算などについて調査することも重要であった。さらに一九〇一年一月に、「農事試験場之事業及県農会之事業並県農会ト農事試験場トノ関係等」(55)を調査するために、新潟・埼玉・茨城・群馬・栃木・福島六県を視察し、八月にその成果を一四六頁に上る報告書にまとめ提出している。(56)

その後、一九〇一年四月に八王子町に農事試験場分場が設立されると主幹となり、技師に昇格、(57)〇三年六月には「一生涯一度ハ高等技師ノ仲間入ヲ致度」とまで書くほど憧れていた高等官八等の辞令を受けている。(58)

高等官への任命が確実となった一九〇三年六月五日、小源太は鍋島直大の嫡男直映の求めに応じて同邸に出向き、農事研究に取り組む意志を固めた直映から直接農園の設計を依頼された。鍋島家はすでに農科大学の隣地に三〇町歩の鍋島茶園を経営しており、製茶量は年間一万斤に及んでいた。直映はさらに、茶園周辺にある鍋島家所有地一〇〇町歩余りの中に研究施設を設け、将来は栃木県那須や千葉県流山に同家が持つ各千町歩余の土地に農場を開く構想を抱いたのである。小源太は、「幸ニ開明之世ニ生レタルカ為旧藩主ノ知遇ヲ辱フスル」機会を得たと喜ぶとともに、次のように鍋島茶園を含めた改革の必要性について源三に書き送っている。

目下監督之任ニ当レル人ハ何レモ旧藩士ナレハ、農事志想等更ニ無之、現ニ駒場茶園之如キハ三十町歩以上ニアリナガラ一万斤ノ茶ヲ産シテ損失ヲ招ケルノ有様ニ御座候へ共、旧弊人ニテ家扶・家従ヲ占ムル間ハ如何トモ途ヲ相付申ス間敷候、乍併西洋文明之教育ヲ受ケラレタル直映公カ其家政ニ当ラル、場合ニハ、漸次改良ノ途ニ赴クベキ事ト想像致居候(59)

小源太は、農業も農学も知らない家政機関の士族たちが農園の経営に従事している現状を痛烈に批判したのである。その後七月になって、小源太の奔走により宮内省植物御苑の園丁一人を雇い、農科大学に近い立地を利用して園芸学が専門の同校の原熙《ひろし》助教授が間接に管理する体制を作り、小源太自身も時々監督に出向くこととした(60)。

小源太が技手・技師として農事試験場に勤務している間も、農事改良をめぐる源三との交流は続いた。最も頻繁に行われたのは小源太から源三への種子の送付である。例を挙げると、一八九九年八月には練馬大根を改良した大根の種子を(61)、一九〇一年一〇月には、源三の求めに応じて茶種子を送っている(62)。一九〇三年三月に草花の種子四一種を送った際には、「栽培法ハ春彼岸苗床ニ堆肥下肥類ヲ施シテ薄ク下種シ置キ、成長之後移植スル事」と書き記し、さらに伊万里の西田氏や親族の源之助・九源治へも分与するように依頼している(63)。東京に移ってからも茄子や牛蒡に加えて蚕種も送付した(64)。さらに、試験場に出入りしていた商人を通じて、源三から注文のあった寒暖計や、蔬菜・果樹類の黴菌駆除予防として「ボルドウ液」「ルリ液」を散布するための霧吹を送っている(65)。小源太は、この霧吹を雛形として伊万里のブリキ屋で製造するように促しており、送った道具を源三だけでなく地域に普及させようと意図していた(66)。

結婚と再婚

山本小源太が滋賀県栗太郡の農事巡回教師を務めていた一八九七年二月、農事試験場長美代清彦と栗田郡長長友安孝から別々に縁談が持ち込まれた。小源太は、「小生ハ故郷ニ帰候テモ家ナク田地ナキ身分ニ候ヘハ、一生涯他郷ニ苦労スル身分ニ有之候ヘハ、尚更一日モ早ク結婚モ必用」と考えており、「小生ハ故郷ニ一家ヲ立テ生活スル事出来申間敷ト相考ヘ居候、只小生今後之望ハ可成権門家ニ縁家ヲ求メルヨリ外ハ無之候」とまで述べている(67)。山本家の三男に生まれた小源太は親からの財産分与を期待できず、故郷を出て一生涯働かざるを得ない以上、立身出世には婚家の後ろ盾が重要であるとの結婚観を持っていたのである。こうした認識は地方名望家の子弟に広く行き渡っており、結婚に際しては男女ともに相手側の親族構成やその評判、家の系統、財産の多寡などについて詳細に調査するのが一般的であった。

滋賀県での縁談は、九月に長野県農事試験場へ転じたために、具体的に進まないまま終わった。ところが、転任して一年半余り経った一八九九年一月、県内での小源太の信用が高まったらしく、長野県第五課長清水三男熊を通じて、旧松本藩士飯島家の娘との結婚話が持ち上がった(68)。当時山梨県第五課長であった娘の兄飯島篤雄は、以前長野県属として清水とは同僚であり、娘自身は年齢二四歳、長野県尋常師範学校女子部を卒業後、同校の附属校で訓導として勤務中であった。しかし、この縁談は、娘の勤務校での奉職義務が一年を残していたことと、勤務校の教員の中に娘に結婚を申し込む者が現れたことから、四月に破談となった。源三へも逐一経緯を伝え、小源太自身で飯島家の親族関係や資産状況などの調査を進めその気になっていただけに、落胆は隠せなかった(69)。

ところが直後の六月、今度は清水第五課長と佐久間場長を通じて、吉田稔の妹ひさとの結婚話が舞い込んだ[70]。ひさの母くみは旧松本藩士沢柳信任の姉か義姉と思われ、信任の長男で当時文部省普通学務局長の職にあった政太郎とひさは従弟にあたる[71]。ひさは帝国大学産科病院で研究を行った経験があり、結婚にあたり医学上の器械を持参しただけでなく、京都知恩院住職釈雲照について仏学を修めた経歴を有する才女であった[72]。小源太には貯金がほとんどなく、新居の借用や挙式費用、清水課長や佐久間場長への謝礼など嵩む入費を予想して、一三〇円もの送金を源三に依頼している[73]。その後、一〇月二四日に無事結婚式を挙げたが、ひさの戸籍記載の誤りを処理するのに手間取り、婚姻届は翌年二月にずれ込んだ[74]。

しかし、小源太とひさの結婚生活は長くは続かなかった。一九〇三年一月八日、ひさが満二歳を目前にした息子一男を残して、肋膜炎のため死去したのである[75]。前年七月からのひさの闘病生活は、小源太にとって肉体的・精神的に重い負担となったが、経済的にも窮地に追い込まれ、貯えを使い果した小源太は結局実家の源三からの援助と源三を通じた借金に頼らざるをえなかった。さらに、ひさの病が重くなったのは、ちょうど農科大学から岐阜県技師への転任話がきたところであった。小源太は次のように源三にその辺の経緯を書き送っている。

岐阜県技師（国費年俸三十円、地方費年俸九百円）トシテ転任スヘキ旨農科大学ヨリ命ヲ受ケ居候、県技師トナレハ地方高等官中参事官・視学官ト仝等ニシテ、位階モ賜ハル事ニ相成候へ共、此侭東京ニ在任候テモ明年四月ニハ年俸八百円ニ昇給之事ニ相成居候へハ、格別好ンテ転任スルノ必要ナシト存居候、乍併将来之為ニハ岐阜ニ転任スル方宜敷ルベク、四五年ヲ経過セハ農商務省へ転勤出来ルヤモ難計ニ付、兎ニモ角ニモ小生一己ニテ決定セス、万事ハ農科大学教官ニ一任スル事ニ致候[76]

小源太は、一カ月から二カ月ほど自費で農科大学において研究を行い、その上で岐阜県技師として「栄転」するつもりで、農科大学を経て岐阜県に履歴書を送付するところまで話は進んだ。[77] しかし、重篤な状態に陥った妻を置いて転任する訳にはいかず、この農科大学からの「命」を断らざるを得なかったのである。[78]

ひさ死去から二カ月後の三月、沢柳宅に出向いたところ、義父信任から再婚話を持ち掛けられた。相手は沢柳と同じ旧松本藩士神方恒の娘ゆきと言い、高等女子師範学校を卒業後、東京高等師範学校教授で漢学者・書家・画家として著名であった長尾雨山に嫁いだが、家内不和のため前年二月に離縁となっていた。当時二五歳であった。[79] 父親の恒は、慶応義塾を卒業後、大蔵省主計局の属官や香川県の那珂・多度郡長などを歴任し、一八九九年七月に辞職するまで台湾総督府民政長官後藤新平の下で会計課長を務めた人物である。[81] 官界を退いてからは、一時北海道拓殖銀行に勤め、東京市の京橋や日本橋に土地を所有して貸家経営を行いつつ、旧松本藩主戸田子爵家の家政整理に従事していた「金満家」であった。[82] 小源太は、沢柳政太郎が三月二八日に第一三回万国東洋学会会議から帰国するのを待って相談の上、最終的に再婚の決意を固めた。[83] こうして山本小源太と神方ゆきは一九〇三年六月、沢柳信任とゆきの従兄の沢辺復正（東京帝国大学文科大学学生）を証人として結婚した。[84]「如何ナル因縁ナリシニヤ沢柳ト云ヒ神方ト云ヒ名門家ニ引立テラル、ニ至リシニヤ」と述べているように、[85] 小源太の結婚観からするとゆきとの結婚は想像以上のものであり、これにより旧松本藩士のネットワークにしっかりと組み込まれたのであった。それだけ沢柳家は技術官僚の小源太を高く評価し、ひさとの間に生まれた一男の将来も考え、やや強引に再婚話を進めたのであった。

三　統監府技師に転じる

渡韓の経緯

山本小源太の源三宛書簡中に技師の海外赴任に関する情報が初めて登場するのは、一九〇〇年二月四日付にある、「滋賀県美代清彦（昨夏信州ニ来遊セシ人）氏ハ此度清国湖北省農科大学教授ニ聘セラレ、長崎県技師吉田永二郎氏ト共ニ来十四日横浜出帆之筈ニ御座候」という記述である。美代清彦は、小源太が滋賀県で農事巡回教師を務めていた当時の農事試験場長であり、長野県農事試験場に転じた小源太を訪ねてきたこともあるほどの間柄であった。美代は清の湖広総督張之洞の招きに応じて湖北省に渡り、漢口の農務学堂で教鞭をとり、校長であった羅振玉と教育方針をめぐって議論を闘わせたこともあった(86)。

次いで、農科大学から岐阜県技師への赴任話を伝えた一九〇二年八月一日付の書簡には、次のように記されている。

近来支那・暹羅等ノ政府ヨリ続々農学者之注文有之、楠原正三氏之如キハ今春支那政府ヘ年俸四五千円ニテ渡行被致、又此頃ハ乙科卒業生ニテ年俸二千四百円ニテ暹羅国ヘ渡行セルモノ二名有之、今後ハ日本ノ内地ニ限ラス外国迄ニ渡行スル機会モ可有之ト存居候

清政府に雇われ渡航した農商務省技師楠原正三は、一八九〇年五月佐賀県農事巡回教師に任じられ九三年七月まで務めており、兄源三とは旧知の間柄であった(87)。小源太とも面識があり、一九〇〇年一月に長野市で開かれた一府一

六県聯合勧業会では、当時茨城県技師であった楠原が出席し小源太とも旧交を温めている。(88)それだけに小源太は、楠原渡清の情報に興味を示し、自分と同じ農科大学乙科の卒業生がタイに招聘され二四〇〇円もの年俸を得ていることにも触発され、東アジアや東南アジアへの赴任意欲をかき立てられたのである。

一九〇五年一月、中村彦農商務省技師から、蚕業に関する事項を特に注意して記した履歴書を送るように、小源太に指示があり、(89)彼の周旋で同年四月、蚕糸課長兼農務課長として埼玉県庁に奉職することになった。東京府農事試験場長として小源太の上司であった中村彦は、一九〇二年七月に農商務省技師として本省の課長代理に栄転していたのである。(90)

一九〇六年一二月、またしても同年一月から統監府技師に赴任していた中村彦(91)の引きにより韓国派遣の辞令を受け、〇七年二月小源太は韓国へと渡った。中村は、日露戦争中の一九〇四年末から〇五年にかけて、農商務省農務局が中心となって実施した「韓国土地農産調査」において、京畿道・忠清道・江原道を担当するなど、早くから朝鮮農業に関わっていたのである。(92)山本小源太のその後の経歴は、以下の通りである。

・一九〇七年九月、統監府技師に任命（高等官六等、八級俸）
・一九〇八年一月、統監府農商工部技師に任命、国有未墾地課長となる（一二月七級俸）
・一九〇九年二月、統監府農務局農務課長に転じる（一二月高等官五等）
・一九一〇年二月、臨時棉花栽培所技師兼種苗場技師（臨時棉花栽培所長兼光州種苗場長）に任命（八月六級俸）
・一九一〇年一〇月、朝鮮総督府勧業模範場木浦支場長に任命
・一九一一年七月、全羅南道勤務、朝鮮総督府道技師兼勧業模範場技師に任命
・一九一二年四月、朝鮮総督府内務部勧業係勤務（一三年一月高等官四等、五級俸）
一九〇七年七月のハーグ密使事件を契機に、同月に設置された臨時帝室有及国有財産調査局により、帝室有財産

と国有財産の区分が明確にされ、皇帝の経済的基盤が解体されていく。同時に、国有財産に組み込まれた未墾地を民間に払い下げ、その開発を促すことを目的に、国有未墾地利用法も公布された[93]。渡韓した直後小源太は、埼玉県技師在官のまま度支部《たくしぶ》建築所技師として勤めていたが[94]、一九〇七年九月統監府技師に任じられると、開設されたばかりの国有未墾地事務局に配属され、〇八年二月からは国有未墾地課長として、未墾地の国有財産への編入とその民間への払下げを担当し、払下げを求めて訪れる請願人に対処することになった[95]。次いで、統監府農務局農務課長を経て、一九一〇年二月から臨時棉花栽培所兼種苗場技師として、韓国におけるアメリカ陸地棉の栽培奨励政策を担うことになった。

統監府・朝鮮総督府がアメリカ陸地棉栽培を奨励したのは、日本での紡績業の成長に伴い、アメリカなどからの棉花が輸入の第一位を占め貿易収支を圧迫していたため、日本よりも雨量が少なく栽培に適していると考えられた朝鮮での普及に期待したからであった。一九〇六年三月韓国政府は棉花栽培を、原敬など政党関係者・大日本紡績聯合会関係者・農商務省農務局長酒匂常明らが話し合って設立した棉花栽培協会に委託したが、協会は栽培の模範を示すために設けた棉採種圃を経営する力量がなかった。そこで、四月に京畿道水原に設置された韓国統監府勧業模範場と六月に木浦に設けられた同場出張所が、その委託事業を監督する体制が作られた。こうして木浦出張所は、試験事業の外に、棉花栽培協会が全羅南道に設けた棉採種圃を経営することとなった。

その後一九〇八年三月、韓国政府農商工部の下に臨時棉花栽培所が開設され、木浦出張所をその管轄下に置いた。さらに、一九一〇年九月、韓国併合により臨時棉花栽培所の業務一切を勧業模範場木浦支場が継承し、一二年三月には棉花栽培協会が解散したために、棉採種圃の経営は各道庁の所管となり、木浦支場は本来の棉花に関する試験機関となった[96]。小源太の肩書きが目まぐるしく変わったのは、こうした事情による[97]。

棉作奨励事業の最前線

一九〇六年に四五町歩余りから始まった朝鮮での陸地棉栽培は、〇九年になっても四一二町歩に止まり、栽培奨励は難航した。朝鮮の自然肥料を使った「粗放」な農法のために在来棉の価格が安く陸地棉と競合せず生き残り、農民が日本式の精農主義に基づく陸地棉栽培への転換を望まなかったことに加え、日清戦争時に日本軍が東学農民軍を殲滅した記憶も陸地棉の普及を妨げた(98)。実際に一九〇九年三月には、霊岩棉採種圃が襲撃され、霊岩・伏岩の棉採種圃二箇所が廃止されている(99)。

こうした状況下で、山本小源太は一九一〇年木浦支場長に就任した。小源太は直ちに陸地棉栽培に不適と判断した京城と燕岐の棉採種圃を廃し、作付反別・収穫高ともに圧倒的な位置を占める全羅南道の務安と咸平に棉採種圃を新設して、道内の重要と認めた地に臨時圃員を常駐させるなど、同道へ注力する方法を採用した(100)。

一九一二年一一月四日には、全羅南道令として棉花取締規則を発布し(101)、仲買人に関わる弊害の一掃に乗り出した。その第一は、いわゆる混棉問題への対処である。当時、「混棉」の実態については次のように報じられていた。

> 購入棉花を更に繰綿工場に転売するに方りては、故意に混棉即ち陸地棉実棉に在来実棉を混じ陸地棉の価格を以て取引を為すもの、或は在来実棉に陸地実棉を混じ在来棉の品位を上進せしめて不当の利益を貪る等の行為を敢てし、甚しきに至りては棉花に水気を含めて其の斤量の増加を図らんとする者等ありて、棉花の取引を紊乱するもの尠からず(102)。

仲買人が繰綿工場に棉花を売却する際に、陸地棉の実綿に在来実綿を混ぜ陸地棉の価格で取引を行うなど、不当な利益を得ているというのである。小源太は道令発布直後の一一月二六日に全羅南道の佐藤重治内務部長や橋本豊太郎木浦府尹等と混棉問題について協議し、棉花栽培状況や繰綿工場、仲買業者の視察を重ねた。その上で一二月五日から九日にかけて総督府で開かれた技師会議に臨んでいる。そして、全羅南道に戻ると「憲兵及警察官並技手ノ混棉取締ニ関スル協議会」を開催し、二二日には憲兵分隊が差し押さえた棉花の鑑定を行うなど、取締に着手し成果を挙げた。[103]その状況について、小源太は源三に次のように書き送っている。

秋季棉花買収上ニ就テ各繰棉工場及一般商人間ニ故障ノミ起リ閉口致候、幸ヒ昨年ハ道令ヲ発布シ憲兵隊・警察署等ト協議、違背者ヲ処分スル事ニ致シ候処、罰金刑ヲ科セラレタル工場及商人多ク、中ニハ代議士関係ノ会社等モ有之、二三ケ月間ハ小生ノ如キハ殆ント新聞紙上攻撃ノ中心ト相成申候[104]

第二は、棉作組合の組織である。これにより仲買人の手を経ずに組合員の棉花を集め、繰綿工場に共同販売しようというのである。組合の組織には、棉作組合員の連帯で地方金融組合を通して農工銀行から低利資金を融通させて金融の便を図り、棉花取引上の弊害を除去する狙いも込められていた。[105]棉花仲買商人には、「春季に於て農民の食料漸く空しからんとする頃棉代として之に若干の金員を前貸し、其の元利は棉花にし受領する契約の下に其の前貸に対し不当の利益を貪るもの」が多かったのである。[106]小源太は、一九一二年に一〇三の棉作組合を組織し、[107]陸地棉の植付期を前にした一三年四月一四日、農工銀行員と金融組合理事を集めて「棉作ノ件」について協議している。[108]さらに、四月二九日から五月七日にかけて、総督府において石塚英蔵農商工部長官、工藤英一全羅南道長官、本田幸介勧業模範場長、藤原正文度支部財務課長、人見次郎農商工部商工課長、生田清三郎農商工部書記官、青木作太郎農商工部属、山本小源太等が出席して、「棉作組合ノ協議ヲナ」し棉作計画を立案・決定した。[109]

その後、全羅南道に戻った小源太を追うように、五月二四日に青木属が光州に出張り六月一五日まで滞在し、小源太と入念な打ち合わせを重ねながら、六月一三日には光州で府郡書記、金融組合理事及び棉作技術員の協議会を開いて、棉作に関する決定事項の徹底を図っている(110)。

こうした努力が功を奏し、一九一〇年以降毎年二倍以上に栽培面積を増やし、朝鮮における陸地棉栽培はようやく軌道に乗った（表1）。小源太は、一九一四年四月一六日付の源三宛書簡で「去四十年渡鮮シ、殊ニ四十三年以来臨時棉花栽培所長トシテ米国棉花ノ繁殖ニ勉メ、今年ハ最早二万町歩ヲ超へ、繰棉工場モ数ヲ増シ、数百万円ノ金融亦之カ為ニ動カントスルノ盛況ニ達スル」と自賛しているが、決して誇張ではなく、木浦では繰綿工場も勃興して綿工業の発展が始まった。

この頃の状況について『朝鮮棉業株式会社沿革史』は次のように述べている。

陸地棉栽培の初期に在りては、栽培人の多くは、怠慢にして指導に従はず、除草摘心の如き之を放任する弊ありて、予期の収穫を得る能はず、当局者の苦心少からざりしが、後奨励策を樹て、指導命令を遵守する者及成績優良の者に対し、賞を与へ奨むると共に、他面□怠者に対し、其習性を矯正するに力めたりしかば、漸次良好の成績を示すに至りたり(111)。

朝鮮では当たり前であった「粗放」な棉花栽培方法を「怠慢」と決めつけている。

農科大学で小源太を教え、農商務省農政課長として清韓両国に出張して一九〇二年一二月に『清韓実業観』を刊行した酒匂常明は、日本人農民が朝鮮に移民し農業を営んで模範を示すことで、「貧弱懶惰ナル韓民」を誘導する必要性を強調した。初代勧業模範場長の本田幸介も、「日本の農業をモデルとして朝鮮にそのまま適用して、朝鮮の農業を全面的に「改良」しなければならないという何の躊躇もない単純な使命感」を有していた。小源太を朝鮮

表1　各道別陸地棉作付反別・作人数・収穫高

		1906年	1907年	1908年	1909年	1910年	1911年	1912年	1913年	1914年	1915年
京畿道	作付反別	—　町	—	3.00	5.00	—	—	—	—	—	—
	収穫高	—　斤	—	1670	2500	—	—	—	—	—	—
忠清北道	作付反別	—　町	—	10.00	10.00	15.00	34.22	66.25	166.20	307.50	482.50
	作人数	—　人	—	324	324	281	458	984	2104	3143	4101
	収穫高	—　斤	—	13800	13800	6140	27400	33831	76806	263494	402513
忠清南道	作付反別	—　町	—	3.40	6.00	—	—	4.56	23.97	64.20	203.10
	作人数	—　人	—	—	—	—	—	30	310	1043	2032
	収穫高	—　斤	—	1015	2880	—	—	2863	14981	44313	133994
全羅北道	作付反別	—　町	6.44	24.40	21.00	21.55	30.14	66.10	178.20	884.80	1829.40
	作人数	—　人	12	372	500	512	551	2194	4017	13014	27698
	収穫高	—　斤	6195	3284	3685	1939	24000	59775	81081	617213	1262663
全羅南道	作付反別	45.28	58.93	156.40	348.00	1063.49	2577.64	6202.13	13237.25	18261.30	24025.80
	作人数	326	909	2907	6217	19168	41824	72464	106700	146080	175278
	収穫高	24980	72994	132092	352095	633287	2648650	7002275	12995413	15303438	23745157
慶尚北道	作付反別	—　町	—	2.70	15.00	5.05	17.53	37.00	107.88	347.90	811.50
	作人数	—　人	—	460	365	431	555	1008	3017	6617	16123
	収穫高	—　斤	—	662	2050	487	17000	40802	59306	219669	605431
慶尚南道	作付反別	—　町	—	3.20	7.00	17.40	24.22	63.82	253.50	1185.20	2971.60
	作人数	—　人	—	37	174	595	517	1113	4401	17485	35599
	収穫高	—　斤	—	1023	3150	6290	20000	76581	223694	1023325	2521613
総計	作付反別	45.28	65.37	196.90	412.00	1123.01	2683.60	6430.86	13967.00	21050.90	30323.90
	作人数	326	921	3920	7580	20987	43185	77793	120549	187380	260831
	収穫高	24980	79189	141267	380160	845342	2937050	7210126	13445281	17471452	28668371

注　浦上格編『朝鮮棉業株式会社沿革史』（1917年）所収の「陸地棉作付反別作人数収穫高各右別表」により作成。

に誘い、総督府農商工部で農務課長を務めていた中村彦も、同様の認識であった(112)。

小源太も右のような認識を共有していた。一方で小源太は、各地の棉採種圃の中で光州が常に好成績を挙げている理由について、水はけのよい砂礫質の土壌に加え、「集約なる農法を営み栽培法も「一層精巧を極」めている点に求めている(113)。小源太は、朝鮮人農民の一部はすでに日本式の精農主義を実践しつつあると見て、そこに陸地棉栽培普及の可能性を見出していた(114)。しかし、表2に示したように、小源太の在任中の在来棉栽培面積はほぼ横ばいで、朝鮮での在来棉栽培の強固さが見て取れ

表2　棉作付反別及び収穫高の推移

	年次	1909年	1910年	1911年	1912年	1913年	1914年	1915年
作付反別	陸地棉	412.0町	1123	2683.6	6439.7	13967	21050.9	30323.9
	在来棉	40294.3町	42111.3	45534.1	44633.1	43912	40457.3	34977.5
	計	40706.3町	43234.3	48217.7	51072.8	57879	61508.2	65301.4
収穫高	陸地棉	450.163斤	845.342	2737.05	7216.125	13455.282	17471.452	28688.371
	在来棉	14377.344斤	10627.828	19969.119	23063.24	22099.312	18652.078	16740.337
	計	14827.507斤	11473.17	22706.169	30279.365	35544.594	36123.53	45408.708
反当収量	陸地棉	109斤	75	102	112	96	83	95
	在来棉	36斤	25	44	52	50	46	48

注　朝鮮総督府勧業模範場木浦棉作支場『勧業模範場木浦棉作支場成績要覧』(1920年)所収の「棉作付反別及収穫高累年表」により作成。

る。陸地棉は新規の栽培地を広げることで拡大した可能性が高く、その結果棉花栽培にあまり適していない土地にも栽培を広げ、反当収量の伸びは頭打ちとなり、収穫高は栽培面積の増加ほどには伸びなかったのである。

一九一三年八月、小源太は足の痛みが激しくなり、六日から欠勤が続いた。全羅南道慈恵医院の安藤医師は当初リューマチと診断し、次いで診察した同病院の飯田副院長は「疲労症」と判断したものの好転しなかった。その後九月一一日に福岡の九州帝国大学病院に移されて、一六日には同大学の中山森彦教授執刀の手術により命はとり止めたものの、右足膝下を失って義足生活となった(115)。一二月に光州に戻ってからも義足の具合が悪く病状が悪化し、一九一四年一月一〇日夜には痙攣を起こし一時危篤に陥った。この時は、工藤英一全羅南道長官の要請で朝鮮総督府医院内科長の森安連吉博士が来診して、病状はなんとか回復している(116)。しかし、その後も欠勤が続き、朝鮮での生活は難しくなった。入院・手術・義足代などで一二〇〇円余りも費やして貯蓄を取り崩し、恩給を受けるには勤続年数が二年足りず、小源太は将来の生活を悲観して思い悩んだ末(117)、一九一四年五月に退職を決意し、六月東京の神方邸に移った。結局、中村彦等の尽力で同年七月に休職扱いとなることが決まったものの(118)、約一年半後の一九一六年三月、小源太は四四歳の若さで亡くなった。

おわりに

本章で明らかにした点をまとめておく。

一八七一年に生まれた山本小源太は、明治政府が敷いた学校制度のレールの上を小学校・高等小学校・尋常中学校と駆け上がり、帝国大学農科大学乙科の二期生として卒業した後、簡易農学校規程に基づき創設された佐賀県簡易農学校の最初の教員として就職し、長野県次いで東京府の農事試験場の設置とともに技手・技師として赴任した。いわば近代化の申し子として技術官僚の道を歩んだのである。

その際、山本小源太を支えたのは、第一に旧佐賀藩・小城藩出身者のネットワークであったが、結婚と再婚を通して旧松本藩の人脈も加わることになった。在村の足軽出身でありながら高等官にまで上り詰めた小源太は、そのネットワークの要の位置にいた旧佐賀藩主の嫡男鍋島直映から鍋島農園の経営を託され、旧松本藩主家の戸田子爵とも義父の神方恒を介して面識を得て、近代社会への転換の恩恵を強く意識することになった。

第二に見逃せないのは、帝国大学農科大学の教官・卒業生の固い結束である。府県農事試験場の技手・技師、府県立農学校の教員の人事は、農科大学教官の指示によるか、かつて農学校長や府県農事試験場長として農科大学出の上司であった人物の周旋によっていたことは、小源太の経歴の随所からはっきりと読み取れるのである。

第三に重要なのは、欧米伝来の近代知でありながら、小農に支えられた日本農業の実情に適合させた農学の体系である。小源太の場合は兄源三との情報交換を通じて、一層日本農業の実態に見合った農学の必要性を理解するようになる。そうした農学の体系が、「林遠里派」に対抗心を燃やして農事改良に取り組んだ農事巡回教師時代、農会の講話や各地の視察に飛び回った府県農事試験場の技手・技師時代の小源太を支えていたのである。

その後、統監府・朝鮮総督府で棉作奨励事業の最前線に立った時にも、総督府農商工部や勧業模範場で中枢を占めていた農科大学系の技師たちと同じく、日本の精農主義をもって朝鮮人農民に対峙した。その際に小源太が何を思いどう行動したのか、その点の具体的究明は今後の課題である。

第二章　注

（1）勝部眞人『明治農政と技術革新』（吉川弘文館、二〇〇二年）など。
（2）農業発達史調査会編『日本農業発達史』第五巻（中央公論社、一九五五年）所収の「農事試験場の設立前後―安藤広太郎博士の語る―」。安藤は帝国大学農科大学を卒業後、一八九五年農商務省農事試験場に就職し、一九二〇年同試験場長。九州帝国大学教授・東京帝国大学教授を兼任した。
（3）岡本真希子『植民地官僚の政治史―朝鮮・台湾総督府と植民地官僚―』（三元社、二〇〇八年）、松田利彦・やまだあつし編『日本の朝鮮・台湾支配と植民地官僚』（思文閣出版、二〇〇九年）など。
（4）三谷憲正「朝鮮総督府官僚・鈴木穆論―その軌跡とメンタリティーをめぐって―」、やまだあつし「ノンキャリア技術官僚と植民地台湾―測量技師・野呂寧を中心として―」（いずれも松田利彦・やまだあつし編前掲書所収）。
（5）土井浩嗣「本田幸介関係文献目録」（『海外事情研究』第四〇巻第一号、二〇一二年）一六七頁。こうした研究状況の中で、一九一九年六月に朝鮮総督府勧業模範場の技手として赴任して以降、日本の敗戦まで一貫して朝鮮の農事試験場に勤務した高橋昇については、落合秀男「朝鮮総督府農試西鮮支場長『高橋昇』」（農林省熱帯農業研究センター編『旧朝鮮における日本の農業試験研究の成果』農林統計協会、一九七六年）、高橋昇著、飯沼二郎・高橋甲四郎・宮嶋博史編集『朝鮮半島の農法と農民』（未来社、一九九八年）、徳永光俊「日本農学の源流・変容・再発見―心土不二の世界へ―」（田中耕司編『岩波講座「帝国」日本の学知第七巻　実学としての科学技術』岩波書店、二〇〇六年）、河田宏『朝鮮全土を歩いた日本人―農学者・高橋昇の生涯』（日本評論社、二〇〇七年）など、まとまった研究がある。また近年、朝鮮総督府勧業模範場の初代場長を務めた本田幸介等を取り上げた、土井浩嗣「併合前後期の朝鮮における勧農体制の移植過程―本田幸介ほか日本人農学者を中心に―」（『朝鮮学報』第二二三号、二〇一二年）や、統監府・総督府の技師として活動した三浦直次郎に触れた、永島広紀「保護国期の大韓帝国における『お雇い日本人―日本人高等官人事の動向を中心に―』」（森山茂徳・原田環編『大韓帝国の保護と併合』東京大学出版会、二〇一三年）が発表されている。

（6）井上勝生『明治日本の植民地支配―北海道から朝鮮へ―』（岩波書店、二〇一三年）第三章。

（7）佐賀大学地域学歴史文化研究センター『研究紀要』第一号（二〇〇七年）。

（8）佐賀近代史研究会編『佐賀新聞に見る佐賀近代史年表』明治編上（佐賀新聞社、一九八八年）一六八・二九八・三〇六頁。なお、次兄喜惣太は東山代村北原家の養子となっている。

（9）佐賀近代史研究会編『佐賀新聞に見る佐賀近代史年表』明治編下（佐賀新聞社、二〇一一年）二一六頁。

（10）山本家文書家奥七―一八二「履歴書」。

（11）一八九〇年一二月六日付山本源三宛小源太葉書。以下、山本源三宛小源太書簡・葉書はいずれも山本家文書所収。

（12）一八九〇年一二月二七日付山本源三宛小源太書簡。

（13）一八九一年一月三一日付山本源三宛小源太書簡。

（14）一八九〇年一二月二九日付山本源三宛小源太書簡。西松浦郡出身者で小源太の東京生活に欠かせない友人となった人物としては、他に帝国大学法科大学に入り大蔵省・宮内省・台湾総督府の官僚となった吉田平吾がいる。

（15）一八九〇年一二月二七日付・一八九一年二月一五日付山本源三宛小源太書簡。

（16）一八九一年三月二〇日付山本源三宛小源太書簡、五月二二日付山本源三宛小源太葉書。

（17）東京における同郷会的団体を上京遊学生を支える組織として捉えた研究としては、井上好人「近代日本の『流動エリート』と郷友会ネットワーク―加越能郷友会の事例―」（『教育社会学研究』七八、二〇〇六年）がある。

（18）佐賀近代史研究会編前掲『佐賀新聞に見る佐賀近代史年表』明治編上、一四三頁。

（19）ただし、最初に入った飯田町の下宿には佐賀県人が五人もいて、勉学の妨げになると考えた小源太は、一カ月も経たない内に神田区表神保町に転居している（一八九一年一月七日付山本源三宛小源太書簡）。

（20）江頭増太郎は一八八六年七月に家従となり、一九〇三年四月に辞めた。小城鍋島家の家政機構については、拙稿「解題」（『小城鍋島文庫目録近代文書編』佐賀大学文系基礎学研究プロジェクト、二〇〇五年）参照。

（21）一八九一年一月七日付・九月四日付山本源三宛小源太書簡。

（22）一八九一年一月三一日付山本源三宛小源太書簡。

（23）内山一幸『明治期の旧藩主家と社会』（吉川弘文館、二〇一五年）第三部第一章。

(24)『東京大学百年史』部門編二（東京大学出版会、一九八七年）。杉林隆『明治農政の展開と農業教育』（日本図書センター、一九九三年）一三七頁も参照。
(25)一八九二年二月二七日付山本源三宛小源太書簡。一八九三年九月帝国大学に講座制がしかれた際、農科大学に農林物理学・気象学講座が置かれた。なお、一八九二年一一月一五日付山本源三宛小源太書簡によると、一年目に修めた学科は、肥料論、農具論、土壌論、土地改良論、物理学、化学、植物学、二年目に学んだ学科は、気象学、果樹栽培論、蔬菜栽培論、普通作物篇、無機・有機化学、植物病理学、植物分類学、動物学であった。
(26)一八九二年三月二〇日付山本源三宛小源太書簡。続いて、西洋野菜及びその標本を石版画で出版する計画が進んでいる（一八九二年四月五日付山本源三宛小源太書簡）。
(27)一八九二年二月二七日付山本源三宛小源太書簡。
(28)一八九二年八月一七日付山本源三宛小源太書簡。
(29)一八九二年一二月一三日付山本源三宛小源太書簡。
(30)一八九二年五月一六日付山本源三宛小源太書簡。
(31)一八九二年五月四日付山本源三宛小源太書簡。
(32)一八九一年一二月二日付・一八九二年二月二七日付・同年一二月一三日付山本源三宛小源太書簡。
(33)一八九四年一月二七日付山本源三宛小源太書簡。
(34)一八九四年六月四日付山本源三宛小源太書簡。
(35)一八九四年一〇月二四日付山本源三宛小源太書簡。
(36)一八九四年一一月二八日付山本源右衛門宛小源太書簡。
(37)明治期の農業教育については、杉林隆前掲書に詳しいが、簡易農学校規程制定まではほとんど扱われていない。
(38)一八九五年四月一日付山本源三宛小源太書簡。
(39)佐賀近代史研究会編前掲『佐賀新聞に見る佐賀近代史年表』明治編上、二八一・二八五・二八七頁。中村彦は、一八九三年八月まで佐賀県尋常師範学校教諭であった。
(40)佐賀近代史研究会編前掲『佐賀新聞に見る佐賀近代史年表』明治編上、二八九頁。
(41)一八九六年一月二一日付山本源三宛小源太書簡、二月一六日付山本源三宛小源太葉書。
(42)一八九六年五月三一日付山本源三宛小源太書簡。同年四月一八日付山本源三宛小源太書簡にも、滋賀県は「林遠里派之

教師多数入込候所」であるとの指摘がある。
(43) 一八九六年八月一日付山本源三宛小源太書簡。
(44) 「林遠里派」については、西村卓『「老農時代」の技術と思想』（ミネルヴァ書房、一九九七年）、勝部眞人前掲書による。
(45) 一八九七年一月三〇日付・二月二七日付山本源三宛小源太書簡。
(46) 『長野県史』通史編第七巻近代一（社団法人長野県史刊行会、一九八八年）五五六頁。
(47) 一八九九年四月六日付山本源三宛小源太書簡。
(48) 一八九八年一〇月二六日付山本源三宛小源太書簡。
(49) 一八九八年八月三一日付・一〇月二六日付山本源三宛小源太書簡。
(50) 一八九九年二月四日付山本源三宛小源太書簡。
(51) 一八九九年四月六日付山本源三宛小源太書簡。
(52) 一八九九年一一月二二日付山本源三宛小源太書簡。
(53) 一八九八年四月一三日付・一〇月二六日付山本源三宛小源太書簡。
(54) 山本家文書家奥七―一八二「履歴書」、一九〇〇年六月八日付山本源三宛小源太書簡。
(55) 一九〇一年一月一八日付山本源三宛小源太書簡。
(56) 東京府農事試験場での活動については、木曽雅昭「黎明期の東京府農事試験場の業務に関する二、三の考察―「復命書綴」一九〇〇（明治三三）と「成績略報」一九〇二（明治三五）年から見えてくること―」（『東京農総研研報』一一、二〇一六年）による。
(57) 一九〇一年四月一四日付山本源三宛小源太書簡。
(58) 一八九九年四月六日付山本源三宛小源太書簡。
(59) 一九〇三年六月一四日付山本源三宛小源太書簡。
(60) 一九〇三年七月一五日付・七月一七日付山本源三宛小源太書簡。
(61) 一八九九年八月三〇日付山本源三宛小源太書簡。
(62) 一九〇一年一〇月二九日付山本源三宛小源太書簡。
(63) 一九〇三年三月一八日付山本源三宛小源太書簡。
(64) 一九〇四年三月一七日付山本源三宛小源太葉書。

(65) 一九〇二年一〇月一八日付山本源三宛小源太書簡。
(66) 一九〇二年一〇月二四日付山本源三宛小源太書簡。
(67) 一八九七年二月二七日付山本源三宛小源太書簡。
(68) 一八九九年一月一八日付山本源三宛小源太書簡。
(69) 一八九九年四月一三日付山本源三宛小源太書簡。
(70) 一八九九年六月二七日付山本源三宛小源太書簡。
(71) 新田義之『沢柳政太郎―随時随所楽シマザルナシ―』（ミネルヴァ書房、二〇一四年）二頁。
(72) 一八九九年一一月二二日付山本源三宛小源太書簡。
(73) 一八九九年八月一日付山本源三宛小源太書簡。
(74) 一九〇〇年二月四日付山本源三宛小源太書簡。
(75) 一九〇三年一月八日付山本源三宛小源太電報。
(76) 一九〇二年八月一日付山本源三宛小源太書簡。
(77) 一九〇二年八月二〇日付山本源三宛小源太書簡。
(78) 一九〇二年九月五日付山本源三宛小源太書簡。
(79) 一九〇三年三月一八日付山本源三宛小源太書簡。
(80) 寺岡寿一編『明治初期の官員録・職員録』第六巻（寺岡書洞、一九七七年）。
(81) 王鉄軍「近代日本文官官僚制度の中の台湾総督府官僚」（『中京法学』四五巻一・二号、二〇一〇年）一一五～一一六頁。
(82) 一九〇三年五月二五日付山本源三宛小源太書簡。
(83) 新田義之前掲書九五頁、一九〇三年三月二七日付山本源三宛小源太書簡。
(84) 山本家文書家奥七―二―二「婚姻届」。沢辺も旧松本藩士で、神方恒方の別棟に住んでいた。
(85) 一九〇三年五月二五日付山本源三宛小源太書簡。
(86) 大里浩秋「宗方小太郎日記　明治三一～三三年」（『人文学研究所報』四六、神奈川大学、二〇一五年）によると、漢口に滞在中であった宗方小太郎とも何回か会っている。
(87) 佐賀近代史研究会編前掲『佐賀新聞に見る佐賀近代史年表』明治編上、一六八・一八四・二四四頁。
(88) 一九〇〇年二月一日付山本源三宛小源太書簡。

(89) 一九〇五年一月二八日付山本小源太宛中村彦書簡。
(90) 一九〇二年八月一日付山本源三宛小源太書簡。
(91) 『公文雑纂』大正六年第九巻内閣九「朝鮮総督府技師中村彦・司税官天野文祇外一名同□□朝鮮総督府技師月岡貞太郎・製鉄所技師川合得二賞与ノ件」。
(92) 土井浩嗣前掲論文二一～二二頁。なお、原煕もこの調査に加わり、本田幸介等と黄海道・平安道を担当している。
(93) 宮嶋博史『朝鮮土地調査事業史の研究』(東京大学東洋文化研究所、一九九一年) 三三一～三三四頁。
(94) 『公文雑纂』大正三年第七巻内閣七「朝鮮総督府技師山本小源太同上(元第七高等学校造士館教授永山時英賞与ノ件)」。
(95) 一九〇七年九月一〇日付・九月二〇日付山本源三宛小源太葉書。
(96) 以上の経緯については、浦上格編『朝鮮棉業株式会社沿革史』(一九一七年) 第一章と、朝鮮総督府勧業模範場木浦棉作支場『勧業模範場木浦棉作支場成績要覧』(一九二〇年) の「沿革」による。この内前者は、波形昭一・木村健二・須永徳武監修『社史で見る日本経済史　植民地編』第二七巻(ゆまに書房、二〇〇四年) に収録。また、永島広紀「朝鮮総督・寺内正毅」(伊藤幸司・永島広紀・日比野利信編『寺内正毅と帝国日本―桜圃寺内文庫が語る新たな歴史像―』(勉誠出版、二〇一五年) 六二～六三頁も参照。
(97) 小源太の韓国赴任に妻ゆきと長男一男も従ったが、一九一三年二月から一男は早稲田中学への受験・入学のため東京の神方家に同居することになった。
(98) 井上勝生前掲書第一章五。
(99) 朝鮮総督府勧業模範場木浦棉作支場前掲書七頁。
(100) 山本小源太が編纂した『朝鮮総督府勧業模範場木浦支場報告』第三号(一九一一年) 一二頁。
(101) 山本小源太『明治四十五年当用日記』一一月二日条・四日条。山本家に残された小源太の『当用日記』は、一九一二年から一五年までの四冊である。
(102) 『京城日報』一九一四年五月二〇日付「朝鮮に於ける棉花共同販売」。
(103) 山本小源太『明治四十五年当用日記』一一月二六日条～三〇日条、一二月三日～九日条、一二月一九日条、一二月二二日条。山本四郎編『寺内正毅日記―一九〇〇～一九一八―』(京都女子大学、一九八〇年) 一九一二年一二月七日条・九日条によると、朝鮮総督府での技師会議には寺内正毅総督も出席している。
(104) 一九一三年四月一三日付山本源三宛小源太書簡。

(105)『京城日報』一九一四年五月二〇日付「朝鮮に於ける棉花共同販売」。一九〇七年から設立が始まった地方金融組合については、松本武祝「殖民地朝鮮農村における金融組合の組織と機能―貸付事業を中心―」(『農業史研究』第四五号、二〇一一年)を参照した。同論文によると、初期の金融組合の理事は日本人に限られ、しかも全員東邦協会専門学校出身者であった。

(106)『京城日報』一九一四年五月二〇日付「朝鮮に於ける棉花共同販売」。

(107)一九一三年四月二三日付山本源三宛小源太書簡。

(108)山本小源太『大正二年当用日記』四月一四日条。翌日から一八日まで開かれた、金融組合と農工銀行による招待会・運動会にも、小源太は列席している。

(109)同右四月二九日条～五月七日条。朝鮮総督府官僚の姓名・職名については、『明治四十四年朝鮮総督府及所属官署職員録』による。

(110)同右五月二四日条～六月一五日条。

(111)浦上格編前掲書一一頁。

(112)土井浩嗣前掲論文九～一九頁。

(113)前掲『朝鮮総督府勧業模範場木浦支場報告』第三号、三〇～三一頁。

(114)小源太は朝鮮語の研究も行っており、朝鮮人農民との距離を縮めようとしていたのかも知れない(『明治四十五年当用日記』九月二四日条～二六日条、一〇月二五日条)。

(115)病気発症後の経緯については、山本小源太『大正二年当用日記』、一九一三年九月二七日付山本源三宛山本ゆき書簡、一一月五日付山本源三宛小源太書簡による。

(116)山本小源太『大正三年当用日記』一月一〇日条～一五日条、一九一四年一月二九日付山本源三宛小源太書簡。森安連吉が朝鮮へ赴任した経緯については、同「衛生思想の普及」(鄭大均編『日韓併合期ベストエッセイ集』筑摩書房、二〇一五年)に詳しい。

(117)一九一四年四月一六日付山本源三宛小源太書簡。

(118)『公文雑纂』大正三年第七巻内閣七「朝鮮総督府道技師山本小源太同上(元第七高等学校造士館教授永山時英ノ件)」。

第三章　台湾高地先住民の土地と生の囲い込み
―日本植民国家―資本による人間分類と「理蕃」―

中村　平

はじめに―統治のメカニズムと記憶の分有、植民地責任

我らは他人のための労働には**服役**せず。[1]

この言葉は「理蕃」政策の本質を追究する中で、ブヌンのラマタセンセンやタイヤルのウイランタイヤらの台湾先住民の行動と主体性に直面し、それを感知し聞きとった歴史人類学者中村勝が浩瀚な著作『捕囚：植民国家台湾における主体的自然と社会的権力に関する歴史人類学』（二〇〇九年）に残したものである。『捕囚』は日本資本主義の発展との関わりを見すえつつ、日本植民地統治下の対台湾先住民策である「理蕃」のメカニズムと高地先住民の生への影響を問題化する著作であり、上の引用は、台湾高地先住民の主体的自然[2]のひとつのありかを感じ取り、植民暴力の記憶と経験を喚起する言葉である。

ラマタセンセン（イカノバン社「頭目」、生年未詳）ら、一九二〇年代からいわゆる霧社事件と言われる一九三〇年

闘争ころまでの「未帰順」の台湾先住民「頭目勢力者」は、容易に日本の統治に服従しない姿勢を持っていた。台東庁台東支庁新武路「以奥」のラマタセンセンらは、一九二一年五月、「カイモス社」方面において以下のように語り合っていたことが植民者によって記録されている。(3) 日本は新武路まで道路を延長し、駐在所を設け交易と医療を行うことで私たちに便利を与えると言っているが、それは口実に過ぎない。私たち同族は戦いに敗北したことはなく、日本は勝手に奥地に来て私たちを人夫として**使役**し、**私たちの領域**に侵入しているが全く遺憾なことである。**出役**を拒んでも強制される場合は、四、五日はおとなしく作業に従い、警備員を安心させたのちに、深夜、銃器弾薬を奪うつもりであると。(4)

同一九二一年一二月、新武路道路開削捜索隊の原新次郎警部と巡査部長はラマタセンセンらに襲撃され、原は馘首された。上のラマタセンセンらの言葉が意味を持っていたゆえんである。さらに四年後の一九二六年一月には、ラマタセンセンは口頭で官憲への「出頭」を拒絶し、五年前に出役に応ぜずとした態度はここでさらに徹底された。(5) その後一九三二年一二月に警察に捕まり殺されるまで、ラマタセンセンは日本に抵抗して生きた。(6) ウイランタイヤ（「南澳蕃ピヤハウ社」頭目）についての詳細は『捕囚』に当たられたいが、「我らは他人のための労働には服役せず」という冒頭の言葉は、以上のような植民者によって残された史料の中に響く、台湾先住民のひとつの主体性のありかを示すものであろう。(7)

台湾の山地を悠々と活動するラマタセンセンらのこの出来事は、それを読んだ人々に刻み付けられれば「記憶」となり、台湾先住民史など「〇〇史」に位置づけられればそれは「歴史」の事実となろう。人種主義的な見方で台湾を認識し続け、(8) 第二次大戦の敗戦と継続する冷戦体制によって植民地台湾を忘却してきた日本人にとって、脱植民化（decolonization）とは、上のような台湾先住民の歴史経験と主体性のありかに一部でも触れそれを感知することであり、同時に「理蕃」支配のメカニズムを探究することであろう。支配メカニズムの探究と、植民暴力の中で登場する先住民の主体性を分有すること[9]、その両輪の上に進む脱植民化は、植民的差異が形成され実体化される中で台湾先住民と日本人の両者が分断されてきた、その両者の再度の脱植民的な出会い直しであり、植民主義的でない形で両者がつながっていくことの可能性の模索である。

台湾高地先住民にとり、帝国日本は最初の近代国家との遭遇であり、勝手に移動してきて反抗の声を沈黙させ、教育や戦争を含めて動員を図ってきた存在であり、その歴史の捉え直しが脱植民化として現在問題になっている。台湾先住民に対する「理蕃」の被支配の機制（メカニズム）と記憶の両者について描かれることが、台湾先住民と日本人、台湾人、その周辺の人々の脱植民化にとって肝要であろう。「理蕃」とは人種主義を含んだ植民主義であり植民地統治であり、そこには資本と国家の力が働いていたことを想起しよう。同時にそこでは、「理蕃」に抗する脱植民化の力も登場した。「理蕃」の歴史経験を問うとは、その記憶を今、生成する「私たち」が呼び起こすことであり、それが脱植民化につながっている。ラマタセンセンの記憶は台湾先住民だけのものではなく、それを感知しようとする、新しく生成する「私たち」のものである。

歴史史料から「他人のための労働には与しない」という台湾先住民の声を、『捕囚』（二〇〇九年）の中村勝は聞き取った。植民者日本人の押し付ける労働と教育、ひいては新しき生活様式（皇民化）、それに異を唱える先住民とその中に巻き込まれながら生きていくという先住民の分断。「他人のための労働には服役しない」意識の背後には、首狩り＝首祀りを含む台湾先住民従来の主体的自然と「自然力の世界」（中村勝）[10]があった。こうした記憶と出会う場こそが、脱植民化の力が渦巻くコンタクト・ゾーン[11]なのであり、「理蕃」の機制と歴史経験を描き、読みつがれる場がコンタクト・ゾーンと化し新たな政治的空間を切り開く[12]。

本章はこうした中村『捕囚』の成果をふまえつつ、中村の言う「囲い込み」概念の射程をG・ウォーカーらのマルクス主義ポストコロニアリズムの議論、ならびに人類学的分類の知として登場する植民的差異の議論と節合し、

「理蕃」され植民化されてきた台湾高地先住民の歴史経験を理解する一助となることを目指したい。

一　台湾北部高地における先住民の土地と生の囲い込み

G・ウォーカーによる囲い込み概念と植民的差異概念

中村『捕囚』の分析と密接に関わり、近年ギャヴィン・ウォーカーはK・マルクスの「囲い込み」概念について、西洋ポストコロニアル研究との節合から重要な視角を打ち出している。[13] ウォーカーは「囲い込み」概念の核心を「植民（主義）的差異（colonial difference）」の創造と蓄積に見る。[14] 資本は通約不能（incommensurable）な「完全なる差異」を理解可能な「複数の差異」に「翻訳」し、それらの差異が近代（植民）国家の中で植民的差異として登場するのだ。[15] 本章はこの翻訳の過程を、日本の初期人類学的知識が植民地台湾において日本語による「人種」や「民族」、「部族」という概念を創造していくプロセス（第2節）と重ねて分析する。資本のこうした翻訳の力は、同時に植民国家において、「囲い込み」過程あるいは「原初的蓄積（primitive accumulation）」の重要なメカニズムを構成する。これらの差異は植民地政府における統治の認識論的基礎となり、さらにこれらの差異がコロニアリズムの歴史にあって実体化しさせられていく。これが植民地台湾において展開した「理蕃」の核心的メカニズムである。

想像の産物であることを踏まえつつも、差別や抑圧（植民主義）において実体化し法的にも実体化される民族は、G・ウォーカーや酒井直樹らにより[16]植民的差異（colonial difference）として捉え直されようとしている。取り返しのきかないポストコロニアルな歴史を踏まえると、台湾先住民にとり民族を参照枠組みとした政治を一旦推し進めることは、帝国（中国も含め）マジョリティであった、植民主義を行使し続けてきた日本人と、中華民族の名により国家統合を図ってきた中国人の国家と民族の責任に関連するものであり、先住民とマジョリティ双方にとっての脱植民化の運動の核心であることが理解される。しかし同時に、現行の民族概念が植民的差異の実体化であり、近代の植民地領有を正当化した資本主義国家体制の下で形成されてきた歴史を理解することは、根源的な脱植民化とは何かを考えるにあたり肝要であると言えよう。

ウォーカー「現代資本主義における『民族問題』の回帰」論文（二〇一二年）は、ポストコロニアル研究として登場してきた領域において、（グローバル）資本主義ならびに原初的蓄積概念と、さまざまな「差異」を認識可能なものに翻訳し統治の基礎となす認識論的問題のふたつの観点に注目することを促す。S・ジジェクらの批判に依拠しながらウォーカーは、ポストコロニアリズムが往々にしてアイデンティティの政治を実体化しがちであったと捉え、マルクス主義理論とポストコロニアリズムを節合する。資本はローカルなものを創造し、種差を形成し、差異を体系的に蓄積する。つまり資本は地球上を再コード化するために、現存する諸要素を「純粋に異質な流れ」から「種差性」へと図表化する。[17] ウォーカーはこれを、「純粋な異質性の領野から特殊な差異の連鎖を形成する」と表現している。[18] この資本の展開が、植民地統治とその後に継続する植民主義と手を結んできたのであり、「民族（国民）」はここに実体化していく。資本の論理は、種差性を図表化し「翻訳」を行うこの問題との振幅をとおして拡大してきたのであり、民族という差異の「境界」ははじめから存在したのではなく、翻訳という行為によってはじめて出現する。[19]

ウォーカーの言うポストコロニアル理論の課題とは、資本主義が「民族的」差異、「植民的」差異、「文明的」差異といった形態に寄生しながら、自らを領土化することによって拡大する力、その自己拡大の「秘術的な質」を解明することにある。さまざまな差異の実体化（歴史的物象化）は資本主義の発展にうまく適合しているのであり、この差異の歴史的物象化が世界的規模での資本の展開に不可欠な部分をどのように構成しているのかを明らかにすることに、ポストコロニアル研究の一つの核心がある。[20]

ウォーカーの言う翻訳は、ドゥルーズとガタリが『千のプラトー』で国家による捕獲の問題として論じたものだ。「国家または捕獲装置によって開始されるのは、原始的記号系を超コード化する全体的な記号学なのである」[21]。原初的蓄積過程において既存の社会的諸形態は破壊されるのではなく、新たに重ね書きされるのであり、超コード化され、資本主義的な「新しい社会的霊魂」[22]と共に再配置される。[23]ここに登場する原初的蓄積（原蓄）とは、西欧封建社会の解体を念頭に置いたマルクスによれば、土地などの生産手段から生産者が切り離されることであり、同時に、神学におけるアダムがリンゴを食したという原罪に倣って使われてもいた。[24]ここから、原蓄とは前資本主義的生産様式から資本主義的なそれに移行するプロセス[25]という捉え方が人口に膾炙した。

一方、ウォーカーが整理しているように、特定のマルクス主義理論家たち、特にローザ・ルクセンブルクは、マルクスが描いたように原初的蓄積とはある期間を言うのではなく、現在進行形で終わりなきプロセスだと主張していた。原蓄は、「既存の条件の暴力的な収奪、囲い込みと捕獲の過程」[26]であり、「外部に対する収奪と外部への暴力という不断のプロセス」であり[27]、その蓄積を実際に行うのが国家である。萱野稔人は原初的蓄積が「国家の暴力を経由することによってのみ可能となる」[28]とし、さらにドゥルーズとガタリは、原初的蓄積は一般に「捕獲装置が組み立てられ、それに特殊な暴力がともなうたびに存在する」と言っていた。[29]原初的蓄積には、均質化され「植民地化された」空間が暴力的に建設されることが必要だったのである。[30]

以上のウォーカーの囲い込み＝原初的蓄積と植民的差異論は、マルクス「資本論の思考」を検討した熊野純彦『マルクス　資本論の思考』にもその呼応を見出すことができる。原初的蓄積の暴力性は「資本制それ自体の暴力性」であり、それは「一方では差異を抹消する暴力であり、他方では差異を産出しつつ回収する暴力」と表現される。[31]後者の「差異」こそは、先に見たウォーカーの言う「種差性」、つまり資本に翻訳された植民的差異である。

中村勝による土地と生の囲い込み・原収奪概念

日本の植民国家-資本複合体とその台湾高地における先住民の土地と生の「囲い込み」＝原初的蓄積を再考することは、脱植民化の運動を日本と台湾の双方において進めていく際に肝要な問題である。この観点は中村勝の近年の著作によって論じられてきた[32]。中村は植民（地）化を、土地と生の「囲い込み」と「原収奪」として把握するが[33]、日帝統治初期における台湾先住民の生とその土地との関わりに対しては、「首狩り＝首祀り」の「民習」を含む自然力あるいは主体的自然を看取している。この主体的自然は、対自然の手段という「本来的な暴力」を内包していたのだが、植民国家資本はその暴力を先住民から剥奪する[34]。「囲い込み」過程あるいは原初的蓄積とは土地と生に対する囲い込みと捉えられよう。中村が実証的に練出した「捕囚」現象とは、植民国家資本の原初的蓄積過程（中村は「原始的」を使用）に規定されたものである。

①土地の囲い込み

「理蕃」の土台のひとつは、先住民の伝統的な土地を国家のものとすることであった[35]。周知のように「蕃地」を「無主地」とみなし国有化する原則は、一八九五年「官有林野及樟脳製造業取締規則」において確立した[36]。この国有化政策の上で高地先住民を「移住-集団化」させ「保留地」に生活を囲い込んでいく政策が進行した[37]。このように先住民の土地を国有化し、律令第七号「蕃地占有ニ関スル律令」（一九〇〇年二月）は、「蕃人」以外の者が「蕃地」開発に当たることを原則的に禁じた[38]。これは「本島人」や「土人」（『理蕃誌稿』の名辞）を「蕃地」開発から排除し、総督府の許可を得た日本人企業家のみに開発を許すものであった[39]。欧米人や漢民族、先住民が入り乱れて開発に従事しつつあった現場を、「日本人」の特権的立場から、ナショナリズムの論理を内包させせつつ力で秩序付けようとしたものと考えられる[40][41]。

②生の囲い込み

一九六〇年代以降、日本において日本帝国主義の研究は成果を蓄積していたが、「日本資本主義の侵略性」を解明しようとする志向は経済の審級を優先し、「植民地化が社会に及ぼす多様な抑圧を測る視点」が弱かった。[42]その意味で『捕囚』は経済史や帝国史の蓄積を継承しつつ、生の原収奪＝囲い込みという概念を軸にしながら、戸邉の言う「社会への多様な抑圧」を総体的に捉えようとする。

『捕囚』は、日台双方における資本と天皇制近代国家日本の植民主義的展開を、資本主義批判を根底に置きつつ日本と台湾先住民の両者の関係から描く。「捕囚」とは、日本資本と結託した植民国家（「植民国家資本」）による台湾先住民の土地収奪、その上で「出役」として強制される労働力搾取、統制された「蕃社」への「移住集団化」と「社会の学校化」としての「蕃童」教育を中心に展開する、生の「囲い込み」の総状況を指す。統治初期に登場した「隘勇線」による土地と生の囲い込みは、原収奪を可視化し体現する植民暴力の装置である。[43]台湾先住民への収奪は、土地だけではなく生活とその従来の生全体（「主体的自然」）を含めてのものであり、これを『捕囚』は「生の原収奪」と呼んでいる。生の囲い込みあるいは原収奪は、生活習慣、社会組織、信仰と美学的価値つまり文化の総体の改造を含むものであり、先に見た土地の囲い込みと表裏一体のものである。そして、生と土地の同時の囲い込みの認識論的基盤を形作ったものが、第二節に見る人間の分類つまり植民的差異の問題なのである。

③植民国家資本（原蓄国家資本）

中村の言う植民国家資本は、日本資本主義の確立に「国家資本」が果たした役割がこれまでもっぱら（狭義の）経済史の分野で論じられてきたことを、[44]広く歴史人類学的視点さらには日本植民地におかれた台湾先住民の主体的自然の観点から再解釈するもので、政商と呼ばれた国家と結託する民間資本を含めた「総資本」概念であり、「原蓄国家資本」[45]とも呼ばれるものである。狭義の「日本経済史」においてはこれまで、軍工廠に代表される軍事的投資、軍事とも関連する鉄鋼・機械など重工業資本、運輸部門における鉄道投資と鉄道国有化（一九〇六年）、金融部門における政府出資銀行などが国家資本として代表的とされてきた。(46)

日本の国家資本と民間資本による植民地台湾経済の掌握については、石井寛治『日本経済史』（一九七六年）が以下のように簡潔に整理している。一、台湾縦貫鉄道を官設して、北部（茶業）・中部（米作）・南部（糖業）に分断されたまま大陸対岸に結び付けられていた台湾経済を統一し、日本の経済圏内への編入を促進した。二、金融面では台湾銀行が一九〇四年に金貨兌換の同行銀行券の発行を通じて台湾の日本通貨圏への編入を完了する。三、総督府は阿片・樟脳・食塩の専売制をしき、ついで土地調査事業を推進して一九〇四年に大租権買収と地租増徴を断行し、台湾財政を一九〇五年から独立した。四、金山への民間ブルジョアジーによる資本輸出は、田中長兵衛、藤田組などによって早くから行われていた。糖業については一九〇〇年に台湾製糖が三井物産や皇室、台湾人糖商陳中和らの出資によって設立されていたが、日本資本による糖業支配は、一九〇七年恐慌前後から明治製糖などが設立され大日本製糖が台湾へ進出することによって実現した。(47)このような国家・民間資本が植民地台湾に進出展開する中で、「理蕃」を含めた総体的な植民地統治が植民国家資本によって進められてゆく。

この中村の植民国家資本概念は、村上勝彦が示していた次のような大枠的な理解を補強するものと言える。台湾統治の課題は、朝鮮とは異なり日本の経済進出基盤が従来いっさいない白紙の状態に加えて、一八世紀中葉以降の大陸の商人高利貸資本の台湾への浸透と一八五八年以降の開港を画期とする英米商業資本による台湾経済の支配という事態に対処して、台湾経済を早急に日本資本主義の再生産構造にくみこむ再編成をなしとげることにあった。これは国内民間資本による資本投下が十分に予想されえない中でなしとげねばならず、「事態解決」の鍵は国家資本と総督府の強力な経済政策にあり、また経済的力量を補う政治的支配にあった。国家の経済的活動の役割が大きかったのは、資本主義形成・確立過程の日本や植民地的再編が段階的に進められていた朝鮮ではなく、おそらく台湾においてである。[48]

　例えば日本統治初期、北部台湾「蕃地」において最も重要な企業体と考えられる三井は、一八九六年に台北支店（三井物産合名会社）を設立後、一九〇七年から樟脳業に積極的に着手し、〇九年には「蕃地」三万余甲の林野利用権を獲得した。李文良はこうした状況を、総督府が隘勇線を前進させ三井が林野権を取得するという、国家と日本企業の緊密な同調関係として描き出した。[49]また黄紹恒は、日本資本が強く台湾に進出する時期を日露戦争（一九〇四～〇五年）後に見出し、先の村上勝彦の指摘に重なる主張を行っている。[50]

　中村のいう原初的蓄積過程とは、「原蓄期」という限定された時代区分を示唆する言葉を使用してはいるものの、前節のG・ウォーカーに見た「外部に対する収奪と外部への暴力という不断のプロセス」を同時に視野に入れるものである。R・ルクセンブルクを批判継承する『捕囚』の原初的蓄積過程とは、資本主義体制の生成期としての原蓄期のみならず、「持続的に非（先）資本主義的領域の自然経済を法則のうちにとり込むところの過程」であり、「内外の非（先）資本主義の領域にその後も不断にふるわざるをえなかった政治的・国家的・経済的力能の一連の暴力方式」[51]だったのであり、ウォーカーの資本主義批判に呼応するものである。[52]

「理蕃」における「半封建性」と暴力の問題

　後発の帝国としての日本資本主義における「半農奴」性の問題を指摘した山田盛太郎の『日本資本主義分析』（一九三四年）などを代表として、日本資本主義の発達史における「半封建性」「封建遺制」の問題は継続して議論されてきた。[53]明治国家体制はそれ以前からの伝統に抗して（「革命的に」）ではなく、伝統を通して近代化したと見てよく、A・バーシェイはこれを「ネオ伝統主義的な」近代化様式と呼んだ。[54]「近代天皇制国家と日本資本主義の全過程の体系的把握」（大石嘉一郎「日本資本主義論争」Japan Knowledge）は、植民地下住民の生の経験を通しても論じられるべき大きな課題である。

中村の『捕囚』は、植民地台湾の「理蕃」においても、半封建性や前近代性とさしあたり呼びうるものが核心にあったことを実証する[55]。その「半封建性」とは、夫役（賦役）労働（Fron, labour service）[56]を押し付けながら先住民を国家に取り込もうとした点に顕著である。「理蕃五カ年計画事業」という暴力的鎮圧の後、一九一〇年代後半から、「南澳」「渓頭」群への強制「出役」すなわち低賃金労働強制が行われていく[57]。ここで留意されたいことは、日本植民主義の夫役労働の利用の背景と前史として、「理蕃五カ年計画事業」に代表されるその軍事制圧、つまり植民暴力が台湾山地を席巻したことである。夫役労働に代表される「従属関係」や「半封建性」（日本資本主義論争にいういわゆる「経済外的強制」の問題）は、日本植民地政府が振るった圧倒的な鎮圧の暴力の上で、台湾先住民に押しつけられていったのである[58]。

植民地原蓄国家による先住民労働力政策は、その資本・賃労働関係の現れとしての雇用労働関係の内に、封建的な前期的・身分的な「奴の従属関係」「夫役（賦役）労働」形態をつくり出し、またこの関係を、先住民の剰余労働の獲得のために積極的に活用する[59]。「奴の従属関係」という文化装置こそが天皇制の問題なのであり、先住民に対して「今の生活があるのも**天皇のおかげ**」という意識を植え付けていく点が、「皇民化」教育の問題ともかかわり、「理蕃」における「半封建性」の問題である[60]。先に明治国家が「ネオ伝統主義的」に近代化しようとしたとするバーシェイの論に触れたが、「理蕃」においてもやはり「天皇」という「伝統」が新しく再編され、同時に家父長制的な家族国家観に節合されているのだ（『捕囚』でこの点は明示されてはいない）。

『捕囚』が実証した先住民の夫役的賃労働者化の過程を簡単に示すと、宜蘭庁下の「蕃人労賃指定」（一九一八年）によって、「蕃地」内に侵出した資本事業の警備や物資輸送という労働の基準が定められ、このころ**懲役**・懲戒として**労役**が課されはじめ[61]、後の「生活改善」へとつながっていく。一九一八年の飢饉による貧困の救済事業としても低労賃の出役が始まる。[62] 労役としては、「ガオガン蕃」カラ社らのロンピア（崙埤仔）移住（一九一九年）に際して、開墾終了後に一〇戸につき一名の割合で毎日駐在所に出役し、官の労務に服すべきことが定められた。[63] 一九二〇～二一年の新竹州竹東郡「シャカロー蕃」の反日抵抗運動に際し、大隘社、シパジー社、「ガオガン蕃」人などが「蕃人遊撃隊」として使役（兵役）された。[64] 一九一九年、「南澳蕃」地域のスタヤンからリヨヘン間二八キロの道路工事に、南澳各社先住民は労働力として従事するが、[65] これらは賃稼ぎ労役、集団出役とでも言うべきものである。

夫役労働とは、以上に見られるような「労役・出役・兵役」などの各種の「役《えき》」（人民に公の公務を課すこと、デジタル大辞泉）を指す。このように「理蕃」とは、先住民の「生《なま》」の自然的生命力を利用して、「夫役」の集団的で奉仕的の剰余労働としての地代給付をかれらの生存の「必要」原理に沿って、植民国家‐資本という制度へと「処置する」過程である。[66] 本章冒頭に見た一九二〇年代台東庁のラマタセンセンの「我らは他人のための労働には服役せず」という認識は、高地先住民に対するこうした夫役的賃労働者化の圧力に抗する言葉であることが分かる。

「自然主権の侵害」の視点と囲い込み

以上見てきた中村『捕囚』における囲い込み＝原収奪と、近年台湾先住民族をめぐる議論の中で出てきた「侵害される自然主権」概念の相違をここで整理しておきたい。本概念は台湾先住民族運動（中国語で「原住民族運動」）の中で生み出されたものであり、西洋から直接翻訳された概念ではない。[67]

石垣直の整理によれば、自然主権概念は、早くには一九九三年の第三回土地返還デモに登場し、一九九九年、民進党総統候補だった陳水扁と先住民族各代表が結んだ「先住民族と台湾政府との新しいパートナーシップ」に登場し、先住民が台湾の最も早期の主人であることと、その伝統的土地に対する権利を主に指してきたが、依然として明確に定義された概念ではない。[68] 石垣はその上で自然主権概念を、旧イギリス植民地諸国でしばしば論じられてきた先住権やその諸権利の法的根拠としての「先住権原（native title）」にあたるものであり、土地の先住者として先天的に持っている（はずの）権利およびその根拠としている。それは国際法における「民族自決」や「主権・自決権を行使する主体としての民族」という議論の中でのものであるが、国家成立以前から台湾で生活してきた先住民が国家と対等な関係にあることを強調するものである。[69]

　自然主権概念は、近代的「主権」概念を含むものであり、「先住民族と台湾政府との新しいパートナーシップ」（一九九九年）にも見られるように、その権利主体を「民族」に置く力をもっている。中村『捕囚』ではこうした近代法と近代的主体概念にもとづく議論は行われず、むしろ避けられ、「民族（nation）」を「民属（Volk）」の観点から再度とらえ返そうとする。[70]それは「民族」と「主権」の近代国家の「ゲーム」の中で闘争をするというよりも、植民的差異の実体化として登場してきた「民族」を脱植民化し、もう一度「民属」のあり方に立ち戻って社会と文化を構築していこうという意志の現れである。

　植民国家資本による囲い込みを解くこととは、国家とナショナリズムの論理から解かれることを指すだろう。この点は「マイナーになる」ことを議論したドゥルーズとガタリの『千のプラトー』により近づく。[71]もし「自然主権」概念を近代国家のゲームのみに落とし込まずに、「国家と対等にある」ことを、国家のゲームを組み替える形で再構成することができれば、その時それは中村の議論（ラマタセンセンが示した「私たちの領域」の問題）に節合されるだろう。

二　植民的差異概念と人類学知識

坂野徹の問題提起

次に、マルクスやルクセンブルクの資本概念を打ち直して「理蕃」史を解明しようとする『捕囚』と、植民主義の認識論的基盤と言えるウォーカーの植民的差異概念による先住民の国家‐資本への「捕獲」の問題を節合していきたい。中村の言う土地と生の「囲い込み」とはつまり、物理的事態であるとともに認識論的・概念的事態であり、植民国家‐資本による統治のプラットフォームを作るものである。中村勝とG・ウォーカーの節合には、人類学知識として台湾で登場した植民的差異概念を問わねばならないが、まず核心に触れていると思われる坂野徹の問題提起を見たい。(72)

清朝時代に登場する「生蕃」「熟蕃」の二大区分には、実は「未熟蕃」「化蕃」「合蕃」といった中間形態を伴っていたが、まず総督府の行政区分ではそうした中間形態は抹消されて、「生蕃」（「高砂族」）と「熟蕃」（「平埔族」）という二大区分に収斂させた。さらに台北帝大土俗人種学教室発行の『高砂族系統所属の研究』（一九三五年）では、「結局は総督府による行政区分に従って」「サイシャット」を「高砂族」として扱った。こうした坂野の行論について山路勝彦は、「人類学者の学問分類が行政区分の設定に従属したのではなく、総督府の行政区分と学問分類とは別個の問題として扱われた」としているが、(73)この「扱われた」の行為主体が誰であるか不明であり、反論になっていないようにみえる。

この「サイシャット」について陳文玲は、一九一三年以降台湾総督府により「蕃族」に分類されたことを、隘勇線の内と外で線を引く「統治上の便宜」によるものだとした。(74)伊能嘉矩や森丑之助の分類が採用されずに総督府が独自に線を引いたという意味では、山路の言う人類学者の分類と異なるロジックが働いたのかもしれない。しかし『高砂族系統所属の研究』が結局は「サイシャット」を「高砂族」として扱ったことは、坂野の言うように総督府の分類と学者の分類が強い相関関係にあったことを推測させる。現に、『系統所属の研究』の作者の一人である馬淵東一は、本書がサイシャットを「高砂族」に分類した理由を求められて、綿密な調査のための「金はない。人員もいない。だからそういう判断を、きちんとできなかった」と一九八六年の鼎談で認めている。[75]その司会を務めた松沢員子はそれらの発言を受けて、「基本的にはそれ以前の政府の分類というものに従いつつ、（中略）最終的にサイシャットを高砂族の中に入れられた、ということですね」と述べ、馬淵も特に反論はしていない。[76]ここに見られるのは、山路（前掲書）の言うような行政と学問の各々の独立性では決してなく、学問分類の「統治上の便宜」[77]への追従であろう。

先に挙げた坂野前掲書は、分類するという行為のもつ「政治性」、あるいは「人類学という知」それ自身に内在する植民主義の問題を見るが、[78]この部分をより明確に分節化する必要がある。この「政治性」がウォーカーの提起する植民的差異概念に関連し、この差異の概念が開く統治の認識論が、坂野の言う植民主義の問題なのである。ウォーカーの提起する植民的差異の概念と議論から、ここで再度、台湾における日本の人類学知識の問題を、植民地統治がいかに可能になっているのかという点から論じておく必要がある。

冨山一郎・陳偉智の所論と植民的差異

明治期の日本の人類学成立の背景には、西洋人類学の眼差しによって見られる客体としての日本人が現われ、同時に人類学的観察主体を立ち上げていくという分裂状況があった。すなわち、「西洋」からの視線によりあらかじめ客体として陳列された「日本人」が、「分裂に逆らいながら観察する主体として、領土である日本を自らの視線において再発見していく」中に、当時の日本の人類学の構造的位置があった。[79] 台湾を領有後、日本人類学が台湾住民に対して立った位置は、西洋人類学が植民地の他者に対してとった観察し分類するという位置にあったと言えよう。

植民的差異はどのように発見され、確定されていくのか。日本人類学は領有したばかりの台湾における人間の分類に着手することになるが、冨山はその分類の技法を問題化する。人類学者が政策のオルガナイザーとして植民地支配に関与したか否か、という次元が問題になっているのではない。分類技法を問題化するとは、統治に資する知識すなわち認識論についての問題を問うている。明治期人類学において登場した測定という技法は、「危機をはらむ分類不可能な存在」を、翻訳することによってある限定した「連続面」に設定し直した。[80] 冨山の議論は、帝国が拡大する中での、植民的差異の発見と確定としての日本人類学を対象にするものである。

「理蕃」の認識論をもたらす植民的差異を考えるにあたり、台湾における日本人類学の「人種」分類の知の形成とその性格を明らかにした陳偉智の考察を参照しなければならない。[81] 陳によれば、台湾における人種分類は、一八九五年一一月に渡台し、旺盛に台湾先住民研究にあたった伊能嘉矩（一八六七〜一九二五年）抜きには論じられない。伊能の作った台湾先住民の分類体系こそが、総督府の「蕃情」に関する知識の枠組みの基礎となったからである。伊能の人種分類は、当時の西洋の人類学の認識論の影響を受け、それを超えるものではなかったと陳は考察する。伊能は一八九八年、中国語文献の記載と自らのフィールド調査により「台湾土蕃」の「種族」分類を「群―族―部」に分け、すべてを「マレー人種」とした。[82] 一八九五年に伊能は、台湾における人類学は「将来の治教」の需要において必要であるということを述べていた。一九〇〇年の『台湾蕃人事情』では、進化論的な説明に基づき、北部山地の「アタイヤル」を進化程度の最も低いものと規定し、南部の平地に近い「諸族」を進化程度が高いとしている。内部に同質性をもつ「族」を分類し、他の族との境界を地理的に設定し、文化の差異を進化発展の順序とみなすこの分類の認識論は、後に人類学者ヨハネス・ファビアンが「共在性（coevalness）の否定」として批判することになるものである(83)。

陳によれば、植民地統治という現状を合理化する伊能の植民主義的ディスコースの創出は、分類することの政治性を内包するものであり、知識と政治面における新しい主体創設の試みだったとしている。伊能の人種分類のパラダイムは、中華民国体制になったのち現在にまで影響を及ぼす強力なものであった。伊能の分類パラダイムは、数や内容こそ変更はあれ、「○○族の○○研究」を指向する学術界や、「民族」を文化復興の単位とする一部の先住民族運動においても引き継がれている。このように、西洋の一九世紀中葉以降に広まった近代的な知識の枠組みは、日本の植民地統治をその代理人として台湾に登場したのである。

以上の陳による議論をウォーカーと節合すれば、こうした伊能の台湾先住民に関する進化論的な認識のパラダイムが、植民地統治の認識論的な基礎あるいは土台を提供したことが理解される(84)。冨山の言う「連続面」とは、差異を認識可能で比較可能なものに翻訳するプラットフォームであり、このプラットフォームの上に植民地統治が展開する。陳が論じた台湾住民の人類学的分類は、ウォーカーが論じる資本の原初的蓄積過程に沿うものである。坂野徹と山路勝彦の植民地統治と人類学知についての議論（かみ合わなさ）は、台湾先住民の分類が行政と学者で齟齬を来していることをどう評価するかということにあったが、行政と学者の両者は、台湾の住民を「どう分類するのか、どう帝国内の人間を把握するのか」という認識論においてはプラットフォームを共有していたのだ。

三　「理蕃」における植民的差異の実体化と「日本人になる」こと

以上述べてきた植民的差異の分類は、台湾全島規模で展開される戸口調査（国勢調査に相当）と戸口制度実施により実質的に政策となる。[85]この植民的差異が、国家のイデオロギー装置としての教育そして社会教育と授産政策、戦時体制における総動員を通して実体化し、そこに「日本人になること」（皇民化）が重ねられていたのが「理蕃」であった。[86]『捕囚』の表現を借りれば、夫役（公役）と直接的交換の労働の仕方は、それぞれ「国民」の義務である「兵役」と「納税」の代替物となり、このかぎりで先住民の国民＝日本人化が企図されえた。[87]またここに同化の中の差別の問題、「差異（示差）的な編入（differential incorporation）」とWu Rwei-Renが呼ぶ問題と、[88]さらには人種主義の問題[89]が見すえられなければならない。こうした構造的暴力を可能にする装置が、前近代的な天皇を新しく再編した天皇制とその下での台湾先住民に課された（夫役された）数々の「役」であったのであり、第一節において「理蕃」における「半封建性」と暴力の問題として論じてきたとおりである。「授産」や「社会教育」を含む種々の教育的営みを通して、「日本／天皇のおかげ」「御恩／恩恵」意識を浸透させていくことが皇民化であった。

差異の実体化とは、認識論が存在論に代わることであろう。教育を通した国民化そして皇民化の問題は、ここまで述べてきた資本の大きな流れと無関係ではない。萱野稔人『国家とはなにか』は『千のプラトー』を検討しつつ、資本主義を前にしてあらゆる国家は、労働と資本が自由に流れるための「統合された唯一の国内市場に向かう傾向」を持つとする。国家は、世界的な抽象性と普遍性をもった公理系のもとで富を徴収するために、統一的な国内市場をくみたてる「同質的な国民の形態」をまずは通過しなくてはならないのだ。[90]

しかしこの植民的差異の実体化は貫徹されてはいない。「日本人になること」は「大東亜共栄圏」の崩壊と共に潰え、その次に台湾先住民を待ち構えていたのは「中国人になること」であったが、一九八〇年代から高揚する「台湾原住民族」運動は、自らのアイデンティティを問い直し、脱植民化を追求しつつ社会における位置と権利を主張してきた。[91]民族の本質主義的構築に距離をとりつつ、台湾先住民のパァラバン・ダナパン（孫大川）はアミの民間学者リボク（Lifok、黄貴潮）から、「汎原住民族」意識への違和感を期待と共に引用している。

私は宜湾〔台東県成功鎮〕のアミで、実際のところ、私は本当に理解しているのも、ただ私の宜湾集落だけである。私は宜湾の変化を見て、そこの風を熟知している…私はさらには「アミ族」さえ完全には知らないと思う。何が、あるいは誰が「アミ族」か。あまりにも抽象的すぎる。あなた方若い人たちが作りだした新名詞、「原住民」、おお、私にはあなたのわかっていることが本当に理解できない（笑う）。誰が「原住民」か。[92]

リボクの「汎原住民族」意識への疑念は明白であり、同時に彼の宜湾集落への思いも伝わる。「民族」を軸とした政治を推し進めながらも、その民族主体を自らの経験と身体から常にとらえ返そうということ。「理蕃」により主体化されてきた植民的差異の経験を、ナショナルにではなく、ひとりひとりが言葉にしていくこと。中村勝の用語（第一節で論じた民族と民属）を使えば、脱植民化運動とはnationとしての民族という枠（概念）に、再度Volkとしての民属の内実を充填し作り変えてゆく意味付与実践として考えられる。[93]今日台湾先住民において課題となっている、母語と民族の教育（すなわち民属教育）の問題につながる。このように思考して、台湾先住民における囲い込みと原初的蓄積における暴力的な記憶と経験とはどのようなものであったのか、日本植民国家-資本の植民（地）化の暴力の記憶と経験とは何かという問題を、ナショナリズムに陥ることなく語るにはどうすればよいのかに筋道が見えてくる。

冒頭に掲げたラマタセンセンらの「他人のための労働には服役せず」という主体的自然の思考を想起したい。国家とネイションを超える「私たち」が織りなす脱植民化運動とは、囲い込み過程の構造的理解と、植民地支配における暴力の経験の記憶を分有[94]（*partage*）することの双方において、進められていくであろう。植民的差異のナショナルな実体化を超え・ずらすこの脱植民化の運動は、新たな脱植民的空間を増殖させはじめるだろう。

おわりに

日本人であれ台湾先住民であれ、植民地経験（「理蕃」の歴史経験）と記憶は、植民主義を可能にする条件によって規定されている。G・ウォーカーが指摘する植民化（コロニアル）の条件とは、「人類学的知識」の成立と普及を梃子とする植民的差異の確定とその実体化のプロセスにある。換言すれば植民主義を可能にする条件は、日本人と被治者、さらに被治者の中の諸分類という植民的差異の認識論的確定にあり、この確定作業は植民国家が進める資本主義的近代と密接に関連する。認識論的な連続面（プラットフォーム）を形成することにより、植民主義は危機を孕む根源的かつ翻訳困難な差異を翻訳し、この連続面の上に、夫役（賦役）労働の形態を仲介させながら労働力を商品化する国民（中村勝）的包摂が進行する。本章で括弧をつけることなく使用してきた「日本人」や「台湾先住民」という自己成型は、こうした植民主義の歴史経験を通してつくられてきた。本章において必ずしも主題として取り上げることはかなわなかったが、「植民地責任」の取り方は、植民地統治と継続する植民主義のメカニズムを明らかにすることと、統治をめぐる（特に暴力の）体験の記憶が分有されていくということの双方から成されるだろう。

※本章は、「台灣山地原住民土地與生活之圏地圏生運動：日本殖民國家―資本下的人群分類與『理蕃』」（官大偉編『民族、地理與發展：人地關係研究的跨學科交會（順益台灣原住民博物館二十週年紀念叢書）』台北：順益台灣原住民博物館、二〇一七年）、一〇五～一二九頁を翻訳の上、加筆訂正を加えたものである。執筆にあたり、日本学術振興会科学研究費補助金「台湾先住民の『民族』自治」（研究代表者：中村平、課題番号：26503018）ならびに「帝国日本の移動と動員」（研究代表者：今西一、課題番号：25244030）を受けた。なお本章では、中国語の自称である「台湾原住民（族）」を、日本語の「原住民」

の歴史的語義と、日本社会の「台湾原住民（族）」運動の認識の薄さ、世界の先住民（族）運動（と日本語訳されている）のプロセスを鑑み、暫定的に「台湾先住民（族）」と日本語表記している。ご配慮いただければと思う。

第三章　注

（1）中村勝『捕囚：植民国家台湾における主体的自然と社会的権力に関する歴史人類学』（ハーベスト社、二〇〇九年）五八七〜五九七頁。

（2）中村は、マルクスが「ザスーリッチへの手紙への草稿」で使用した「自然的生命力」を基に、台湾高地先住民が国家権力に包摂される前、周辺環境の物質的諸力との相互作用を通して「自然的生（活）」を営んでいた状況における主体性のありかを指すものとして、この語を用いている。

（3）台湾総督府警務局『理蕃誌稿（第四巻）』（復刻版）（青史社、一九八九［一九二八］年）八一一頁。

（4）中村『捕囚』五九〇頁。

（5）中村『捕囚』五九一頁。

（6）徐如林・楊南郡『大分塔馬荷　布農抗日雙城記』（台北：南天書局、二〇一〇年）。

（7）こうしたラマタセンセンらの主体性叙述が、日本の一九五〇〜六〇年代における民族抵抗史観的叙述と同様のものとされてはならない。この史観ではともすれば積極的抵抗こそが民族主体性のありかとされたが、中村『捕囚』が「受動的実践」概念を練出したように、伝統的文化装置により外来の刺激に反応してしまうという受動性の側面を踏まえた主体性概念のとらえ返しが議論されている。中村平「受動的実践と分有：中村勝の台湾先住民族の歴史経験の記述をめぐって」（『日本学報』（韓国日本学会）八六、二〇一一年）も参照。抵抗に際しても主体が持つ受動性の側面については、山本達也氏の示唆を受けた。

（8）松田京子『帝国の思考：日本「帝国」と台湾原住民』（有志舎、二〇一四年）を参照。

（9）「分有（partage）」は、全面的「共有」よりも部分的な「分かち合い」を強調する語である。中村「受動的実践と分有」を参照。

（10）中村勝『自然力の世界』（れんが書房新社、二〇一二年）を参照。

（11）Mary Louise Pratt. *Imperial Eyes: Travel Writing and Transculturation*. London, New York: Routledge, 1992を参照。
（12）中村平「『困難な私たち』への遡行：コンタクト・ゾーンにおける暴力の記憶の民族誌記述」（田中雅一・奥山直司編『コンタクト・ゾーンの人文学Ⅳ　ポストコロニアル』晃洋書房、二〇一三年）を参照。
（13）ギャヴィン・ウォーカー（Gavin Walker）（葛西弘訳）「現代資本主義における『民族問題』の回帰：ポストコロニアル研究の新たな政治動向」（『思想』一〇五九号、二〇一二年）。同 "Postcoloniality and the National Question in Marxist Historiography: Elements of the Debate in Japanese Capitalism," *Interventions*.13(1), 2011, p. 120–137. "Primitive Accumulation and the Formation of Difference: On Marx and Schmitt," *Rethinking Marxism*. 23(3), 2011, p. 385–404. 同（沖公祐訳）「無理という閾と〈共〉の生産（上）：資本の起源的閾　襞としての労働力」（『情況（第三期）』一一（四）号、二〇一〇年）を参照。
（14）以下、"colonial difference" を「植民的差異」と翻訳する。
（15）多様な「分からない」差異を、国民国家の「分かった」差異へと解消する力について、商品化の運動とともに言及した酒井直樹「翻訳というフィルター」（『岩波講座哲学一五』岩波書店、二〇〇七年）二〇七頁も参照のこと。
（16）Sakai Naoki and Jon Solomon eds. *Translation, Biopolitics, Colonial Difference*. Hong Kong University Press, 2006.
（17）ウォーカー「現代資本主義における『民族問題』の回帰」一三〇～一三一頁。「種差性」の英原文は specificity/ specific difference（著者とのEメールで確認）。
（18）ウォーカー「現代資本主義における『民族問題』の回帰」一二六頁。
（19）ウォーカー「現代資本主義における『民族問題』の回帰」一三九頁。
（20）ウォーカー「現代資本主義における『民族問題』の回帰」一三四頁。
（21）ドゥルーズとガタリ『千のプラトー：資本主義と分裂症』下、宇野邦一ほか訳（河出書房新社、二〇一〇年）一九三頁。
（22）カール・マルクス『資本論』第一巻下、今村仁司、三島憲一、鈴木直訳（筑摩書房、二〇〇五年）五四九頁。
（23）Walker, "Primitive Accumulation and the Formation of Difference," p. 389–391.
（24）原蓄とは始まり、「大多数の人びとの貧困」と「少数の人びとの富の始まり」に位置するものである。マルクス『資本論』第一巻下、「第二四章　いわゆる原初的資本蓄積」を参照。
（25）熊野純彦『マルクス　資本論の思考』（せりか書房、二〇一三年）二七七頁。
（26）ウォーカー「無理という閾と〈共〉の生産（上）」一二一頁。
（27）Walker, "Postcoloniality and the National Question in Marxist Historiography," p. 132.

(28) 萱野稔人『国家とはなにか』(以文社、二〇〇五年) 二四八頁。
(29) ドゥルーズとガタリ『千のプラトー』下、一九八頁。
(30) ドゥルーズとガタリ『千のプラトー』下、三五五頁。
(31) 熊野『マルクス』二七七頁。
(32) 中村『自然力の世界』、同『捕囚』、同『台湾高地先住民の歴史人類学：清朝・日帝初期統治政策の研究』(緑蔭書房、二〇〇三年)。類似する視角を宜蘭県蘭陽渓上中流に焦点を当て、林業史の政治生態学の観点から実証的に描いた洪廣冀「林野利權的取用與控制、人群分類及族群：以蘭陽溪中上游地域為中心 (1890s–1930s)」許美智編『族群與文化：「宜蘭研究」第六屆學術研討會論文集』(宜蘭：宜蘭縣史館、二〇〇六年) も重要である。
(33) 原収奪は、「物質代謝のオルガニズムが取り去られること」でもある (中村『捕囚』一〇一頁)。
(34) 中村『捕囚』一一三頁。
(35) 「原初的資本蓄積の歴史において…(中略)…農村の生産者である農民たちから土地が奪われたことが、全プロセスの基礎にある」(マルクス『資本論』第一巻下、五〇五頁)。
(36) 中村『台湾高地先住民の歴史人類学』二六一～二六五頁。
(37) 中村『台湾高地先住民の歴史人類学』第四章。
(38) 関連する法律に府令第七二号「蕃地取締規則」(一九〇五年九月) がある。「蕃地」と開発者を管理下に置こうとするものである (『理蕃誌稿』第一巻、四〇八頁)。王泰升『追尋台灣法律的足跡』(台北：五南、二〇〇六年) 八〇頁も参照。
(39) 中村『台湾高地先住民の歴史人類学』三二六～三三一頁。
(40) 中村『台湾高地先住民の歴史人類学』三七八頁。この日本ナショナリズムに、植民主義とも重なり、「天皇制家族主義」ならびに「『恩』的差別の世界」構築と中村が名指した問題が内包されている。『台湾高地先住民の歴史人類学』四一一～四一二頁を参照。
(41) 例えば、一九〇二年、サイシャットの日阿拐 (一八四〇～一九〇三年) らによって起こされた南庄事件は、日本人製脳 (樟脳) 業者と総督府の圧迫的な土地‐経済政策により引き起こされたものと考えられる。日阿拐は漢人らに土地や脳寮を貸して山工銀という地代を回収して財を成し、自ら製脳業に就いていたが、本事件により負傷し逃亡し、土地は総督府に没収された。浦忠成「日阿拐」荘永明編『台湾原住民』(台北：遠流、二〇〇一年)、中村『台湾高地先住民の歴史人類学』二七一、三一一二頁、胡家瑜・林欣宜「南庄地區開發與賽夏族群邊界問題的再檢視」(『臺大文史哲學報』五九号、二〇〇三年)、山路勝彦『台湾タイヤル族の一〇〇年：漂流する伝統、蛇行する近代、脱植民地化への道のり』（風響社、二〇一一年）二三五～二七二頁を参照。
(42) 戸邉秀明「ポストコロニアリズムと帝国史研究」（日本植民地研究会編『日本植民地研究の現状と課題』アテネ社、二〇〇八年）六〇頁。
(43) 隘勇線については中村『台湾高地先住民の歴史人類学』三六八頁、同『捕囚』第六章、中村平「（書評）山路勝彦著『台湾タイヤル族の一〇〇年』」（『日本学報』三二号、二〇一三年）をさしあたり参照。
(44) 例えば海野福寿「原蓄論」（石井寛治・海野福寿・中村政則編『近代日本経済史を学ぶ（上）明治』有斐閣、一九七七年）を参照。
(45) 中村『捕囚』九二頁。
(46) 松元宏「国家資本と財閥資本」（石井他編『近代日本経済史を学ぶ（上）』）。
(47) 石井寛治『日本経済史』（東京大学出版会、一九七六年）二二八～二二九頁。石井寛治「日本資本主義の確立」（歴史学研究会・日本史研究会編『講座日本史〈六〉日本帝国主義の形成』東京大学出版会、一九七〇年）は産業資本の確立を一九〇七年前後に求めている。また日本統治時代の台湾経済史を四期に分けた東嘉生などの先行研究を検討した、黄紹恒『臺灣經濟史中的臺灣總督府：施政權限、經濟學與史料』（台北：曹永和文教基金會・遠流、二〇一〇年）も参照。
(48) 村上勝彦「日本帝国主義と植民地」（石井他編『近代日本経済史を学ぶ（上）』）一七九頁。
(49) 李文良『帝国的山林：日治時期臺灣山林政策史研究』（台北：国立台湾大学歴史学研究所博士論文、二〇〇一年）一一八～一四〇頁。
(50) 黄紹恒「日治初期在臺日資的生成與積累」（『臺灣社會研究季刊』三二号、一九九八年）。
(51) 中村『捕囚』八六頁、九一頁。
(52) 付言すれば、デヴィッド・ハーヴェイ（David Harvey）『資本の〈謎〉：世界金融恐慌と二一世紀資本主義』森田成也ほか訳（作品社、二〇一二年）はマルクスの原初的蓄積概念を「略奪による蓄積」（accumulation by dispossession）と言い換え、二一世紀の資本主義にも継続していることを分析している。略奪による蓄積とは、「元から存在する財貨」や共有財が、「労働力や貨幣、生産能力、商品として」強制的に集められ、「資本として流通させられる過程」であり、「資本主義システムがなんらかの表面的安定性を確保するためには」、原初的蓄積＝略奪による蓄積が総体として維持される必要があるとしている。同『ネオリベラリズムとは何か』本橋哲也訳（青土社、二〇〇七年）九二頁、一一七頁。

(53) 例えば、大石嘉一郎「解説：日本資本主義論争と農業＝土地問題」（歴史科学協議会・大石嘉一郎編『日本資本主義と農業問題』校倉書房、一九七六年）、また石井寛治『日本経済史（第2版）』（東京大学出版会、一九九一年）などを参照。

(54) アンドリュー・E・バーシェイ（Andrew E. Barshay）『近代日本の社会科学：丸山眞男と宇野弘蔵』（NTT出版、二〇〇七年）。

(55) この点は、「半封建性」を資本主義の対立概念としてきた日本経済史の認識を批判した、山崎隆三の指摘に呼応する。「近代地主制の本質は資本主義の発展を阻害するという本来の意味での封建的な性質ではなく、資本主義の発展に適合的なもの」であり、「明治維新によって封建社会の制約を脱して資本主義に適合しつつ拡大・発展した」のであり、「明治中期から第一次大戦前後までの段階では、地主制と資本主義は相互依存的に、もっとも適合的であった」（山崎隆三『近代日本経済史の基本問題』ミネルヴァ書房、一九八九年）一二七頁。

(56) 中村『捕囚』一二〇頁。夫役・賦役については各種事典を参照。例えば、「近世の夫役は幕藩制の維持に必要な労役を、市場を経ないで直接に生の労働の形で徴発するもの」という整理がある。高木昭作「夫役」（『歴史学事典1　交換と消費』弘文堂、一九九四年）七二一頁。

(57) 中村『捕囚』第七章。「南澳蕃」「渓頭蕃」（植民者の用語）の分類の史的問題については、洪廣冀「林野利權的取用與控制、人群分類及族群」に詳しい。

(58) 中村『捕囚』、同『台湾高地先住民の歴史人類学』、松田『帝国の思考』、北村嘉恵『日本植民地下の台湾先住民教育史』（北海道大学出版会、二〇〇八年）、中村平「台湾高地・植民地侵略戦争をめぐる歴史の解釈：一九一〇年のタイヤル族『ガオガン蕃討伐』は『仲良くする』（sblaq）か」（『日本学報』二二号、二〇〇三年）を参照。これらの論考は、直接的であれ間接的（あるいは中村勝の言う「おだやかな暴力」）であれ、暴力の問題が日本植民主義の核心にあることを見ている。この点からの先行研究の批判としては、前掲中村「（書評）山路勝彦著『台湾タイヤル族の一〇〇年』」を参照。

(59) 中村『捕囚』一〇六～一〇七頁。

(60) この「おかげ」と恩については、以下のようないくつかの論考が蓄積されてきており、「御恩と奉公」論や、日本植民主義と脱植民化との関わりにおいて、各論の整合を別稿で図るつもりである。綢仔絲萊渥口述・中村勝・洪金珠著『山深情遥：泰雅族女性綢仔絲萊渥的一生』（台北：時報出版、一九九七年）。中村『台湾高地先住民の歴史人類学』第三部第一章。同『捕囚』五六一、五七六、六〇一頁。中村平「國家意識的誕生：泰雅人的日治殖民經驗與當代歴史追憶」（台北：中華民国国立台湾大学人類学部修士論文、二〇〇一年）。注（40）も参照。

(61) 中村『捕囚』五〇八～五〇九頁。
(62) 中村『捕囚』五一〇頁。
(63) 中村『捕囚』五三一頁。
(64) 中村『捕囚』五三二頁。
(65) 中村『捕囚』五四一頁。
(66) 中村『捕囚』二七五頁。
(67) 拔尚（蕭世暉）氏（台湾師範大学原住民族発展センター博士課程）の教示による。官大偉「原住民族土地權的挑戰：從一個當代保留地交易的區域研究談起」（『考古人類學刊』八〇号、二〇一四年）を参照。羅永清「自然主權：台灣原住民運動」（田貴芳『太魯閣人：耆老百年回憶　男性篇』台北：翰蘆、二〇一四年、頁数なし）は自然主権を「Natural Sovereignty」と英訳し、台湾本土そして台湾先住民運動の理論的基礎をなす重要な概念だとしている。
(68) 石垣直『現代台湾を生きる原住民：ブヌンの土地と権利回復運動の人類学』（風響社、二〇一一年）二七四～二七五頁。
(69) 石垣『現代台湾を生きる原住民』二七四～二七五頁。
(70)「民族（nation）」と「民属（Volk）」を訳し分けたのは、F・エンゲルス『家族、私有財産および国家の起源』の訳者村田陽一である。中村『捕囚』、Ivi頁、第五章第二節、フリードリヒ・エンゲルス『家族、私有財産および国家の起源』、村井康男・村田陽一訳（大月書店、一九五四年）を参照。
(71) ドゥルーズとガタリ『千のプラトー』下、二三七～二四五頁。
(72) 坂野徹『帝国日本と人類学者：一八八四―一九五二年』（勁草書房、二〇〇五年）。先の注で触れた洪廣冀も、現宜蘭県蘭陽渓における林野開発における利権確定との関連において、植民政府は「民」と「蕃」など「異なった人間」を区別し、そこに住む人びとの森林との関係をコントロールしようとしてきたとしている。洪廣冀「林野利權的取用與控制、人群分類及族群」三四八頁。「植民的差異」概念を用いてはいないが、植民国家と資本主義発達との関係において人間分類の問題を捉えるものである。
(73) 山路『台湾タイヤル族の一〇〇年』一三頁。
(74) 陳文玲「『サイシヤット』の民族名称に関する一考察」（『台湾原住民研究』三号、一九九八年）。陳は「サイシヤット」を使用している。また、南庄事件（一九〇二年）と総督府による「蕃族」分類の関係性が推測されるが、この点に関しては裏付けとなる史料の発掘を待ちたい。

(75) 宮本延人・瀬川孝吉・馬淵東一『台湾の民族と文化』（六興出版、一九八七年）一三六頁。サイシャットを研究した（「僕も随分やった」と表現）宮本延人は、「高砂族」に分類するかについては「どっちに入れてもいいような気がした」とし、「調査してみると、やっぱり灰色」だが、結局は「生蕃に入れ」たと述べている。宮本等『台湾の民族と文化』一三八〜一三九頁。

(76) 宮本等『台湾の民族と文化』一三九頁。

(77) 陳文玲「『サイシャット』の民族名称に関する一考察」。

(78) 坂野徹『帝国日本と人類学者』二五三頁、三頁。

(79) 冨山一郎「国民の誕生と『日本人種』」（『思想』八四五号、一九九四年）四一頁。

(80) 冨山一郎「国民の誕生と『日本人種』」三九〜四〇頁。

(81) 陳偉智『伊能嘉矩：臺灣歴史民族誌的展開』（台北：臺灣大學出版中心、二〇一四年）。同「自然史、人類學與臺灣近代『種族』知識建構：一個全球概念的地方歴史分析」（『臺灣史研究』一六（四）、二〇〇九年）。

(82) 例えば、第一群「アタイヤル」―族「アタイヤル」―部「タンガレーアタイヤル」のように、台湾先住民（「台湾土蕃」）の系統を樹状に分類した。ウォーカーの言う種差性の図表化である。こうした認識論は一九三五年の『高砂族系統所属の研究』を経て、例えばタイヤル内部の分類では、タイヤル人研究者であった廖守臣などによる中華民国体制下の差異の分類に継続する。洪廣冀「林野利權的取用與控制、人群分類及族群」、廖守臣『泰雅族的文化：部落遷徙與拓展』（台北：世界新聞専科學校、一九八四年）を参照。

(83) Johannes Fabian. *Time and the Other: How Anthropology Makes its Object*. New York: Columbia University Press, 1983.

(84) 明治期から大正期にかけて行われた、政府・準政府諸機関・団体の台湾先住民への調査については以下を参照。小島麗逸「日本帝国主義の台湾山地支配：対高山族調査史（その一）」（『台湾近現代史研究』二号、一九七九年）、同「日本帝国主義の台湾山地支配：対高山族調査史（その二）」（『台湾近現代史研究』三号、一九八一年）。

(85) 一九〇五年の戸口調査（「蕃地」を除く）において「種族」が言語と一対一で構成されるとして想像されていったプロセスについては、次を参照。冨田哲「台湾総督府の『種族』・言語認識：日本統治初期の人口センサス・戸口調査・通訳兼掌手当」（崔吉城ほか編『植民地の朝鮮と台湾：歴史・文化人類学的研究』第一書房、二〇〇七年）。また次の松岡論文は、各種戸口制度の展開の中に「種族」の項目が一貫して存在し、この分類と登録の制度が統治の技法に関わるものであることを明らかにしている。松岡格「日本統治下台湾の身分登録と原住民：制度・分類・姓名」（日本順益台湾原住民研究会編『台湾原住民研究の射程：接合される過去と現在』台北：順益台湾原住民博物館、二〇一四年）。松岡の言う人間の「可視化」は、本章に言う（植民的）差異の翻訳に相当する。

（86）荊子馨『成為「日本人」：殖民地台灣與認同政治』（台北：麥田、二〇〇六年）も参照。

（87）中村『捕囚』二七四頁。

（88）Wu Rwei-Ren. *The Formosan Ideology: Oriental Colonialism and the Rise of Taiwanese Nationalism, 1895-1945*. University of Chicago, Ph.D. Dissertation. 2003.

（89）松田『帝国の思考』を参照。近現代の世界史を貫くレイシズムの問題化のあり方については、鵜飼哲・酒井直樹・テッサ・モーリス＝スズキ・李孝徳『レイシズム・スタディーズ序説』（以文社、二〇一二年）が参考になる。部落差別と人種主義、さらには台湾先住民と部落を隣接させる語りについては、黒川みどり『創られた「人種」：部落差別と人種主義《レイシズム》』（有志舎、二〇一六年）を参照。

（90）萱野『国家とはなにか』二五六頁。

（91）中村平「台湾先住民族タイヤルをとりまく重層的脱植民化の課題：日本と中華民国の植民統治責任と暴力の『記憶の分有』」（『日本学』二九号、二〇〇九年）（東国大学日本学研究所）も参照。

（92）パァラバン・ダナパン（孫大川）『台湾エスニックマイノリティ文学論』（草風館、二〇一二年）一五九～一六〇頁。

（93）意味付与実践については例えば以下を参照。Stuart Hall. "The Work of Representation," Stuart Hall ed. *Representation: Cultural Representations and Signifying Practices*. pp: 13-74. Sage Publications & Open University. 1997.

（94）ずれあるいは脱臼（dislocating）、またその自由との関係については、以下も参照されたい。酒井直樹『日本思想という問題：翻訳と主体』（岩波書店、一九九七年）一五七、一六九頁。エルネスト・ラクラウ（Ernesto Laclau）『現代革命の新たな考察』山本圭訳（法政大学出版局、二〇一四年）九七頁。

第二部　帝国の膨張

第四章　樺太における「国内植民地」の形成
―「国内化」と「植民地化」―

天野尚樹

はじめに

本章は、帝国日本領樺太を「国内植民地」と仮定し、その史的展開を検証しようとするものである。「国内植民地」概念の理論的展開は、一九七五年のマイケル・ヘクターのもはや古典的な研究以降、本格的な進展はみられていないといってよい。ヘクターによれば、国内植民地の特徴は大きく四つある。第一に、地域のエリート階級を中央からの移住者が占めていることである。したがって、国内植民地の社会形成は中央から派遣されたエリートが主導し、現地住民に決定権はない。第二に、国内植民地は中央に対して原料の供給基地となるということである。第三に、中央の景気の変動が、国内植民地の住民構成を決定することである。すなわち、中央の景気次第で、国内植民地への移住者が増えたり、あるいは国内植民地を離れる者が増える、ということである。そして第四に、以上のような地位におかれた国内植民地の住民は、本国とは異なるアイデンティティを抱くようになる、ということである。(1)以下の行論はこのヘクターの論点をほぼ実証することになろう。(2)

ただしここで、きわめて重要な指摘をふたつ導入する。ひとつは、冨山一郎による次の指摘である。すなわち、「流通過程においては同じ植民地化を被りながら、他方で国境内の領土としていま国内植民地なる言葉を用いるとしたら、領土を登記しようとする社会体としての国家の暴力的強引さと、流通過程の拡大＝植民地化における国境線の不安定さをとりあえず同時に表現している」[3]。資本の運動は、帝国によって暴力的に画定された国境を絶えず越えていこうとする。その結果、国境を絶えず不安定化しつつ、周辺部分を従属的に植民地化する。国境を越える資本を、国家がふたたび暴力的に再領域化することによって、帝国は膨張する。両者の動きは決して固定的なものではない。資本も国境もさらなる膨張の可能性があり、また収縮することもある。その両者のダイナミズムが国内植民地へ／からの人の流れを規定する。

この冨山の指摘をふまえれば、国内植民地を固定化された空間と前提することはできないだろう。そこで、政治的な再領域化の過程を「国内化」、経済的な従属地域化の過程を「植民地化」と表現し、国内植民地を、「国内化されつつある」、そして、「植民地化されつつある」動態的な空間としてとらえよう。そしてとりわけ樺太の場合、「国内化」の過程が一方的な膨張ではなく、収縮による再領域化の段階も重要であることもあらかじめ注意しておきたい。以下で述べるように、帝国日本の北辺域は、膨張し収縮するのである。

もうひとつの重要な指摘は、“Internal”を「国内」と訳してよいのかという上野千鶴子の提起である。すなわち、国内植民地論の再興を訴え続けた西川長夫の議論に対して、上野は、「メトロポリスの中における搾取の対象が、いつもクラス（階級）とエスニシティに関連づけられていて、ジェンダーが出てこない」と批判する[4]。

この上野の批判を受け止めたうえで、本章では、“Internal Colony”の訳語として「国内植民地」を用いる[5]。なぜなら、樺太における女性の搾取が、「国内化」と「植民地化」の過程において引き起こされる問題だからである。しかし、「国内植民地」をひとつの固定化されたボーダーでくることはやめなければならない。その内部に引かれつつあるボーダーにも目を凝らしていく必要がある。

　樺太史研究は近年大きく進歩している。それらの業績では、樺太を「植民地」と規定する点においてはおおむね一致している[6]。それに対して本章があえて「国内」を強調するのは、樺太庁の統治方針として当初から「国内化」が意図されていたこと、さらに、帝国日本の主権内部への領域化・再領域化を過程としてとらえることの重要性を打ち出したいからである。また、塩出浩之は、ひとや資本の移動現象が形成する空間としての植民地と、主権国家内部における政治的な被支配空間をあらわす属領とを区分し、樺太を、日本人が圧倒的多数を占める移住植民地の形成の結果として異法域としての属領統治がおこなわれたとする[7]。しかし本章では、樺太へのひとの移動における資本の主導性、政治的「国内化」と資本による「植民地化」の過程の不可分性を強調する理由から、政治と社会経済現象を区別せず、「国内化」と「植民地化」が強く相関しながら展開する「国内植民地化」の過程として、主として一九二〇年代末までの樺太史を再構成する。

一　樺太庁の国是―内地と外地のあいだ

　樺太は、当初から内務官僚が樺太庁長官を務め、軍のプレゼンスが低い「内地延長」的性格の強い組織だった。内務省管轄下にはおかれないが、台湾総督府のような法律制定権も否定された。「道府県並み」ではないが「台湾並み」でもない両義的な地位は、内相原敬と陸相寺内正毅との政治的綱引きの末、ひとまず中央政府の方針として決定された[8]。

　ではその後、樺太庁は、樺太をどのような空間として形成、統治し、活用しようとしたか。領有初期の樺太庁内部文書からその思想を読み解くことにしよう。用いる史料は、立命館大学所蔵の中川小十郎文書である。中川は、一九〇八（明治四一）年から一一年まで樺太庁に勤務し、庁運営の実権を握る第一部長を務めていた。

正確な作成日時は不明だが、設置直後の樺太庁の方針をあらわした文書のひとつに「樺太経営の国是に合すべからざる理由」がある。(9) それによると、樺太の経営には「上中下の三策」があるという。「上」策は、北海道庁府県並み」になることである。具体的には、特別会計から独立し、一般国費による樺太の経営を確立して「内地編入」を目指すことを意味する。「中」策は、現状の特別会計制度の維持である。膨大な国費負担が生じるこの方針は、あくまで「已むを得ざる過渡的政策」である。そして「下」策が、北海道への吸収合併である。これは不可能な方針である。なぜなら、樺太庁の管轄は、鉄道、通信、山林、鉱山など通常は中央政府が分割して管轄すべき分野まで及ぶ、いわゆる総合行政がとられているからである。

その後の歴史を先取りすれば、総合行政だけでなく、「過渡的政策」とされた特別会計も、樺太庁は最後まで手放すことはなかった。両者は、樺太庁にとって大きな政治的利権であり、一九四三（昭和一八）年のいわゆる「内地編入」後も維持された。しかし、少なくとも当初の方針においては、特別会計からの独立が、「内地」であることの基準と認識されており、それが樺太の目指すべき島是であった。なぜなら、樺太は帝国日本の主権内部に「国内化」されるべき領域だからである。

同じ文書には次のような文言も見出される。「我邦の殖民地は先進諸国の永久的殖民地とは異り、国家の領土として、所謂一時的殖民地に属す」。現状において樺太は植民地であるが、それはあくまで「一時的」なもので、「国内化」は、やがて達成されるべき「国是」であることがここではうたわれている。

北海道内の一辺境地方とはならず、「道府県並み」の空間として「国内化」する政策を樺太庁はどのように進めていこうとしていたか。「樺太経営の国是」によれば、「樺太の財源たる鉱山森林等を生産的ならしめ、移民を奨励する」ことにある。ここには、資源根拠地として樺太を「植民地化」し、その進展のために移民を誘引するという方針がすでにみてとれる。

樺太庁にとって、領有当初の最大の収入源はニシンをはじめとする漁業の免許料だった。一九〇九年の四二パーセントを最高に、領有初期から一九一五（大正四）年まで、漁業料が歳入の三割前後を占めていた。この比率は一六年から急落し、一九年には三・五パーセントにまで下がる。[10] とはいえ、いまだ漁業料依存状態にあった領有初期の時点でなぜ、樺太を「国内化」するための財源が漁業資源ではなく、「鉱山森林等」と認識されていたのか。「樺太経営の国是」に付録された無題の別文書によれば、「陸の生業」である林業・鉱業は「国家の助成」をもって開発されるが、漁業はあくまで民間資本の経済活動だからである。一九〇五年以前、サハリン島が全島ロシア領だった時代から、北海道函館を中心とする漁業資本は周辺海域に進出していた。日露戦争は、漁業資本によって不安定化していたサハリン島国境を、帝国日本の主権内部に暴力的に領域化する行動でもあった。[11]

「民人は先ず群がりて沿海の富源を漁り」にくる。それを樺太庁が完全に統制することは不可能であり、資源の枯渇は早晩必至である。したがって、「国家は海及沿岸地方の富源豊富なる間に於て、早く全土開拓の計画を確立し、且実行することを要す」。やがて停滞するのであるから、海の資本の動きは放置し、樺太庁としてはそこから得られるだけの利益を確保したうえで、それを活用し、庁主導による林業・鉱業開発の基盤を確立しようという意図である。

同じ文書には、きわめて予言的な記述がある。

漁利早く荒らして、人は忽ち四散せん。次の時代来たりて林産、さては鉱産と取次に出稼ぎせらるる場合、亦同じ。結局、嶋其のものはそっぷ殻の如く枯れ、喪家の犬の如く瘠せ果てて、民人の顧みる者なきは勿論、国家としても最早手を下さん様なり、折角の領土を遺棄するの余儀なきに至らんは、鏡に懸けて賭るが如し。

資本の論理にまかせていては、海産資源ばかりか、森林・鉱山資源も枯渇し、「国内化」どころか国家から見捨てられてしまう。だからこそ、樺太庁が「陸の生業」についてはその開発を主導し、監督する必要性がここでは訴えられている。しかし、実際に開発に着手する段階に入ると、樺太庁が資本を呼び込み、両者が手を携えて、樺太の資源を収奪して「植民地化」するという方針があらわになる。

二　漁業から林業＝パルプ業コンプレックスへ

漁業から林業への転換を象徴するのは、木材を原料として製造するパルプ工場の廃水問題である。すでに北海道では、王子製紙苫小牧工場、富士製紙江別工場で、一九〇八（明治四一）年の操業開始直後から、漁業者たちが廃水汚染を問題化していた[12]。樺太でも同様の問題が生じる。

戦前に王子製紙取締役の任にあり、戦後は十条製紙社長も務めた西済は、「樺太のパルプ工場については設立当時は勿論廃水については何等公害問題は起こらなかった」と回顧している。西によると、一九二五（大正一四）年に、王子製紙豊原工場のパルプ廃液が海に流出し、ニシンの漁獲高が激減したという苦情が漁業者から樺太庁にもちこまれ、庁から工場に対して改善策の検討が勧告された。そこで、廃液を原料にアルコールを製造するという方法で「苦情処理を解決」しようと王子製紙は樺太酒精株式会社を設立した。その結果、廃液の量は減少し、「樺太庁よりの苦情は解決されたと」西はいう[13]。

製紙会社側の廃液問題をほぼ無視する態度、漁業に対する優位な姿勢がみてとれよう。しかし、樺太酒精の設立は一九三七（昭和一二）年のことであり[14]、二〇年代半ばの樺太庁経由の抗議がきっかけだったというのは説得力にかける。樺太酒精設立の契機のひとつにはおそらく、一九三三年に樺太拓殖調査委員をつとめた大島幸吉の批判が

である。

大島は、北海道帝大水産専門部の教授で、工場廃液による水質汚染と水産業の関係に関する研究を、世界規模の比較調査に基づいて、この時期精力的に発表していた(15)。大島は、拓殖調査委員の任務終了後、雑誌『樺太』一九三四年六月号に、「樺太水産業に対するパルプ工業の暴虐」を発表した。大島によれば、パルプ工場側は買収等による懐柔策で漁業者たちの苦情をこれまで押さえつけてきた。パルプ工場は、「樺太の森林を荒廃せしめ其工場を閉鎖せしめても其時迄に充分の利益」を得られればそれでよいと考える。一方、「背に腹は代えられぬ」住民は、「悲しむべき近視眼的輿論」をいだいて、工場の方針にしたがわざるをえない。そして、樺太庁はこうした状況を黙認していると大島は批判する(16)。

しかし、漁業を犠牲にして林業・パルプ業を推進するという構図は、むしろ樺太庁が積極的に形成したものである。そもそも樺太のパルプ廃液問題は、操業開始当初から漁業者たちによって問題化されていた。一九一七年、樺太建網漁業水産組合連合会は、北海道におけるパルプ廃液の漁業への影響について、組合員を現地に派遣し、「当局の反省」をうながすために調査報告書を樺太庁に提出した。そこでは、苫小牧および江別の近隣水域では、工場設置より二〜三年後から魚が激減しており、「その害実に恐るべき」であり、その原因がパルプ工場廃液であることは明らかだと報告されている(17)。

樺太庁水産課はパルプ工場との折衝を担当している林務課に苦情を持ち込んだ。これに対して、初代林務課長の中牟田五郎は次のような意見書をもって反駁したという。漁業から得られる利益はその大半が「小樽若くは函館に持去るもの」なので、樺太にもたらされる利益は「僅に七万五千円」にすぎない。これに対してパルプ工場は年間「五十九万六千円」をもたらす。水産資源を「原始的状態」に維持して保護せよ、というのは、「国富増進の大本に反する」。北海道内の小規模な地方的利益でしかなく、樺太にもたらす恩恵の小さい漁業に対して、パルプ工場が

「国家の利益」であることは誰も否定できないではないか、というのがその主張である。[18]

中牟田が残した回想『樺太森林開発事情』は、自画自賛に満ちた回想録の典型であり、事実関係については留保が必要なものの、樺太庁が、林業開発を基礎として、「国内化」と「植民地化」を進めていこうとする論理が露骨なまでにあらわれていて、実に興味深い。以下、中牟田の回想によりながら、その論理を明らかにしたい。

樺太は、占領時に原住ロシア人を強制的に退去させ、空白の領域を創出したうえで統治を開始した。[19] その結果、全領域が国有地となり、土地の処分は樺太庁の裁量でおこなうことができた。原生林は領有時点で樺太全域の九割を覆っていた。一九三〇年代半ばには、これが約六割にまで減少する。[20] これほどの森林開発の画期となったのが、一九一二年二月施行の「樺太国有林野産物売払規則」（樺太庁令第三号）である。その第三八条二項は、森林払下げ先の条件を、「樺太に工場を有し又は工場を建設せんとするものにして、其の工場の材料若くは原料にせんとするとき」[21]と定めている。すなわち、森林払下げは島内に工場を建設する資本に限るとしたのである。

この方針は中牟田の主張が反映されたものと思われる。中牟田は回想録において、一定の資本を有する企業にパルプ工場建設を条件として森林を払下げるという「樺太へ工場を建設せしむる主義」が「吾輩の大政策」だったと述べている。[22] その払下げ先として想定されていたのが、一九〇七年ごろから樺太庁が森林払下げ先として売り込んでいた三井物産資本の王子製紙だった。[23] すなわち、樺太森林開発は、森林資源根拠地として「富源」を切り売りし、東京の大型資本を呼び込む林業＝パルプ業コンプレックスとして展開する。王子製紙は一九一四年に、いちはやく大泊でパルプ工場の操業を開始した。樺太庁所在地である豊原から南に約三〇キロメートル、樺太の玄関口である大泊といういちばん有利な土地を王子は確保した。

はじめに工場ありき、という方針に加えて、樺太庁の森林払下げ政策にみられる特徴は、その払下げ価格の低さと伐採方法である。価格は一石五銭で、これは北海道の価格の三分の一である。[24] 伐採方法は「天然更新法」とされた。要するに、植林・造林をおこなわずに伐採を進めることである。つまり樺太庁にとっては、森林払下げにより大きな収入が得られると同時に、森林事業にいっさいの歳出を要しないことになる。売れば売るだけそのまま財源となるのである[25]。

こうした収奪そのものの「植民地化」を、中牟田は、樺太に移民を呼び込むために必要な施策だという。中牟田によれば、北海道でおこなわれている「拓地殖民」は、「先づ人民を収容して、而して土地を拓く」[26]。しかし、北海道同様の方針で進めてきた樺太への農業移住と開拓はいっこうに進まない。そこで、林業＝パルプ業コンプレックスを島内に拡散的に全面展開させ、まず工場を開いて、その後に工場が人を吸収する。

樺太植民政策の一面より考えて、森林、水、海岸、停車場等々に都合が好いとても、数工場を近き地点に集中することなくして可及的全島に散在せしめ、此の工場建設に依て、工場所在地は一の市街をなし、其の市街の四囲には農村を開発せしめて、其の農産物は工場員及工場に出入する者の需要に応じ、以て農民収入を増加せしめ、遂に一の工場より二の工場の間は市街と農村と相連なり、戸々相望むようにせば、以て樺太植民の目的を達し〔……〕[27]。

林業＝パルプ業コンプレックスが樺太領内に全面展開することによって、戦間期以降、樺太の人口は急増する。もともと出稼ぎ的性格の強い漁業に加えて、農業植民構想も挫折するなかで、樺太に定住者を植え付け、「国内化」を実質的なものにするために、樺太庁は、東京の大型工業資本主導で島内各地に移民を拡散的に誘致する政策を基軸にすえる。樺太庁が一九二七年に作成したある史料に見いだされる以下の文言は、樺太の「国内化」と「植民地化」が不可分であることを如実に示していよう。

樺太の開拓を為すがためには必然的に内地より資本を輸入すると同時に之と相並んで労働者を持参させざるべからざる状況に在り[28]。

「資本に労働者を持参させる」樺太は、どのように人を吸収し、社会を形成していったか。以下、その典型的事例である知取《しるとる》町を事例として検証する。

三　林業＝パルプ業コンプレックスの進出と地域構造の転換

サハリン島東海岸北緯四八度付近に位置した知取町は、現在はサハリン州マカロフ市と呼ばれ、二〇一七年一月現在人口六七一七人の寒村である。しかし、この町は一九三〇（昭和五）年には、総人口二九万五一九六人の樺太で、首府豊原（三万一九〇三人）、島の玄関口である大泊（三万三三一五人）に次いで第三位の人口（一万九二五七人）をほこっていた。

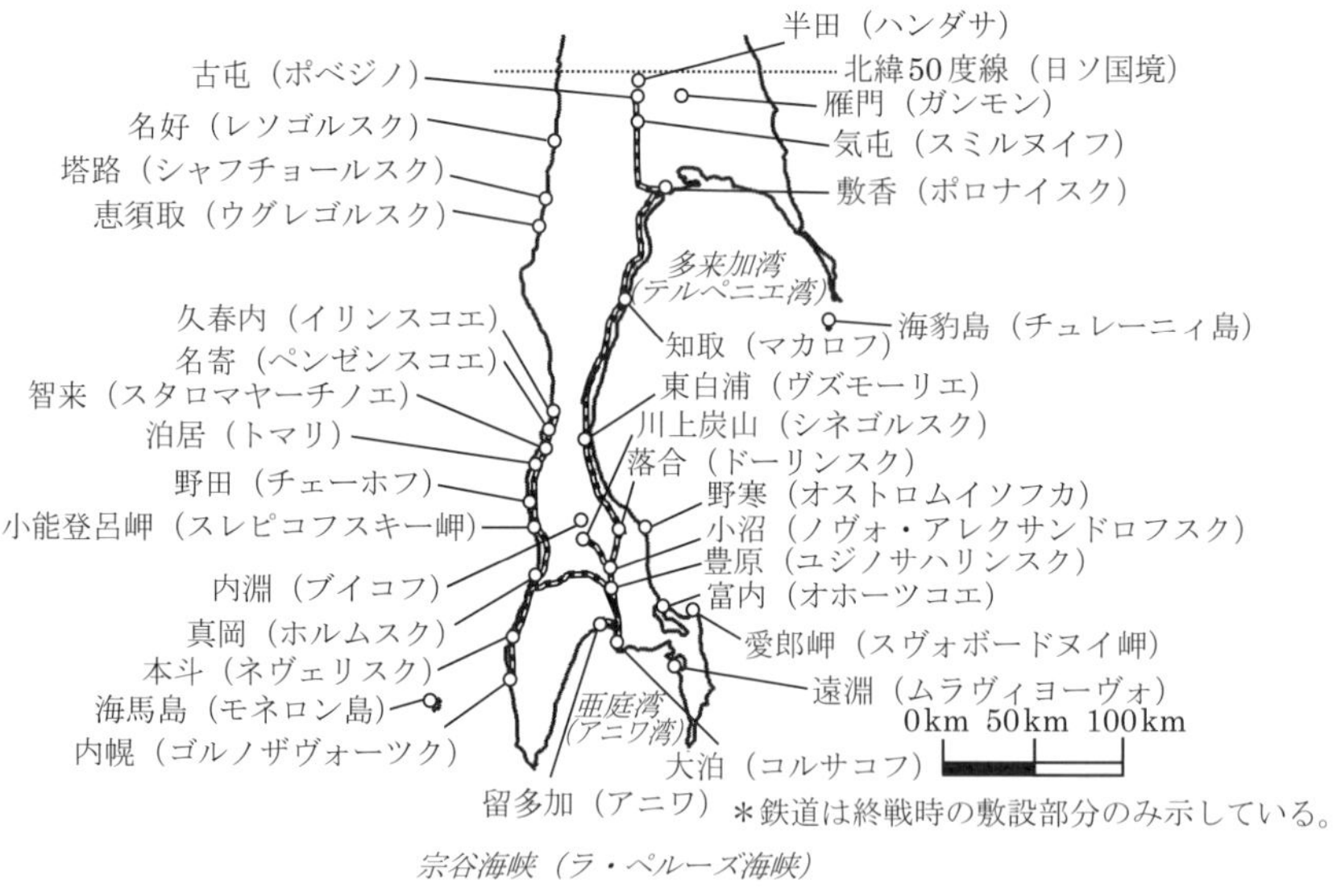

図1　樺太地名図

出所　原暉之・天野尚樹編『樺太40年の歴史』。

表1　樺太主要市町村人口

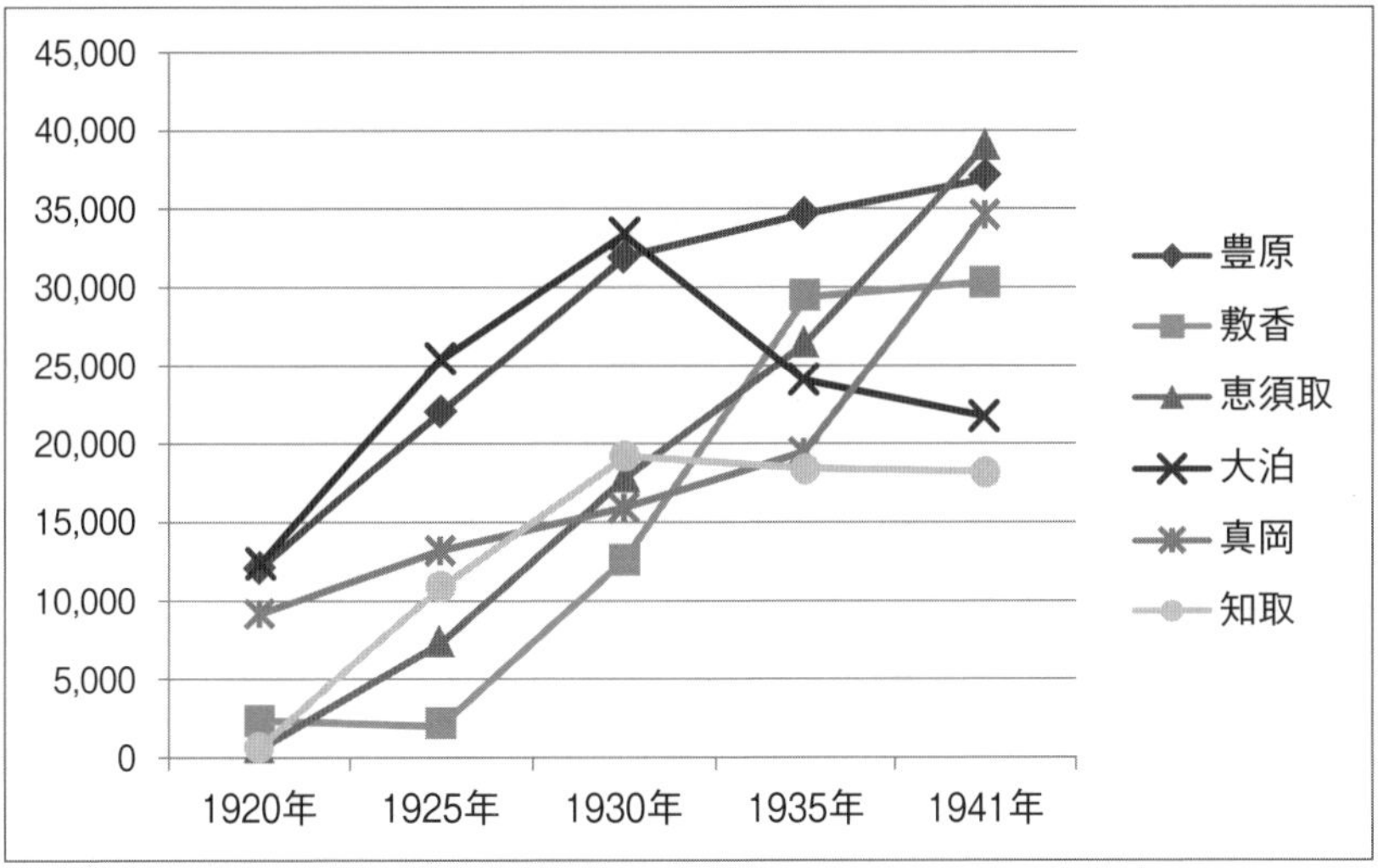

資料『樺太庁国勢調査報告昭和 10 年』、『樺太庁統計書昭和 16 年』。

表1から明らかなように、知取の人口が急増するのは一九二〇年～三〇年の一〇年間である。一九二〇（大正九）年時点ではわずか六九八人であり、そもそも「知取」という町名自体がまだ存在していない。一九一五年、「樺太ノ郡町村編成ニ関スル件」（大正四年勅令第一〇一号）により東知取村、東柵丹村が行政区画として発足し、二三年に東柵丹村が東知取村に吸収合併される。この時点で同村の人口は八八戸四五〇人を数えたにすぎない[29]。

東知取村の発展の最初の契機は一九二四年、登帆炭鉱株式会社知取炭鉱の操業開始と富士製紙株式会社知取工場の建設起工である。最大の人口吸引要因となった富士製紙の樺太進出は、王子製紙、樺太工業に後れをとった。中牟田によれば、工場を建設する林域の払下げを富士製紙が中牟田に打診してきたのは一九一六年のことである。中牟田は、「今頃遅くなって匆惶て、来られると云ふは、ちと合点が行かぬ」と理由を尋ねると、一九一〇年頃に当時の平岡長官の売り込みを受けて森林調査をおこなったが、パルプ原料としては不適格だと判断して進出をやめたという。その後、他社の進出ぶりをみて、「後れ馳せながらも、会社の面目としても樺太に一工場を有せねばならぬ」ということになった。そこで中牟田は、「何処かと考へた末、然らば少々不便な場所ではあるが、東海岸の内路と云ふ所ならば、一工場分未だ処分に処がある から、此の場所で差支ないなら許可になる様に取計ふ」と答えた[30]。林域が「一工場分」であり「処分」の対象だという表現に、はじめに工場ありきで、かつ資源収奪的な樺太庁の認識がよくあらわれている。

もっとも、実際に工場が建設されたのは北緯四九度に位置する内路よりやや南の知取であった。しかしそこは、先発の王子製紙や樺太工業によって「半ば処分済み[31]」の林域に比べて「少々不便な場所」どころか、「従来最も交通不便[32]」といわれた場所だった。一九一〇年代まで、島内他地域とは、かなり南に下った栄浜と海路で接続していたのみである。交通事情が変わりはじめるのは一九二〇年、北サハリンに通じる南北軍用道路の建設を契機とする。さらに二三年、王子製紙と富士製紙系の資本で樺太鉄道株式会社が設立され、まず大泊～落合間が既存の樺太庁鉄道と連絡し、二七年一一月に落合～知取間が開通し、ようやく鉄道での島内連絡が可能になった。

また、富士製紙は港湾施設の整備にも資本を投下し、島外との連絡体制も確立された。一九三二年時点で、大阪～敷香線、伏木～敷香線、函館～敷香線、小樽～敷香線の各命令航路が四月から一〇月までに年間六三回寄港したほか、木材・海産物等の物資の移出、労働者の輸送等をおこなう各種船舶が頻繁に入港した。三二年の知取港利用状況は、汽船・発動機船合わせて入港数三八六隻で、乗客が一一三八人、降客が三〇四八人（うち発動機船一四三七人）、発送貨物は三万六八四七トン、到着貨物が四四万四六九九トン（うち汽船四三万五二四二トン）である[33]。

知取の移出品、移入品の内訳もみておこう。富士製紙知取工場操業から一年が経過した一九二八年の知取からの移出品額は、総額四四四万二〇〇〇円のうちパルプが三七六万八〇〇〇円を占め、次いで木材が五六万七〇〇〇円と九七パーセント強を占めている。残りは魚粕（六万九〇〇〇円）、数の子（四万六〇〇〇円）など海産物がほとんどである。この年、樺太全体の移出額五〇九一万五〇〇〇円のうち、パルプ移出総額は一八三三万五〇〇〇円（三六パーセント）で、知取製パルプは全体の二割強に当たる。なお、樺太全体の移出額でパルプに次ぐのは紙（一〇五七万円）、木材（一〇一一万七〇〇〇円）である。林業・パルプ業・製紙業コンプレックスで全体の約七七パーセントを占め、かつての最大の移出品であった魚粕のシェアは一〇パーセント（五二六万一〇〇〇円）にまで落ち込んだ。[34]

また知取の移入品をみると、一九二八年の総額三二一万四〇〇〇円のうち、米が六五万九〇〇〇円と全体の二割を占めている。額として最大なのは生活用品となる雑貨（一七二万四〇〇〇円）で、雑貨・米に次ぐのが清酒（一〇万八〇〇〇円）、ビール（七万六〇〇〇円）など食料品がほとんどである。穀物としては米のほかに燕麦（三万六〇〇〇円）、雑穀（三〇〇〇円）がある。[35]

樺太への米の移出先で最大なのは、北海道米の集積港だった小樽港である。北海道米移出量の五割弱が樺太への移出だった。[36]ただし、パルプ工業全盛時の一九二〇年代後半において樺太全体の米の移入量は停滞する。堅田精司の指摘によれば、労働力再生産費を低下させるために、また朝鮮人・中国人労働者の増大を受けて、パルプ・製紙資本が、低廉な北海道米に加えて雑穀・小麦の移入を選んだからである。いずれにせよ、小樽港は対樺太移出の半分近くを占有することになり、北海道は「樺太に対する食糧基地」となった。[37]

この移出入構造の変化は、樺太社会の変化、樺太と北海道および内地中央との関係の変化をよく反映している。すなわち、対樺太移出先における小樽の地位拡大は、漁業貿易の中心地だった函館港の地位の低下、言い換えれば、樺太漁業の地位の低下を示している。それは、函館漁業資本が樺太を搾取するという経済構造の転換でもある。北海道は樺太の食糧基地となる一方で、しかし、その食糧に支えられた労働者の生産によるパルプの利益が北海道にもたらされるわけではない。

パルプは北海道を経由せずに、直接東京、大阪をはじめとする工業地帯に輸送された。一九三四年の数字では、樺太産パルプの総移出額一七五七万三〇〇〇円のうち、東京が六八六万九〇〇〇円（三九％）、大阪が五〇四万円（二八・六%）と六割以上を占める。これを反映して、海運系統も大きく変化する。一九一二年の樺太庁命令航路一〇線はすべて小樽港を起点としていた。しかし、一九三五年の島外連絡命令航路一三線のうち大阪起点が四、小樽起点が三、伏木・敦賀・雄基・稚内が各二に変化している。[38]

一九二〇年代以降、樺太への移入額は依然として北海道が圧倒的に首位を占めるものの、樺太からの移出額では東京が北海道を上回るようになる。[39]それは、樺太における北海道の地位の相対的低下を意味しよう。つまり、パルプ業は、北海道農業に下支えされながら、内地中央に「植民地化」されるという樺太の地域構造を形成したのである。

四　知取の国内化／植民地化と朝鮮人の移動

さて、富士製紙知取工場の建設は一九二四（大正一三）年五月に起工したものの、翌二五年六月の大火により工事途中で焼失する。再工事の後、二六年一二月に工場は完成し、翌二七年一月より操業を開始する。この建設過程で多くの労働者が知取にやってきた。工場総工費二〇〇〇万円、敷地三二万坪、「規模の宏大なる機械設備の最新式なるは天空を摩しして屹立する百十余米の大煙突と共に東洋第一の工場なり」[40]とうたわれた。そして一九二九（昭和四）年、樺太町村制の施行により、東知取村が知取町（二級町村）として発足する。

表1でみたように、知取（東知取）の人口は一九二五年前後を画期として急増し、三〇年まで右肩上がりがつづき、同年以降は若干の減少傾向をみせる。これは、知取より北方に位置し、東海岸最大の都市となる敷香の急速な発展がその要因と考えられる。とりわけ一九三五年、王子製紙の全額出資による日本人絹パルプ敷香工場が操業を開始したことが、東海岸の労働力吸引に大きく与った。

表2　樺太・知取在住朝鮮人 1905～1926 年

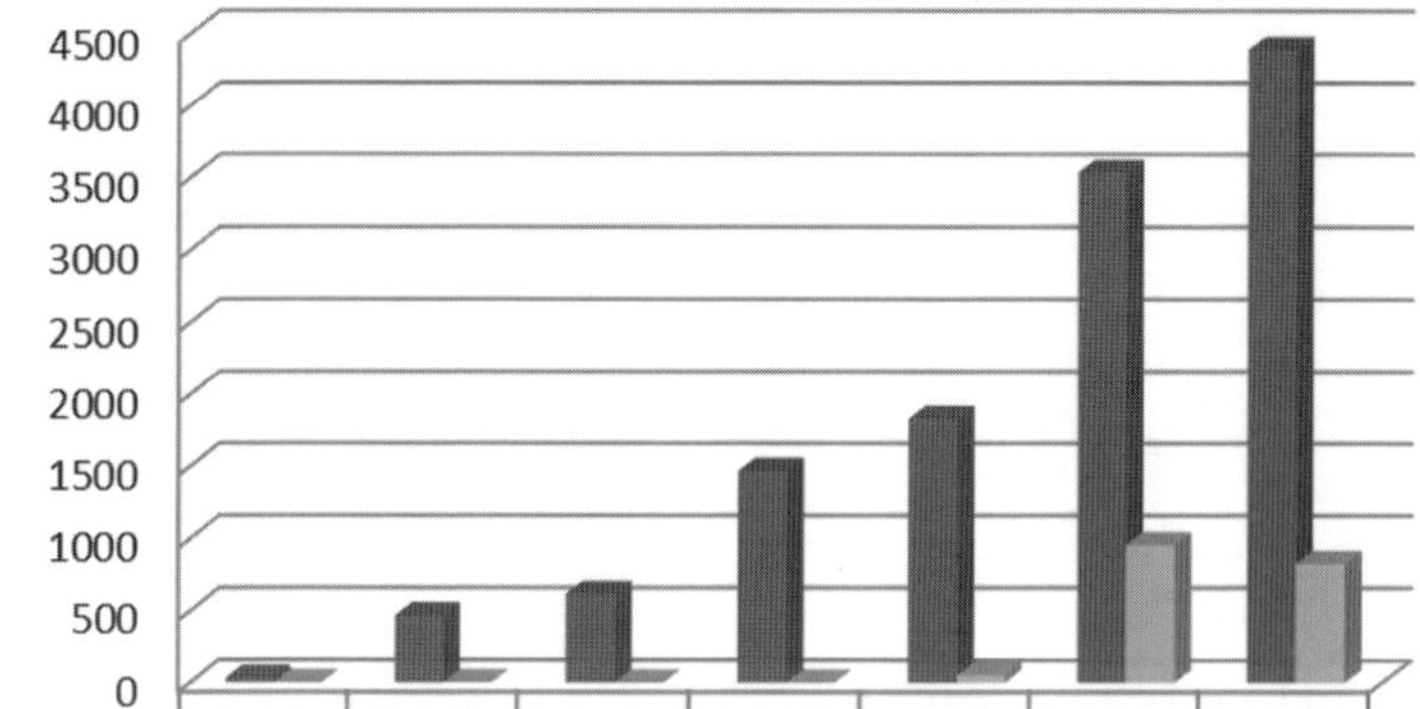

	1905年	1921年	1922年	1923年	1924年	1925年	1926年
■全樺太	33	467	616	1,464	1,827	3,533	4,387
■知取	0	1	0	0	52	955	826

資料『樺太在住朝鮮人一斑』45 頁；『樺太庁治一斑』各年。

この知取の人口変動の要因には、日本人だけでなく、朝鮮人の移動も大きく影響している。そこで以下では、一九二〇年代後半から三〇年代後半までの知取の社会形成を、日本人と朝鮮人の関係に着目して検討することにしよう。二〇年代後半の知取社会形成の分析の基本史料として、樺太庁警察部『昭和二年十月　第三輯　樺太在留朝鮮人一斑』（以下『一斑』）を用いる。これは、「資本に労働者を持参させる」と論じたものとしてすでに引用したものである（注28を参照）。本史料に収録されたデータを用いた戦間期樺太朝鮮人社会の実態分析には、すでに三木理史によるものがある[41]。本章では、数的データを利用するだけでなく、この史料を言説分析の対象として、樺太庁の朝鮮人認識を検証するとともに、日本人と朝鮮人が対面する空間[42]のなかで、朝鮮人の側がどのような意識をもって生きていたのかをも浮かび上がらせようとする。

樺太の朝鮮人人口も一九二〇年代以降に増えはじめる。最初の大きな画期は、一九二三年と二五年である。これは、帝国日本の北辺が収縮し、対露国境が再画定す

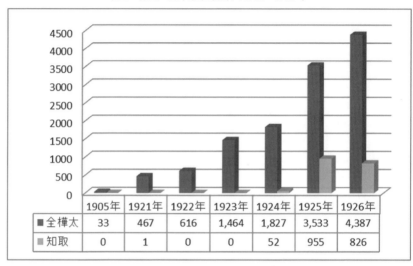

る時期にあたる。すなわち、二二年にいわゆるシベリア出兵が終結、大陸からの日本軍撤兵がおこなわれ、二五年には北サハリン軍事占領が終結し、撤退する。裏返していえば、一九一八年のシベリア出兵開始、二〇年の北サハリン占領開始は、帝国日本の膨張、対露国境の事実上の拡大とみることができる。それが二二年と二五年をもって収縮し、サハリン島北緯五〇度が対ソ連国境として再領域化されるのである。そして、その再領域化にともない、樺太庁の統計では「本邦人」に分類される朝鮮人がロシア領から樺太に取り込まれる。

この時期の樺太への朝鮮人の来島経路は大きく四つある。①朝鮮半島から直接、②日本内地・北海道経由、③北サハリンから、④ロシア沿海州から。このうち「③北サハリンから」とは、二五年の占領解除にともなって北緯五〇度以南に下ってきた朝鮮人を指す。一方、「④ロシア沿海州から」には三本のルートがある。すなわち、（一）沿海州から直接、（二）沿海州から北サハリン経由、（三）沿海州から北海道経由、の三ルートである（『一斑』五一～六一頁）。

このうち、「（一）沿海州から直接」は本斗をはじめとする樺太西海岸に多い（『一斑』五一頁）。沿海州の朝鮮人は、林業＝パルプ業コンプレックスが展開する樺太の労働者としては格好の存在だった。その多くは、沿海州で日本資本が展開した林業に従事していたからである。当時「パスポートは不要」[43]だった沿海州での日本資本による林業の展開は、シベリア出兵による日本の勢力圏拡大にともなって、樺太のちょうど対岸に、島と対面するように展開され、撤兵にともなって収縮する。沿海州での日本資本林業の活動収縮によって、目の前の樺太西海岸に直接渡来する流れは自然なものである。

沿海州に進出した日本林業資本の性格を、萩野敏雄は四種類に分類する。[44]まず「パルプ原木対策型」として、王子製紙・富士製紙・樺太工業をあげる。樺太で林業＝パルプ業コンプレックスを展開していた三社の沿海州進出は、樺太の代替資源基地を求めたものである。別言すれば、樺太と沿海州を一体として市場に取り込もうとしていたといえる。次いで萩野は、「商圏拡張型」として三井物産の木材商品獲得、および「中小企業型」を類型化している。この「中小企業型」のうち亜細亜林業（東京）、北海林業（神戸）、福島君之助商店（東京）は、後に樺太材生産へと転出する。[45]

萩野があげているもうひとつの類型が「国策北進拠点型」で、それに該当するのが極東林業組合である。沿海州から樺太への朝鮮人の最大の供給源となったのが同組合である。『一斑』にも、「大正十一年に於ける極東林業組合の事業縮小に相前後して百数十名渡来」（『一斑』三九頁）したと特記されている。

極東林業組合は、満鉄に次ぐ日本で二番目の国策会社として一九〇八（明治四一）年に創設された東洋拓殖株式会社、陸軍と結合して財閥に成長した大倉組、および、大倉組と協力関係にあった日本最大の製材企業である秋田木材株式会社の三社で構成された木材シンジケートである。東洋拓殖会社はもともと、東洋拓殖株式会社法に基づき朝鮮半島での拓殖事業展開を目的としていた。ところが一九一七年七月、ロシア情勢の変化を受けて、同法規定の営業地域が「朝鮮及外国」、営業目的が「拓殖資金の供給其他拓殖事業の経営」に改正され、本社も京城から東京に移る。そこで活動を拡大するのが北満と沿海州である。それは帝国日本の軍事的拡大に同伴する。また大倉組も、朝鮮半島進出に次ぐさらなる北進拠点の確保を目的として沿海州に狙いを定めた。極東林業組合の事務所は大倉組内におかれた。現業部門を担ったのが秋田木材である。[46]

極東林業組合は、日本海をはさんで真岡とちょうど向き合う位置にあるサマルガで事業を展開した。一九二二年時点で一五〇〇人弱の労働者を使役していた。その内訳は日本人約四〇〇人、中国人約九〇〇人、朝鮮人約一五〇人である。[47] しかし、日本の派遣軍撤兵にともない、約二五〇人だけを残して事業を大幅に縮小することに決定した。[48] これに反発した中国人労働者とロシア人が、二二年一二月末にサマルガで暴動を起こした。極東林業組合は翌二三年一月三日、軍艦大泊号警護のもと、ウラジオストクから派遣された商艦で日本人と朝鮮人労働者を退去させる。

朝鮮人労働者はウラジオストクへの送還を望まず、樺太へ移送されることになった(49)。

このとき朝鮮人が樺太のどこに吸収されたかについて詳細は不明だが、その可能性のひとつは、当時朝鮮人労働者を大量に雇用していた豊原管内の川上炭鉱である。『一斑』によれば、一九二四年末で数百人の朝鮮人労働者が管内にいた。そして、その彼らが二五年以降、「東知取の急激なる発展に伴い同地方へ移動」したという（『一斑』五一～五二頁）。

派遣軍が撤兵し、帝国日本の勢力圏が収縮すると、沿海州に取り残された朝鮮人が樺太に続々とやってくる。「(三) 沿海州から北海道経由」のルートでは二四年三月、亜庭湾岸の留多加へ函館を経由して約一四〇人が樺太に移動してきた。この一部も二五年以降、知取に再移動する（『一斑』六一頁）。

『一斑』によれば、知取への朝鮮人の移動経路としてもっとも多いのが「(二) 沿海州から北サハリン経由」である。すなわち、大陸からの日本軍撤兵後に、「露人の暴虐を惧れ、生活の安全地帯を求め」て、日本軍占領下の北サハリンに渡り、さらに占領解除後に樺太に越境してきた者が知取の朝鮮人の七割を占めるという（『一斑』五九頁）。彼らも沿海州では林業労働者だったと思われる。

以上にみてきたように、知取への朝鮮人の移動には、一九二〇年代樺太における政治的「国内化」と経済的「植民地化」の過程が焦点化している。すなわち、帝国日本の北辺収縮＝対ソ国境の再領域化と、林業＝パルプ業コンプレックスによる樺太東海岸の資源根拠地化の結果として、朝鮮人は知取に定置されたのである。

五　知取における日本人・朝鮮人の対面

林業＝パルプ業コンプレックスによって形成された知取社会の大きな特徴のひとつは、朝鮮人の比率が樺太全体に比して高いこと、一九三九年以降のいわゆる「強制連行」以前の時点から、三〇年代を通してその比率が高まる傾向にあること、そして、女性全体の比率、さらには「酌婦」の比率が高いことである。

樺太の人口構成は、領有期間を通して日本人の比率が九割を超える。表3にあるように、朝鮮人人口が日本人人口に対して一割を超えることはない。知取においてもそれは変わらないが、強制連行期以前は、日本人に対して二パーセント前後で推移する樺太全体の比率に対して、知取の場合は、二五年の段階で八パーセント強、三〇年代も四パーセント前後を維持し、強制連行開始以降は八パーセント近くまで上昇する。

知取朝鮮人の就業形態をみると、一九二六年一二月末時点で、男性六九四人のうち「日雇労働」が二六七人を占めている。当時、樺太の日雇賃金は一円八〇銭から三円である（『一斑』四〇～四一頁）。日本内地で最大の朝鮮人労働者を抱えていた大阪でのほぼ同時期の日収が一円前後だったことと比べると、[50]相対的に樺太の日雇賃金は高い傾向にあった。日雇労働に次いで多いのは、「其の他」（一八七人）、「杣夫」（九一人）、「農夫」（七四人）、「炭焼」（二一人）、「職工」（一八人）、「坑夫」（一五人）、「料理屋」（一〇人）とつづく（『一斑』六九～七〇頁）。

知取朝鮮人社会の大きな特徴は女性の数が他の地域に比べて圧倒的に多いことである。二六年一二月末時点での樺太全体の朝鮮人女性の数は一〇七七人で、そのうち四一一人が知取在住である。これはひとつには、沿海州から家族でやってきた者が多いこともその要因である。[51]『一斑』の職業分類では「其の他」が知取女性の大多数（三一四人）を占めているが、これは主婦が多く含まれると考えられる。

この「其の他」を除くと圧倒的に多いのが「酌婦」の七九人である。樺太全体の酌婦数が二四二人で、大泊の八七人と合わせて、全体の七割弱を占める。この樺太朝鮮人酌婦という存在は、朝鮮半島を除く帝国日本内ではきわめて特徴的なものである。二五年一二月末のデータでは、台湾も含めた帝国領内全体で朝鮮人酌婦は四六三人いるが、そのうち三一八人が樺太に集中している（『一斑』七三～七六頁）。

表 3　樺太日本人・朝鮮人割合

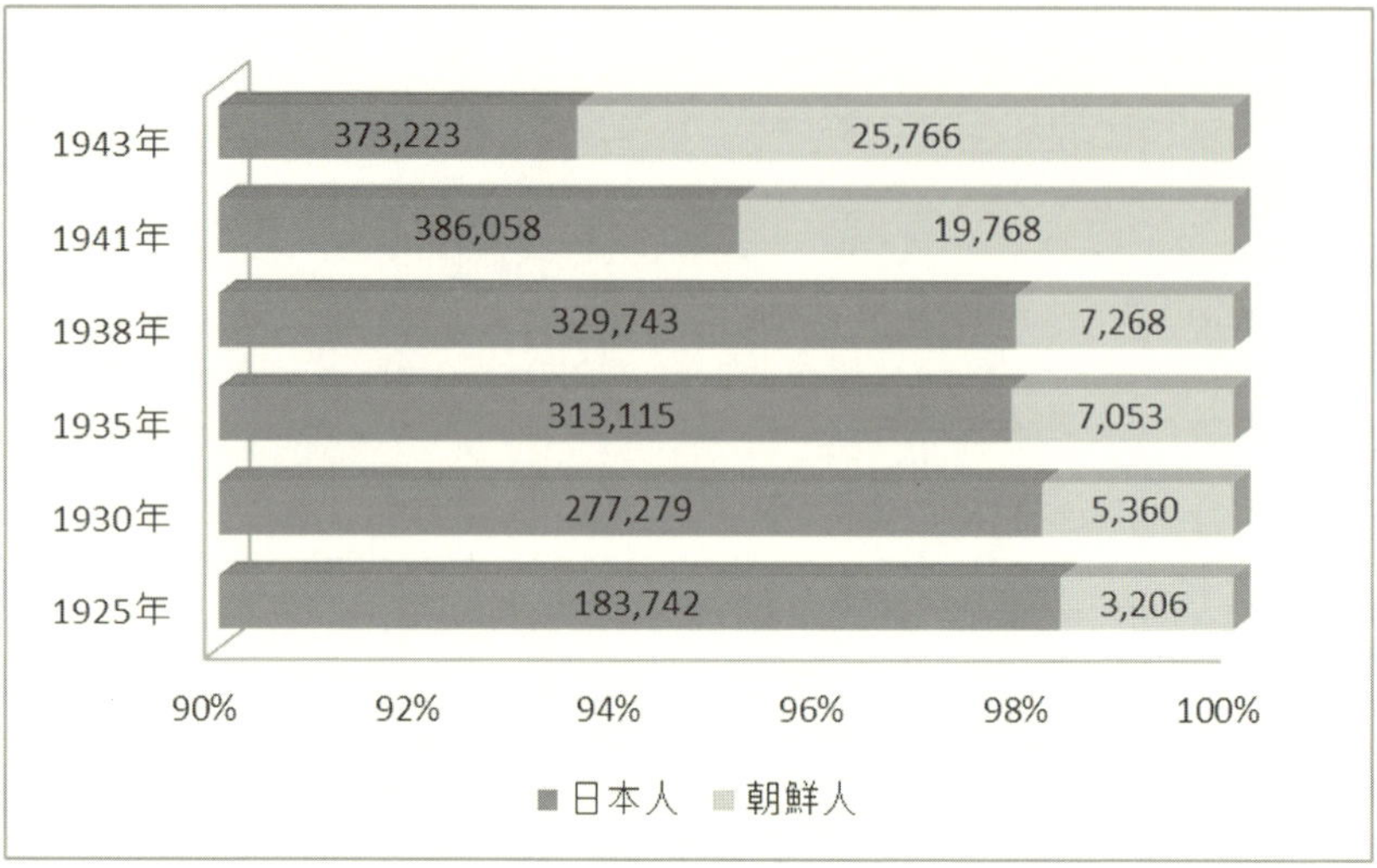

資料　溝口敏行・梅村又次編『旧日本植民地経済統計』東洋経済新報社、1988 年、109 頁。

表 4　知取日本人・朝鮮人割合

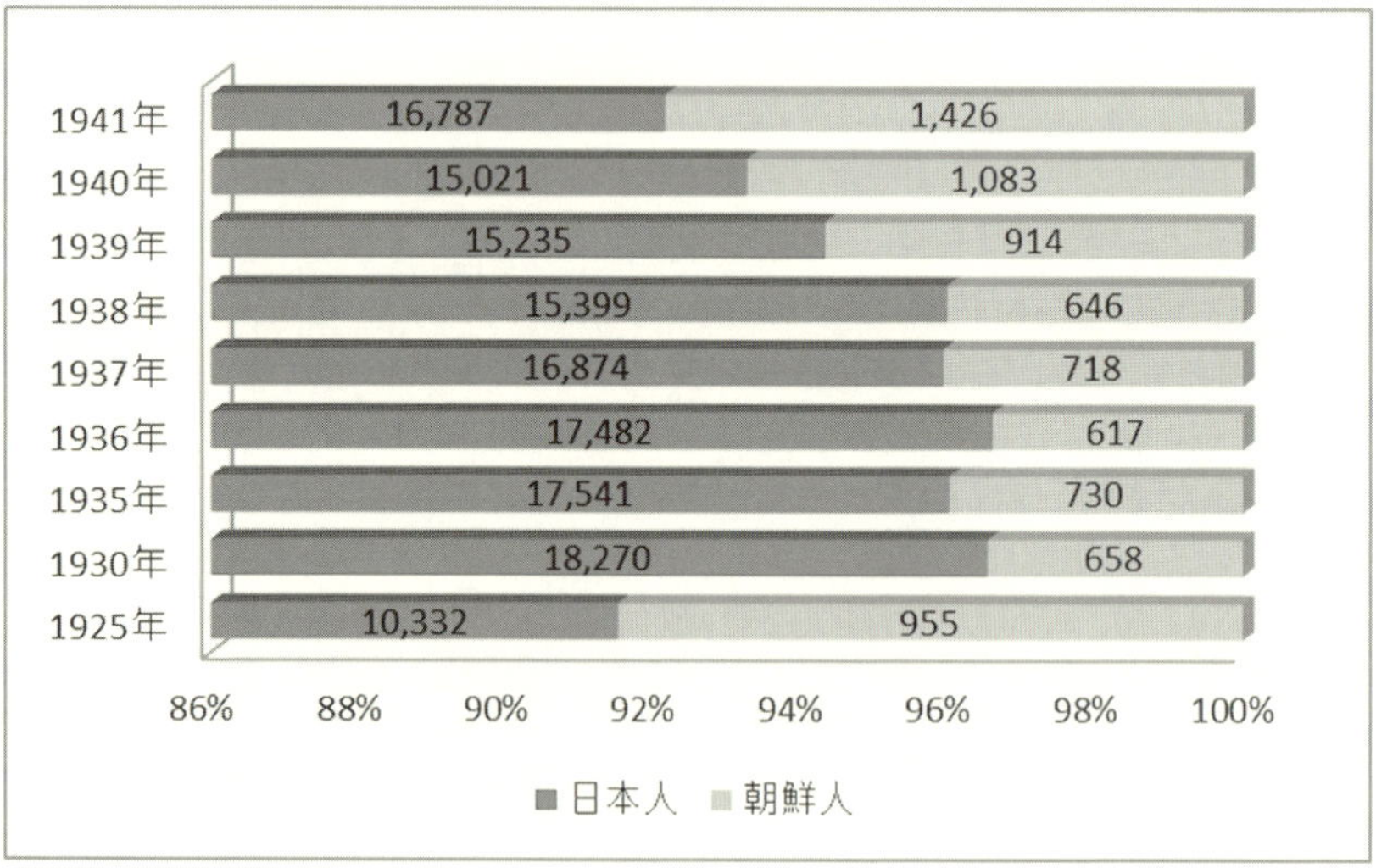

資料『樺太庁治一斑』各年；『樺太庁統計書』各年。

では、樺太庁の朝鮮人に対するまなざしを『一斑』の論調にみてみよう。言説の主な対象となっているのはやはり日雇労働者と酌婦である。まず、日雇労働者に対する言説から検討する。朝鮮人労働者の存在は、労働力不足の解消という産業政策の側面と、「内鮮融和」という社会政策の側面からまなざされている。

「資本に労働者を持参させる」移民政策において、朝鮮人の存在は、数だけをみれば、労働者不足の欠落を補う存在であろう。矢内原忠雄は、「搾取・投資型植民地」の形成において外部労働力を投入するにあたっては、それが先住民であるか、外部被支配民族であるかは問わないとしている。(52) ただし、「商品が出てくる生産過程の性格はどうでもよい」(53) というマルクスの有名な規定を樺太にそのままあてはめることはできない。なぜなら、樺太は政治的に「国内化」を要する空間でもあったからである。

『一斑』によれば、樺太は気候も厳しく、交通も不便で、「監獄部屋」すなわちいわゆる「タコ部屋」の労働環境などから「内地の健実なる労働分子は容易に渡来」しない。「無頭の徒横行し殺伐なる気風が充満」しており、それが「内地人一般の頭を強く支配」しているせいで、「渡来を妨害する」どころか、仮に渡来しても、年間約一万人の新規労働者のうち「約五千人は帰来する」。この状況を解消するためには、「朝鮮人を使用するか支那苦力を使用するか他に適当の方法なき状況なり」(『一斑』七〜九頁)。

ここでまず注目すべきは、労働力としての有益性においては朝鮮人よりも中国人苦力が重視されている点である。朝鮮人労働者は、「能率挙らず、移動性あり。加之内地人との間円満を欠き、兎角一般より危険性あるが如く視られ」ているので適当ではない。したがって、「之に代ふるに支那苦力を以てすべく」、各事業所において雇用した結果、その労働成績の良好さから、事業者側から中国人労働者の使用承認を願い出てきた。「植民地化」の利益をあげることを優先させるなら、朝鮮人よりも中国人の方が好都合だという判断がみてとれる。

しかし、「内地の健実なる労働者」が大量に移住してくるまでのあいだの「過渡期的手段」として中国人労働者を雇用することは認められるが、彼らが「永住するが如きことありては甚だ困る」。したがって、彼らはあくまで「季節労働者」として、雇用契約期間が終了したら「本国に帰還せしむる」ことが樺太庁の方針として定められた（『一斑』九～一〇頁）。それはおそらく、中国人労働者はあくまで「外国人」であって(54)、「国内化」が進められるべき樺太において「外国人」が多数定住することは、樺太庁としては望ましくない現象だったからだと考えられる。

一方、朝鮮人労働者については、たしかに「植民地化」の効率を考えれば好適な存在ではない。しかし、彼らは帝国日本を構成する「同胞」であり、「内鮮間の融和全きを得ずと雖も、之等に対して引揚せしむること」も、また、「濫りに之が渡来を禁止し得べきものに非ず」。なぜなら、日本人と同じく朝鮮人も「本邦人」であるので、異民族だからという理由でこれを排除することはできない。完全な「内鮮融和」は困難であっても、帝国日本にとって貫徹すべき「大目的」であるからである。

そして、樺太は「内鮮融和」を推進するにあたって有利な条件を有する。朝鮮や台湾とは異なって「先住民族なきが故」である。すでにみたように、樺太ですでに働いている日本人労働者は「無頭の徒」で「健実なる労働者」ではない。その意味で、樺太庁のまなざしは、日本人労働者と朝鮮人労働者をともに望ましくない労働力として同視している。そして日本人労働者も朝鮮人労働者も、樺太にとっては等しくニューカマーなのである。したがって、朝鮮や台湾における先住民族と日本人の融和問題に比べて、樺太はその解決にむけて優位な条件にある。すなわち、「先住民族と後住民族間の融和の如き深刻なる社会問題の発生を防止し得るものと確信する」というのである（『一斑』一〇～一六頁）。

樺太庁のまなざしにおいて、樺太の朝鮮人は、「包摂しつつ排除する」というアンビバレントな立場におかれている。不完全ながらも必要な労働力であり、「国内化」の強化にも貢献しうる。ただし、日本人移住者が停滞する一方で、朝鮮人労働者は急激に数を増やしている現状は、「近き将来に於て南樺太に於ける人口の大部分を占むる」

（『一斑』一二頁）可能性も認められる。同胞であるがゆえに排除はできないが、かといって完全に包摂することもできない朝鮮人を管理しきれない不安感が、そのまなざしにはきざされている。『一斑』を書いた警察当局の不安の原因は、警察力の不足、何より人員の不足である。「警察の現有勢力を以てしては、朝鮮人の増加は歓迎する処に非ず」。『一斑』によれば樺太全体で、ひとりの警察官に対する人口は一五七一人である。なかでも知取は、警察官ひとりに対して二三九一人と、敷香についでその割合が二番目に高い（『一斑』一五頁）。

では、このような不安定なまなざしでみつめられた知取朝鮮人は、こうした状況をどう認識していたのか。朝鮮人側の状況認識を、料理屋経営者と酌婦の存在に視点を合わせて検証することにしよう。そこには、「朝鮮人」とはひとくくりにできない、複数のボーダーが検出されることになろう。

六　国内植民地のなかのボーダー

樺太の、とりわけ知取の朝鮮人社会の特徴が酌婦の存在にあることはすでに述べた。警察当局の酌婦へのまなざしは、樺太の先住民、すなわちいわゆる「土人」に対するまなざしとよく似ている。アイヌ、ウイルタ、ニヴフなどの樺太先住民に対しては、「土人は、無教養の為蒙昧なりと雖、開闢以来長く我皇澤に浴せる純朴な帝国臣民」（『一斑』五頁）という、「遅れた者」への典型的なまなざしが注がれている。一方、朝鮮人酌婦に対しては、「一般に素養なく、無智の者」が多いが、「性温順にして、利欲の念を離れ、能く主人の為に働く」とみている（『一斑』一三四～一三五頁）。男性労働者においては、日本人と朝鮮人が同視されているのに対して、女性酌婦に対しては、「土人」並みの遅れた存在だとまなざされていることがわかるだろう。「国内植民地」樺太のなかにはさらに階層化された内部がある。そのひとつが、女性の地位なのである。

「酌婦」という名義の職種ではあるが、その仕事の実際は売春業そのものである。樺太の売春業については本書井澗論文により詳しいが、「其の行為は全く娼妓と異なることなく、その客を遊興せしめる方法、亦全く遊郭と異なることなし」。その客の多くは日本人であった。林業労働者が稼ぎを得ると、山を下りて街にくりだし遊興にふけっていたことは、樺太の出稼ぎ労働者がほぼ口をそろえて語っていることである[55]。朝鮮人酌婦は、「柔順にして、本邦人酌婦に比して美人多き結果は、本邦人の好奇心と相俟って、其の嗜好に」かなっているため、朝鮮人酌婦を雇用する料理屋は大いに繁盛した（『一斑』一一一頁）。『樺太日日新聞』は、樺太庁当局者の談話として、その繁盛の理由が、日本人労働者が「所謂弱小民族を玩弄物視している」ことにあると記している[56]。同紙の知取支局記者は、一九二六（大正一五）年に知取に赴任した際の第一印象として料理屋の多さを、芸酌婦の多さを真っ先に取り上げ、その賑わいぶりは大泊以上だと書いている[57]。当時、知取花柳界は一般に不況だったが、「朝鮮屋だけは安値軽便」で相当客が入っていた[58]。

したがって、朝鮮人酌婦を雇う料理屋の経営者の利益は大きく、ここに朝鮮人内部における格差が生じる。実は、先の知取支局記者が赴任した二六年当時、樺太の朝鮮人料理屋と酌婦は、ある意味で危機的な状況にあった。樺太庁による彼らへの取り締まりが強化されていた時期だったからである。前年の二五年七月、樺太庁は、朝鮮人酌婦の営業許可制限を実施し、新規就業許可申請についてはこれを受理しないとした。この措置は、翌八月に予定されていた皇太子裕仁の樺太行啓をにらんだものだったことは間違いない。

この取り締まりに対して、料理屋経営者は連帯して抗議活動に出る。二五年八月に、大泊周辺の経営者が音頭をとり、「在樺太朝鮮人料理店営業者代表請願委員会」が組織され、豊原警察署長に対して制限撤廃を訴える請願書を提出した。その理由は、営業上の不利益に加え、自分たちが外国人扱いされていることに対する不満だった。すなわち、「吾々も併合以来均しく日本人なれば、朝鮮人に対し外国人扱いの感あるは実に遺憾」である。日本人酌婦には新規許可申請を受理するにもかかわらず、朝鮮人には許可しないのは不当である。それは「公にして人権問題であると共に私にしては生活不安定の惨事」となりかねない。このように、差別待遇を乗り越える普遍的概念を持ち出しながら、現実的な希望としては、「内地人同様とは願はざるも外国人扱いは除外」してほしい、というものだった（『一斑』一一九～一二二頁）。これは、本心ではなく交渉上の言辞かもしれないが、自らの私的利益を優先すると、結果として、「日本人」への融和という公的な政治的利益にかなうという逆説的事態が発生するのである。

警察当局の側も、料理屋経営者たちに対して、「朝鮮人有識者と認めらるる者」（『一斑』一一六頁）と、労働者とは異なるまなざしを注いでいる。それは、経営者の側も自覚しており、自らは、朝鮮人労働者とは差異化された存在であると認識している。つまり、朝鮮料理屋および酌婦への営業制限は、朝鮮人全体に対する差別に由来するものと思われるが、一視同仁されることを経営者は拒否する。「朝鮮人は下級労働者多く、彼等の不都合ありたるとの理由の許に朝鮮人全体に及ぶとすれば、我々良民は実に悲惨の有様なり」（『一斑』一一八頁）。

朝鮮人経営者たちの請願文には、日本人並ではあるが同等ではなく、一方で、朝鮮人労働者たちとは「我々良民」は異なるという自分の立ち位置が表現されている。同時に、請願文に書かれていないのは、女性の立場に対する配慮である。訴えているのは、利益確保のための女性酌婦の活動許可であり、彼女たちのおかれた立場や、その保護などには一切言及されていない。日本人の客が彼女たちに注ぐまなざしは、「好奇心」にみちた「玩弄物視」だったのに対し、朝鮮人経営者の側からは、利益の源泉であると同時に、「良民」として帝国における階層を上昇するための単なる「道具」としかみられていないのだろう。

経営者からの請願に対して、それを拒否する警察当局の論理には、「包摂しつつ排除する」論理が露骨にあらわれている。すなわち、酌婦の新規申請を受理しないのは朝鮮人だからという理由ではない。当局としては、「内地人たると朝鮮人たるとを問はず等しく警告を与え」ており、それは「民衆に対して親切なる取扱」である。ただし、朝鮮人経営者が利益拡大をねらって朝鮮半島から連れてくる女性は、その身元を調査すると「成績不良にして許可条件に適合するもの尠き」がゆえに、「遺憾」ながら許可を出さないと回答している（『一斑』一二二〜一二三頁）。

　知取の酌婦営業は実際にはつづけられていた。無許可の営業者が多数存在しており、警察当局も把握していた（『一斑』一一四頁）。無許可営業の横行と黙認は、急速に拡大する知取社会における「需要」の大きさと、樺太のなかでもとりわけ弱体な警察力の統治能力の欠如によるものであろう。結果的に、営業制限は一九二八（昭和三）年四月にようやく撤廃される。直後に知取では八〇名にもおよぶ新規許可申請が出され、さらなる賑わいをみせることになった。(59)

おわりに

　以上本章では、一九二〇年代の帝国日本北辺の膨張と収縮、それにともなう樺太の再領域化、林業＝パルプ業コンプレックスの展開という問題に焦点を当て、樺太における政治的「国内化」と経済的「植民地化」が、相互に影響しあいながら進展する過程をみてきた。それは、ヘクターが提起した「国内植民地」の特徴を実証するものであったと同時に、その内部において、民族間、階級間、ジェンダー間の複数のボーダーが引かれつつあったことも検証された。

　ここで、ヘクターが提起し、本論では検討しきれなかったアイデンティティの問題に簡単に触れておきたい。本国とは異なる「樺太っ子」アイデンティティが芽生えるのは一九三〇年代後半である。それは、樺太生まれの二世が言説空間に登場する時期である。労働者にしても樺太庁の役人にしても、稼ぎを得ると樺太を捨て本国へ帰る一世を数多く目にするなかで、故郷に誇りを抱くために「樺太っ子」が樹立するべきは、逆説的にも、「植民地文化」

であった。論壇をリードした、一九一三（大正二）年真岡生まれのジャーナリスト荒沢勝太郎は、日本であるはずの樺太から「植民地」という名称を脱ぎ捨てたいという願いを「苦悩」と表現する。脱ぎ捨てたくともまとわりつき、本国とは差異化された自意識の表現に「植民地」を掲げざるを得ないその「苦悩」を、荒沢は「怪物」と名づけている。[60]「樺太っ子」アイデンティティには、「国内植民地」という「怪物」の矛盾がしかと書き込まれている。樺太の「国内植民地化」の過程を一九四五（昭和二〇）年の終焉まで詳しく論じる余裕はいまない。そこで最後に、その終焉までの仮説的展望を述べて本章を閉じたい。

すでにみたとおり、国内植民地という怪物の成長過程において、帝国と資本はいわば共犯関係にある。

国家は、資本主義を優遇し、それを援助する――おそらくそうだろう。しかし、逆方向の見方をしてみよう。国家は、資本主義が国家の自由な行動を妨げるおそれがあるのでその躍進を妨げようとする。両方の見方とも正しいのだ、それぞれ交互に、あるいは同時に。[61]

帝国の政治的膨張には種々のコストを要する。それは抵抗する異民族の統治であるかもしれないし、人口希薄な土地への労働力の確保であるかもしれない。帝国の政治力がまかなえるコストの範囲内であれば、資本が帝国にもたらしうる利益を安定的に確保するために、暴力的な「国内化」を進め、国境の安定化を試みるだろう。安定した社会における活動は資本にとっても望ましい。双方の利害が一致している限りにおいて、帝国と資本の共犯的なハネムーンはつづく。

樺太の政治的「国内化」は、一九四三年四月の「内地編入」、すなわち異法域状態の原則的解消によって一応の完成をみる。これは、前年の拓務省廃止、樺太・台湾・朝鮮に対する「内外地行政一元化」という一連の過程における措置であり、それは、大東亜省の設置という、帝国日本の南方に向けた再領域化の過程における措置でもある。大東亜共栄圏という名の広域経済は、不安定な世界市場から脱却し、「自主的に支配し統制し得る生産力としての資源の探求」をはかるべく、「植民地と本国との間に〔……〕国内関係にも準ずべき密接不可分の紐帯」をつくろうとする試みである。(62)換言すれば、「国内化」と「植民地化」の共犯関係がより強固となった「国内植民地化」の過程である。不安定な南方の「国境」の再領域化に帝国の政治力は集中的に投下され、国家に統制された資本も石油という新たな利益を目指して南方に進路を変える。(63)

戦時下の樺太の経済も、パルプ＝林業コンプレックスから石炭資源基地化へと産業の基幹をシフトしつつあった。しかし、資本と一体化した帝国の政治力が南方へと投入される一方、「国内」に編入され、統治を要する「外地」ではなく、辺境の一地方に収納済とされた最北方の樺太に投下される政治力が縮減するのは必然であり、国家に統制された資本も撤退する。すなわち、「国内」となった樺太は、「植民地」でもなくなるのである。掘り出された石炭は、輸送手段の不足により、滞貨する。物流が切断された樺太は経済的に「孤島化」した。その空白は、朝鮮人労働力の強制連行という場当たり的な人海戦術によっては埋めるべくもない大きなものだった。そして、対ソ国境の最前線に面しながら、領有当初から軍事的には軽装備であることを特徴とした樺太が戦時下で重装備化されることもなかった。(64)

「植民地」であることからも放棄され、戦時下においても補強されることのない国境は不安定化する。余力のない帝国は、敵を目前にそれを放り出すほかはないだろう。戦争によって国境がふたたび直接的な暴力にさらされるとき、帝国における「国内」という擬制は幻想であったことが暴露される。一九四五年八月二五日、見捨てられた樺太はソ連軍に占領された。(65)「国内」は「外国」へと変わり、同じ「帝国民」のうち日本人は、収縮され再編成された戦後の「国内」に苦労のすえ取り戻され、その新たな「国内」から放逐された朝鮮人は「外国」に留めおかれた。「国内植民地」という幻想の怪物には、帝国の限界と矛盾が刻み込まれていた。その幻想が暴かれたとき、残ったのは帝国の矛盾が押しつけた犠牲だけであった。

第四章　注

（1）Michael Hechter, *Internal Colonialism: the Celtic Fringe in British National Development* (New Jerzy: Transaction Publishers, 1999) pp. 15-43.
（2）ヘクターについての理解も含めて、「国内植民地」論に関する報告者の理解は、まず今西一の一連の論考に多くを負っている。今西一「帝国日本と国内植民地―「内国植民地論争」の遺産―」（『立命館大学言語文化研究』一九巻一号、二〇〇七年）一一～二七頁、同「国内植民地論・序論」（『商学討究』第六〇巻第一号、二〇〇九年）一～二〇頁、など。
（3）冨山一郎「国境―占領と解放―」（小森陽一ほか編『岩波講座近代日本の文化史四　感性の近代』岩波書店、二〇〇二年）二二三頁。
（4）西川長夫『植民地主義の時代に生きて』（平凡社、二〇一三年）三六五頁。
（5）もう一点、「国内植民地」という表記を用いる理由は、北海道史研究における「内国植民地」との差異化をはかるためである。主に一九七〇～八〇年代に論じられ、中央政府による従属的支配化を問題化した点については賛同しうるが、北海道を、国境線の内側に固定化された空間としてとらえている点において、本章での規定とは異なる。北海道史の分析については他日を期したい。
（6）代表的な業績として、三木理史『移住型植民地樺太の形成』（塙書房、二〇一二年）、中山大将『亜寒帯植民地樺太の移民社会形成―周縁的ナショナル・アイデンティティと植民地イデオロギー―』（京都大学学術出版会、二〇一四年）。三木の著作に対する批判的検討として、天野尚樹「書評　三木理史著『移住型植民地樺太の形成』」（『史林』九七巻一号、二〇一四年）二四四～二五〇頁。
（7）塩出浩之『越境者の政治史―アジア太平洋における日本人の移民と植民―』（名古屋大学出版会、二〇一五年）一七九頁。
（8）同右書一七三～一七九頁。
（9）「樺太経営ノ国是　北海道庁ニ合スヘカラサル理由」（サハリン・樺太史研究会撮影・編集『立命館百年史編纂室所蔵中

川小十郎文書樺太関連部分ＤＶＤ』立命館大学百年史編纂室蔵、資料番号一五四七）。なお、本文での引用に際しては、旧字は新字に、カタカナはひらがなに、適宜濁点・句読点を補う。以下の史料引用に際しても同様である。
(10)平井廣一『日本植民地財政史研究』（ミネルヴァ書房、一九九七年）一八二頁。
(11)神長英輔「開かれた海の富と流刑殖民地—日露戦争直前のサハリン島漁業—」（原暉之編『日露戦争とサハリン島』北海道大学出版会、二〇一一年）六五〜九五頁。
(12)桑原真人『近代北海道史研究序説』（北海道大学図書刊行会、一九八二年）三六八〜三九三頁。
(13)西済「廃水処理の思い出」（『紙パ技協雑誌』二五巻二号、一九七一年）二頁。
(14)『中外商業新報』一九三七年八月六日。
(15)大島幸吉『世界水産業の科学的改造（水産學全集第一四巻）』（厚生閣、一九三三年）、同「水産業に対する工場廃液の害」（『北海之水産』一九三四年五月号）。
(16)大島幸吉「樺太と水産業に対するパルプ工業の暴虐」（『樺太』一九三四年六月号）一五〜一七頁。
(17)樺太建網漁業水産組合連合会『樺太漁業取締状況並北海道ニ於ケル製紙工場ノ漁業ニ及ボス影響調査』（非売品、一九一七年）一〜二・五五〜七七頁（小樽商科大学図書館蔵）。
(18)中牟田五郎『樺太森林開発事情』（帝国森林会、一九三一年）一六八〜一八二頁。
(19)占領時のロシア人島外強制送還については、板橋政樹「退去か、それとも残留か—一九〇五年夏、サハリン島民の「選択」—」（原編『日露戦争とサハリン島』）一五九〜一八七頁。
(20)大野東雲『樺太地誌』（国書刊行会、一九七七年）三三頁。
(21)樺太庁編『樺太森林法規』（樺太庁、一九一七年）一二頁。
(22)中牟田『樺太森林開発事情』八一〜八三頁。
(23)平井『日本植民地財政史研究』一九三頁。
(24)同右書一九二〜一九三頁。
(25)同右書一九〇頁。
(26)中牟田『樺太森林開発事情』五六頁。
(27)同右書七三頁。
(28)樺太庁警察部『昭和二年十月　第三輯　樺太在留朝鮮人一斑』（函館市立図書館蔵）七頁。以下、本史料は『一斑』と略

記し、引用では原則文末注とせず、割注として頁数等を示す。
(29)『昭和八年知取町勢要覧』(知取町役場、一九三三年)二頁。
(30)中牟田『樺太森林開発事情』一一九〜一二〇頁。
(31)同右書一一九頁。
(32)『昭和八年知取町勢要覧』五〇頁。
(33)同右書五一〜五二頁。
(34)堅田精司「旧樺太内国貿易史—北海道内国貿易史の研究三—」(『北海道地方史研究』臨時増刊一七、一九七一年)七九頁。
(35)同右八〇頁。
(36)同右八三頁。
(37)同右八三〜八四頁。
(38)奥山亮『ああ樺太』(北海道地方史研究会、一九六六年)一一六〜一一七頁。
(39)この移出入の一方通行性と、それを支えた決済システムについて詳しくは、白木沢旭児「北海道・樺太地域経済の展開—外地性の経済的意義—」(原編『日露戦争とサハリン島』)三七七〜三九〇頁。
(40)『昭和八年知取町勢要覧』一一頁。
(41)三木『移住型植民地樺太の形成』第八章。
(42)日本人と朝鮮人の「対面空間」という概念は、杉原達によっている。杉原達『越境する民—近代大阪の朝鮮人史研究—』(新幹社、一九九八年)。
(43)林業発達史調査会『北洋材輸移入史(上)』(林業発達史調査会、一九五六年)五四頁。
(44)萩野敏雄『日露国際林業関係史論—戦前期の実証—』(日本林業調査会、一九九一年)一四四〜一四六頁。
(45)同右書一五三頁。
(46)同右書一四五頁。
(47)JACAR(アジア歴史資料センター):Ref. B04011194700(第四四画像目)、露国ニ於ケル森林関係雑件/会社ノ部　第一巻(1-7-8-10_1_001)(外務省外交史料館)。
(48)萩野『日露国際林業関係史論』一六二頁。
(49)JACAR:B04011194700(第六一画像目)。

(50) 杉原『越境する民』一六三～一六四頁。
(51) JACAR：B04011194700（第六一画像目）。
(52) 矢内原忠雄『植民及植民政策（矢内原忠雄全集第一巻）』（岩波書店、一九六三年）一四〇頁。
(53) カール・マルクス（資本論翻訳委員会訳）『資本論（第一巻）』（新日本出版社、一九九七年）一七三頁。
(54) 台湾人は「本邦人」に分類されるが、樺太在住者は皆無に近い。
(55) 以下の聞き取り集をぜひ参照されたい。野添憲治『樺太（サハリン）が宝の島と呼ばれていたころ—海を渡った出稼ぎ日本人—』（社会評論社、二〇一五年）。
(56) 「鮮人酌婦の営業」（『樺太日日新聞』一九二八年四月一九日）。
(57) 御牧生「初見の知取（二）」（『樺太日日新聞』一九二六年五月二六日）。
(58) 「朝鮮屋大繁盛」（『樺太日日新聞』一九二六年六月一九日）。
(59) 『樺太日日新聞』一九二八年五月八日。
(60) 荒沢勝太郎『樺太文学史（第三巻）』（艸人舎、一九八七年）二二一頁。
(61) フェルナン・ブローデル（山本淳一訳）『交換のはたらき二　物質文明・経済・資本主義一五—一八世紀Ⅱ—二』（みすず書房、一九八八年）三四〇頁。国内植民地化の問題をめぐって、このブローデルの記述に注意をはらっているのは富山一郎である。富山「国境—占領と解放—」二〇八頁。
(62) 宇野弘蔵『宇野弘蔵著作集（第八巻）』（岩波書店、一九七四年）四〇〇～四〇一頁。
(63) 倉沢愛子『資源の戦争—「大東亜共栄圏」の人流・物流』（岩波書店、二〇一二年）二五三～二七八頁。
(64) 原暉之・天野尚樹編『樺太四〇年の歴史』（一般社団法人全国樺太連盟、二〇一七年）二六五～二八四頁。
(65) 同右書二八六～三一六頁。

第五章　満洲鉱業移民構想の成立と挫折
―北票炭鉱と鶴岡炭鉱の事例から―

三木理史

はじめに

本章の目的は、近年の「満洲」[1]移民の多様性に関わる研究成果を踏まえ、鉱業移民構想の成立から挫折の過程を検証することを通じ、日本農村問題からの検討の多い満洲移民研究に、満洲労働市場問題という研究視角から再考を加えることにある。

満洲移民研究は、日本人農業移民の限定性が次第に周知され、戦後[2]一九九〇年代までの帝国主義的な満蒙開拓団に関わる通念で語ることが次第に過去のことになりつつある。そして、近年では一九三六（昭和一一）年の「満洲農業移民百万戸移住計画案」などの大規模計画[3]の政策的再考にとどまらず、日露戦後の除隊兵移民などの日本人農業移民の失敗も踏まえ、漢民族移住や朝鮮人移民に関する検証も現れるようになってきた[4]。そうした日本人満洲移住の多様性や他民族の満洲移住との関係という視点は、イデオロギッシュな政策論に偏る限り生まれなかった。

しかし、それら他民族の満洲移住研究と日本人満洲移民研究は必ずしも連携していない。その原因は日本人満洲移民研究が依然として日本農村社会の側のプッシュ要因に着目して農村問題として立論されていることにある。(5)ところが、移民問題はプッシュ要因と併せて移住地側のプル要因への着目が不可欠で、満洲移民もその例外ではない以上、満洲労働問題としての考察が不可欠なはずである。

一方、農業移民にとどまらない満洲への多様な移住形態への注目は、一九八〇年代に柳沢遊が先鞭を着けた都市商工業者の研究が先駆といえよう。(6)そして、近年のそうした多様な移住への注目は、日本人研究者にとどまらず、中国人研究者にも拡大しているが、(7)一方でそれらのなかには史料的裏づけに乏しいまま指摘の域を出ないものも少なくない。しかし、多様性を示唆する一つの類型ながら東北森林管理局青森分局所蔵文書を用いた林業移民に関する実態解明は、(8)とかくその小規模性から看過されてきた対象を、その技術移転への貢献に意義を見出しつつ、新たな視角を開いた点で注目すべき成果といえよう。

本章で満洲移民の多様性を議論する前提として、満洲事変後の日本人移民方針の成立過程を瞥見しておきたい。一九三三年二月に関東軍は、満洲移民の重要性を認識して特務部に移民部を設け、内務官僚として活躍の後に長野県知事を務め、信濃海外協会総裁としてアリアンサ移住地建設に携わった梅谷光貞を移民部長に迎えた。そして、彼は満洲移民基本構想立案の責任者である関東軍特務部長（嘱託）となり、(9)経済倶楽部の講演で満洲移民は「本当の根本方針と云ふものはまだ立つて居りませぬ」と前置きしたうえで、「どう云ふところに重点を置くか、是は大衆を基礎にして、土地に定着することを目的として居るところの農業移民なるものに、重きを置かんけれ《ママ》ばならぬ」(10)と述べた。そのうえで「農業移民許りでなくして、満洲の移民と云ふものは、尚ほ其の外に工業移民であるとか漁業移民であるとか—斯ふ云ふやうな方面の移民に就いても特別の考慮を払ふ」(11)べきとして多様化を示唆していた。

また、当初の満洲「移民」という呼称が一九三九年の日鮮満移民懇談会を機に「開拓」に改められたとする指摘(12)を踏まえると、日中戦争前後にその一つの画期を見出し得る。さらに当時から移民の多様性の追求は、農業不可能論や抗日武装勢力への対抗と併せて急増する関内移民や朝鮮人の入殖阻止にあったとする指摘もあり、(13)その多様性は他民族の入殖との関係も視野に入れて論じるべき課題といえよう。満洲の鉱山労働は、当時から日本人の労働市場としての認知が乏しい一方で、満洲に多い農山村労働と異なる数少ない都市生活に近い就業先の一つとして注目されてもいた。しかし、鉱山への日本人就業に関する先行研究の対象は指導者としてのそれにとどまり、(14)現場労働への就業の可能性の検証を経ぬまま現在に至った。

さらに山東出身者を中心とした関内移民(15)にとっての重要な移住先であった満洲の鉱山労働現場では、少数の日本人指導者の下で中国人鉱夫が末端労働を担った。その一方で鉱山労働現場では一九三〇年代の電気穿孔ドリル使用や発破採掘法などの近代技術導入で、彼らを統轄してきた把頭制が形骸化して労務管理の炭鉱直轄化が進展した。(16)一九三〇年代の満洲では、関東軍を中心に日本人移住者増加に腐心する一方、近代技術導入によって肉体労働現場で関内移民を排除する余地が芽生えつつあった。もっともそうした理想論も一九三七年の第一次「産業開発五箇年計画」（以下、五箇年計画）による労働力払底を前にして挫折を余儀なくされた。

本章では、小規模性に譲歩を要する点は林業移民に共通するが、日本人鉱業移民という特異な形態の出現した要因の考察を通じて、移民形態の多様性、技術移転への貢献、さらに他民族との協業などの問題に関する議論へとつなげることを意図している。本章で用いる満洲炭礦株式会社『康徳五年五月　鶴岡炭礦産業移民ニ関スル中間報告』（以下『鶴岡報告』、奈良大学図書館所蔵）と、それに対応する満鉄産業部『昭和十二年五月　北票炭礦邦人労働者事情』（以下『北票報告』、前同所蔵）(17)は、「内地の産業資本家の見解は（中略）殊に鑛工業の労働者に至つては特殊の技術工の外は殆んど絶対に移植の見込みがないと断言」（圏点：引用者）(18)されてきた鉱業移民に史料的裏づけを与え得る記録資料といえよう。

一　炭鉱開発の拡大と移民の多様化

満洲炭礦株式会社と炭鉱開発の拡大

満洲事変以前の主な鉱業開発は、南満洲鉄道株式会社（以下、満鉄）が主導し、阜新を除き日本権益に関わる満鉄沿線に集中した[19]（図1）。満州国政府は、当初暫定的に一九一四（大正三）年の「鉱業条例」を準用し、三五（康徳二／昭和一〇）年八月に「鉱業法」を公布して鉱業権の所有を日本人にも開放した。一九三四年五月に満洲国最大の鉱業法人として満洲炭礦株式会社（以下、満炭。資本金：全額払込一六〇〇万円）を設立し、満洲国政府、満鉄、満洲中央銀行が出資して満洲各地の大規模炭鉱を直営あるいは関係会社として経営することになった[20]。その設立目的は、「満洲国」の石炭開発が満鉄関係（一九三四年度満鉄系炭鉱総出炭量約七九四万トン）を除けば年産一〇〇万トン程度にとどまり、炭鉱立地の偏在によって販売価格も著しく異なるため、復州、八道壕、尾明山、阜新、鶴立崗[21]、西安、北票の七大炭鉱の採掘、販売に特殊権益を与え、満洲国内の石炭事業統制を図ることにあった[22]。そして、満炭は、復州ほか前四炭鉱を直接経営し、鶴立崗ほか後三炭鉱の各独立炭鉱会社を介して稼行し、満洲事変以後に開発の進む北満への石炭市場を調整し、現地炭として鶴岡炭や西安炭を充当することを目論んでいた。そして将来満炭は全体として満鉄諸炭鉱を凌ぐ満洲随一の採掘量になることが期待されてもいた[23]。

その後満炭は、密山炭鉱の開発（一九三五年）、札賚諾爾炭鉱の委任経営（前同）、阜新炭鉱の開発（三六年）に着手する一方で、和龍（三六年）、田師付（三七年）、舒蘭（三八年）、東寧（前同）、三姓（前同）、城子河（前同）、平陽（前同）の各区域の調査・開発を手掛けた[24]。その間に出炭は年産一五〇万トン（一九三四年）から五五〇万トン（三八年、同年度満鉄系炭鉱総出炭量約一〇〇二万トン）にまで増加し、その販売は三六年一〇月から日満商事に委託した[25]。また

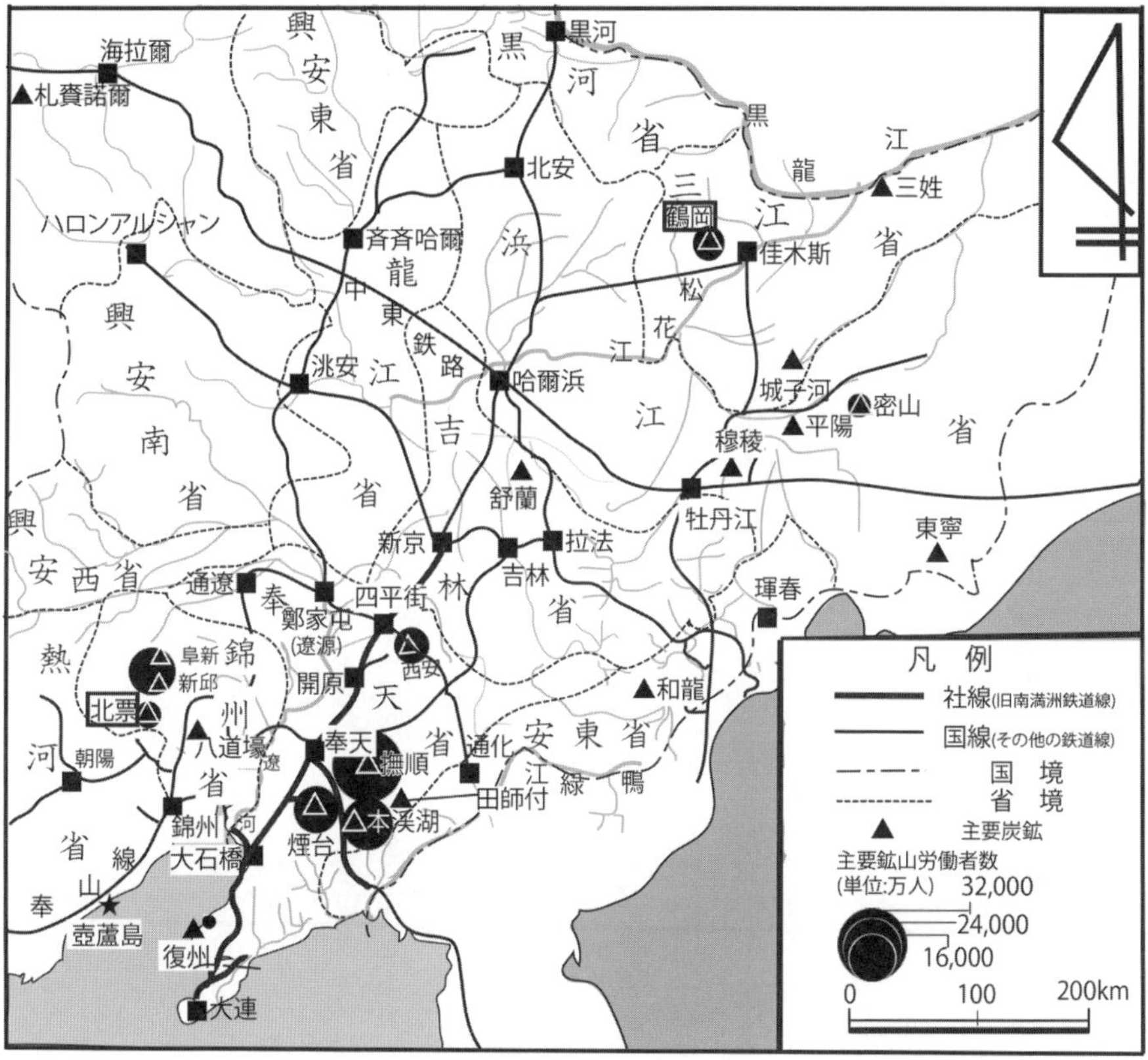

図 1　満洲における主要炭鉱と鉱山労働者の分布（1934 年頃）

出所：南満洲鉄道株式会社調査部『満洲鉱山労働概況調査報告（満鉄調査研究資料　第十四編）』南満洲鉄道株式会社所収「満洲主要鉱山労働者分布図」をもとに、補足して作成。主要鉱山労働者数は同所収「附各鉱山別労働者出身地調」によって作成。

五箇年計画に関わる鞍山製鉄所などへの原料供給先としても注目を得た[26]。設立当初満炭では西安、北票、鶴岡の三カ所が基幹炭鉱で、三六年に開発に着手した阜新が躍進し、そこに加わった（図2）。そして各炭鉱の出炭高は、復州を除き、いずれも満炭の開発着手や関与によって増加し、撫順を補完することが期待された。

「南は復州、北は札賚諾爾或は鶴岡と云ふ様に広大なる地域に点々と炭礦を有し、従て其の気候風土を異にし労働者も自ら異る」満炭では、「未だ治安状態も確立してゐない部分もあり、匪賊の横行甚しき地方もありまして社業遂行の為には何うしても特別の警備を必要とするのでありまして石炭コストの上にも之が影響」[27]をもたらした。満洲の炭鉱労働者の構成は地域差や時間差を伴っており（図3）、人口稀薄な北満に位置する鶴岡炭鉱は圧倒的に山東半島出身者の割合が高く、それは季節労働者の多さをも示唆するものであった。そのため満炭各炭鉱は、①労働条件、②災害予防、③福利増進、④移動防止、⑤労働組織、の各労働問題を抱えていたが[28]、本章と関係深い①、④、⑤の要点は以下のようになる。

まず、①では「南満の土地は良く拓け人口も已に過剰を呈して居るのに対しまして北満は未だ未開墾地が多く人口密度低く労働力の不足を来たして居ります。従て賃金も一般に南満に低く北満に高くなつて居る」[29]地域間格差の是正が課題であった。④では「満洲に於ける苦力の移動ははげしいものがあります（中略）渡鳥の如き彼れ等は春三月解氷期の迫る頃続々入満晩秋十一月結氷期になると又南へ南へと稼ぎ溜めを土産に持ち、旧正月前にかけ故郷の山東河北へと急ぐ」[30]ため季節間格差を是正する必要があった。⑤では撫順の大把頭に相当する労働者管理組織が、北票に包工、鶴岡に同心販房のように多様な形態で存在する一方で（表1）、反満抗日勢力の鎮圧が求められていた点は共通した。本章の対象の両鉱山は満炭の基幹炭鉱ながら[31]、鶴岡の位置する北満はもちろん、北票の位置する奉山線沿線も一九二〇年代まで日本人の開発可能な範囲は限定的であった。

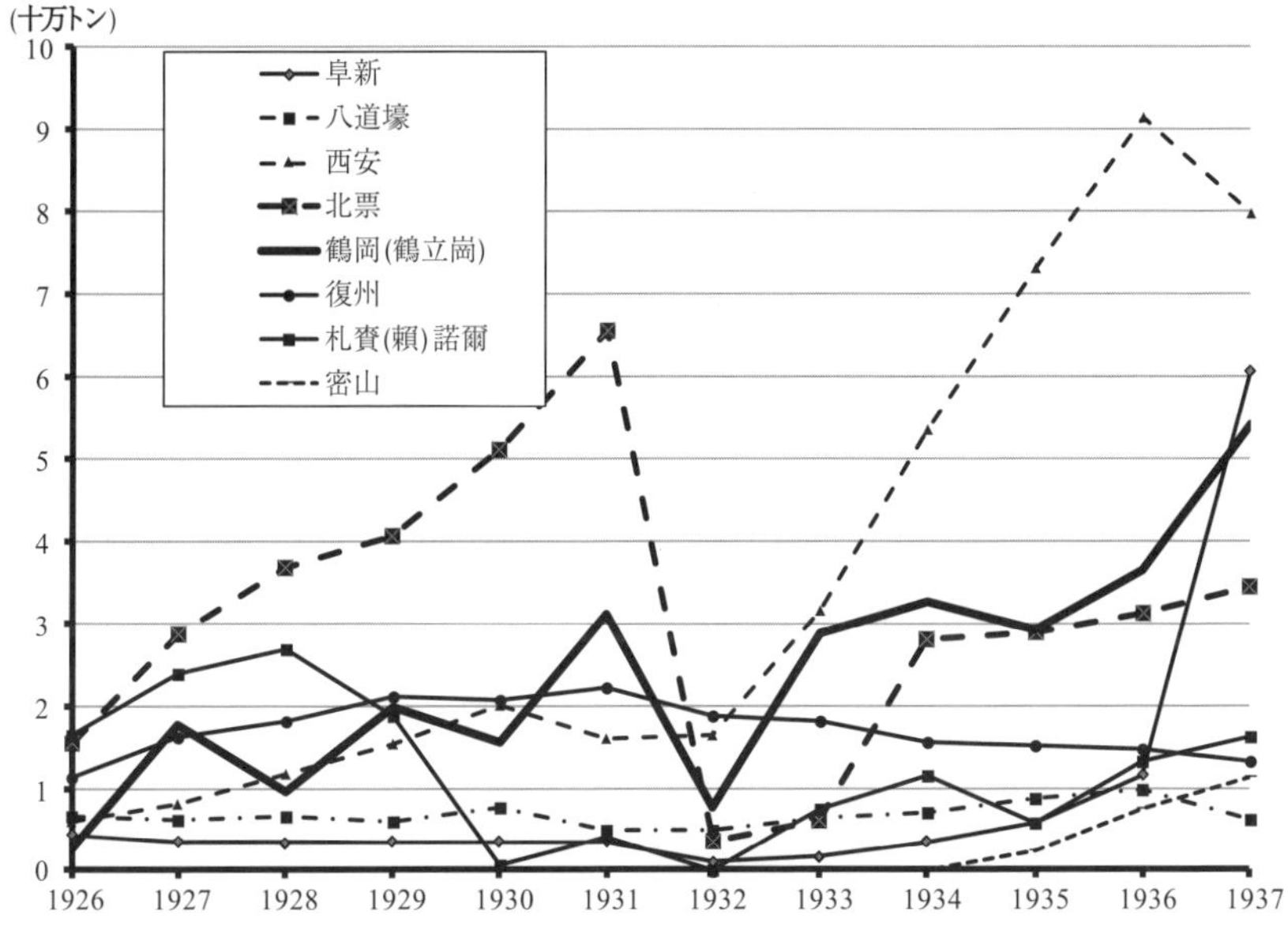

図2　満洲炭礦株式会社関係炭鉱の出炭高推移

注：1926～34年の密山炭鉱および32年の札賚（賴）諾爾炭鉱の数値は不明。

出所：1926～32年は南満洲鉄道株式会社商事部『昭和八年十二月　満洲に於ける炭礦と其の石炭市場』（満鉄商事部庶務課、1933年）、68～69頁、34～37年は満洲炭礦株式会社『康徳五年十二月　満洲炭礦株式会社概要』（満洲炭礦株式会社文書課、1939年）、18～19頁、33年および撫順炭鉱の34～36年は「満洲国石炭省別出炭内譯表」（満洲鉱業協会『満洲鉱業協会会報』第3巻第12号、1937年12月）、20～23頁によって作成。1926～33年の阜新の数値は「満洲炭礦近況」（石炭鉱業連合会『石炭時報』第12巻第6号、1937年6月）、46頁による。

満洲開発と移民形態の模索

満洲農業移民の送出は、一九三二～三五年が日本人移民の定着を試す試験移民期、三七～四一年が前期を踏まえた本格的移民期、四二～四五年が日本人送出の停滞による崩壊期、に区分され[32]、特に草創期の試験移民に武装性を求める傾向が強かった。一九三二年一月の関東軍統治部産業諮問委員会でも北海道屯田兵移民を先例とする武装移民に関する議論が進行すると、渡邊委員が「移民ハ農業ニ最モ重点ヲ置カナケレハナリマセヌカ」という疑問を投げ、「農業ニ就テハ恐ラクハ三十年五十年ノ日月ヲ要スル」ので、「先ツソノ次ニ来ルモノハ鉱業『マイ

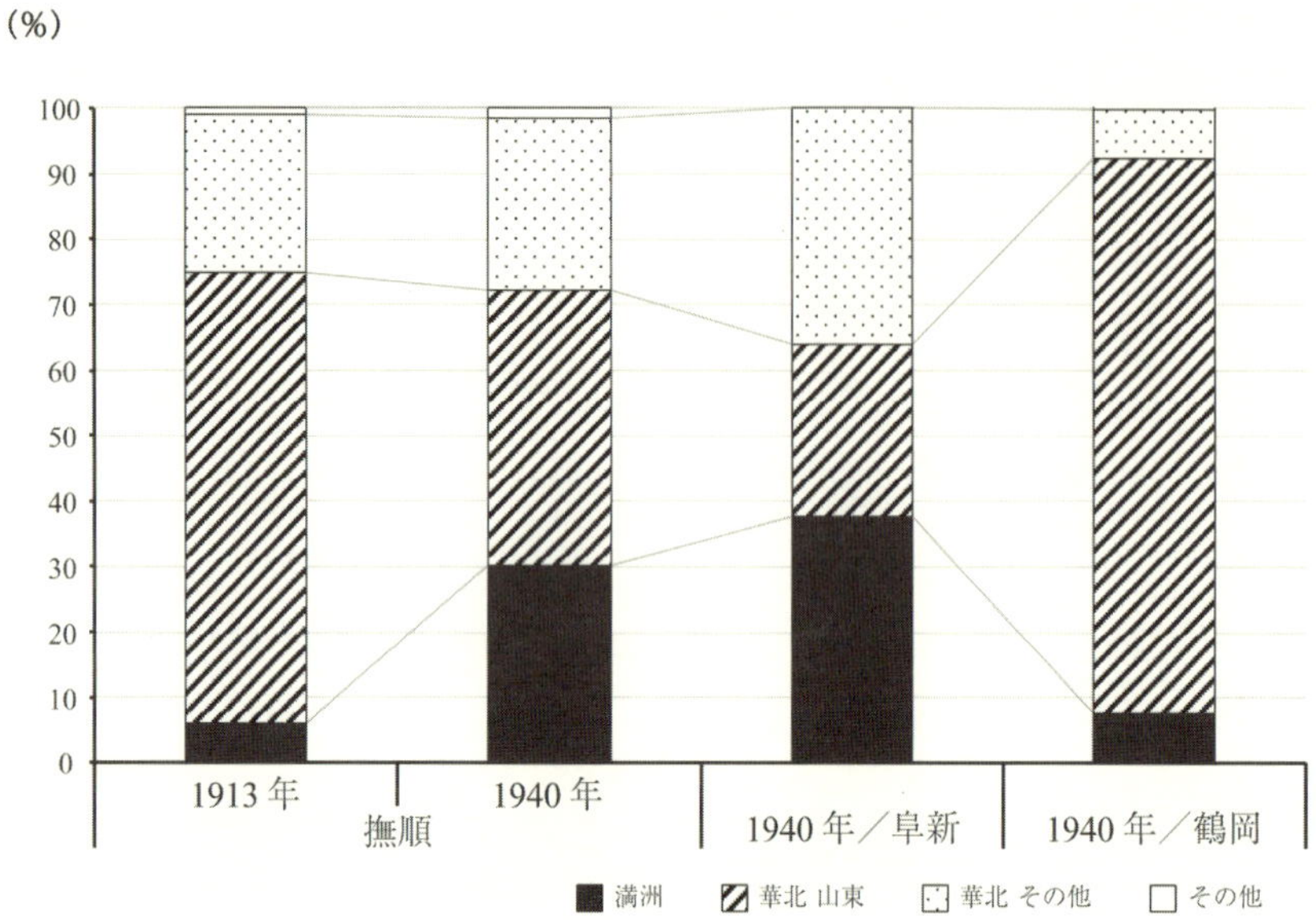

図 3　「満洲国」主要炭鉱労働者の出身地構成

出所：新京支社調査局編『満洲炭業生産力拡充ニ於ケル諸問題』（南満洲鉄道株式会社調査部、1942 年）、110 頁（解学詩監修『満洲国機密経済資料・第 10 巻鉱業—石炭（上）』本の友社、2001 年所収）。

ニング』問題」[33] だと発言し、鉱業移民を高い優先順位に置いた。それには「集団的ナ企業カアッテコッチニ起イマスレハ、ソレヲ取巻ク所ノ日本人ノ小商人、ソノ他ノ移住民モ自然従属シテ来ル」商業移民さえも期待でき、さらに「日本人は都会ノ生活カ好キテアル、又教育衛生ニ就テ到底支那人ノヤウナモノテ満足スルコトカ出来ナイ」[34] ため、鉱業は都市近郊労働市場としても有為であるとしていた。

ところで、漢人出稼者は満洲事変前後の混乱によって一時減少したが、国内情勢が一定の安定をみた一九三三～三四年には再び増加の兆しを見せたため、満洲国は三四年一月に労働統制委員会を設置して漢人出稼者の入国制限の方向を明確化し[35]、それが翌三五年三月の「満洲国外国人入国取締規則」公布へとつながった。そして一九三五年以後は漢人労働者の満洲国への入国諾否

表 1　満洲炭礦株式会社関係の各炭鉱における労働事情（1936 年頃）

炭鉱名	満人					日・満人	日人		
	常役方	常役夫(採炭夫)	請負工	臨時工(夫)	把頭	傭員(手)	社員	常役方	その他
復州炭鉱	587	712	350	不明	4	不明	不明	2	不明
人道壕炭鉱	298		515(把頭請負一括拂)	不明	2(小把頭 4)	不明	不明	不明	不明
孫家灣炭鉱	323	—	326(採炭)／2, 686(剝土)	175	不明	不明	不明	不明	不明
密山炭鉱	不明	456(坑内)／331(坑外)	不明	不明	坑内：1(補助把頭 6)／坑外：1(補助把頭 2)	不明	不明	不明	不明
札賚(賴)諾爾炭鉱	120		264(把頭監督)	不明	不明	不明	不明	不明	不明
北票炭鉱	626	2, 909(把頭所属)	166	25(掘進事業従事)	17	不明	不明	不明	27(掘進事業従事)
西安炭鉱	871	2, 054	5, 383(直轄外・常役夫)	900(直轄外・常役夫)	不明	153(現場外従事者も含む)	12(名称は試用社員)	不明	不明
鶴岡炭鉱	120	726(採炭)／8(掘進)／1, 439(剥離)／1, 006(坑外)	不明	273	常役夫 50 名に 1 名の単位で小把頭が管轄し、それを 5 名の大把頭が統轄	不明	不明	不明	不明

出所：「各炭礦労働事情」（満洲炭礦株式会社労務係編『第一回労務主務者会議録』〔満洲炭礦株式会社、1936 年〕）、29〜106 頁によって作成。

を大東公司[36]に委託し、その発行する入国査証の携帯を義務づけたため、再び入満者は減少することになった。ところが、一九三七年に五箇年計画が始動すると、労働者不足によって漢人出稼者の入満が再び増加し、四〇年に過去最多を記録することになった。そうした状況を見据えて一九三八年一月には労務計画を統一的に運用する満洲労工協会が設立され、さらに三九年七月にはそれと大東公司の統合によって関東州と満洲国の労務統制機構が統一されることになった。

　また、草創期の試験移民期には、その重点入殖地を北満とするか、南満とするか、でも議論があり、後者を推す拓務省に対し、最終的には開発の進まない前者重点案の決定を主導したのが東宮《とうみや》鉄男《かねお》であった。[37] 彼の移民構想は「農業移民ばかりでなく、林業移民、鉱業移民、さては漁業移民のことまで考え及」び、それには「内地と異つて、半年が農業期で半年が農閑期である満洲にあつては、冬期の副業が大事」[38]なためとしていた。満洲国が満洲移民に関与しはじめる以前、[39]すなわち関東軍と拓務省がそれに関与できていた時期には林業移民と鉱業移民が同じ枠内に収まっていた。そして、一九三七年二月に東宮のまとめた「第一次満洲移民沿革ニ関スル参考資料」では、一貫して北満への武装農業移民の経緯を綴っていた。[40] 試験移民は、まず通説に違わず農業移民一辺倒の加藤や、北満入殖重点構想にもとづく武装性に重点を置く東宮の意向によって理念の先行が懸念される状況にあった。

それは、関東軍の東宮の「当時喧シカネタ満蘇国境問題ト関聯シテ、国境地帯特ニ三江省内ニ居住スル鮮満人ニ対シ、非常ナ不安ノ念ヲ拘(ママ)イテ居ツタ。而シテ有時ノ日ニ備ヘル為ニ如何シテモ日人ヲ多ク入殖セシメ、之ニヨリ資源ヲ守」り治安を維持し、「当時日本内地ニ於テ決定セラレタト伝ヘラレル対満一〇〇萬戸、五〇〇萬人移民計画ニ対応スルニハ単ナル農業部門ノ移民ノミテハ不可ニシテ、産業各部門ニ対シ移民ヲ行フヘシト云フ意見ヲ有ツテ居ツタ」(『鶴岡報告』一頁)という発言に現れている。

二　産業移民構想の成立と鉱業

産業移民構想の理想と現実

一方、一九三六(康徳三/昭和一一)年三月に満鉄経済調査会は、「現在のところ、邦人移民は農業のそれに主力がそそがれて居るようであるが、他の産業部門におけるそれも亦、決して軽視するを許さない」[41]として「満洲国」

の労働状態調査を実施した。その第四部「特殊問題」の一つとして「邦人産業移民」[42]を満洲事変前後に分けて取り上げると、一九三三年一〇月の有業者[43]に対する日本人の割合を求めると、農業一・八%に対し、商業二五・一%、公務自由業二四・六%、工業二〇・二%で[44]、移住日本人は商工業・公務従事者の割合が高かった。

ところで、満洲の労働市場では、一九一〇年代から肉体労働における中国人労働者の能率性や民族間協業の困難が周知され[45]、日本人移住は「農業以外の産業、即ち工鉱業、交通運輸業乃至商業等の目的とする所は事業経営そのもので、移民吸引問題とは直接関係を有」さず、満鉄等の大会社では学卒者、土木建築業者では職人としての雇傭を当然視し、「日傭労働者を組織的に入満せしむるといふが如き問題については特別な考慮が払[46]われずにきた。ところが、一九三三年初秋頃から大阪府社会課や大阪地方職業紹介事務局が管内日雇労働者の移住のために満洲土木建築協会と折衝や協定を進め、三四年六～九月に一三四名が渡航をみた。東京では「震災後の復興事業から多数の大工、左官が造り出され、（中略）次に失業応急事業が起されて、夫れ等の過剰労力を吸収して居たが、夫れも最近に至つて予算の縮減となり再び労力の過剰」[47]を感じ、東京や福岡の地方職業紹介事務局でも日本人労働者の満洲への誘致を進めた。一方で「満洲からは頻りに慢然たる渡来者を阻止して貰ひ度いと謂ふ様な要望」が寄せられ、一九三五年五月に内務省社会局が満洲労働移動協議会を組織し「保護指導を與へて渡航せしむる」[48]方途を探ったが、「日本人労務者は能率に於て満洲人に優るも、到底賃金の差を相殺し得」[49]ず、前述の有業者に対する日本人割合も鉱業ではわずか〇・九%に過ぎなかった[50]。

一九三五年一二月に関東軍では、特務部と併せて前述の移民部を廃止し、以後「満洲国」の政務指導を担当した参謀部第三課が移民政策を分掌して、「内面指導」しつつ満洲移民を推進するように変化した[51]。そして、満洲移民史において試験移民から本格的移民への移行期の一九三六年五月に関東軍司令部は第二回移民会議を開催し、農山漁村の経済的窮乏打開と都市失業者の救済を目標として「満洲農業移民百万戸移住計画案」を立案した[52]。また、その案は、一九三七年四月の五箇年計画の開始を前に七月まで満洲国に代わって関東軍特務部労働統制委員会が労働政策の立案を行い[53]、それ以前からの日本人移住による調達という方法を維持した。しかし、満洲国との協調体制により関東軍の影響力が低下すると、再び関内移民の有為性に光が当たった。本章の鉱業移民の二事例はその空隙に咲いた徒花であった。

北票炭鉱の日本人鉱夫試用

鉱業での日本人試用は、まず「昭和十一年四月満炭北票炭礦ニ内地ヨリ熟練労働者約三十名カ移入セラレタ。之満洲ニ於ケル鉱業移民ノ嚆矢ト」(『北票報告』〇一頁《ママ》)なった。その舞台である北票炭鉱[54]は、奉山線沿線の錦県から錦承線で北へ約一一二km入った錦州省朝陽県の北票に所在した。同鉱は清朝時代から地元民が採掘を開始し、一九一七年に京奉鉄路局(のち北寧鉄路、奉山線の前身)が開坑計画を立て、二〇年に官商公弁の北票煤鉱股有限公司(初代)を設立して竪坑による開削を開始し、三一年には年産一〇万トンを採掘した。英中合弁経営の開灤炭鉱の姉妹鉱としてイギリス人技師長が経営し、竪坑二坑で相当な成績をあげた(『北票報告』二頁)。一九三二年に採炭を休止し、三三年三月に満洲国実業部の接収による坑内復旧作業を行い、一〇月に日満合弁の北票煤鉱股有限公司(二代目)を設立したが、その後三五年一二月に満炭が日本人の所有株式全部を買収した。そして五箇年計画に際し、一時その産出炭が製鉄用コークスとしての適性をもつといわれて注目も高まってきていた[55]。そして、満炭の買収と同時に筑豊炭鉱から長久美を炭礦長として招聘し(『北票報告』二頁)、一九三六年九月現在で炭礦長以下総務、採炭、工作の三課を設置して、社員約一三〇名(うち日本人約九〇名)、工作関係職工約二〇〇名、坑内夫約二六〇〇名、選炭夫一八〇名、運輸・積込関係約一七〇名から成る三一〇〇名が就業した。

北票炭鉱では満炭による買収を機に日本人労働者の導入が進んだが、その背景には「昭和十年十月、北票炭礦街ヲ約一千五百名ト算セラルル大部隊ノ匪賊カ包囲襲撃」（『北票報告』八頁）したことがあった。ほぼ満鉄本線（大連―新京間の連京線）に沿って形成された日本人の生活圏から離れていた。しかも事変後でさえ「北票ニハ日本軍ノ駐屯ナク、炭礦員満人軍警ノ共同防戦ニ依リ辛フシテ撃退シ得タルモ、炭礦幹部者ハ当時ノ状況ニ鑑ミテ、炭礦ノ自衛自警上相当多数ノ邦人従業員ヲ擁スル必要ヲ痛感シタ」（『北票報告』八頁）。奉山鉄路沿線は、満鉄本線や安奉線沿線と異なり「新政布かれること遅く」、特に支線沿いの北票等の熱河南路地域の「山又山は匪賊の潜伏に都合よく、為に奉山沿線に比すれば治安状態は宜しくない」として、「日本軍及各県警務局は全力を治安の維持に注ぎつゝあ」[56]り、満洲国期に勢力圏に編入された北票付近の治安が北満並みに不安定であったことは推定に難くない。

そして「炭礦幹部者ハ日本人ノ満洲進出ニ就テ、農業移民ハ措キ、（中略）一般産業移民ト称シ得ヘキ範疇ニ於テ、集団的、大量的ニ実行ノ可能性アルモノハ、炭礦労働者次イテ製鉄関係労働者位ノモノテアラウ、他ノモノハ取扱カ散在的ニシテ種々複雑ナル条件ヲ伴フ、夫レニ較ヘテ炭礦労働者ノ移入ハヨリ単純テアリ困難性カ少イ」（『北票報告』八頁）と考えていた。また、彼らは「邦人移民ノ満洲進出ヲ国策的ニ企図スル以上ハ、農業移民ト並行シテ炭礦労働移民ニ対シテモ政府ノ力カ注カレテ然ルヘキ」（『北票報告』八頁）として試用のみならず、国策移民への拡大も企図した。

それらを背景に「昭和十二年度ヨリ北票炭礦ノ増産計画カ著手セラルルコトトナリ、夫レニ就テ延長二千五百尺手押トロ（トロッコ：引用者）軌道（軌間二呎）敷設ノ主要運搬坑道ヲ、幅員、高サ共ニ大拡張シ、之ヲ電車運搬軌道トナスノ計画カ立テラレタ」（『北票報告』九頁）。ところが、「満支人礦夫ニハ斯ル坑道ノ切替掘進、鉄枠仕繰作業ノ経験熟練者殆トナク、而モ工事ノ進行ヲ急ク必要上、之ニ要スル掘進夫及仕繰夫ハ内地ノ熟練者ヲ移入スルカ最上ノ方法トシテ考ヘ」（『北票報告』九頁）、日本人鉱夫の試用に踏み切った。

しかも「長炭礦長カ満炭入社以前、築豊《ママ》ニテ多年邦人礦夫管理ノ経験アリ、邦人労働者ノ募集、使役ニ就テ充分ノ智識ト自信ヲ有セル所ヨリ直ニ実行ニ移サレ、昭和十一年四月、長炭礦長自ラカ其ノ出身地三井田川炭礦ニ到リ、元自己ノ配下納屋頭タリシ原井組（原井角一）ニ一切ヲ依託シテ募集ヲ行ハシメタ」（『北票報告』九頁）。そして、原井は募集条件や書面契約さえ交わさぬ簡単な口頭報告で二九名の応募者を集め、三名が家族同伴、朝鮮経由の旅費二九円を一旦原井組が立て替え、入山後毎月賃金より順次天引きしたが、うち四名は集合地の下関までに翻意し、都合二五名が北票に到着した（『北票報告』一〇頁）。北票炭鉱への日本人鉱夫導入は、筑豊からの長炭礦長就任を契機に炭鉱技術近代化を目的に彼が労務管理全般を担い試行的に実施した。

鉱業移民構想への展開

一方、東宮鉄男は、一九三六年六月に鶴岡炭鉱を対象として、まず「三江省内ノ鮮満人労働者ヲ日人ヲ以テ替フル為約三千名ノ日人移民ヲ入植セシメントスル研究案」（『鶴岡報告』一頁）を発表した。ついで一一月に「三江省内山東苦力ヲ内地労働者ニ代フル前提トシテ先ツ昭和十二年鶴岡炭礦及蓮江口埠頭労働者千三百名ノ日本人労働者使用計画」（『鶴岡報告』二頁）を会社に提示した。

ところが、東宮と満炭双方の構想に齟齬があって進捗には至らず、一九三七年二月に関東軍参謀部第三課が主催し、拓務省新京出張員、満洲国民生部、同実業部、満炭、満鉄関係者等の臨席の下に「炭礦労働者移民ニ関スル研究会」（『鶴岡報告』二頁）を開いた。そこでは日本人と満洲人の賃金や能率が話題となった（『鶴岡報告』三頁）。

　撫順炭礦ヲ初メ経済調査会其ノ他ハ「日《ママ》人労働者ヲ満洲ニ移入セシムルニハ生活費ノ関係上機械化セル撫順ニ於テスラ少クトモ現在満人ニ支給シ居ル賃金ノ約三倍乃至五倍ノ賃金ヲ支払ハネハナラヌ。採算上ヨリ云ヘハコノ賃金ヲ支払フニハ日人労働者ノ能率カ之ニ伴ハネハナラヌ（中略）従来ノ経験ヨリスレハ純筋肉労働テハ満人ノ方カ却ツテ日人ヨリ優秀テアルト云フ見地ヨリ日本人労働者移入ノ不可能ナル旨ヲ力説シタ。

それに「対シ東宮大佐等ハ前述ノ対露策戦（ママ）ノ見地ヨリ礦業移民ノ必要性ヲ説キ同時ニ日人労働者ハ純筋肉労働者トシテモ必ス満人ニ優ルト駁論シテ譲ラ」（『鶴岡報告』三頁）なかった。引用から東宮のねらいは軍事性にあり、一方満炭や満鉄関係者は北票で示した日本人の技能に期待し、鉱業移民構想といえども、双方は各々重点を置く内容を異にした同床異夢の構想であったということになろう。そして、満鉄産業部が「本年（一九三七年：引用者）満炭鶴崗炭礦ニモ約五十名ノ未経験内地労働者ノ移入計画アルコトカ報セラレタカ、今後斯ル方面ノ所謂鉱業移民ノ進出対策研究上ノ基礎資料タラシムヘク、北票鉱業移民ノ実績ヲ調査」（同〇一頁）したとする冒頭の一文は、北票炭鉱の日本人試用との関係を示唆している。

水掛け論に対し「軍第三課ノ『兎ニ角之ヲ実験ニヨリ決定シテ見テハ如何』ト云フ妥協論ニヨリ決着ヲ見、従来ノ関係上満洲炭礦ノ鶴岡炭礦ニテ取敢ス五〇名ノ労働者ニツキ試験シテ見ルコトニナツタ」（『鶴岡報告』四頁）という。つまり満炭や満鉄関係者は北票炭鉱の日本人鉱夫試用の成果を踏まえ、その可能性を見極める心算であったが、関東軍、特に東宮に圧されて鶴岡炭鉱への試験移民が強行されたのであった。

三　鉱業移民の成果と挫折

鶴岡炭鉱の産業移民試用

鶴岡炭鉱[57]は、三江省鶴立県興山街の鶴岡炭田にあり、一九一四（大正三）年頃に地元関係者が発見して採掘許可を得、一八年に興華公司を設立して炭鉱業を経営した。翌年には内紛で官商合弁となった。経営不振で一九二三年に一旦採炭を中止し、その後調査によって炭質と炭量双方の有望性が確認され、二六年黒龍江省督軍呉俊陞の後援を得て官商合弁鶴岡煤礦公司と改称して経営を再開した。さらに一九二七（昭和二）年に松花江岸の蓮江口―興山鎮間五六㎞の鉄道が開通し、輸送利便性の向上で石炭生産額が増加したのを機に官商合弁（黒龍江省）鶴岡煤礦公司として採炭事業が本格化した。一九三三年に満洲国実業部の斡旋・管理下に鶴岡煤礦股份有限公司として炭鉱業を継続し、三四年の満炭設立によって、まずはその統制下に属し、三七年満洲国政府の出資によって直営の鶴岡炭礦となった。

移民募集は、前述の「会議ノ結果ニ基キ、内務省社会局職業課カ担当シ、同省ヨリ東京、大阪、京都、名古屋、神奈川、神戸、福岡及共和会ノ八箇所ニ之ヲ指示シ」（『鶴岡報告』五頁）て実施した（表2）。大都市府県中心の募集形態は、この計画が現地側の思惑をよそに都市社会事業の一環を成していた証左といえよう。そして、「炭礦移民研究会ニ於ケル決議事項ト内務省及各府県ニ於ケル募集条件ノ間ニ可成リノ差異」があり、「満人労働者ノ監督者トナル」や「短期間ハ筋肉労働ニ従事シ二、三箇月ニシテ満人労働者ノ監督者トナル」などの実態と異なる条件を提示して募集し、後に「移民団員ノ期待ニ反シ、之カ統制ニ相当ナル悪影響ヲ及ホ」（『鶴岡報告』五頁）した。

「内務省ハ、職業紹介事業協会カ主トナリ、東京市本所区錦糸町ニ満洲産業移民訓練所ヲ開設シ、昭和十二年六月一日ヨリ満一箇月ニ亘リ産業移民ニ対シ精神訓練及実地訓練ヲナシタ」（『鶴岡報告』六頁）が、応募者五九名中「八名ハコノ訓練中ニ退団シ」、当初そのまま敦賀、清津経由での入山の予定を変更して「約二週間ノ予定テ九州大ノ浦炭礦テ露天掘ノ実地訓練ヲナシ」（『鶴岡報告』七頁）たうえで、七月二〇日に佳木斯へ到着した。その間の実地訓練中にさらに一名の退団者を出し、「共和会推薦ノ炭礦経験者五名ヲ加ヘ総員五五名トナッタ」（『鶴岡報告』七頁）。そのため産業移民訓練所での実地訓練も不可能であり、精神訓練や座学の域を出なかった。

入殖者の前職は、途中での経験者補充分五五名中でも炭鉱夫は一一名（約二〇％）に過ぎず、作業は有経験者一

表2　満洲炭礦株式会社における日本人鉱夫試用炭鉱の比較

炭　鉱　名		北　票	鶴　岡
炭鉱	地理的位置	錦州省朝陽県北票	三江省鶴立県興山街
	炭鉱就業者総数	6,319名（1938年3月）	7,976名（1938年12月）
試用日本人	名称	日本人鉱夫試用	産業移民試用
	使用開始	1936年4月	1937年7月
	募集契機	長久美炭礦長（筑豊炭鉱から招聘）就任	東宮鉄男による産業移民構想の試験
	募集形態	三井田川炭礦で納屋頭原井角一に依託して募集	内務省社会局職業課が担当
	募集人数	29名	約50名
	就業人数	26名（25名）	55名
	年齢	最高：41歳・最低：22歳・平均：32.7歳	最高：37歳・最低：22歳・平均：26.9歳
	原籍	福岡県：17名・熊本県：6名・その他：3名	福岡県：13名・新潟県：5名・神奈川県：4名・東京市・兵庫県：各3名・その他：27名
	教育制度	尋常小学校卒：6名、高等小学校卒：16名、中学校中退：3名、中学校卒：1名	尋常小学校中退：2名、前同卒20名、高等小学校中退：4名、前同卒：21名、中学校中退：6名、前同卒2名
	配偶者	有：12名・無：14名	有：11名、無：44名
	炭鉱就業者経験	有：15名（仕繰夫8名・採炭夫2名・建築雑役3名・運搬夫1名・機械修繕夫1名）・無：11名	有：11名、無：44名
	就業形態	納屋頭を把頭とした請負契約で日本人1名と満支人2〜3名による坑内作業	有経験者1名と未経験者2名を1組として団体坑内作業
	賃金配分	納屋頭の仲介による請負制	全員出来高払→有経験者：日給制・未経験者：出来高払→全員日給制
	使用実績	機械使用や新技術関係分野に限って効率性を示すが、それ以外の分野では満支人と大差なし	効率は高いが、同時に爆薬使用量も多く、また高い生活水準を維持するために高経費となる
	退団状況	退職理由：病気6（脚気4・肋間神経痛1・その他1）、家事都合5（大半が家族引取見込み立たず、帰国を選択）、解職1（酒癖悪く粗暴）	退職理由：応召5、逃亡7（薄志弱行）、人物不良7（前同）、病気7（呼吸器疾患）、依願3、死亡2（呼吸器疾患）

注：炭鉱就業者総数は「附各鉱山別労働者出身地調」（経済調査会編『満洲鉱山労働事情　昭和10年第4・4半期』）による。
　北票炭鉱の就業人数の（　　）内は当初の来鉱者数。
出所：『鶴岡報告』、『北票報告』によって作成。

名に未経験者二名で一組を構成して団体坑内作業に従事させ、「満人ト同一条件トシテ取扱フ建前上、出（来カ：引用者）高払ニヨリ賃金ヲ支給シ、会社職制ニヨル常役夫ト同様ナル扱ヒヲ為シテ居タカ、賃金分配ニ関シ経験者ト未経験者トノ間ニ困難ヲ感シタル結果、八月廿六日ヨリ有経験者八名（現在六名）ニ対シテハ日給ヲ以テ支給スルコトニ改メ、次テ本年一月一日ヨリ未経験者ノ賃金モ全部一律ニ日給一円六十銭ト改メ」（『鶴岡報告』一一〜一二頁）た。その措置は、満炭が本来「産業開発上安価ナ石炭ヲ提供スル」ことを意図しながら、それに反して鉱業「移民ノ目的カ満人ト同一条件下ニ於テ日人ノ優秀性ヲ試験スルコトニア」（『鶴岡報告』一一頁）り、また「内務省トノ約束ト異ルト云ヒ出ス者出来」て、「団員ノ気分全ク堕レ、十二月ニ入リテヨリハ就業率モ六〇％」（『鶴岡報告』一二頁）にまで落ちたためであった。さらに「労働者ノ間ニ屢々起リ勝ナ日満人ノ紛争ヲ避ケ」るために、「本年（一九三八年：引用者）一月一日全員日給制ニ変更ト同時ニ」、日本人の「掘進作業ヲ中止シ、（中略）満人労働者ノ指導的作業ニ従事セシメ」、ようやく「熱心ニ其ノ業ニ精励」（『鶴岡報告』一二頁）するようになった。

満洲の炭鉱では、一九三〇年代から撫順炭鉱などで機械化によって把頭制から炭鉱直轄制への移行が進行していたが、全般に旧式の労務管理の満炭中でも鶴岡炭鉱は大把頭―小把頭―鉱夫の関係を最も明確にとどめる炭鉱であった（表1参照）。ところが、鉱業移民を推進した炭礦移民研究会では、鶴岡炭鉱の労務管理を正当には評価せず、「日人ノ優秀性ヲ試験スル」（『鶴岡報告』一一頁）という一種の「帝国意識」[58]に引きずられて実地未経験者を多数入殖させた。当時、把頭制が作業の機械化や生産工程の計画化等によって形骸化しつつあったことを踏まえると[59]、坑道近代化の担い手を期待した北票炭鉱の日本人試用には一定の合理性があった。しかし、日本人試用と鉱山の近代化が有機的関係をもたない鶴岡炭鉱の場合には、むしろ関東軍主導の治安維持や内地側の失業者対策が実態であった。特に山東半島出身者の多い鶴岡炭鉱では熟練坑内労働者の確保が困難であった可能性が高く（図3参照）、それを補い得る措置として日本人の試用に踏み切ったものと考えられる。

北票炭鉱での試用実績

一方、北票炭鉱での日本人試用にあたり「原井角一ハ、三井田川炭礦ニ於ケル自己ノ元配下熟練礦夫ニ対シテ、別ニ詳細ノ募集条件ノ提示、書面契約等ヲ交スコトナク、長炭礦長ノ説明ニ基キ、極メテ簡単ニ口頭ヲ以テ、『北票炭礦ニ行カヌカ仕事ハ現在通ナリ、収入ハ請取リ、働キ次第ニテ現在ヨリヨクナラウトモ悪クハナルマイ』程度ノ事ヲ説」(『北票報告』一〇頁) いた。熟練鉱夫を対象者に、把頭と類似した納屋頭の仲介を尊重して鶴岡炭鉱のような問題を回避しようとしたのである(表2参照)。

北票炭鉱の日本人鉱夫二六名はいずれも原籍が西日本の各県で、炭鉱職経験者一五名(うち田川炭礦一三名、萬田炭礦二名)の「熟練」を強調しつつも、実際にはそれを上回る約四〇%の未経験者を含んでいた(『北票報告』一二～一三頁)。そして彼らは、満炭直轄労働者にあたる常役工(常役方＋常役夫)に属さず、把頭を代表とした集団的労働契約に類似した関係の請負工として、「作業上ニ於テハ個々ノ労働者カ直接会社側ノ指揮監督ヲ受ケ」るが、「会社ハコノ労働報酬給与義務ノ外ハ、直轄労働者ノ如ク雇主トシテノ相対的義務ヲ負ハス、公傷扶助ノ責任等ハ原則トシテ把頭タル原井角一ノ責任ニ属」(『北票報告』一五～一六頁) した。要するに小把頭を原井が務め、大把頭を介さない一九一一～三〇年の撫順炭鉱における後期小把頭制度[61]に相当する労務管理体制を採ったのであろう。そして、労働者編成も「日人労働者一名ニ付二名乃至三名平均満支人労働者ヲ加」え、その「満支人労働者ハ同シク原井組配下ニ属シ(中略)所謂後山仕事ヲ為ス(中略)総テ工具ハ原井組負担ニシテ労働者ハ毎月ノ賃金中ヨリ工具損料ヲ引去ラ」れ、また「作業監督ハ会社側ノ坑内現場係員カ之ヲ行」(『北票報告』一七頁) ない日本人と満人の共同作業とした。

一九三六年四月入坑の日本人鉱夫は「満支人労働者ヨリ『日本人苦力』ノ呼称ヲ浴セラレ」て関係も悪化したが、「漸次邦人鉱夫達ノ技能ヲ知リ意志疎通スルニ従ヒ、一般ニ侮蔑的態度ハ減少」し、「邦人労働者ヲ兄貴分ノ如ク敬シ且懐」（『北票報告』三五頁）くようになった。二六名の入坑者のうち、六名が病気（脚気四、肋膜神経痛一、その他一）、五名が家事都合（家族引取の見込みが立たず）、一名が解職（酒癖による粗暴）で都合一二名が退職したが、その移動率四四％は「全満重要石炭山一四礦ノ満支人労働者ノ移動率ハ一〇〇％以上」（『北票報告』三七頁）と比較して低率であった。

日本人賃金が満支人の約二・七～五倍に及んだのは、「日満人トモ切賃単価ハ同一テアルニ不拘作業能率カ満人ニ比シテ平均一・五六倍テアル日本人ニ賃金ニ於テ三・三八倍ヲ支払ツテルノハ（中略）満洲ニマテ進出シ来ツタ事ヲ考慮シ雑業其ノ他ニヨツテ不足分ヲカバーシタ」（『北票報告』五三～五四頁）ためという（表3）。また作業能率で日本人は満人の約三・四倍の速度と二・六分一の爆薬使用量で一見高い能率を示したが、内容的に「日本人ハ拙速ト云フ事ニナル、故ニ満人ト同様ニ入念ニ仕事ヲナストキハ其ノ速度ハ最大ニ見テモ二・五倍以上ニ出」（『北票報告』五五～五六頁）なかった。「築《（ママ）》豊ニ於ケル採炭夫一人当リノ一日採炭能力ハ約九屯テアルカ本礦ノ満支人採炭夫一人当リノ一日能力ハ〇・八九乃至〇・九屯ニ過キナイ但シ段別《（ママ）》技倆ヲ要セサル運搬夫ノ如キハ日満（支）人労働者ノ間ニ殆ト能率差ハナイ」（『北票報告』八〇頁）と炭鉱幹部が評した。日本人の能率性も機械使用や新技術に関わる職域に限定され、新規開発炭鉱での効果は一般に低かった。

さらに生活面では入坑者二六名中の単身者二三名に「五間房子一戸」を、「別ニ家族持三名ノ為小宿舎」（『北票報告』二二頁）を、各々充当して「入山当初ハ邦人労働者仲間ニテ共同自炊ヲ行」なったが、「間モナク原井組ノ請負炊事」に委ねた（『北票報告』二二頁）。そして「雑居セシメルト兎角満支人労働者ノ間ニ日本人労働者ニ対スル侮蔑感ヲ起サシメ」て双方に感情問題が惹起しがちで、「出来得レハ坑口ヲ分ケテ一坑口ノ作業ハ日本人労働者ノミノ集団トシ住居地区モ別ニ」して「本人ノ健康上カラ謂ヒ又会社側ノ移動防止、其ノ他総テノ点ニ於テ家族ヲ帯同セシムル事カ必要」（『北票報告』八一頁）で、結果として北票炭鉱での日本人鉱夫は非経済的であった。

表3　北票および鶴岡による日本人および現地人鉱夫使用の比較

北　票			鶴　岡		
作業日数	日本人	不明	作業日数	日本人	69.40
	満支人			満支人	42.00
稼働延人員	日本人	260.00	稼働延工数	日本人	551.08
	満支人	2,185.00		満支人	218.60
出来高（円）	日本人	853.16	支払賃金額（円）	日本人	892.77
	満支人	1,392.37		満支人	361.54
燥薬費：（円）※	日本人	46.73	爆薬費（円）	日本人	213.29
	満支人	281.34		満支人	79.86
支払賃金（円）	日本人	608.96	差引金額（円）	日本人	679.48
	満支人	1,061.91		満支人	281.68
1工当収得（円）	日本人	2.34	1工当実績賃金（円）	日本人	1.23
	満支人	0.64		満支人	1.29
1工当収得支払金額（円）※	日本人	2.16	1工当収得支払金額（円）	日本人	1.56
	満支人	0.36		満支人	1.29

注：※の数値のうち、爆薬費は北票では仕繰夫による実績であり、それ以外の掘進夫に関する実績とは区別されていたが、本表では鶴岡の実績に合致させて集計したものである。

北票は日本人と満支人が別職場となった時期の数値を集計し、日本人は1936年5～6月、満支人は同年2～3月の平均値である。鶴岡は両民族ともに1937年8～12月の平均値である。

北票の1工当収得額は出来高から各種引去金を控除した支払賃金を稼働延人員で除したもの。1工当収得支払金額とは、民族別に支払賃金額から爆薬費を差し引き、それを稼働延工数で除したもの。

鶴岡の1工当収得支払金額とは、民族別に支払賃金額から爆薬費を差し引き、それを稼働延工数で除したものを指し、その平均額を表示している。しかしその実績賃金が1.30円未満の労働者には1.30円を支払ったため、日本人の1工当収得支払金額が異なっている（『鶴岡報告』26頁）。

出所：『北票報告』および『鶴岡報告』によって作成。

鶴岡炭鉱での試用実績

日本人の炭鉱労働未経験者を主体に編成し、当初から満人鉱夫と別職場とした鶴岡炭鉱では、「満支人労働者モ克ク移民ニ就キ理解ヲ有シ、侮蔑的態度ヲトル者ナカツタ」（『鶴岡報告』二二頁）点も北票炭鉱と対照的だが、「全体的ニ之ヲ観ルトキハ、産業移民ノ作業能率カ満人ヨリ幾分劣ツテ居」（『鶴岡報告』二四頁）た。もっとも日本人鉱夫は一九三七年七月から入坑作業を開始し、八～一二月で満支人鉱夫の約一・二倍の高能率を示した。それには日本人鉱夫が「㎡当爆薬使用量カ満人ニ比シテ遙カニ多イコトカ目立ツ。使用爆薬量多ケレハ従ツテ名目上ノ能率ハ上ルカ、賃金トノ関係テ不利テ」（『鶴岡報告』二四～二五頁）、一工当収得支払金額は北票炭鉱に比較して満支人との格差こそ小さいが、一工当実績賃金は両者の関係が逆転し（表3参照）、満人鉱夫の「一人平均ノ出炭量ハ〇・五屯ト言ハレテ居ルカラ日本内地ノ一人平均ノ出炭量一・二屯ニ比シ如何ニ能率低キカヲ察セシム」（『鶴岡報告』三五頁）として、日本人の作業能率向上を期待した。

住居費等まで自己負担の満人鉱夫に対し、日本人鉱夫は「住宅ハ（中略）会社ヨリ提供シ居リ、（中略）団員ノ支出ハ食費、被服費及其ノ他一身上ニ直接必要トスル費用ノミ」（『鶴岡報告』二八頁）で、「日人移民ハ満人ノ二倍以上ノ生計費ヲ必要トスルコトニナリ、之ニ家族ノ生活費ヲ合スルトキハ、最低ニ見テモ満人ノ三倍乃至四倍ノ生計費ヲ必要ト」（『鶴岡報告』三〇頁）した。そして「日本人トシテ普通ノ生計費ヲ得ルニハ労働条件ガ満人ト同様デアルナラ満人ノ四倍ノ能率ヲ発揮シナケレバナラ」（『鶴岡報告』四〇頁）ず、日本人鉱夫の試用は非能率とされた。

そうした生活費の負担までしながら五五名の入坑者は、一九三八年一月までに五六%の三一名が退団した（表3参照）。そもそも鶴岡炭鉱への鉱夫募集は、前述の都市社会事業の面が濃く、また「九州ニ於テ募集セラレタルモノニハ筑豊一帯ニ於テ札付ノ不良者モ混ジテ居」（『鶴岡報告』三五頁）たため、素行面でも問題が少なくなかった。これらを総合して「移民団ノ能率ハ別トシテ将来内地ニテ最モ優秀ナル部類ノ移民ヲ入レタニシテモ、ソノ能率ハ満人ノ二倍以上ニ出ルコトハ全ク困難デアルト信ズル」（『鶴岡報告』三八頁）という悲観的結論を示した。「斯様ニ就業率ガ劣ツテ居ツタコトハ移民団ニ最初ヨリ最後迄純筋肉労働者トシテ働クコトノ意思ニ欠クルモノガアツタ結果ト思ハレル（中略）コレハ移民団ガ最初ヨリ指導者トナル考ヘデ入植シタコトト、同地ノ日人ニ坑内筋肉労働者ニ従事シテル者ガ無イ関係上坑内労働ニ従事スル事ガ如何ニモ日人ノ面子ヲ失フ様ニ考ヘタコトニ出発シテ居ル」（『鶴岡報告』三九頁）ためであった。しかも「満人ト異ナル労働条件デ入植セシメテハ如何ト言フ問題ニナルガ、政治的理由ハ別トシテ現在ノ如ク日満ノ産業開発ノ為出来ル丈安価ナ石炭ヲ提供シ様トスル会社ノ方針ヲ改メザル限リ之亦困難」（『鶴岡報告』四一頁）であった。

鉱夫自身も「産業移民団ニ関スル諸条件ニヨリ総テ実行セラルルコトヲ知ツテ居ツタナラバ、我々移民団ハ一人トシテ応募シナカツタデアラウ」（『鶴岡報告』四一頁）とまで述べていた。それは「帝国意識」とよぶべき民族的優越感が、宗主国民と被支配民族間の共同作業はもちろん、日本人の被支配地における肉体労働の妨げとする先行研究の指摘[62]に通底する。そして「カウシタ気持ガ移民団カラ除カレヌ限リ、而シテ前記ノ能率生計費、賃金ノ問題ガ解決セラレヌ限リ日人純労働者トシテ満人ニ替フルコトハ至難事デアルト言ヒ得ル」（『鶴岡報告』四一頁）が結論であった。

満洲鉱業移民の限界―むすびに代えて―

日本の満洲移民研究は、長らく満洲事変後の日本人の国策農業移民や、事変以前からの都市中小商工業者に注目し、近年は関内からの漢人移住や朝鮮人農業移民、さらに小規模ながら多様な日本人移民の形態にも関心が向くようになった。本章は、それら近年の動向を踏まえ、『鶴岡報告』と『北票報告』の内容を分析し、満洲労働問題の視角から移民の技術移転への関与や都市失業対策としての意義を明らかにした。

まず、鶴岡と北票の両炭鉱は、満炭の経営下で安価な石炭増産を急務とする使命を負い、それらの立地する地域は共に反満抗日運動が根強く治安悪化が懸念され、農業移民と同様に入植日本人を武装移民とし、治安維持の一端を担うことが期待された。

都市商工業者が日本人移住者の大部分を占めるなかで鉱業移民構想が浮上したが、現場は安価な賃金で多数の季節労働者雇用の容易な満洲の労働市場に強く影響され、それを熟知した満鉄や満炭などの関係者は関東軍の理想論に批判的でもあった。しかし、一九三四（昭和九）年以後に日本人移民促進のために満洲国が漢人出稼者の入満を抑制したが、三七年の五箇年計画によって労働者の払底が生じ、労働政策の転換を余儀なくされた。鉱業移民はそうした満洲国の労働政策の転換も反映しながら、五箇年計画を前に労働力払底の懸念された鉱業現場に日本人を導入することで労働力の確保や、あるいは技術力の向上による効率化を意図して一九三六～三七年に強行されたが、挫折に終わった。それは類似した小規模産業移民の一つの林業移民が一九三八年に一旦頓挫した点[63]にも通じている。

北票炭鉱では、一九三五年一二月の満炭の株式買収を契機に筑豊炭鉱から炭鉱長を迎えて設備の近代化と併せて、日本人熟練鉱夫二六名を試用し、駐屯軍のない地区ゆえに治安維持にも充当できる武装移民を企図した。またその導入では、筑豊時代の納屋頭の原井組に招聘を依頼して労働に従事させた。一方北満への産業移民入植に関わる研究会で東宮らの関東軍が産業移民にも治安維持という「武装」性に期待を寄せたが、拓務省や満炭などの関係者は日本人試用を重視し、当初から両者の意識乖離は溝の埋まらぬまま関東軍の急進的意見に圧されて鶴岡への試験移民を強行した。

鶴岡炭鉱への移民募集は、北票炭鉱の場合と異なり、内務省社会局が大都市中心に都市社会事業の一環として実施し、応募者も炭鉱労働の未経験者が中心であった。しかも、当初は実地訓練のないまま送出予定で、結局途中での予定変更を経て九州で実地訓練のうえで渡航させた。しかし、募集時に内務省が充分な説明を欠いていたため、坑内労働の拒否が相次ぐことになった。さらに日本の納屋制度も、現地の把頭制度も導入しないままでの日本人試用は、関東軍の急進性と都市失業対策が実態であった。

もっとも内地の炭鉱労務管理と鉱夫の熟練性に裏づけられた北票炭鉱での日本人試用でさえ、日満両民族の共同作業の難点や、さらに日本人賃金の高さを技術的近代化による能率性で埋め合わせる困難が露呈していた。そして、鶴岡炭鉱での産業移民は、当初から日満人の労働現場を分離し、北票炭鉱のような民族間対立こそ回避できたが、募集時の条件との相違に反論が多く、最終的に日本人の坑内労働や出来高払制の断念を余儀なくされ、結果的に人件費の高騰を招いた。そこに諸経費を考慮すると、日本人鉱夫の不利は明白で、さらに福利・厚生関係まで含めれば能率が悪く、さらに鉱夫の素行不良も加わり、鉱業現場の日本人試用という異例の計画は挫折した。結局鉱業移民は、関内移民の排除を図る関東軍の純血主義に儚く咲いた徒花に過ぎなかった。

満洲事変以前からの日本人労働市場が都市商工業を中心に、炭鉱や港湾でも現場のみならず管理部門に限定された。そして満洲国の労働政策が、日本人の純血主義に拘る関東軍主導から「五族協和」を標榜する同国政府の関与に移行すると、次第に現場労働は有為な関内移民依存へと回帰を余儀なくされ、鉱業移民は挫折に終わった。

そうした鉱業移民の挫折は、単に日本人の小規模な特殊産業移民の失敗にとどまらない。そこで障害となった民族間協業の困難という問題は、満洲国成立後日本人や朝鮮人の入殖を進めるために漢人労働者の入満を阻止してきた満洲国の労働政策にも変更を求めることになった。事実一九三七年に五箇年計画が始動すると途端に労働者不足に悩まされることになり、それまでの漢人の入満阻止は撤廃を余儀なくされた。日本人満洲移民が農業移民に特化したのは、漢人労働市場とできるだけ距離を置くという意図があったためで、そうした満洲国の労働市場問題において鉱業移民の挫折は決して小さな教訓ではなかったはずである。特に五箇年計画を支えるうえで炭鉱開発は不可欠であり、そこへの日本人鉱夫の導入が困難という認識は、やがて一九三八年一月の満洲労工協会設立や、さらに三九年七月の大東公司との統合による労務統制機構の統一のうえで漢人出稼者の導入再開を迫ることになった。

第五章　注

（1）以下、中国東北地方を指す日本語地名とし、「　」は省略する。また満洲国についても日本語呼称として準じた扱いとする。さらに本章の引用史料には作成年代の関係で差別的表現を含むものも見られるが、ママとして存置することにした。

（2）本章で、特記のない戦前・戦後・戦中等はすべて第二次世界大戦に関するものとする。なお、満洲農業移民の最近年までの研究史は玉真之介『総力戦体制下の満洲農業移民』（吉川弘文館、二〇一六年）序章を参照。

（3）浅田喬二「満洲農業移民政策の立案過程」（満洲移民史研究会編『日本帝国主義下の満洲移民』龍溪書舎、一九七六年）四四～四五頁。

（4）漢人は荒武達朗『近代満洲の開発と移民―渤海を渡った人びと―』（汲古書院、二〇〇八年）、朝鮮人は金永哲『「満洲国」期における朝鮮人満洲移民政策』（昭和堂、二〇一二年）など。

（5）近年相次いで刊行された二松啓紀『移民たちの「満洲」―満蒙開拓団の虚と実―』（平凡社新書七八二）平凡社、二〇一五年）、小林信介『人びとはなぜ満州へ渡ったのか―長野県の社会運動と移民―』（世界思想社、二〇一五年）、加藤聖文『満蒙開拓団―虚妄の「日満一体」―』（岩波現代全書）岩波書店、二〇一七年）などの満蒙開拓団研究も、依然それを日本の農村問題の延長上で考える立場を採っているものが多い。

（6）柳沢遊「一九二〇年代『満洲』における日本人中小商人の動向」（土地制度史学会『土地制度史学』第二三巻第四号、一九八一年）一～一八頁。柳沢『日本人の植民地経験―大連日本人商工業者の歴史―』（青木書店、一九九九年）や塚瀬進『満洲の日本人』（吉川弘文館、二〇〇四年）などが代表的成果であろう。また、農業移民を含めた満洲移民に関する近年の研究動向は、山本裕「『満州』」（日本植民地研究会編『日本植民地研究の現状と課題』アテネ社、二〇〇八年）二二四～二二五頁を参照。

（7）王胜今『偽満時期中国東北地区移民研究―兼論日本帝国主義実施的移民侵略―』（中国社会科学出版社、二〇〇五年）三六～三七頁では、炭鉱、林業、金属鉱山、土木建築への従事者である「産業移民」を労務移民の別称とし、河北、山東両省からの漢民族移住の農外産業従事者問題を取り上げているが、逆に日本人産業移民への言及はない。また、中国における満洲植民地研究は、一般に日本の研究動向の影響が強く、論点も類似したものが多いが、近年は张丽梅「民国时期中国东北朝鲜移民的生存状态研究」（吉林省社会科学院『社会科学战线』二〇一一年一二期、二〇一一年）二三四～二三六頁をはじめとして朝鮮人移民への関心が高まっているといえよう。

（8）玉真之介「満洲林業移民と営林実務実習生制度」（青森県『青森県史研究』第八号、二〇〇三年、のち玉『総力戦体制下の満洲農業移民』所収）一～二〇頁、藤巻啓森「青森県における満州林業移民」（日本植民地研究会『日本植民地研究』第一七号、二〇〇五年）五〇～六〇頁などが代表的成果である。

（9）永田稠『満洲移民夜前物語』（日本力行会、一九四二年）二二九～二九九頁。

（10）梅谷光貞『満洲国の移民計画に就いて』（経済倶楽部講演二九）東洋経済出版部、一九三三年）二～四頁。

（11）梅谷『満洲国の移民計画に就いて』四頁。

（12）白取道博『満蒙開拓青少年義勇軍史研究』（北海道大学出版会、二〇〇八年）八五頁。玉『総力戦体制下の満洲農業移民』五五頁は一九三九年一二月の「満洲開拓政策基本要綱」の成立を契機に呼称が変更したとする。いずれも一九三九年の画期性を認める点で共通した見解である。また、満洲側で日本人入殖によって生じた問題を現地での聞き取りを中心に明らかにした成果として寺林伸明・劉含発・白木沢旭児編『日中両国から見た「満洲開拓」―体験・記憶・証言―』（御茶の水書房、二〇一四年）がある。

（13）小島精一『日満統制経済』（日本統制経済全集第8巻）改造社、一九三三年）二二二～二三一頁、南満洲鉄道株式会社経済調査会編『昭和十一年版　満洲労働事情綜覧』（南満洲鉄道株式会社、一九三六年）二四七～二六六頁。

（14）窪田宏「満洲支配と労働問題―鉱山、港湾荷役、土木建築労働における植民地的搾取について―」（小島麗逸編『日本帝国主義と東アジア』アジア経済研究所、一九七九年）二六九～三二七頁を先駆に、近年の松村高夫・解学詩・江田憲治編著『満鉄労働史の研究』（日本経済評論社、二〇〇二年）や岡部牧夫編『南満洲鉄道会社の研究』（日本経済評論社、二〇〇八年）所収の各論文、庾炳富『満鉄撫順炭鉱の労務管理史』（九州大学出版会、二〇〇四年）などがある。

（15）日本では荒武『近代満洲の開発と移民』、中国では范立君『近代关内移民与中国东北社会变迁（一八六〇―一九三一）』（人民出版社、二〇〇七年）、アメリカ合衆国では Thomas R. Gottschang and Diana Lary, Swallows and Settlers: The Great Migration from North China to Manchuria (Michigan Monographs in Chinese Studies vol. 87), Univ. of Michigan Center for Chinese, 2000 などがある。

（16）木越義則「満鉄撫順炭礦の労務管理制度と小把頭―一九〇一―一九四〇年―」（日本史研究会『日本史研究』第五六〇号、二〇〇九年）一九～二〇頁。
（17）『鶴岡報告』の表紙に「極秘」と「三〇部作成ノ内三号」とあり、タイプ印刷四三頁＋添付書類で少部数作成された部内資料の可能性が高い。内容は一〇章構成で、一九三六年六月の入植計画の動機から三八年一月末まで、その間の試験移民の状況を詳細に記載している。以下、『鶴岡報告』と『北票報告』に関する引用は本文割注として該当頁を記載する。『北票報告』は附録を含む一二章構成のタイプ印刷一〇六頁から成る。その内容は、満洲炭礦株式会社北票炭礦で一九三六年四月に日本人熟練労働者約三〇名の試用を開始し、三七年四月までの実績調査記録で、特に自社による『鶴岡報告』と、満鉄による『北票報告』という対応関係も認められる。なお、両報告書は筆者が異なる古書店を通じて各々入手したものである。
（18）小島精一「満洲開発政策と移民問題」（協調会『社会政策時報』第一四〇号、一九三二年）六六頁。
（19）柴田善雅「産業別企業分析―鉱業―」鈴木邦夫編著『満州企業史研究』（日本経済評論社、二〇〇七年）六三六～六四二頁。
（20）柴田「産業別企業分析」六四二頁。
（21）鶴が多数いたことに因む周辺集落が鶴立で、その北東丘陵の炭鉱のため（森田太郎「躍進鶴岡」（満洲炭礦時報編輯部『満炭時報』第二巻第四号、一九四二年四月［北海道大学附属図書館所蔵］）、二頁）、当初「鶴立崗」とよんだ。以下「鶴岡」に統一する。
（22）実業部鉱務司鉱政科「満洲炭礦株式会社設立計画書」（南満洲鉄道株式会社経済調査会編『満洲炭礦株式会社設立方策』〔立案調査書類第五編第六巻第二号〕実業部鉱務司鉱政科、一九三六年所収）二六～二七頁。
（23）王林楠『近代东北煤炭源研究』（人民日报学术文库）人民日报出版社、二〇一五年）四七頁。
（24）村岡勉編『康徳五年十二月　満洲炭礦株式会社概要』（満洲炭礦株式会社文書課、一九三九年〔国立国会図書館所蔵〕）二一～三頁。
（25）山本裕「『満洲国』における鉱産物流通組織の再編過程―日満商事の設立経緯　一九三二―一九三六年―」（政治経済学・経済史学会『歴史と経済』第一七一号、二〇〇三年）二一～四〇頁。
（26）松本俊郎『「満洲国」から新中国へ―鞍山鉄鋼業からみた中国東北の再編過程―』（名古屋大学出版会、二〇〇〇年）三二～四一頁。
（27）石田調査課長「開会の挨拶」（満洲炭礦株式会社労務係編『第一回労務主務者会議録』満洲炭礦株式会社、一九三六年〔一橋大学経済研究所所蔵〕）一～二頁。

(28) 竹村茂孝述「本社の労務統制方針に就て」(満洲炭礦株式会社労務係『第一回労務主務者会議録』)七〜一九頁。
(29) 竹村「本社の労務統制方針に就て」一〇頁。
(30) 竹村「本社の労務統制方針に就て」一五〜一六頁。
(31) 柴田「産業別企業分析―鉱業―」六四七頁。各々鶴岡煤砿股分有限公司と北票煤砿股份有限公司による関係会社としての経営支配の後、前者は一九三七年六月末、後者は同年三月末で解散し、いずれも直営化された。
(32) 浅田「満州農業移民政策の立案過程」三〜五頁。
(33)「昭和七年一月二十六日　関東軍統治部産業諮問委員会議事速記録　第四号」(岡部牧夫編著『満州移民関係資料集成第一巻』不二出版、一九九〇年)六九頁(発言者：渡邊委員)。
(34)「昭和七年一月二十六日　関東軍統治部産業諮問委員会議事速記録　第四号」六九頁。
(35) 経済調査会第一部『大東公司ノ設置, 組織並活動状況』(経済調査会第一部、発行年不明〔国立国会図書館所蔵〕)一〜二頁。
(36) 大東公司は依田憙家『日本帝国主義と中国』(龍溪書舎、一九八八年)第四章参照。
(37) 桑島節郎『満州武装移民』(〔歴史新書〈日本史〉一二九〕教育社、一九七九年)一〇二〜一一二頁。
(38) 梁瀬春雄『東宮大佐伝』(新紘社、一九四二年)七六〜七七頁。
(39) 満洲国が満洲移民に関与する契機は一九三四年の土龍山事件で、翌三五年に拓政司を設置した(小都晶子「日本人移民政策と『満洲国政府』の制度的対応―拓政司、開拓総局の設置を中心に―」〔アジア経済研究所『アジア経済』第四七巻第四号、二〇〇六年〕二一〜二〇頁)。
(40) 東宮大佐「第一次満洲移民沿革ニ関スル参考資料」(東宮大佐記念事業委員会編『東宮鉄男伝』東宮大佐記念事業委員会、一九四〇年〔復刻：伝記叢書二四五、大空社、一九九七年〕)六二八〜六八八頁。
(41) 田中盛枝「序」(南満洲鉄道株式会社経済調査会編『昭和十一年版　満洲労働事情綜覧』南満洲鉄道株式会社、一九三六年)。
(42) 南満洲鉄道株式会社経済調査会編『昭和十一年版　満洲労働事情綜覧』二四七〜二六六頁。
(43) ただし、対象は関東州内、満鉄附属地内および各領事館管内である。
(44) 南満洲鉄道株式会社経済調査会編『昭和十一年版　満洲労働事情綜覧』二六六頁。
(45) 榊谷仙次郎日記刊行会編『榊谷仙次郎日記』(榊谷仙次郎日記刊行会、一九六九年)四・四六・六一・一八三頁などに叙

述がある。なお、榊谷をめぐる満洲の土木請負業界については、柳沢遊「榊谷仙次郎―『満洲』土木請負業者の世代交代―」（竹内常善・阿部武司・沢井実編『近代日本における企業家の諸系譜』大阪大学出版会、一九九六年）二三七～二七六頁を参照。

（46）南満洲鉄道株式会社経済調査会編『昭和十一年版　満洲労働事情綜覧』二五六～二五七頁。

（47）「二七．邦人土建労働者の対満移動懇談会の経過　昭和十年六月経済調査会第五部労働班」（南満洲鉄道株式会社経済調査会編『昭和十年十一月立案調査書類第三〇編第一巻（続）満洲労働統制方策』南満洲鉄道株式会社経済調査会、一九三六年）六二六頁（発言者：東京地方職業紹介事務局長糸井謹治）。

（48）「二七．邦人土建労働者の対満移動懇談会の経過」（発言者：糸井）。

（49）南満洲鉄道株式会社経済調査会編『昭和十一年版　満洲労働事情綜覧』二六一頁。なお、引用中の「満洲人」は満洲国内の中国人の意であるが、本章では当時の通用にもとづいて特に必要のある場合以外は満（洲）人をそのまま踏襲して使用する。

（50）南満洲鉄道株式会社経済調査会編『昭和十一年版　満洲労働事情綜覧』二六六頁。

（51）小都「日本人移民政策と『満洲国政府』の制度的対応」一三頁。

（52）浅田「満州農業移民政策の立案過程」四四～四五頁。

（53）兒嶋俊郎「満州国の労働統制政策」（松村ほか『満鉄労働史の研究』）三七頁。

（54）北票炭鉱『北票炭鉱概況（康徳三年九月二十日）』（奈良大学図書館所蔵）。

（55）吉村萬治「満洲に於けるコークス用原料炭に就て」（燃料協会出張所『燃料協会誌』第一六一号、一九三六年）二二七～二三三頁。

（56）鉄路総局編『康徳元年七月　奉山鉄路沿線及背後地経済事情』（鉄路総局、一九三四年）一二頁。

（57）鶴岡礦業所総務課「鶴岡礦業所概要」（満洲炭礦時報編集部『満炭時報』第二巻第四号、一九四二年四月）九～一七頁。

（58）北川勝彦・平田雅博編『帝国意識の解剖学』（世界思想社、一九九九年）を参照。

（59）窪田「満洲支配と労働問題」二九一頁。

（60）一九三六年四月の日本人来鉱者は二五名であったが、六月に下関での翻意者一名を追加来鉱して都合二六名となった（『北票報告』一〇頁）。なお、表1で「その他」の掘進事業従事者はこれら日本人試用者を指すが、二七名の異なる数値の根拠は不明である。

(61) 木越「満鉄撫順炭礦の労務管理制度と小把頭」表二。
(62) 窪田「満洲支配と労働問題」三一一〜三一二頁。
(63) 玉「満洲林業移民と営林実務実習生制度」一〇〜一一頁。

第六章　北硫黄島民の生活史における移動とディアスポラ化
―全島強制疎開から〈不作為の作為〉としての故郷喪失へ―

石原　俊

はじめに――忘れられてきた北硫黄島民

ここ、引き揚げ前に住んでいたうちの風呂場なんですよ。これは、コンクリですからね。うちの建物は、なくなっちゃったんですけど。

二〇一五年六月、筆者は小笠原群島の父島の奥村に住む、山崎茂さんの自宅を訪ねていた。筆者はこの直前、小笠原村が毎年六月に実施している硫黄列島民や戦没者遺族らを対象とした硫黄島訪島事業に参加し、通常民間人が上陸を許されていない硫黄島を初めて訪問した後、小笠原村のチャーター船で硫黄島から父島に戻ってきたばかりであった。(1)

茂さんは筆者に、長らく無人島になっている故郷・北硫黄島に一九八〇年に上陸したときのカラー写真を見せながら、強制疎開前に住んでいた島の状況について語ってくれた。筆者が知る限り、一九三四年生まれの茂さんは、一九四四年の硫黄列島全島強制疎開以前の北硫黄島の生活状況を詳しく知る、現在ではおそらく唯一の存命者である。茂さんは、二〇一五年の硫黄島訪島事業には参加していなかった。島民枠の参加者のうち、強制疎開前の硫黄島で生まれたいわゆる島民一世はもはや少数派になっており、北硫黄島での生活経験のある島民はひとりもいなかった。

硫黄列島（火山列島／Volcano Islands）は、硫黄島（中硫黄島）・北硫黄島・南硫黄島などからなる。このうちアジア太平洋戦争の末期に地上戦が行われたことで知られる硫黄島は、東京都心から南方に約一二五〇キロメートル、父島から南南西に約二八〇キロメートル、サイパン島の約一一〇〇キロメートル北方に位置する火山島である。北硫黄島はその硫黄島の北方約七五キロメートル、父島の南南西約二〇〇キロメートルに位置する。地形は、標高八〇〇メートル近い榊ヶ峰を最高峰とした周囲一二キロメートルの山岳島であり、大型船舶の寄港は困難である。硫黄島と同様火山島であるが、硫黄島と異なって近年は火山活動の兆候はない。

筆者が硫黄列島の社会史に本格的な関心を持ち始めた二〇〇〇年代後半頃、国際関係論・日米関係史の文脈からの議論を除いて[2]、硫黄列島史についてまとまった叙述がある著書や学術論文はほとんど存在せず、特に島民の社会生活に関する学術的研究は、敗戦前に硫黄島で地理学者がおこなった現地調査報告を別として[3]、日英両語ともに皆無に等しい状況であった。その後も筆者自身の作業を除けば[4]、こうした研究状況はほとんど変わっていない。

ただし近年、厚生労働省や小笠原協会、全国硫黄島島民の会などの関係機関・団体が、島民の生活史を記録するプロジェクトを始動させている[5]。二〇一六年には全国硫黄島島民の会による硫黄列島史のブックレットである『硫黄島クロニクル——島民の運命《さだめ》』が刊行され、筆者はその監修を担当した[6]。

本章では、従来の諸研究はもちろんのこと、これまで筆者自身の諸論稿でも十分にふれることができていなかった、北硫黄島民の生活史における移動の問題を、とりわけ帝国日本の崩壊期における強制疎開＝強制移住と、敗戦後のディアスポラ化＝故郷喪失をめぐる状況を中心に跡づけていく。歴史研究としては資料・データの裏付けが不十分な面は否定できないが、現在入手可能な文献資料に残された記録と、山崎茂さんの生活史の語りを往復しながら、北硫黄島民の近代経験の再構成作業に着手したい。

なお本章では、小笠原群島と硫黄列島（火山列島）を便宜上区別して使用する。小笠原群島・硫黄列島はともに現在は東京都小笠原村の行政区内に属しており、行政上ではこれに西之島や南鳥島なども含めて「小笠原諸島」と称する場合も多いが、父島・母島とその周辺の島々からなる狭い意味での小笠原群島と硫黄列島は、地理的にかなり離れており、歴史的経験についても相当程度異なっているからである。

一　硫黄列島における入植地の発展

一八七六年、日本政府は「琉球処分」という名の沖縄併合事業や「北海道開拓」という名の北海道併合事業と並行して、蒸気軍艦・明治丸で官吏団を父島に派遣し、「小笠原島回収」すなわち小笠原群島（父島・母島など）の併合に成功した。欧米各国に小笠原群島の領有権を認めさせた日本政府は、一八八二年までに、父島や母島に住み着いていた世界各地にルーツをもつ先住者を帰化させている。並行して日本政府は、北海道の事例にならって本土から小笠原群島に入植者を送り込み始めた。だが硫黄列島は、その後もしばらくの間、無人島の状態に置かれていた。

だが、一八八〇年代後半の近代日本初の南進論高揚のなかで、硫黄列島は、伊豆諸島と小笠原群島の中間地点に位置する鳥島や、小笠原群島と沖縄島の間に位置する大東諸島などとともに、小笠原群島に続く日本帝国の「南洋」開発のターゲットとなっていく。

一八八七年一一月、東京府知事の高崎五六を長とする「南洋」視察団が、その一二年前に「小笠原島回収」に向

表1　硫黄列島の人口の推移(29)

年		1895	1900	1905	1910	1915	1920	1925	1930	1935	1940	1944
硫黄島	世帯	1	1	8	52	129	169	196	–	–	184	216
	人口	6	30	43	246	679	983	1144	1028	1065	1051	1064
北硫黄島	世帯	–	–	36	37	43	33	17	–	–	21	17
	人口	–	–	179	169	212	179	75	124	92	103	90

から政府の官吏団を乗せた明治丸で、伊豆諸島から鳥島、小笠原群島を経て、硫黄列島まで巡航した。翌一八八八年、この巡航に参加していた依岡省三や、この巡航に刺激された父島の住民の田中栄次郎らが、漁業や硫黄採掘試験のために硫黄島と北硫黄島に上陸している。

そして一八九一年九月、日本政府は勅令によって硫黄列島の領有を宣言し、父島の東京府小笠原島庁の管轄下に置き始めた。翌一八九二年から硫黄島で硫黄採掘を目的とした本格的な開発が開始され、一八九八年には石野平之丞らによって北硫黄島の開発も着手されている(7)。

こうして世紀転換期以降、硫黄列島は小笠原群島に続いて、帝国日本の最初の「南洋」に属する群島として、鳥島や大東諸島などとともに、本土の過剰人口の〈はけ口〉に利用されていった。硫黄列島には表1のように、農業入植地として人口規模の比較的大きい定住社会が形成されていく。だがこのことは後述するように、硫黄列島が帝国日本の総力戦の〈捨て石〉として扱われ、島民が強制疎開と難民化――硫黄島に関しては一部島民の地上戦への動員――という深刻な戦争被害を強いられる結果を招いてしまうのである。

硫黄列島では開発着手から二〇世紀初頭までは、硫黄採掘や漁業、小規模な蔬菜類の栽培など、自給自足的経済が続いていた。だが一九一〇年代には、サトウキビの栽培と精糖を軸とする農業経済が確立していった。

一九二〇年代後半には、沖縄のサトウキビ農民に「ソテツ地獄」と形容される深刻な

表2　1939年時点の硫黄列島における自小作別農家戸数・人口[30]

種別	専業				兼業			
	戸数	人口			戸数	人口		
		就業者	従業者	計		就業者	従業者	計
自作	2	25	12	37	−	−	−	−
自作兼小作	1	2	8	10	−	−	−	−
小作	22	50	135	185	61	158	218	376
計	25	77	155	232	61	158	218	376

困窮をもたらした、国際市場糖価の暴落が発生する。糖業モノカルチャー経済であった小笠原群島の父島や硫黄列島でも、農業経済の維持が困難になってきた。そのため硫黄列島では、糖業のほかに、コカインの原料となるコカ、香水の原料となるレモングラス、農業用殺虫剤の原料となるデリスの栽培と精製、さらに本土市場に移出される蔬菜類・果実類の栽培が拡充されるなど、農産物の多角化が図られていった(8)。

硫黄列島における各種生産額については、現在残されている年次別の各種統計には、小笠原群島・硫黄列島などを含む「小笠原諸島」全体の数字しか記録されていないため、その通時的把握は非常に難しい。ただし一九三九年次に関しては、硫黄列島のみのかなり詳細な数字が残されている。それによれば、一九三九年の硫黄列島における農産物の生産額は、サトウキビが五一二八円に対して、蔬菜類が計一万一一七二円（うち、カボチャが五二〇八円、スイカが一六九二円、トウガンが一二八四円）、果実類が計八七〇四円（うち、バナナが一六一三円、パパイヤが一三一六円）となっており、すでに蔬菜・果実の生産額が砂糖を上回っていることがわかる。そして同年のコカの生産額は三万三九七七円、デリスも五八〇六円に達し、両者ともサトウキビの生産額を上回っている(9)。だが、北硫黄島では一九二〇年代半ばの糖価暴落以後も、コカ栽培は導入されなかった(10)。

また、表2からも一目瞭然だが、小規模自作農の割合が高かった小笠原群島と異なり、硫黄列島の開拓農民のほとんどは小作人であり、しかもその大多数が拓殖資本である久保田拓殖合資会社（一九一三年設立）、これを買収した硫黄島拓殖製糖会社（一九二〇年設立）、その後身の硫黄島産業株式会社（一九三六年社名変更）の小作人兼従業員、あるいはその経営者一族の小作人であった。

硫黄列島の小作人は、自給自足用に栽培を認められた植物を除いて自由な作付けを許されておらず、拓殖会社が指定したサトウキビやコカなどの商品作物の栽培を要求され、市場価格低迷時には収穫物の一部を廃棄することを指示されていたとされる。しかも、一九三二年に会社が警視庁の摘発を受けるまで、収穫物の売上金や会社関連の労働に対する報酬が、会社の指定店舗でしか使用できない金券で支払われていたこともわかっている。

また硫黄列島の小作人たちは、二カ月に一便しか定期船の入港がないこともあって、米や学用品などの生活必需品を含む列島外からのあらゆる商品を入手する際、拓殖会社が新橋にある系列資本の堤産業倉庫に委託して仕入れた物品を、購入せざるを得ない立場に置かれていた。小作人たちは、会社に小作料相当分を差し引かれた取り分から、高価格に設定されがちな生活必需品などの購入費を天引きされていたため、恒常的な債務状態に陥る世帯も少なくなかった。次節でみるように、債務者のなかには、「病気になっても医者にもかかれず死」ぬケースや、「生活難による発狂者」もあったようである[11]。

ただし、筆者が強制疎開前の硫黄列島における生活経験の記憶をもつ二〇名以上の島民にインタビューを実施したかぎりでは、硫黄列島の小作人は基本的な衣食住に困窮するケースは少なかったようである。その理由は、後述の山崎茂さんの語りにも表れるように、小作人世帯が拓殖会社の小作人や従業員としての労働とは別に、採集・農業・畜産・漁業を組み合わせた自律的な生産活動によって自給用の食料を獲得できていたためである。かれらは温暖な気候のなかで、食料に関しては健康を維持できる栄養を得ることが容易であり、また衣料や住環境に関しても寒冷地に比べ低コストで生存を維持することが可能であった。

硫黄列島の漁業は二艘式のカヌーを使用して近海でおこなわれ、主な水産物は、春季にはトビウオ、夏季から冬季にかけてムロアジ、夏季から秋季にはマグロやサワラであった(12)。強制疎開の直前には、沖合に本土や伊豆諸島、小笠原群島方面から仲買人の船が航行してきて、自家用以外の水産物を買いとるようになっていたという。ただし北硫黄島の漁業に関しては、後述するように夏季のムロアジ漁やサワラ漁が中心で、秋季から春季にはほとんど漁がおこなわれていなかったようである。

二　北硫黄島入植地の概況

山崎茂さんによれば、一九三〇年代後半の北硫黄島では、農業を主たる生業とする島民は、秋季から春季は主にサトウキビ栽培と製糖に従事していた。移入に頼っていたコメに次いで主食としてよく食べられていたのは、サツマイモやサトイモ、カボチャであったが、これらは「中硫黄［島］の場合と違って」拓殖会社に一定量を納入する必要はなく、すべて「自分のとこで作って、自分のとこで食べていた」という。茂さんも、北硫黄島ではコカは全く栽培されていなかったと記憶している。豚は島内のいくつかの世帯で、鶏はほぼ各世帯で、主に食肉用に飼われていた。牛は主として、サトウキビの搾取用に飼われていたという。

硫黄列島の島別の就業構造については、現在残されている各種統計からは、きわめて断片的な情報しか得ることができないが、幸いにも一九三〇年次と強制疎開直前の一九四四年次に関して、算出基準がほぼ同等とみなしうるデータが残されている。それによれば、一九三〇年の時点では、硫黄島においては島民一〇二八名中、農業を主たる生計手段とする世帯に属する者が五一四名であり、また北硫黄島においても島民一二四名中、農業を主たる生計手段とする世帯に属する者が一一八名であり、硫黄島民の約半数、北硫黄島民の九割以上が農業世帯に属していた。しかし、一九四四年四月の強制疎開直前時点では、硫黄島民で農業を主たる生計手段とする世帯に属する者が総人口一一六四名中五八二名であるのに対し、北硫黄島民のそれは総人口九〇名中三三名にとどまっている[13]。北硫黄島は硫黄島に比べて、――生業としてはともかく――産業としての農業の重要性が徐々に低くなっていったことがうかがわれる。

山崎茂さんの記憶によれば、北硫黄島では五～八月の夏季には漁業と水産加工業が盛んで、主に漁師の家族がムロアジやカツオをムロ節やカツオ節に加工し、島外に移出していた。これは、北硫黄島には強制疎開まで冷蔵施設がまったく設置されなかったためでもある。また、サザエ漁もおこなわれており、肉は缶詰工場で「串に刺して煮つけて」いたほか、殻はボタンの材料として移出されていた。なお北硫黄島では硫黄島と異なり秋季から春季にかけては漁があまり行われておらず、硫黄島で盛んであったトビウオ漁はまったく実施されたことがなかったという。

一九三〇年の時点では、硫黄島においては島民一〇二八名中、漁業を主たる生計手段とする世帯に属する者が五四名であり、また北硫黄島においては島民一二四名中、漁業を主たる生計手段とする世帯に属する者が一二名であり、硫黄島・北硫黄島ともに、その率は非常に低かった。ところが、一九四四年四月の強制疎開直前時点で、漁業を主たる生計手段とする世帯は、硫黄島民一二一六世帯一〇六四名中の七世帯四四名に対し、北硫黄島民一七世帯九〇名中の八世帯四八名となっている[14]。北硫黄島は硫黄島に比べて、生業・産業における漁業の比重が急激に高まったことがうかがわれる。

以上から北硫黄島では、一九二〇年代後半の糖価暴落に農産物の多角化で対応した小笠原群島や硫黄島とは異なって、主たる生計手段を農業から漁業へと徐々に転換させることによって、糖業モノカルチャー経済の危機に対応していったものと推測される。

水源に関しては、北硫黄島には湧水があったため、硫黄島のように生活用水や農業用水をすべて雨水に依存する必要はなかった。風呂の水については多くの世帯が、屋根から雨水を取水してタンクに溜めて使用していたが、飲料水や農業用水はもちろん、水産物加工場などの産業用水も、湧水でまかなうことができたという。

一九四〇年、小笠原群島と硫黄島には町村制が導入された。だが北硫黄島は、東京府小笠原島庁の後継機関である東京府小笠原支庁（後に東京都小笠原支庁）の直轄下に置かれたまま、一九四四年の全島強制疎開をむかえることになる。

三　北硫黄島民・山崎茂さんの生活史

山崎茂さんは一九三四年、硫黄島で生まれた。茂さんの父親は母島の生まれであったが、山崎家の婿養子になって硫黄島に渡ってきた人であった。茂さんが生まれた頃、父親は硫黄島拓殖製糖会社（後に硫黄島産業株式会社）の社員で、レモングラスの精油作業を担当していたという。だが茂さん一家は、父親がかかわった次のような事件のために、わずか一歳のときに北硫黄島へ移住することになる。

硫黄島産業［＝実際には当時の名称はまだ硫黄島拓殖製糖会社］でごたごたがあってね、親父は若い衆についた。会社の人間なのにね。で、社長が怒って、北硫黄に飛ばしたみたい。

茂さんが父親から伝え聞いたというこのエピソードは、次の小作争議事件と時期的に符合する。

一九三三年一一月の『東京朝日新聞』に、「孤島の砂糖畑から小作争議の訴へ――飢と苦熱に泣く四百の同胞硫黄島の代表上京」と題する記事が掲載されている。硫黄島拓殖製糖会社の小作人である伊東仁之松と瀧澤秀吉が東京に渡航し、東京府小作官に自分たちの「窮状を訴へ」、争議調停を依頼したという報道である。

そのいふ所によると島には六十人の老小作人が四百人近くの家族と共に甘蔗、コカ（塩酸コカインの原料）等の小作栽培に当っているが、生産費の実捌きは前記の拓殖製糖会社（大正八年設立）に一任していたから、自分達の手で作ったものが一体いくらで取引されたのかも知らず、食糧品、日用品等は会社から支給されその代金を売上金から差引かれるため、現金が手に入るのは売上金の一部が残っている時だけそれも便船が運んでくる時に限るので年に六度しか銭の顔を見ることが出来なかった／昭和四年［＝一九二九年］同会社が小作人に対する報酬制度を改めてからは、砂糖の値下り、濫培による地味の不良化も手伝って借金は増加する一方、小作人一家当り五、六千円から最高三万円位の借金はざらといふ現状となった、病気になっても医者にもかかれず死者、生活難による発狂者が続々出て来た／小作人達の不満は段々昂まって、昨年［＝一九三二年］八月には小作人組合が結成され九月末には遂におづおづの小作人の示威運動となり棄気味の怠業も始まった、これでやっと今春から幾分か不合理が改められ現金支払ひとなった、しかし依然会社の「搾取」はやまないのでやっと目がさめた小作人達が代表を選びだし○○［判読不能］の帳面を携へさせて窮状陳情のため海路はるばる上京させたといふのだ／九日夕京橋区月島通十ノ九後藤方で伊東、瀧澤両氏は交々語る。

兎に角借金のないのは最近［小作人に］加ったほんの二、三人に過ぎない現状でこれでは益々苦しくなる許りです、私達の希望は小作料は現金で納め借りた土地で自由耕作をなしたいこと、会社への借金は年賦ででも返せる程度に整理したいこと、会社に委託したものの売上も現金でもらうことにしたいことで弁護士に相談して交渉を進めたい(15)。

茂さんの父親が硫黄島拓殖製糖会社の「ごたごた」の過程で、「会社の人間なのに」「若い衆についた」ために「社長が怒っ」たというのは、この小作争議の過程で、社員であるにもかかわらず小作人組合に同情的な言動をとったとみなされた件であろう。

茂さんの実母は、弟の産後の体調不良が原因で、北硫黄島に移住後まもなく亡くなった。茂さんはその後、一九四一年に北硫黄島の石野村尋常小学校に進んだが、同年一二月に父親は家族を連れて再び硫黄島に戻っている。父親が軍用の飛行場建設や道路建設を担当していた建設会社・赤間組の経理担当として再就職したためで、これに伴い茂さんも硫黄島の大正国民学校（大正尋常小学校から改称）に転校した。

だが、二年後の一九四三年一二月、茂さんが小学校三年生のときに、父親は家族を連れて再び北硫黄島へ移住し、茂さんも再転校した。このときの再移住は、父親が「硫黄島は［戦闘に巻き込まれそうで］危ないから」という情勢判断のもとに、赤間組を退職して決断したという。北硫黄島への再移住後、茂さんの父親は「自分で畑を借りて綿を作っていた」そうである。

主食については、茂さんが記憶している一九三〇年代後半～四〇年代前半の段階では、北硫黄島でも硫黄島と同様、コメを一日一～二食は食べており、一～二食はサツマイモ、サトイモ、カボチャの天ぷらなどであったという。副食は「自分で釣ってきた魚とか」、島内で育てられていた鶏や豚の肉、あるいは海鳥の肉などであった。

茂さんの父親は綿花栽培のかたわら、前述のように、自家用で消費するサツマイモ・サトイモ・カボチャを栽培していたほか、ウリ・スイカも近くの「山の中腹で作っていた」。茂さんの家では豚は飼っていなかったが、「どこかの家で［豚を］殺したときは、肉を分けてもらった」。鶏はほとんどの家で飼っており、茂さんの家でも「少なくとも一〇羽はいた」ようである。鶏肉はいつも食べられるわけではなかったが、「なんかのとき［＝特別なことがあったとき］は、鶏殺して、すき焼きにした」という。

また、海鳥のミズナギドリを捕獲して、卵やモモ肉を焼いて食べていた。ミズナギドリのムネ肉は、「塩漬けにして乾燥させて干して、保存食みたいにして」いた。海鳥の羽毛は布団に利用された。

四月か五月頃になると、まとまってくるんですよね、ミズナギドリ。産卵するためなのか知らないけど。そこに網を張って、明かりをつけると、その明かりに向かっていく。そしたら、首を絞めて［捕獲する］。

子どもたちも釣りによって食料を得ていた。茂さんも学校帰りに海岸でカサゴを釣って持ち帰ると、夕食の副食の唐揚げになった。

茂さんによれば、当時の北硫黄島では、島内で調達できない食料は「コメと味噌醤油と塩くらい」で、「あとは自給自足でなんでもかんでも」島内で調達できたという。

四　硫黄列島における戦時期の概況

一九三二年、硫黄島に海軍の硫黄島飛行場が着工された。当時はまだワシントン海軍軍縮条約が有効であり、同条約によって硫黄列島の軍事施設も不拡充・現状維持の対象に含まれていたため、硫黄島飛行場は「東京府第二農場」と称して着工された。だが一九四一年の対米英蘭開戦後も、陸軍の強力な要塞が築かれていた小笠原群島の父島などに比べれば、硫黄島の軍事化の進展はかなり鈍かった。北硫黄島には、強制疎開以前に日本軍部隊が駐留したことさえなかったのである(16)。

硫黄島の軍事化が進展したのは、南洋群島のマーシャル諸島に米軍が本格的に進攻した一九四四年に入ってからのことであった。米軍統合参謀本部は、本土の都市空襲に向かう爆撃機が撃墜・捕捉される可能性を回避するため、複数の滑走路を有する硫黄島の奪取を決定した。日本軍大本営の側も、マリアナ諸島を奪われた後の本土防衛の時間稼ぎのために、米軍の標的になる可能性が最も高い硫黄島において、地上戦の遂行を想定していた。

一九四四年六月一五日、小笠原群島・硫黄列島は米軍による最初の大空襲を受けた。すでに小笠原群島・硫黄列島から伊豆諸島や本土方面に向けた疎開は始まっていたが、この大空襲を機に、第一〇九師団長（小笠原兵団長）の栗林忠道は陸軍大臣に対して非戦闘員の本土への「引揚」を具申し、その結果六月二六日には東京都長官が東京都小笠原支庁長と各村長に「引揚命令」を発動した。

最終的に強制疎開の対象になったのは、一九四四年四月から七月までの約四ヶ月間合計で、小笠原群島民六四五七名のうち五七九二名、硫黄列島民一二五四名のうち一〇九四名であった[17]。かれらは、携行を許された二、三点の荷物を除いて、島で築いてきた財産と生業・生活の基盤のすべてを放棄させられ、難民化したのである。

他方で、小笠原群島と硫黄島に住む一六歳〜六〇歳の青壮年男性は、原則として強制疎開の対象からも除外されて軍務に動員された。一九四四年七月末の時点で硫黄島に残留させられた島民は、一六〇名であった。硫黄島の残留者一六〇名のうち五七名は、地上戦が開始されるまでに父島に移送されているが、残された一〇三名は、海軍二〇四設営隊や陸軍硫黄島臨時野戦貨物廠の軍属として地上戦に動員されたのである[18]。

いっぽう、北硫黄島は全員が強制疎開の対象となり、徴用された人はひとりもいなかった[19]。ただしその理由は、筆者が現時点で探索しえた文献資料中からは明らかになっていない。

一九四五年二月一九日、米海兵隊は硫黄島に対する上陸作戦を開始した。硫黄島の地上戦は一般に、米軍が当初予想をはるかに超える犠牲者を出したものの、次第に戦局は米軍優位に転じ、栗林忠道が約四〇〇名とされる部下を率いて米軍の幕営地への突撃を決行した三月二六日に、日本軍の組織的な抵抗が終結したと理解されている。しかし、硫黄島における戦闘の実態を生還者の証言から描き出した秀逸なドキュメンタリー『ＮＨＫスペシャル：硫黄島玉砕戦――生還者六一年目の証言』（二〇〇六年八月放送）によれば、三月に入ると日本軍の指揮系統はすでに崩壊し始めており、兵団司令部の作戦とは異なる無謀な攻撃命令が頻発するようになっていた。そして三月二六日以降も六月頃にかけて、米軍による投降勧告を拒み、部下や同僚の投降をも妨害しながら、壕内で潜伏を続けた日本軍将兵が数多くいた。米軍側も、投降勧告に従わない残存将兵に対しては、爆薬や火炎放射器を用いて容赦ない掃討作戦を展開した(20)。

硫黄島の地上戦における日本軍側の死者・行方不明者数は厚生労働省の調査によれば約二万二〇〇〇名、米軍側は同六八二一名であったとされている。硫黄島残留者で地上戦に動員された一〇三名のうち、米軍の捕虜となり地上戦の終結後まで生き残った島民は一〇名であった。

五　北硫黄島民・山崎茂さんの強制疎開体験

北硫黄島は一九四四年夏時点でも日本軍の駐留部隊がいなかったため、硫黄島と異なって、米軍による艦砲射撃の対象にはなっていなかった。しかし山崎茂さんによれば、北硫黄島もすでに、米軍による激しい機銃掃射の標的になっていた。

引き揚げるときは、一日始終［機銃掃射に］やられて、夜になったら止めたもんだから。みんなで、最初はここ［＝山の斜面］に逃げた。

一晩か二晩、疎開船を待っている間に、機銃掃射で「一級下の子が亡くなった」が、その他の島民は、大型漁船に乗って一晩でなんとか父島にたどり着くことに成功した。茂さんは疎開船に乗った日を、六月末か七月初旬だったと記憶している。各種統計の記録を裏づけるように茂さんも、北硫黄島では軍属として島に残留する命令を受けた島民はひとりもいなかったと記憶している。ただし、硫黄島に残っていた茂さんの伯父は、軍属として残留させられ、地上戦の過程で命を落としている。

父島にたどり着いた北硫黄島民一行は、本土への疎開船に乗るまで、当時民間人の防空壕代わりになっていた、二見港近くの清瀬トンネルを寝所にすることを余儀なくされた。頻繁に空襲があったという。食事は一食あたり一人おにぎり一個であり、一日三食食べられたかどうかも記憶にないぐらい、貧弱であったという。

［空襲で］乾パンが焼けたやつが山になっている。そして、金平糖が散らかっていて、それを拾って食べる。

筆者は各種文献資料で北硫黄島からの疎開船出発日について調べ続けているが、現在までのところ信頼に足る記録に接することはできていない。強制疎開から五〇年になる一九九四年に小笠原村が編んだ、小笠原群島・硫黄島の島民の強制疎開体験に関する聞き書き集にも、硫黄島民二〇名の聞き書きが掲載されている反面、北硫黄島民の聞き書きは一件も掲載されていない(21)。

ただし、父島からの疎開船の乗船者数については、出発日別・出身島別の記録が残されている。それによれば、北硫黄島民二三名が六月一二日父島発の疎開船に、残りの島民六七名は七月一三日父島発の疎開船に乗船している(22)。前述のように、茂さんは六月末か七月初旬に北硫黄島からの疎開船に乗り、父島で一カ月近く疎開船を待っていたと語っているので、茂さんの記憶する北硫黄島出発の時期はほぼ正確であり、茂さんの家族は七月一三日父島発の疎開船に乗船したとみていいだろう。

本土に上陸した茂さんの家族は、一緒に疎開してきた島民たちとともに、さしあたり東京の板橋区内の養育院に滞在した。茂さんは「四か月くらいいたんじゃないか」と記憶している。敗戦前の南方離島からの強制疎開者で本土に身寄りのない世帯が養育院を居住場所としてあてがわれた事実は、かれらが一般の公的扶助の対象として扱われたことを意味している。そしてかれらは敗戦後、軍人・軍属などの復員者や外地などからの引揚者と異なり、恩給や援護法などの戦後保障の対象から完全に除外されていくのである。

その後茂さんの父親が養育院の近くの家を間借りしたため、一家はそこに移り住んだが、一九四五年四月一三日深夜から一四日未明の板橋大空襲で、少しずつ揃えていた家財道具もろとも、家が焼けてしまった。焼け出された茂さん一家は、親戚を頼って杉並区内の別の家で間借りをした後、さらに空襲を避けて親戚らと一緒に静岡県の藤枝市に移った。藤枝の家は「二階屋で、部屋も結構あった」が、「そこに四所帯で四〇人くらい入っていた」という。山崎さん一家は、ここで「玉音放送」を聴いた。


自分は、終戦で涙流しながらなんて、全然なかったですよ。これでちゃんとして、モノが食べれるって。モノがなかったからね。

六　敗戦後の硫黄列島民をめぐる状況

強制疎開の対象となった小笠原群島・硫黄列島の島民たちは、関東地方を中心に身寄りを頼って離散していた。

日本の降伏後、小笠原群島・硫黄列島などは、旧南洋群島とともに、米海軍太平洋艦隊（第七艦隊）最高司令官が管轄する軍事占領下に置かれ始めた(23)。

一九四六年一〇月、米国国務・陸軍・海軍三省調整委員会（SWNCC）は、一八七六年の日本併合以前から小笠原群島に居住していた先住者の子孫とその家族にかぎって、父島への再居住を許可する例外措置を決定し、これに応じた一二六名が帰島を果たした(24)。帰島を認められなかった残りの小笠原群島民と硫黄列島民は、一九四七年七月に島民大会を開催して小笠原島硫黄島帰郷促進連盟を結成し、帰島・再居住の実現を求めてGHQや米国に対する組織的運動を開始した。

だが、折からの激しいインフレも災いして、多くの島民が生業・生計の基盤がない本土での生活に困窮し、「異常死」が異様な高率を示した。小笠原群島民・硫黄列島民のうち帰郷促進連盟が把握できた範囲だけでも、一九五三年までに「生活苦のために異常死した者が一四七名」おり、「そのうち一家心中、親子心中が一二件で、合計一八人含まれて」いた(25)。

一九五一年九月、朝鮮戦争下で東アジアの冷戦状況が激化するなか、サンフランシスコ講和条約が日米安全保障条約とセットで締結された。この講和条約には、日本が再独立の承認を得ることと引き換えに、米軍占領下にあった沖縄諸島・奄美諸島などの「南西諸島」や小笠原群島・硫黄列島（火山列島）などの「南方諸島」を、引き続き米国の軍事利用のために自主的に貸与するという、実に奇妙な条文が含まれていた。

第三条　日本国は北緯二九度以南の南西諸島（琉球諸島及び大東諸島を含む。）、孀婦岩の南の南方諸島（小笠原諸島、西之島及び火山列島を含む。）並びに沖の鳥島及び南鳥島を合衆国を唯一の施政権者とする信託統治制度の下におくこととする国際連合に対する合衆国のいかなる提案にも同意する。このような提案が行われ且つ可決されるまで、合衆国は、領水を含むこれらの諸島の領域及び住民に対して、行政、立法及び司法上の権力の全部及び一部を行使する権利を有するものとする。

こうして、小笠原群島民・硫黄列島民の難民状態は、東アジアにおいて冷戦状況が激化するなかで、〈日米合作〉のかたちで継続したのである。かれらは、一度目は日本の総力戦の〈捨て石〉として利用され、二度目は冷戦下における日本の再独立・復興の〈捨て石〉として利用されたといえるだろう。

一九五〇年代、硫黄島や母島などでは、米国の戦略的信託統治領とされた旧南洋群島のマーシャル諸島のように核実験こそおこなわれなかったものの、ソ連との核戦争を想定した軍事訓練が行われるようになった。さらに父島や硫黄島では、ソ連軍が核兵器による先制攻撃で日本本土の米軍基地を陥落させた場合、米軍が反撃をおこなうための核弾頭が配備され、秘密基地化が進んでいった[26]。

一九六八年六月、小笠原群島・硫黄列島の施政権が日本に返還され、一九四四年の強制疎開から四半世紀にわたって本土での生活を余儀なくされていた父島・母島の本土系住民（の子孫）にも、ようやく帰還・再居住が認められた。硫黄列島も小笠原群島とともに、小笠原諸島復興特別措置法の適用領域になった。

だが日本政府は、米空軍が撤退した硫黄島に海上自衛隊を駐屯させ始め、また「航空機・船舶の位置確認」を名目として、ロランC基地に米沿岸警備隊の駐留を認めた。そして自衛隊が駐屯しなかった北硫黄島を含む硫黄列島を、小笠原諸島復興特別措置法に基づく復興計画から除外したのである[27]。施政権が日本に返還されたにもかかわらず、硫黄列島民の難民状態はさらに引き延ばされ、父島・母島の島民との間に分断線が引かれていった。

硫黄列島民は一九六九年一月、硫黄島帰島促進協議会を結成し、政府や都に対して帰島と再居住を求める陳情を活発化させる。しかし一九八四年五月、中曽根康弘首相の諮問機関である小笠原諸島振興審議会は、「火山活動による異常現象」などを理由にあげ、硫黄島での民間人の居住は困難であるとの答申を出した。その直後に都は「硫黄島旧島民への見舞金に関する検討委員会」を設置し、翌一九八五年、「硫黄島等の旧島民の特別の心情に報いるため」という名目で、北硫黄島民を含む「旧島民」とその法定相続人に対して、一人あたり四五万円を現金給付した[28]。こうして日本政府は、北硫黄島民を含む硫黄列島民の難民状態を半永久化させていったのである。

七　敗戦後の山崎茂さんの生活史

日本の敗戦後、山崎茂さんは藤枝市内の小学校に通い、一九四七年三月に小学校を卒業している。茂さんの父親は、六月に家族を連れて、親戚と一緒に、八丈島を経由して青ヶ島に渡った。青ヶ島で「本当はサトウキビを作って、砂糖を作る」予定だったそうだが、「畑が借りられなくて、駄目になった」。そこで一九四八年にはいると一家は順次、八丈島に移住した。

一九五〇年、茂さんは八丈島から東京の杉並区に「左官の修行に出た」。弟子に入ってからの仕事は、「最初は泥臭いのばっかり」でたいへんだったが、食べていくのには困らなかったという。父親をはじめ一家は八丈島に残った。

［八丈島で］鉄くず拾ったりして、やっていましたね。山の方に行って、まだ残っていましたからね、軍のあれが。大砲の弾にバンドがあるんですよ。それを、鋼で切って、外したりとか。大砲の弾もみんな出して、鉄くずにして。朝鮮動乱のときにいっぺんにね、モノが売れるから。

硫黄列島民の間で帰島運動が盛り上がっているこの時期も、茂さんは「一緒に行動した親戚」以外の硫黄島民・北硫黄島民とは、ほとんど交流はなかったという。

茂さんはその後建設会社の社員となったが、本土ではその後もずっと借家住まいであったという。

　　島に帰るつもりだったからね。

一九六八年に小笠原群島の施政権が日本に返還されると、翌一九六九年に父島に夫婦で移り住んだ。父島ではかつて父親が勤めていた建設会社の後継組織に就職し、すでに退職していた父親も自宅に引き取った。しかし前述のように、硫黄島は自衛隊と米沿岸警備隊が全島を軍事利用し続け、北硫黄島についても日本政府は住民生活再開に必要なインフラ整備を実施することはなかった。「島［＝硫黄島や北硫黄島］に帰れると思っていらっしゃいましたか」という筆者の問いかけに対して、茂さんはこう応えた。

　　最初は思っていたけどね。後で、隆起しているとか、噴火があるとか言ったけど。自分たちはずっと住んでいて、そんな心配はない。

茂さんは一九七五年と一九八〇年の二度、故郷・北硫黄島に上陸している。一度目は硫黄島へ向かう墓参団が乗る船から「途中で降ろしてもらった」という。このときは父親と二人での上陸であった。一九九九年から二〇一一年までは、硫黄島での遺骨収容事業にも参加した。

おわりに——国家の〈不作為の作為〉としてのディアスポラ化

冒頭でふれた硫黄島訪島事業に筆者が参加した二〇一五年六月は、敗戦七〇周年の夏であり、硫黄列島民の最後の集団が強制疎開させられた一九四四年夏から七一年目であった。二〇一六年夏、一九四六年にマーシャル諸島のビキニ環礁で米軍による大気圏内核実験が開始され、住民が被曝／難民化させられてから、七〇年が経過した。だが、二〇一七年時点で七三年も軍事利用のために島全体の住民が難民化させられている事例として、硫黄列島はおそらく世界最長なのではないだろうか。硫黄列島に島民が帰還さえできない状況は、日本の「国内」敗戦処理に伴う最悪の〈恥〉のひとつなのである。

日本政府が硫黄列島民の帰郷を事実上阻む根拠としてきた前述の小笠原諸島振興審議会の一九八四年次の答申は、硫黄島民を帰郷させない理由として「火山活動」などを挙げている。だが冒頭で述べたように、北硫黄島に関しては硫黄島と異なり、火山島ではあるものの一九世紀末の最初の入植以降に火山活動の兆候が記録された例はない。硫黄島には一九四四年から四半世紀近く米軍が、施政権返還後半世紀も自衛隊が駐留し続けているので、「火山活動」が島民の帰還を阻む理由になるとはとても考えられないが、かりに答申に科学的根拠があることを受け入れたとしても、すくなくとも施政権返還から現在まで北硫黄島を無人島化し、島民のディアスポラ状態を継続させてきたことは、日本政府の〈不作為の作為〉であるといわざるをえない。

強制疎開前の硫黄島・北硫黄島で生まれた硫黄列島民の一世はいま、次々とこの世を去りつつある。自衛隊管理下にある硫黄島への帰島がすぐには難しいのであれば、日本政府はせめて、北硫黄島のインフラを早急に整備し、帰島を希望する硫黄列島民の北硫黄島への帰還をかなえることはできないのであろうか。日本政府はすぐにでも、島民一世が全員この世を去るのを待っているかのような、これまでの〈不作為の作為〉を反省し、硫黄列島民に対する〈戦争責任〉と〈戦後責任〉を果たさなければならない。

謝辞・凡例・補足

本章は、強制疎開前の北硫黄島の生活状況を記憶する証言者・山崎茂さんのお話なくしては、けっして成立しませんでした。深くおれい申し上げます。むろん、文責はすべて筆者に帰されるべきものです。

引用文中の旧字体は、ひらがな・カタカナ・漢字をとわず、原則として新字体に改めています。引用文中の［］内は筆者による補足部分を、引用文中の／は原文の改行箇所を表します。

なお、本章の第四・六節の内容は、既刊の拙著である『〈群島〉の歴史社会学――小笠原諸島・硫黄島、日本・アメリカ、そして太平洋世界』（弘文堂、二〇一三年）の第三・四章の一部、および『群島と大学――冷戦ガラパゴスを超えて』（共和国、二〇一七年）の第二部第二章の一部と、大幅に重複しています。だが行論上、硫黄列島をめぐる歴史的概況の説明は不可欠であるため、あえて重複を恐れませんでした。この点、読者各位のご理解ご賢察をお願いしたいと思います。

第六章　注

（1）この訪島事業は、硫黄列島民や硫黄島戦没者遺族に（本人または親族の）出身部落跡や所属部隊跡を訪問する機会を提供する目的で、一九九五年から小笠原村が独自に実施している三泊四日（うち二泊は往復船内）の事業である。本土在住の参加者は、まず定期船の「おがさわら丸」で父島に渡航し、その後一時的に小笠原村のチャーター船に変わる「おがさわら丸」に再乗船して、父島から硫黄島に向かう。二〇一七年の時点ではほかに、東京都が春季と秋季に年二回実施している、航空機による日帰りの墓参事業もある。

（2）エルドリッヂ、ロバート『硫黄島と小笠原をめぐる日米関係』（南方新社、二〇〇八年）。

（3）石田龍次郎「硫黄島」（『日本地理大系 四巻：関東篇』改造社、一九三〇年）、同「硫黄島の産業的進化――孤立環境に関する経済地理学的考察」（『地理学評論』六巻七号、日本地理学会、一九三〇年）、岩崎健吉「硫黄島の地誌学的研究」（三野与吉 編『地理学者岩崎健吉――その生涯と学会活動』朝倉書店、［一九四四―四五年］一九七三年）。

（4）石原 俊「そこに社会があった――硫黄島の地上戦と〈島民〉たち」（『未来心理 Mobile Society Review』一五号、NTTドコモ・モバイル社会研究所、二〇〇九年）、同「小笠原―硫黄島から日本を眺める――移動民から帝国臣民、そして難民へ」（『立命館言語文化研究』二三巻二号、立命館大学国際言語文化研究所、二〇一一年）、同「ディアスポラの島々と日本の「戦後」――小笠原・硫黄島の歴史的現在を考える」（『別冊 環』一九号、藤原書店、二〇一二年）、同『〈群島〉の歴史社会学――小笠原諸島・硫黄島、日本・アメリカ、そして太平洋世界』（弘文堂、二〇一三年）、同「解除されない強制疎開――「戦後七〇年」の硫黄島旧島民」（『現代思想』四三巻一二号、青土社、二〇一五年）、同「地上戦を生き延びた硫黄島民――唯一の証言者・須藤章さんのライフヒストリー」（『社会文学』四五号、日本社会文学会／不二出版、二〇一七年）、同『群島と大学――冷戦ガラパゴスを超えて』（共和国、二〇一七年）。

（5）小笠原協会 編『特集 小笠原』五九号（二〇一四年）、同『特集 小笠原』六〇号（二〇一五年）。

（6）夏井坂聡子 著／石原 俊 監『硫黄島クロニクル――島民の運命《さだめ》』（全国硫黄島島民の会、二〇一六年）。

（7）なお南硫黄島は、断崖に囲まれた山岳島で住民の居住がそもそも困難なため、歴史的に漂流者を除いて生活をする者はいなかった。現在は日本政府によって全島が天然記念物および原生自然環境保護地域に指定されており、学術調査以外での意図的な上陸は認められていない。

（8）石田龍次郎「硫黄島」三八四頁、同「硫黄島の産業的進化」五二四～五三五頁、岩崎健吉「硫黄島の地誌学的研究」八七～九九頁。

（9）東京都総務局三多摩島しょ対策室小笠原復興課 編『硫黄島基本調査報告書』（一九七五年）二二頁。

（10）東京府 編『小笠原島概観』（［一九二七年］一九三〇年）五六～五七頁。

（11）「今度は小笠原島で金券盛に使用さる――警視庁重大視す」（『東京朝日新聞』一九三二年七月三〇日夕刊）二頁、「孤島の砂糖畑から小作争議の訴へ――飢と苦熱に泣く四百の同胞　硫黄島の代表上京」（『東京朝日新聞』一九三三年一一月一〇日朝刊）一一頁、都市調査会 編『硫黄島関係既存資料等収集・整理調査報告書』（一九八二年）四九頁、浅沼秀吉 編『硫黄島――その知られざる犠牲の歴史』（硫黄島産業株式会社被害者擁護連盟、一九六四年）三二～三五頁。
（12）東京都総務局三多摩島しょ対策室 編『硫黄島問題の基本的方向について――その課題と提言』（一九七九年）一一・二二～二四頁、佐藤博助『ありし日の硫黄島――スケッチと随想』（一九八五年）一～二〇頁。
（13）都市調査会 編『硫黄島関係既存資料等収集・整理調査報告書』一九頁。
（14）都市調査会 編『硫黄島関係既存資料等収集・整理調査報告書』一九頁。
（15）「孤島の砂糖畑から小作争議の訴へ――飢と苦熱に泣く四百の同胞　硫黄島の代表上京」（『東京朝日新聞』一九三三年一一月一〇日朝刊）一一頁。
（16）原 剛「小笠原諸島軍事関係史」（小笠原村教育委員会 編『小笠原村戦跡調査報告書』、二〇〇二年）九～一八頁。
（17）東京都 編『東京都戦災史』（明元社、［一九五三年］二〇〇五年）二五二～二五九頁。
（18）東京都総務局行政部地方課 編『小笠原諸島概況』（一九六七年）三九頁。
（19）東京都総務局行政部地方課 編『小笠原諸島概況』三九頁。
（20）この番組は取材班自身によって書籍化されているので、ぜひ参照されたい。ＮＨＫ取材班編『硫黄島玉砕戦――生還者たちが語る真実』（ＮＨＫ出版、二〇〇七年）。
（21）小笠原諸島強制疎開から五〇年記録誌編纂委員会 編『小笠原諸島強制疎開から五〇年記録誌』（小笠原諸島強制疎開から五〇年の集い実行委員会、一九九五年）。
（22）東京都総務局行政部地方課 編『小笠原諸島概況』三八～三九頁。
（23）Pesce, Dorothy Richard, *United States Naval Administration of the Trust Territory of the Pacific Islands*, vol. 2, United States Office of the Chief of Naval Operations, 1957, pp. 99–107.
（24）Pesce, *United States Naval Administration of the Trust Territory of the Pacific Islands*, vol. 2, p. 45.
（25）石井通則『小笠原諸島概史 その二――日米交渉を中心として』（小笠原協会、一九六八年）一二九・一五〇～一五二頁。
（26）ノリス、ロバート／アーキン、ウィリアム／バー、ウィリアム（豊田利幸 監訳）「それらはどこにあったのか、日本はどれだけ知っていたか?」（『軍縮問題資料』二三四号、宇都宮軍縮研究室、二〇〇〇年）。
（27）都市調査会 編『硫黄島関係既存資料等収集・整理調査報告書』五六～五八頁。
（28）小笠原協会 編『特集 小笠原』四三号（一九九七年）一一～二〇頁。
（29）主として次を典拠に作成した。都市調査会 編『硫黄島関係既存資料等収集・整理調査報告書』一九頁。

(30) 主として次を典拠に作成した。東京都総務局三多摩島しょ対策室小笠原復興課 編『硫黄島基本調査報告書』二二一頁。

第三部　帝国とジェンダー

第七章　植民地朝鮮における妓生の再組織化と社会的活動

水谷清佳

はじめに

「妓生（キーセン）」とは「朝鮮の官妓。役人などを歌舞で接待した」者であり、「朝鮮の伝統的な芸妓」[1]であると日本において一般的に定義されている。また、妓生という単語は朝鮮のみで使用され、漢字語圏では一般的に妓女が使用されたと言われている[2]。しかし、朝鮮時代の妓生を役割や活動面から具体的に定義すれば、宮中の宴享儀式の際の歌舞（呈才）[3]を担当する官妓で、歌・舞・奏・詩・画に秀でた芸人であると言える。宴享とは宮中の宴の総称で、王君、大臣、使臣などの男性のための外宴と、大妃、王妃、王女などの女性たちのための内宴に分類され、規模によっては進宴、進饌、進爵、進豊呈、豊呈などに区分された。また、王と文武百官による宴享は会礼宴、隣国との友好のため中国や日本などの各国の使臣のために設けた使客宴など目的によって多様な宴享が催された[4]（図1参照）

官妓は宮中の礼楽を管掌する掌楽院に所属している京妓と八道の各地方官衙の礼楽を管掌する機関である教坊に

所属している郷妓（または外方妓）に分けられ、宮中と地方官衙での定期・不定期的な宴享や宴会で呈才を担当した。さらに京妓は掌楽院所属と内医院や恵民署の医女[5]（薬房妓生）[6]、工曹や尚衣院の針線婢[7]（尚房妓生）[8]に分けることができる。ただし妓生は朝鮮社会の身分制度下において低い階級である賤民であり[9]、官庁の『妓案』[10]に登録され管理された存在であった。

妓生をめぐる環境は、一八七六（明治九）年の開国以降徐々に変化し始め、一八九四年から九五年までの甲午・乙未改革での官制改編と身分制度の改革により急変した。その後、統監府により一九〇七年一一月に薬房妓生と尚房妓生が解体され、一九〇八年には宮中に残っていた全ての官妓が警視庁に移管された[11]。同年九月二五日に警視庁令第五号「妓生団束令」による妓生組合の設立と加入の義務化により、これまでとは異なる新しい集団として再組織化されることとなった。

韓国における植民地時代の妓生に関する既存の研究は大きく二つに分けることができる。一つ目は妓生を植民地時代の植民政策と公娼制度の導入の中でみる論議、二つ目は伝統芸術の伝承と近代芸術の大衆化に寄与した芸人としての活動に関するものである。前者は女性学、社会学などで主に論じられてきたが、孫禎睦[12]の研究を始めとして、山下英愛[13]は女性学の観点から大韓帝国期と日本植民地期における公娼制度の移植過程とその意味を明らかにした。宋連玉[14]はこれまでの研究が十分に扱えなかった日本人居留地における日本式公娼制の導入と、それ以降の朝鮮人社会における移植及び拡大過程を明らかにしている。特にカンジョンスク[15]はソウル地域を中心に関連法規などの分析を通して、ソウルにおける公娼制の実態を明らかにしている。後者は二〇〇〇年頃から音楽学、舞踊楽、演劇史、服飾史等を中心に活発な研究がなされている[16]。このような一連の研究はこれまで芸人と娼妓という二つの視線から見た妓生を、朝鮮における近代芸術の受容と発展に寄与した存在、そして人間文化財に認定された実力者、伝統芸術の伝承者として再評価されることに大きな役割を果たした。

日本においては藤永壮[17]が、植民地朝鮮における日本の公娼制度の移植過程について京城を中心に明らかにしている。許娟姫[18]は、日本人居留地の公娼制と朝鮮人妓生組合及び娼妓組合の設立経緯を、法令の比較分析を通して明らかにしている。また、朝鮮内の日本券番の定着過程と組織及び運営内容を京城で活動した芸妓に対するインタビューを通し補完している。川村湊[19]は妓生の起源から妓生の種類に至るまで、李能和[20]と同じ見解のもと、妓生とセクシュアリティに焦点を当て、性的な面から妓生の社会風俗史をまとめている。

このような妓生と公娼制度、芸人としての活動の二分的な研究の流れの中で、妓業以外の社会的活動に焦点を当てた研究が登場したのは近年に入ってからのことである。もちろん既存の研究においても妓生組合や券番における妓業を除いたその他活動に関する内容も一部分取り上げられている研究[21]もあるが、本格的に社会的活動だけを対象にした研究はファンミヨンの研究が先駆的である[22]。この研究は新聞（五種、二〇の記事）と関連記録を主に活用し、一九二〇年～一九三〇年代（記事は一九一九年三月～一九三四年二月）の妓生の社会的活動を一．民族主義的社会運動の参与、二．集団性の模索、三．地位向上の要求、四．愛国運動の展開の四つのカテゴリーに分類し、当時の妓生の社会活動と歴史的意義を考察した。また、パクエギョン[23]は一八九四年の甲午改革から一九一〇年の韓国併合までを近代初期ととらえ、新聞を主な資料として（一八九六年七月～一九〇九年八月まで六種、五三の記事）、一．芸人としての妓生、二．旧悪と淫乱の表象、三．視覚の場に展示された妓生たち、四．野望の体―保菌者、五．国民として呼ばれる妓生の五つのカテゴリーに分類し、当時の妓生の社会的活動を部分的に考察している。

以上を踏まえ、本研究ではまだ明らかにされていない一九〇八年から一九一九（大正八）年までを対象時期とし、植民地支配権力による強制的な再組織の過程の中の妓生の社会的活動を明らかにすることを目的とする。この時期は、朝鮮王朝の官妓から統監府下の妓生組合として官妓の運命が劇的に変化する始点であり、以後韓国併合と「妓生団束令」の改定、一九一七年日本式券番への再編成、そして集団化による組織的な活動がピークに達する一九一九年三・一独立運動など、妓生を取り巻く政治社会的な状況が目まぐるしく変化し、それに対する妓生集団の対応もダイナミックに変化した時期であるからである。

一　妓生を取り巻く社会環境の変化

二〇世紀に入ると官妓の性質が複雑に変化し始める。まず一九〇二（明治三五）年一一月の高宗壬寅進宴を最後に、五〇〇余年続いた宮中での官妓による大規模な呈才は幕を下ろした。そして翌月には近代式国立劇場である協律社で、初めて官妓たちが屋内劇場空間において一般人を対象に有料公演「笑春臺遊戯」（妓生と唱夫の歌舞と漫談などの公演）[24]を開いた。[25]これは演者である官妓にとっても、観客である一般人にとっても大事件であった。このような協律社における官妓たちの公演は、一九〇六年四月二五日に劇場が閉鎖されるまで続いた。

また、一九〇七年九月一日から一一月一五日まで二カ月半の間、京城博覧会が開催される。週三回の公演のうち、妓生、三牌、[26]日本の芸者が一日ずつ担当し公演した。[27]この時期は劇場、博覧会、料理店、音盤産業など妓生たちの商業的公演活動の範囲が次第に拡大されていくことになる。

近代劇場の登場

一九〇二年に設立された朝鮮最初の国立劇場であり屋内劇場である「協律社」は、本来、高宗皇帝即位四〇周年を記念する稱慶礼式のために設立されたが、その後、名唱、妓生、三牌、広大などを集めて専属団体を作り、大衆的な劇場に変貌した。

かつては特定の身分だけが観覧可能だった妓生の公演が協律社を中心に一般人にも公開され、人気を得たが、国

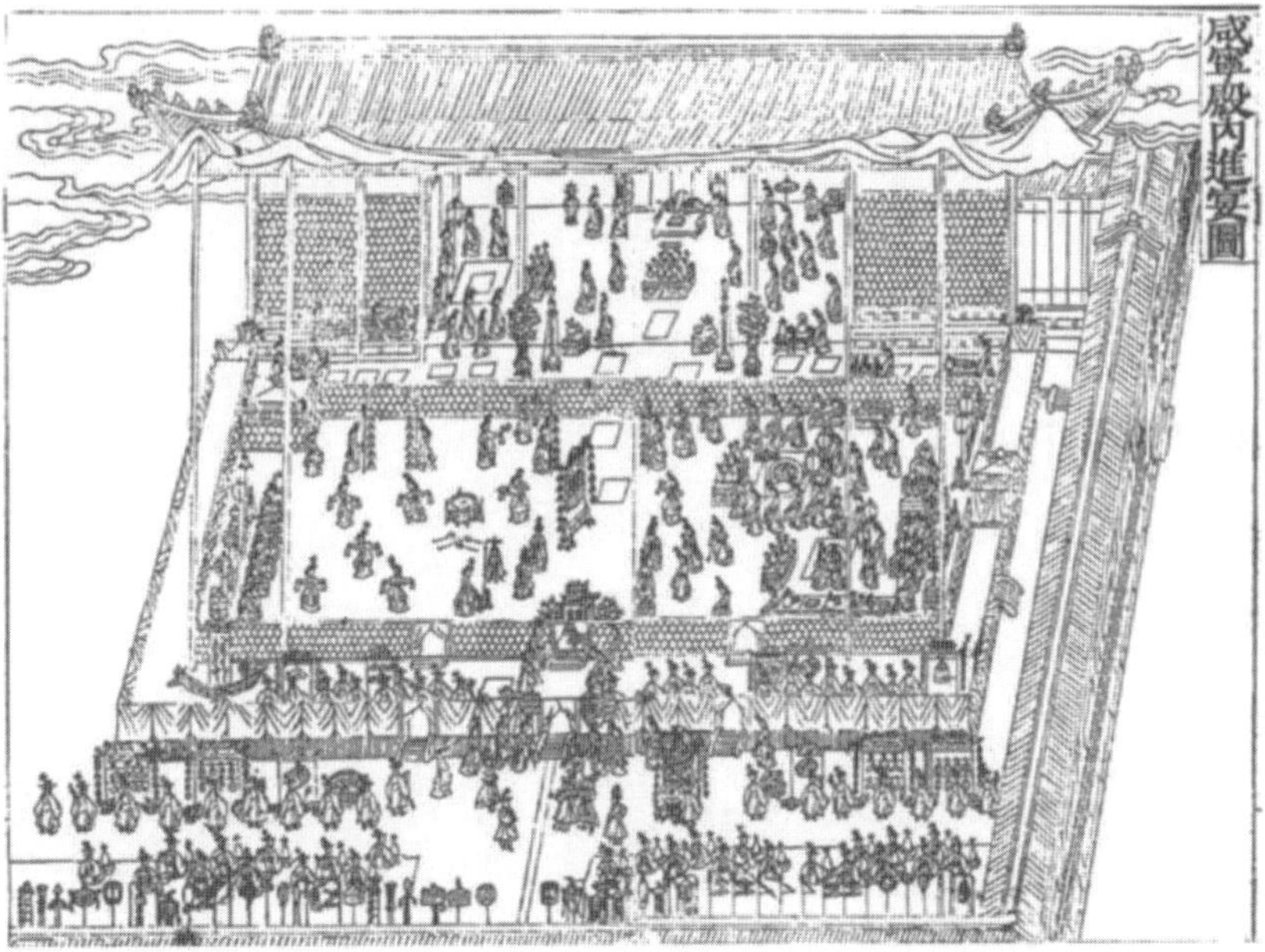

図1　進宴の例：1901年　徳寿宮咸寧殿内の進宴図

高宗辛丑進宴儀軌 15b-16a
（ソンバンソン（송방송）他『韓国舞の展開様相』ボゴサ、2013年、392頁より引用）

家施設が大衆的な興業に乗り出すことへの反対がしばしば起こった。幾度かの廃止と復活を繰り返し、一九〇六年高宗の命令により協律社は閉鎖された。翌年には官僚の高級社交場である「官人倶楽部」となったが、同年一二月からは本来の目的とは異なり民間を対象にした劇場になった。一九〇八年一月に官人倶楽部が南大門に移転し、建物の名称は「円覚社」となり演劇専用劇場として開場されたが、翌年一一月に廃止された(28)。

また、私設劇場としては一九〇七年に「長安社」、「光武台」、「演興社」、「団成社」が、翌年には「円覚社」、「団興社」が設立されるなど、大衆劇場が急増した(29)。しかしそれらはほとんど一九一〇年代中盤に閉鎖され、光武台、団成社、長安社を中心に妓生の公演が続けられた。

この時期の妓生の中には、協律社、光武

図2　1904年　協律社所属の官妓
（国史編纂委員会『音楽、生の歴史に出会う』2011年、216頁より引用）

台、長安社、団成社、演興社、円覚社などの専属芸人となり、宮中のレパートリーをもとに公演を行なう者もいた。各劇場は劇場別、時期別にそれぞれ特徴があったが、例えば協律社は舞妓、歌妓、広大、唱夫を中心に、円覚社は唱夫と歌妓が中心に公演が行われた。

一九一四年の毎日申報に「藝檀一百人」というタイトルで朝鮮の百名の芸術人（実際には九八名）が連載紹介された。そのうち男性八名を除く九〇名の女性が、妓生であった。ほとんどは妓生組合に所属していたが、なかには団成社（二名）、光武台（一名）、長安社（三名）に所属していた者もいた。

日本式朝鮮料理店の登場

初期朝鮮の料理店は王に捧げる食事と同じものを食することのできる場だけでなく、妓生が演じる伝統的な歌舞を観賞することのできる代表的な遊興文化空間であった。よって官僚や内外貴賓の宴会の場所として人気が高かった。一九〇三（明治三六）年九月[30]、京城に最初の一級朝鮮料理店「名月館」が開店した。京城にはすでに日本料理店は存在しており、朝鮮料理店は日本料理店を模倣したものだとされている[31]。一九二〇年代に入ると一級朝鮮料理店が続々と登場し始めるが、それ以前の一級朝鮮料理店としては「名月館」と「泰和館」[32]、「長春館」などを挙げることができる。

大規模な料理店の舞台には二つの形態があるが、一つは近代劇場型の特設舞台であり、もう一つは部屋の一部を舞台として活用した形であった。前者の場合、多少規模の大きな演目を演じることができ、後者は小規模空間のため公演のレパートリーに制約がかかった[33]。

最近留聲器を買って各々歌を歌い留聲器の中に入れて（中略）西洋人が機械を運転して使用するが先に名唱、広大の春香歌を入れてその次に妓生の花容と錦浪歌詞を入れて（中略）小さな機械を変えて操作すると先に入れた歌が同じく出るのだが見て聞くこれらが雲のように集まって全てが不思議だと褒めながら一日中遊んだとのこと。

〈独立新聞（国韓文　混用版）一八九九年四月二〇日〉

一八九九年には妓生が留聲器の録音にも参与しており、一九〇七年にもアメリカ Columbia（大阪）録音から官妓崔紅梅が遊山歌他六曲を録音したという内容を確認することができる。(34)

このように妓生たちは近代への転換期の目新しい物や制度に最も早く接し、それを大衆化させることなどで彼女らを取り巻く社会環境の変化に対応していった。

二　妓生集団の再組織化と公娼制度の移植

ここでは統監府による官制改編下において官妓が解体された後、警視庁に移管された官妓たちと、宮中での役目を終え一般社会で活動していた官妓たちの再組織化過程と組合及び券番としての変遷を既存の研究の成果を踏まえ、明らかにする。

一九〇七（明治四〇）年一一月、太医院（旧内医院）と尚方司（旧尚衣院）

図 3　名月館の特設舞台

（『妓生 100 年〝葉書の中の妓生を読む〟』国立民俗博物館、2008 年、90 頁より引用）

が廃止され、ここに所属していた薬房妓生と尚房妓生が先に解体された。そして一九〇八年八月二七日に、新警視総監として島根県知事であった若林賚蔵が赴任した。[35] 翌月には宮中に残っていた約三〇名の官妓たちを警視庁に移管させることで[36]、事実上、五〇〇年続いた朝鮮の官妓制度は支配権力により強制解体させられることとなる。間もなくして一九〇八年九月二五日、警視庁令第五号「妓生団束令」[37]により妓生の組合設立及び認可証が義務化された。これにより宮中外で自由に営業をしてきた妓生たちは、警視庁から認可証の交付を受け、組合に加入しなければ各種宴会や劇場、料理店などでの妓業活動を行うことができないという統制的な環境に置かれた。また、同日に発令された警視庁令第六号「娼妓団束令」により、娼妓も組合設立及び認可証が義務化された。

ただし、ここで注目しなければならない点は、各団束令の取締り対象である妓生と娼妓の概念的な区分である。「妓生団束令」と「娼妓団束令」は、妓生と娼妓という単語が異なるだけで全ての内容が同じである。しかし法令が別々に発令されたという点以外にも、これらが異なる集団であるということを警視庁の取締り方針からも確認できる。『妓生及娼妓ニ関スル書類綴』（以下、書類綴）を見ると、「妓生ニ関スル諭告条項」と「娼妓ニ関スル諭告条項」に妓生の定義と範囲、そして娼妓の種類がそれぞれ記録されている。[38] また、一九〇八年一〇月六日に、警視庁訓令第四一号「妓生及娼妓団束令施行心得」と「取締規則」に妓生及び娼妓を取り締まる際、慎重に調査すべき項目を各警察署及び警察分署に指示した内容がある。[39] そのなかで「妓生及娼妓の稼業届」の一二の項目のうち、娼妓の場合は健康診断書（項目九）、妓生の場合は芸の師匠の住所と名前（項目一二）の提出が必須条件という点からも、この二つの集団の差を確認することができる。このように当時の妓生集団は、朝鮮の女楽の伝統を継ぐ芸人集団として扱われており、娼妓集団は各居留地と遊郭などで実施されていた公娼制の移植過程の一部に編入された。

このような妓生組合、娼妓組合の設立及び券番への変遷に関する先行研究を見ると、既存の研究者たちは各組合の性質と設立時期、その後の分化過程などに対して批判的で検証的な研究を続けてきた。[40]
クォンドヒ[41]は二〇世紀前半期の妓生界の組織化と妓生音楽界の分化過程を、妓生組合と娼妓組合の設立及び券番までの変遷とレパートリーの変化を中心に明らかにした。また、イジェオク[42]はクォンドヒを含め、妓生組合及び券番の変遷に関する既存の研究者たちの見解を比較提示しながら、研究者によって各組合及び券番の設立時期と組合から券番への移行過程に関する内容が一致しないため、それに対する一貫性のある研究が必要だと問題提起した。これに対しチャンユジョン[43]は、妓生制度に関する見解が研究者間で異なり、妓生組織の変遷が一貫性を欠いている原因として、妓生と娼妓という用語を概念上の区分なく無分別に使用することにあると指摘し[44]、妓生と娼妓の概念的定義と各組合の嚆矢及び変遷に関する研究を進めた。その後、ソジヨン[45]はクォンドヒ、チャンユジョン、川村湊[46]の見解とを照らし合わせ、初期の妓生組合と娼妓組合が混成的な性質を持っているため、二つの集団の区分において混乱を招いたのであると論じている。しかし現在まで問題になっている部分が、初の妓生組合の起源を取り巻く見解である。妓生組合の嚆矢として考えられている「漢城妓生組合所」の設立時期と、公式的認可可否、組織構成などがまだ具体的に明らかになっていないからである。
クォンドヒは妓生団束令発令約一カ月後である一九〇八年一〇月に、妓夫パクハンヨン（박한영）など三〇余名が妓生組合の設立を請願したが許可を得られず[47]、漢城妓生組合は一九一一年頃に成立したとした[48]。これに対しチャンユジョンは、請願が許可されなかったという記録は見当たらず、一九〇九年初旬に漢城妓生組合所の名前で書かれた公演記事があることなどを根拠にして、パクハンヨンなどが請願した妓生組合がまさに漢城妓生組合であると述べた[49]。しかしパクエギョン[50]は、その妓生組合は「請願理由が団束令に違反するだけでなく、一般妓生が自由に行動できないおそれがあるため即時に不許可した」という一九〇八年一〇月三一日付の大韓毎日申報の記事を根拠に、この妓生組合は認可されなかったため、これを指摘し、妓生組合の嚆矢と見るのは再考の余地があると指摘し

ている。

このように先行研究での非一貫性の原因を考えると、一つ目にチャンユジョンの指摘と同じく、研究者が妓生と娼妓、すなわち妓生組合と娼妓組合を概念的に区分せず、混用したことで混乱を招いたと言える。二つ目に各「組合の発起時点」と「認可証獲得時点」という時間的な差が原因であると考えられる。すなわち組合設立の主軸が組合員を募集し規定を定め警視庁に請願して認可を受ける過程において、組合が認可される前である「組合の発起時点」からすでに「妓生組合所」という用語が承認可否とは関係なしに新聞や雑誌などに登場したためである。よって近代言論媒体に登場する時期を中心とする研究者と、公式的な認可証の獲得可否を中心とする研究者間において認識のずれが生じ、時期がそれぞれ異なって述べられているのである。

以上のように、まだ具体化されていない妓生組合の嚆矢に関する研究的な合意のためには、今後多様な史料の発掘と調査研究が必要である。ただし、本研究では「妓生組合所」の名前で実際に活動を始めて、また具体的な公演内容及び場所などが確認できる「漢城妓生組合所」を妓生組合の嚆矢とみなして変遷過程を考察する。また、チャンユジョン[51]とキムヨンヒ[52]は皇城新聞一九〇九年四月一日の「漢城妓生組合所」の妓生の文川郡飢饉のための慈善演奏会の記事が「現存資料の中で『漢城妓生組合』という名称を確認することができる最も古い資料だと言える」と述べているが、前日の三月三一日にも同じ内容の記事が確認できるため、妓生の社会的活動はこの日時を開始時点とする。

一九〇八年九月に官妓制度が解体され約半年が経った一九〇九年四月、過去に官妓と呼ばれていた妓生たちは「漢城妓生組合所」という名前で「組合妓生」として初の集団的な公演を行った。この公演は咸鏡南道文川郡の飢饉のための慈善公演で、総八七名の組合妓生が一九〇九年四月一日から一〇日間円覚社で公演し、その収入を寄付した。[53]「妓生団束令」発令直前に宮中の官妓が八九名であったことを勘案すると、[54]官妓出身の妓生のほとんどが漢城妓生組合所に所属し、公演活動をしたと考えられる。

その後も漢城妓生組合所は一九〇九年一〇月[55]に一般公演を開催し、一九一〇年二月[56]には妓生組合所の経費を集めるために公演を行ったことから、財政的な問題などを公演活動で解決しながら組合体系を整えていたとみることができる。また、一九一〇年四月の京城孤児院[57]をはじめとし、一九一一年一〇月[58]と一九一二年二月[59]の助産婦養成所のための慈善公演など、官妓集団だった一九〇七年からの慈善公演活動は、組合妓生になった以降にも一九一〇年代にかけて継続的に行われた。

一九一三（大正二）年には漢城妓生組合が組織を再整備し、「廣橋妓生組合」（いわゆる有夫妓組合）として改称し、また、いわゆる無夫妓組合[60]として呼ばれた「茶洞妓生組合」も設立された。

京城の茶洞と廣橋に妓生組合が組織され組合の規約を定め、二つの組合が全て当局に認可を受け、その目的とするのは過去の悪習を正し、品性を高め、営業の発達と営業者同士の親睦を深めることにあり、また公演費を一定にし、特に仮夫がいることを認めず単独営業することで内地の芸妓組合と同じ方式で営業することを定めたとのこと。

〈毎日申報　一九一三年二月二〇日〉

新しく認可された組合の規則において注目すべき点は、仮夫をもたず単独で営業し、内地の芸妓組合と同じやり方で営業させるという点である。漢城妓生組合の妓生の場合、宮中の官妓（京妓）だったため、ほとんど妓夫がいたが、警視庁はこの妓生と妓夫の繋がりを始めから絶とうとした。これは前述した一九〇八年一〇月三一日に妓夫パクハンヨンなどの妓生組合設立請願が不許可された理由と同じ脈略である。しかしこのような京妓と妓夫という慣習はその後もなかなかなくならなかったとみられる。

近頃うわさに聞く廣橋妓生組合では世間で一般人が言う有夫妓という名前を避ける考えでこの間規定と制度を直し内地の芸妓規定を模倣して一般顧客に良い評価を得ようとしたが（中略）今回その組合では一度決心し規則を改定すると同時に役員も改定し面目を一新して人の良い評判を得ようと極めて注意しているとのこと。
〈毎日申報　一九一六年一月二五日〉

廣橋妓生組合は一九一八年一月二七日に日本の券番システムを模倣して漢城券番に変わり[61]、一九四七（昭和二二）年まで続いた。初の妓生券番である漢南券番についてキムヨンヒは一九一七年初頭から茶洞妓生組合で活動する嶺南出身妓生が、八月に茶洞組合から独立し「漢南券番」を設立し、警察署の許可証を受けたと述べている[62]。しかし、漢南券番は茶洞妓生組合から直接転換したのではなく、「漢南妓生組合」として独立したが、その後日本の券番システムを採択した。

茶洞組合妓生は本来平壌妓生が中心になり創立したが、今も平壌妓生が七〇名に至り嶺南妓生はその半分程度の約三〇名に満たないが、性質と特徴が異なる西方妓生と南方妓生は互いに混ざり合えず、これまで幾多の問題があったが、今回嶺南妓生が完全に茶洞組合を出て他の異なる組合を作り、名前は漢南妓生組合とし、警察署に申請して設立許可を受けた後は、茶洞組合妓生と競争をしてみる決心だとのこと。
〈毎日申報　一九一七年二月二七日〉

上の記事から一九一七年二月頃に茶洞組合の嶺南妓生たちが「漢南妓生組合」として独立したことが分かる。[63] 一九一七年七月二八日には京畿道警務部長から「漢南券番」の許可証が下り、八月一日に鍾路警察署保安係から許可証を受け取ったことが確認できる。[64] 記事の内容から許可が下りた日は一九一七年七月二八日で、記事タイトルには「漢南券番許可される―八月一日に許可される」と記録されているが、本研究では公式的な許可証が発給された日である七月二八日を漢南券番の設立日とする。この漢南券番が、京城内四つの妓生組合の中で初めて券番体系に転換した。

嶺南妓生たちが抜けた茶洞妓生組合は、漢南券番が許可された約三カ月後の一九一七年一一月に組合の名前を「大正券番」とし、営業規定と規則を添えて本町警察署に請願し、[65] 廣橋妓生組合と同じく一九一八年一月二七日に「大正券番」として認可された。

京城各妓生組合では以前から組合という名前を使ってきたが、今はその時とは異なり組合の名前も必ず直す必要を考え、廣橋妓生組合は漢城券番に、茶洞妓生組合は大正券番に、信彰妓生組合は京和券番に直し、本町警察署に請願した結果、先日京畿道警務部長の認可があったとのこと。

〈毎日申報　一九一八年一月二七日〉

一九一七年の漢南券番を始めとして、一九一八年一月二七日をもって京城内主要四妓生組合が全て券番体制に転換した。このなかで注目すべきことは、「京和券番」になった「信彰妓生組合」であるが、この組合は旧官妓たちを中心に構成した他の組合とは性質が全く異なる。毎日申報はこの新彰妓生組合の変遷について比較的詳しく扱っており、骨子を見ると次のとおりである。

「妓生になった新彰妓生組合、妓生になるまで―その後がもっと大変」

本来娼妓の営業証を持ってひと月に数回検査を受け人々から詩谷三牌と呼ばれ指をさされた詩谷女たちは何年かかってようやく芸娼妓という営業証を受け、妓生と称され、また世の人々も体面上妓生として扱ってくれたが、その後何年間完全な妓生になることを願って努力したが、簡単には叶わず、懸命に願い苦労したことは皆知っているが、今回詩谷一同が所管警察署に妓生営業証を請願したが、去る一九日本町警察署から娼妓二〇余名を呼んで妓生の体を大切にすることを訓諭し、絶対に売淫をしてはならないと周知させた後妓生認可証を出してやり新妓生一同は感激を忘れることができず、新妓生のうち一名は「これから私たちも堂々と新しい姿でお客様をおもてなしし、行き詰まるところはないのでできなかったことを全てやってみます。これから本当の妓生になるなんてどんなに良いか分かりません。また一番良いのは検査にうんざりしていました」と言い満面の笑みを見せたが（中略）いわゆる官妓という始まりが何であろうか、詩谷三牌の由来が何であろうか今にきて言う必要はないが、詩谷で妓生になれず何年間苦労してきたことは事実である。よって自らの力でできるだけ妓生と同じになってみようと別の新彰組合を作り、先生を雇用して教坊所で歌舞も一生懸命習い、日本の場合を見ると、乙種芸妓は時給が甲種芸妓よりもっと少ないが、私たちは絶対に負けないように時給も廣橋組合、茶洞組合の妓生と同じようにもらおうと決めたが、芸妓、娼妓二枚の営業認可を受けた理由に純潔な妓生とは違い、以前から甲種妓生になろうとずっと努力し（中略）これから廣橋組合と茶洞組合の妓生と同じ扱いをされる以上、どこまでも技芸をよく磨いてくれぐれも二つの組合妓生に負けないように頑張らないといけないと（後略）

〈毎日申報　一九一六年五月二一日〉

一九一六年五月九日、完全な妓生組合になった新彰妓生組合は、以前までは妓生組合ではない芸娼妓組合であり、またその前は娼妓の営業証で定期的な性病検査を受けなければなかった娼妓組織であった。彼女らは一八九〇年代末から新聞などに「三牌」、「詩谷三牌」、「三牌妓生」などの名称で登場し始め、一九〇二年協律社での「笑春臺遊戲」にも出演した。また、各種料理店と劇場、京城博覧会などでの公演活動で大衆の人気を得た妓生とはまた異なる低い身分の女性芸人集団であった。しかし一九〇八年「娼妓団束令」により娼妓組合に強制的に編入されたが、いつから娼妓の営業証に加えて芸妓の営業状の認可を受け、芸娼妓の営業を始めたのかはほとんど明らかになっていない。ただし上の記事で「何年かかってようやく芸娼妓という営業証を受け」という内容と、一九一四年二月一五日から新彰妓生組合という単語が登場し始めたことから、一九一四年二月前後に新彰芸娼妓組合が設立されたと推測できるのみである。[66]

チャンユジョンは娼妓組合の嚆矢及び変遷について「詩谷の娼妓を中心に作られた組合は、京城遊女組合、漢城娼妓組合、新彰妓生組合、京和券番に名前を変えながら再組織された」とし、その後の研究もこれに倣っている。[67]

しかしここでも既存の研究での組合の性質及び変遷時期に関する混乱の原因をみつけることができる。新彰組合が芸娼妓の営業証を受けたと推定される一九一四年二月頃から、当時新聞記事では「新彰妓生組合」という単語が一般的に使用され始める。しかし、この組合の性質は正式な妓生組合ではない芸娼妓組合であったが、全て「新彰妓生組合」または「新彰組合妓生」と記載されていた。

厳密に言えば、一九一四年二月頃から一九一六年五月一九日までの新彰妓生組合と、一九一六年五月一九日から一九一八年一月二七日までの新彰妓生組合は、名前は同じであるが集団の性質が変化したため、この時期を分けて分析する必要がある。これは芸娼妓組合時期の新彰組合員の生活像が、以後正式な妓生組合になった後の生活像とは大きく区別されるだろうし、関連研究にも影響を与える可能性があるからである。実際に新彰組合が正式な妓生組合として昇格した後、廣橋組合と茶洞組合中心の妓生界の構図が大きく変化し、芸娼妓組合時期の新彰組合に対する廣橋組合と茶洞組合の態度も大きく変化した。これについては「妓生の多様な社会活動」のうち、「差別する／される妓生集団」の節で具体的に扱うこととする。また今後、新彰芸娼妓組合の認可証や時期を区別できる史料が発見されるだろうが、当時の新聞史料には全て時期の区分なく「新彰妓生組合」と書かれている以上、引用と解釈において各研究者の注意が必要になる。

このように一九一八年一月に京城の妓生組合は全て券番に変わり、いわゆる四大券番時期が始まる。地方では「水原妓生組合」、「全州芸妓組合」、「咸興芸妓券番」など多様な名称が使用された。一九二〇年代に入ってからは新しい券番の設立と統廃合、分化過程のなかで日本の芸妓文化の影響をより多く受け、多様な異文化が急激に流入し、妓生界は以前とはまた異なる表象を形成していく。

三　妓生の多様な社会的活動

植民地朝鮮の妓生集団は、統治権力の政策の展開と商業主義の流入により社会全般にわたる近代化及び産業化にそのまま露出され、不可抗力的に変化を要求された。また、近代への転換期に入っても芸人と娼妓という二重の視線と、社会的差別からは解放されなかった。彼女らはこれまで行っていた伝統芸術を土台に、急変する社会的状況に懸命に対応しなければならなかったのである。このような状況下で妓生たちは多様な活動を通して自身の声を社会に伝え、彼女らだけのアイデンティティを確立していく。また、組合と券番というシステムへの転換は、むしろ専門性を持った職業女性としての自覚と社会的メッセージの発信を積極的に引き出すことになる。ここでは妓生の社会的活動を寄付活動、差別する／される妓生、愛国活動の三つのカテゴリーに区分して考察する。

寄付活動

妓生たちがアイデンティティを形成する過程において、様々な社会活動を行ってきたが、なかでも社会問題や社会的弱者の問題については早い時期から関心を持ち、慈善公演活動という自身の才能を活かして募金、寄付するという方法を用いてきた。官妓時代にも個人や集団的な慈善活動は多少あったが、再組織化されてからより社会の要求に応じた活動を積極的かつ活発に展開していく。

一九〇七（明治四〇）年一二月、朝鮮王室内に残っていた宮内府の行首妓生、太医院の行首妓生、尚衣司の行首妓生などの官妓が中心になり、京城孤児院のために初の慈善公演を開催した。このような官妓などによる慈善公演は翌年まで続いたが、一九〇八年七月一三日、官妓たちが主導し約百名が出演する大規模な慈善公演を再び開催した。

京城孤児院慈善演奏会を長安社で開設したのはすでに報道したが、再昨夜に観光客が千余名に達し紳士及官妓の義捐金が百余円に至り孤児院の状況に対し演説したが、激切した言辞と該会諸氏の慈善熱誠は人皆功績を褒め称えたとのこと。

〈大韓毎日申報　一九〇八年七月一五日〉

以降、官妓制度が解体される同年九月まで、官妓による公演に関する記録が見当たらないことから、これが官妓の身分として行った最後の慈善公演となったと考えられる。

文川郡飢饉のため漢城妓生組合所で陰閏月十一日から約十日間、円覚社において演奏会を開催し多少寄附する予定だが（中略）皆様が来臨されることを望む。

漢城妓生組合所白。

〈大韓毎日申報　一九〇九年三月三一日〉

一九〇九年、咸鏡南道文川郡で発生した飢饉で、相当数の農民が食糧難に陥り、移住する者も少なくなかったという。この飢饉に対し元官妓で構成された漢城妓生組合が円覚社で慈善公演を開催した。「妓生団束令」発令後から約半年が経過し、妓生の再組織化以後、初の妓生による慈善公演だと思われる。また一九一〇年四月にも再び京城孤児院のために、宮内府の演具物品や芸人金元基の無料出演などの協力を得ながら慈善公演を開催した。

このように漢城妓生組合の妓生たちは、飢饉のような突発的な出来事に対する慈善活動を行う傍ら、深刻な社会問題になっていた官妓時代から孤児院への募金活動も行ってきた。さらに、一九一〇年代に入ってからは、他の妓生組合と同じく助産婦養成所のための寄付など、慈善活動の範囲を広げていく。

一九〇九年一一月に設立された助産婦養成所は毎年のように経費不足に悩まされてきた。漢城妓生組合はこのような事情を聞き、一九一一、一二年にこの助産婦養成所のために演興社での慈善公演を行った。漢城妓生組合は一九一三（大正二）年に廣橋妓生組合に名称を変更した後も、継続して慈善公演を開催していく。また、一九一三年には詩谷三牌が、一九一四年からは茶洞妓生組合が慈善公演を開催した。異なる組合が同じ施設のために寄付活動を行っているものの、共同開催といった記録は確認できない。

京城孤児院では学年試験を経過した以来から、教師の五人と設備が全てなくなることにより学校が停止されたが該院役員一同は、今番妓生組合所の慈善演奏会からの寄付金を教育費に充用し（中略）開学教授することを目下議論中であるとのこと。
〈皇城新聞　一九一〇年四月二三日〉

一九一三年の北海道の凶作の際には詩谷三牌たちが、一九一四年の鹿児島県桜島の大噴火の際には詩谷三牌が中心になって設立した新彰妓生組合が慈善公演を開催した。初期には、娼妓集団のなかに強制的に編入されたこの詩谷三牌たちは他の組合妓生よりも内地の災害や社会問題に対して積極的に応じていたことが分かる。

大正二年北海道と六県の凶作と大正三年鹿児島県桜島爆発の罹災民のために新彰妓生組合の慈善演奏会から収入した金二百ウォンを寄付したことに対し本年二月三日に北海道長官俵孫一氏の名義で木盃を京城府に依頼しその組合に伝えると、妓生一同は総会を開き光栄に思い感謝の気持ちを説明したそうだ。よって皆がその組合の妓生の美挙を称賛したとのこと。
〈毎日申報　一九一七年九月一二日〉

すでに三、四年が経過した時点ではあるが、大被害からの復旧のさなかにも妓生組合の善意を忘れることなく恩返しをしたことは、新彰妓生組合の妓生たちに慈善活動のやりがいを与えたと思われ、さらにこれは一般市民の妓生に対する社会的認識の改善にも影響を及ぼしたと考えられる。

以上のように妓生たちは本業のみならず、社会動向に鋭敏に反応し熱心に慈善公演を開催し続けてきた。しかしながら一九一八年にその活動が縮小される事態が発生する。

京城の四妓生組合で競争的演奏会を開き妓生の名義でいわゆる捐助という寄付金をかけて金額が多いことを互いに自慢しようとし、また妓生演奏会に各場所から浮浪者（社会的な問題児）が集まり風紀に及ぼす影響も小さくないため、先日本町警察署ではその管内にある茶洞、廣橋、新彰の三組合の主幹者を呼び妓生演奏会は被害が多いため、これから全て廃止するよう命令を下したところ三組合では、演奏会の若干の所得でいつも不足した組合の経費を辛うじて補完してきているのに万一この後この道が塞がれたら組合を維持していくことができないと様々な方面から嘆願した結果、本町署では今から一組合で一年にただ一回ずつ演奏会を実行し、妓生の捐助に寄付金を絶対にかけてはいけないと厳重に命令し帰した。そのため妓生演奏会に対する弊害が相当減り、鍾路警察署管内にある漢南妓生組合にも遠からず所管警察署から命令があるであろうとのことである。

〈毎日申報　一九一八年三月一七日〉

妓生の演奏会には毎回多数の観客が集まり、一定の収入を得ることができた。しかし妓生たちは権力による演奏会の中断命令に対し、規制緩和を請願することで一年一回の開催可能許可を得たものの、継続してきた慈善演奏会も中断されてしまう。そのため一九二〇年初頭まで妓生による慈善演奏会はほとんど開催されなくなるが、多様な施設や組織、個人に妓生が個別で寄付をすることは続いている。

差別する／される妓生集団

朝鮮時代賤民の身分として差別を受けた妓生は、韓国併合後でも卑しい職業を持つ者という認識のもと差別を受け続け、さらに婦人・女学生社会からも差別を受けた。しかし妓生たちは、漸進的な近代化の中で同じく一国民としての男女平等と、出身や職業による差別を受けない女性平等を主張してきた。また一方では、妓生同士であるにも関わらず、京妓が郷妓に対し、京妓と郷妓が芸娼妓に対し差別的な視線や行動をするという、矛盾した様相を呈する。

晋州は本来妓生が多く、出入りする女子を見ると誰が一般人の婦女なのか誰が妓生なのか判断が難しく、また彼女たちに対する世間の態度も同じなので、一部の考えが及ばない人は娘を妓生にさせるなど女子をとりまく風紀が乱れ、紳士たちがこれを改革し、妓業に従事する者を下流扱いすることで次第に妓生自身が卑しい職業をする女性だという自覚を持たせようと、婦人夜学で妓生は絶対的に受け入れないと決定した（後略）。
〈毎日申報　一九一三年五月二二日〉

（前略）妓生たちが髪を結い、靴を履き、女学生のように黒いスカートをはくのはぱっと見ると質素に見えるが実際は純粋な女学生の心を苦しめるのでこれはすぐに廃止しなければならない問題である（中略）妓生たちはもちろんのこと妓生組合の役員は反省しなければならない。万一以後このようなことを直さなければ決して許さない。
〈毎日申報　一九一九年一一月一五日〉

近代化は女性の服装と装飾にも変化を与え、次第に妓生が一般婦人や女学生の服装を真似るようになった。このように、一般女性と妓生との区別がつかないことに対し、過去の差別的な意識を持っている一般紳士や女性たちは、専門性を持った職業女性という視点から妓生を見ているわけではなく、同等以下のむしろ身分の低い、差をつけるべき存在であるという差別的な眼差しを向けていた。

しかし、それは朝鮮だけの問題ではなかった。当時中国でも妓女と上流婦人の区別が大問題となっており、妓女は胸に派手な徽章をつけることで解決させ、日本の場合、芸者は白粉をうなじにつけることで一般女性との区別をつけていると報道された。(68) 他国の例のように朝鮮でもいち早くこの問題を解決させる必要があるという世論が広まったことで、妓生たちはそれを受け入れるしかなかった。

京城で新しく許可を得た大同券番は、今三〇名以上の妓生がおり新しく入る妓生もおりまもなく五〇名以上になりそうだと言うが、妓生の区別という記事を読んで早速（この問題を）解決しようと各役員と妓生と議論した結果、小銭ほどの金に大同の同の字を刻んで皆頭につけて確実に区別できるようにした。また衣服も改良して模範になるつもりだそうである。(69)

〈毎日申報　一九一九年一二月一〇日〉

一九一七年、一八年頃は、漢南券番や漢城券番などが金属物で강（カン）や한（ハン）の字を作り、それを頭に付けることで妓生か否かを区別しやすくしていたとされる。(70) しかし、次第に妓生たちは一般女性と同じような扱いを受けるため彼女らの話し方、動作、服装などを真似たが、世論はこのような行動を許さなかった。

このように妓生たちは一般市民と特に婦人・女学生社会から差別と強要を強いられながらも、同じ痛みを共にしている同僚であるにも関わらず、妓生組合が他妓生組合を差別したり強要したりする矛盾した状況を生み出した。

（前略）廣橋組合が茶洞組合と座席で妓生を混ぜないことはもちろん営業的な理由もあるが、主な理由は茶洞組合妓生が広大の歌を歌うからである。よって互いに顔を見ない間柄になり、法廷で戦うほどの良くない関係までになったのである。（後略）

〈毎日申報　一九一七年二月二八日〉

上の記事から分かるように、元官妓の中で京妓を中心とした廣橋妓生組合は、平壌及び南道の郷妓を中心とした茶洞組合妓生のレパートリーなどを取り上げて、茶洞組合妓生がいる宴会には自分の組合の妓生を派遣しないなど差別的な態度を見せ続けてきた。これは一九一七年に茶洞組合から分化した漢南妓生組合のある妓生の話の中でも確認できる。「これまでは廣橋組合妓生は茶洞組合妓生と付き合わなかったが、今私たちは新しい組合を作った以上、廣橋組合妓生とも共に演じようと思っています」という内容から、廣橋組合は茶洞組合が設立された時期からずっと差別をし続けてきたと考えられる。

また、前述したとおり一九一六年には芸娼妓組合であった新彰組合が、内部改革と幾度かの申請を繰り返し完全な妓生組合として認可を受けることになる。それに対し官妓出身者を中心にして構成されている廣橋妓生組合と茶洞妓生組合の態度を、次の記事から確認することができる。

茶洞組合の意見：（前略）妓生の営業というものは官庁の指揮を受けてする仕事なので共に公演するしないは官庁の指揮を聞いた後はそのまま従うしかないと考えます。（中略）廣橋組合の意見：新彰組合一同が新しく完全な妓生営業免許を受けたということは今初めて聞く話で、突然廣橋組合妓生と新彰組合妓生が一緒に公演をするかしないかを聞かれてもそれは答えることができません。（中略）組合で妓生の総会を開いてその総会の決議に従わなければならないと思います。（後略）

〈毎日申報　一九一六年五月二一日〉

茶洞妓生組合は、良くも悪くも官庁の指示に従うしかないとし、廣橋妓生組合も同じく即答を避け、総会を開いてみないと分からないと直接的な答えを避けている。実際に新彰妓生組合が芸娼妓だった時期と、またそれ以前の娼妓組合だった時期において茶洞、廣橋組合の妓生たちは、彼女たちと付き合うことを避け続けてきた。しかし新彰妓生組合がますます大衆から人気を得ると、廣橋妓生組合と茶洞妓生組合と肩を並べるほどの存在となるが、以前から続いた廣橋組合と茶洞組合妓生の差別的な態度はなくなることはなかった。これは当時の妓生たちの公演レパートリーの中からも確認することができる。

（前略）これまでも妓生たちが歌わなかった歌が一つあるのだが、すなわち今回甲種芸妓となった新彰妓生組合が歌ったアンジンソリ（안진소리）である。（中略）しかしこれまで愁心歌（수심가）、リュクチャバギ（륙자박이）は歌ってもアンジンソリを歌わなかったのには特に何の理由はなく花柳界で階級が少し異なる詩谷で歌われていたものという狭い心から出たものであるため、一日でも早くなくすことが良いとされる。

〈毎日申報　一九一六年六月一五日〉

以上のように、京妓中心の廣橋組合は広大の歌のようなものを歌うという理由で郷妓中心の茶洞組合を無視してきており、またこの二つの組合は芸娼妓出身の新彰妓生組合が歌ったアンジンソリのような雑歌は絶対に歌わなかった。そうすることで公演レパートリーの中でも官妓出身の地位とプライドを守り、新彰組合妓生と区別しようとした。このような矛盾した構図は、一九一九年に新しく大同券番が登場したことを始まりに、一九二〇年代の新券番の登場と没落、そして統廃合などの過程を経て少しずつ変化していく。

愛国運動

再組織化された各妓生集団は、いわゆる武断政治期であった一九一〇年代の混乱した社会状況の中で多様な社会問題と組織の利権、妓生と娼妓に対する社会の眼差しに対し、積極的な介入と組織的な抵抗を通して対応していった。妓生組織の集団的な対応が頂点に達したのは、一九一九年高宗の崩御後に起こった三・一独立運動であると言える。しかし、妓生たちは再組織化される以前から愛国運動に取り組んでおり、それが一九〇七年一月三一日から一九〇八年「妓生団束令」発令直前まで続いた国債補償運動である。

国債一千三百万ファンはまさに我々大韓帝国の存亡に直結するので返すことができなければ国が滅びるが、国庫では解決する方法がないため二千万人民たちが三カ月間喫煙を廃止し一人当たり毎月二〇銭ずつ納めると一三〇〇万ファンを集めることができる。その金で国債を返して国家の危機を救おう。
〈大韓毎日申報　一九〇七年二月二一日〉[71]

当時官妓制度下にいた妓生たちは、指輪の売却や貯金を集めて寄付したり[72]、禁煙に対する啓蒙運動を展開していく。そして官妓出身である大邱妓生エンムは「誰でも自分の状況に合った国策報償のための義捐金を出すことが国民としての道理」とし、当時家が一軒買えるほどの金額を寄付したという[73]。

一九〇七年二月二三日には大邱で「南一佩物廃止婦人会」が結成され、指輪、腕輪、ネックレスなどを寄付した。この女性組織は、国債報償運動が男性による参与方法だけ提示し、女性の参与方法の提示がないことを指摘しつつ、女性たちも各自の所持品で懸命に参与しようと檄文を新聞に掲載した。以後、京城の婦人減餐会・大安道国債報償婦人会、釜山の釜山港佐川里婦人会減膳義捐会、安城の安城場基洞婦人会募集所、済州島の三徒婦人会などが結成された[74]。慶尚南道晋州では晋州妓生たちが晋州愛国婦人会を組織し、妓生、酒姫などが国債報償運動において主導的な役割をした。このような全国各地の妓生たちの寄付を通した愛国運動は一年以上絶えず続いた。

国家的危機状況に対する妓生たちの愛国活動は、三・一独立運動から、より組織的かつ計画的に行われた。三・一独立運動の起爆剤になった高宗の崩御直前、京城の四券番（漢城、大正、漢南、京和）の妓生たちが取った行動は、料理店などで歌舞楽を中止することだった。

（前略）四券番の妓生たちも殿下が重病でいらっしゃることを知り、我々がたとえ卑しい妓生であっても今日このような時に不敬な態度を料理店に行ってチャンゴを叩き歌うなどの行動は一切できない（後略）。
〈毎日申報　一九一九年一月二三日〉

高宗が崩御した一月二三日には、京城四券番の妓生たちが大漢門前に集まり望哭をし[75]、二七日にも望哭を計画した[76]。京城のみならず水原の花柳界でも一切の歌舞を停止し、約二〇名の妓生たちが水原発の汽車で京城の大漢門前に来て望哭した[78]。

三・一独立運動は計画通り京城と平壌、鎮南浦、安州、平安北道義州郡宣川そして咸鏡南道元山の六都市で同時に始まった。この時期の独立運動は、学生たちを中心とした非暴力闘争が特徴であった。その後三月一〇日前後に全国の主要都市に拡散し、商人と労働者たちも参加し始め、三月中旬以後からは都市だけでなく農村にまで拡張し、農民たちも積極的に参与した。よって示威の規模も大きくなり、その様相も少しずつ暴力闘争に発展した。このような状況の中で妓生組織は、三・一独立運動当日から各地域において組織的、計画的に参与し、韓国の自主独立を主張した。

京城の場合、三月一日当日は約八〇〇名の妓生と花柳界の女性たちが参加し(79)、三月五日には京畿道安城の妓生たちが群衆約三千名を引き連れて運動を主導(80)、四月三日にも運動に加担するなど(81)、妓生たちは何度も繰り返し運動に参与した。また、嶺南地方と湖南地方にも独立運動は広がったが、地域によっては妓生たちによる暴力的闘争が生じることもあった。

全羅北道全州で朝鮮人芸妓組合の妓生たちがこの示威運動に多数参加した。群衆はより一層荒々しい気勢で韓国独立万歳を大きく叫び（中略）ある時は極めて危険な情勢で、憲兵以下多数の警官と消防署などが厳重鎮圧し群衆は次第に解散した（後略）。

〈毎日申報　一九一九年三月一七日〉

晋州では晋州妓生朴錦香など三二名が三月一八日に集団的に示威を計画した。翌日、楽隊を引き連れて集団行進の先頭に立ち、スカートに石を包んで日本警察に投げたりもした(82)。特に晋州妓生組合と水原妓生組合、黄海道海州妓生組合の場合は妓生たちが独立運動を主導した。そのため、一時的に妓生が警察権力の鎮圧の対象になった。

晋州は今もむしろ落ち着かずしきりに騒擾が起こる情勢があるが、一九日は晋州妓生の一団が旧韓国国旗を振り回してこれに参加した老少女子が黙って後ろについて行進したが首謀者六名が検束され解散したが、今不穏な勢力が晋州に充満し各回に集まっているとのこと。

〈毎日申報　一九一九年三月二五日〉

水原でも水原妓生組合の金香花が主動となり、慈恵医院前で万歳運動をした(83)。妓生たちは警察署の前で万歳を叫び、病院の庭でも続けて万歳を叫ぶと追い出され、再び警察署の前で万歳を叫んだことで、金香花などは逮捕された(84)。

海州では四月一日に妓生ヘジュンウォル、ヒャンヒ、オクチェジュなどが指を噛んだ血で太極旗を描き(85)、また妓生たちは約二千名を超える市民を対象に一場の演説をし、独立宣言書の代わりの文を書いて配布するなど、深刻な政治社会的状況に対し緻密で計画的な準備をし、行動に移した。市民たちを引っ張るほど三・一独立運動に積極的に参与した女性集団の最前線に妓生たちがいた。

四月一日午後二時頃に海州妓生一同が海州鍾路に集まり独立万歳を叫びながら南門に出て訓練庭で約五分間万歳を叫び、二千余名の群衆も万歳を叫び、妓生たちは再び東門へ入って再度鍾路で一場の演説をして、再び西門へ向かっているところを巡査が出動して妓生ヘジュンウォル、ビョクト、ウォルヒ、ヒャンヒ、ウォルソン、ファヨン、クムヒ、チェス、そして男性六名を検挙し解散させたとのこと。

〈毎日申報　一九一九年四月五日〉

このように日本の軍隊、憲兵、警察によって逮捕された独立運動家のうち、半数程度は釈放された。しかしそれ以外は裁判となり、保安法違反・騒擾罪・内乱罪などの罪を被せられ処刑された者もいる。当然、独立運動に参与した組合及び券番の妓生たちも例外ではなかった。慶尚南道統営妓生丁莫來《チョンマクレ》と李小仙《イソソン》は、四月二日に他の妓生を扇動、妄動したとして保安法違反で四月一八日にそれぞれ懲役六カ月を宣告された。(86) 上述した水原妓生組合取締役の金香花（当時二三歳）は、数人の妓生を引き連れて太極旗を掲げながら警察署門前で万歳を叫んだという理由で検挙、保安法違反として懲役六カ月を求刑された。(87) これと同じように独立運動を主導した妓生たちは逮捕され、六カ月から一年の監獄生活を送ることになった。さらに逮捕後、生存を確認できない妓生も多数いた。(88)

三・一独立運動当時、水原、全州、海州での妓生による示威活動は、韓国の新聞記事や個人記録、地域史などを通して相対的に詳しく述べられているが、統営やその他地方の場合は記録が少なく、断片的な内容のみ確認できる。例えば、前述した統営妓生二名が保安法違反で懲役六カ月を宣告されたという程度の内容しか公開されていなかったが、次の史料（図４）では当時の状況をより具体的に把握することができる。(89)

判決理由を簡単にまとめると次のとおりである。被告二名の妓生は妓生五名を呼び集め、示威運動を勧誘し組織した。丁莫來は所持品の指輪を質入れした金で喪章用のピンと草蛙を購入し、全員同じ服装で運動を実施する。しかし被告二名は警察官の制止に従わず、先頭に立って数千名の群衆とともに統営警察署へ前進しながら「朝鮮独立万歳」と叫び治安を妨害したため、懲役六カ月の宣告を受けたという内容である。

このように様々な地域で日本の警察に対抗して独立万歳を叫んだ先頭に立ったのは、かの妓生たちであった。彼女らは当時も賤民出身、卑しい職業を持った者として差別を受けることもあったが、国家の危機的状況の中で民衆を啓蒙し、先導した愛国者であった。

しかし三・一独立運動によって逮捕された妓生たちは、辛い獄中生活を送らなければならず、残された妓生たち

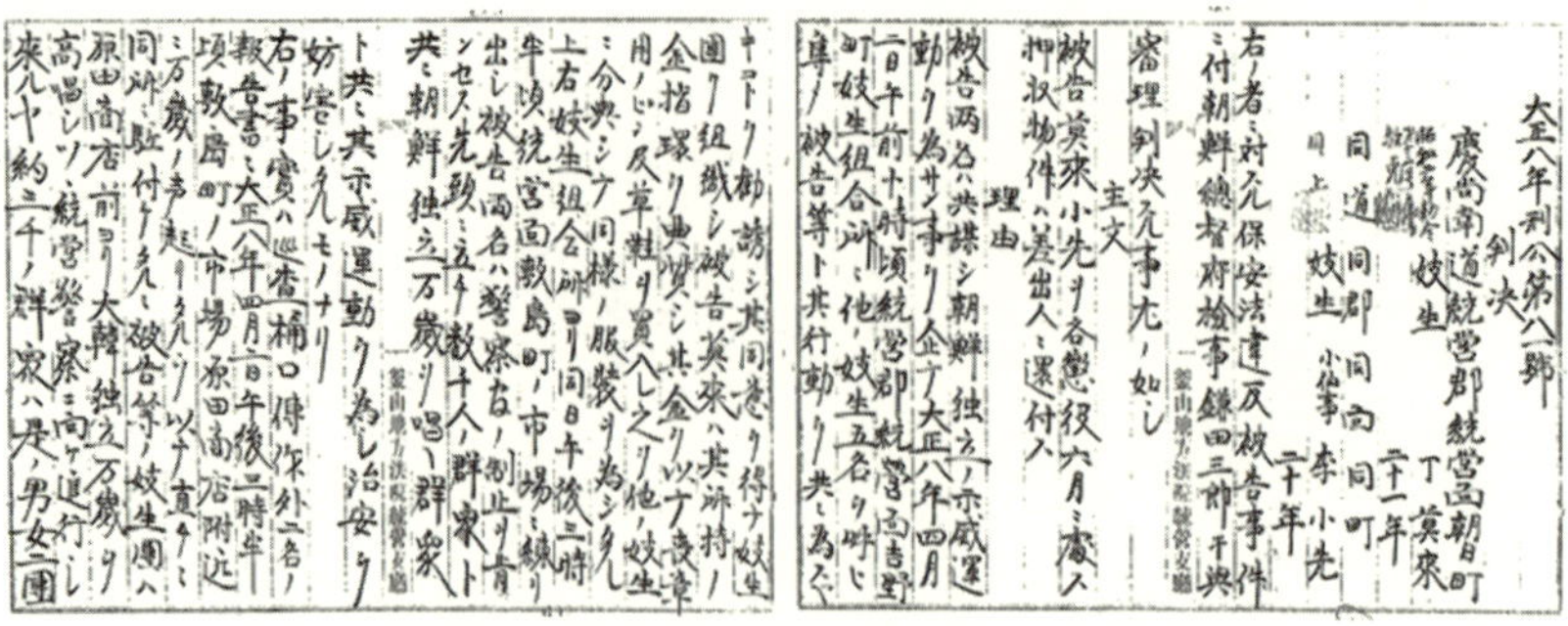
大正八年刑公第八一號
判決
慶尚南道統營郡統營面朝日町
妓生　丁莫來　二十一年
同道同郡同面同町
妓生　小仙事　李小先　二十年
右ノ者ニ対スル保安法違反被告事件
ニ付朝鮮総督府検事鎌田三郎干與
審理判決スル事左ノ如シ
主文
被告莫來小先ヲ各懲役六月ニ處ス
押収物件ハ差出人ニ還付ス
理由
被告両名ハ共謀シ朝鮮独立ノ示威運
動ヲ為サン事ヲ企テ大正八年四月
二日午前十一時頃統營郡統營面吉野
町妓生組合所ニ他ノ妓生五名ヲ呼ビ
集メ被告等ト共行動ヲ共ニ為スベ
キコトヲ勧誘シ其同意ヲ得テ妓生
團ヲ組織シ被告莫來ハ其所持ノ
金指環ヲ典質シ其金ヲ以テ喪章
用ノ巳ノ反草鞋ヲ買入レ之ヲ他ノ妓生
ニ分與シテ同様ノ服裝ヲ為シタル
上右妓生組合所ヨリ同日午後三時
半頃統營面敷島町ノ市場ニ繰リ
出シ被告両名ハ警察官ノ制止ヲ肯
ンセス先頭ニ立チ数十人ノ群衆ト
共ニ朝鮮独立万歳ヲ唱ヘ群衆
ト共ニ其示威運動ヲ為シ治安ヲ
妨害シタルモノナリ
右ノ事實ハ巡査樋口得作外二名ノ
報告書ニ大正八年四月二日午後二時半
頃敷島町ノ市場原田商店附近
ニ万歳ノ声起リタルヲ以テ直チニ
同所ニ駈付ケタルニ被告等ノ妓生團ハ
原田商店前ヨリ大韓独立万歳ヲ
高唱シツツ統營警察ニ向ケ進行シ
來ルヤ約二千ノ群衆ハ是ノ男女ニ團

図４　統営妓生に対する保安法違反判決文の一部（総４枚）
（国家記録院ホームページより引用）

も警察から生存を脅かすほどの脅迫や監視と統制を受けなければならなかった。

厳令により、京城にいる四妓生組合の妓生たちが酒席でよく不隠な思想を宣伝することがあり、鍾路警察署では先日妓生たちを全員呼んでそのようなことがないように説得し、もし今後このようなことがあれば絶対に許さず、処罰を受けるだけでなく妓生営業を禁止させると厳重に命令をしたところ、妓生たちはすぐそうすると恐れながら答えた。これを知ってか知らずかその翌日「大韓青年自決団」と「同愛国婦人団」の名前で妓生に不穏な文書数百枚を謄写版で刷って漢南、大正、新彰、漢城の四券番に送った者がいたが全員警察に探知され不穏文書は全部押収されたとのこと。
〈毎日申報　一九一九年一一月五日〉

朝鮮人の独立運動の状況と日本による武力弾圧は国際的に世論化し、統治方法に対する非難が溢れ始めた。武断政治の方式では朝鮮を統制することができないと判断した日本は一九二〇年代に入り、朝鮮人の新聞発行を許可するなど、いわゆる文化政治に転換した。

おわりに

日本による植民地化が進むにつれ、朝鮮の伝統芸術界は非常に大きな変革を経験する。それは、身分制度の改革及び官妓の解体、大衆を対象とした伝統芸術の商業的公演、近代文物の流入と産業化、組合及び券番への他律的な組織化などである。このような時代環境の急変の中で、妓生は伝統芸能を引き継ぐだけでなく、近代文化をいち早く吸収し、新しい芸術の土台を作り、伝統と近代文物の大衆化に寄与した存在でもあった。また、芸を専門とする職業女性として、男性が中心であった公演芸術の構造に女性単独、女性のみの公演文化を構築するのに大きな影響を与えた。

しかしながら妓生たちは賤民出身であり、娼妓と同じく廃止されなければならない存在という差別を受けて、芸人と娼妓の間で曖昧な位置のまま活動を展開していく。主業である芸を売る妓業活動だけでなく、社会問題と社会的弱者の問題に直接的・間接的に参与したり、支配勢力に対して抵抗したりするなど、具体的な行動を起こしてきた。また、政治的混乱期において、妓生たちは独立を願い一人の国民としての自覚を持ち、愛国活動に積極的に参加した。

この時期の妓生たちの社会的活動は、外的な環境の力に屈伏せず、時には変化に順応する、妓生たちのアイデンティティのための社会的表出であったと言えよう。そして、過去には見られなかった女性たちの社会に対する積極的な存在感の訴えであり、これまで阻害され抑圧されていた女性像から抜け出す努力とも読み取ることができよう。

最後に、朝鮮独立のために献身し、苦難を経た妓生たちに対する歴史的な報いは、二〇〇五年に発足した国家報勲処の「専門史料発掘・分析団」の活動により実現した。国家報勲処では韓国近代史、独立運動史など歴史学研究者を中心に植民地期の受刑者名簿、刑事事件簿、身分、仮出獄に関する資料、判決文など多様な公的証拠資料を通して世界各地で活動した独立運動家を探し出し、その子孫を通し褒賞している。(90)二〇一〇年八月一五日の光復六五周年には、三三八名の「独立有功者」のうち妓生であったムンウンスン氏、オクウンギョン氏、キムソンイル氏、イビョクト氏の四名が独立運動家として公式認定された。彼女らは一九一九年四月一日に二千余名の大規模群衆が参与した海州の独立万歳示威に参加した。示威を主導しているところを逮捕、投獄されたムンウンスン氏には建国褒章が授与され、共に民衆を導いて逮捕され苦難を味わった他三名には大統領表彰が授与された。韓国政府樹立以後二〇一〇年当時まで、独立有功者として褒賞を受けた者のうち、建国褒章は八八六名、大統領表彰は二一九八名であったが、そのうちに妓生が含まれているのである。

このように朝鮮の一部の妓生たちは、朝鮮の伝統芸術を現代まで伝承してきた人間文化財であり、自然災害・孤児・ホームレス・受刑者などを助けたり、助産婦養成所の支援、学校の設立などの女性教育及び人権を主張してきた社会事業家であり、女性人権運動家でもあった。そして、植民地前後、妓生に対する社会の認識が賤民から娼妓と同じような者として大きく歪曲され始めたが、独立運動家として誰よりも前で命を懸けて戦った姿は、新女性の先駆者であったとも言えるのではないだろうか。

第七章　注

（1）広辞苑による。

（2）金東旭「キーセン」（『新版　韓国朝鮮を知る辞典』平凡社、二〇一四年）八九～九〇頁。

（3）バンダル（반달）によれば本来、王の前で歌舞や様々な才芸を見せるという意味であったが、次第に宮中の享宴の際に公演される全ての歌舞を指す言葉として使われるようになった（同「朝鮮後期宮中呈才と教坊呈才の相互連関性研究」中央大学校大学院修士論文、二〇〇六年、六頁）。
（4）シンソニ（신선희）「韓国宮中儀礼の劇場空間研究」（中央大学校大学院博士論文、二〇〇三年）一八一頁、パクセジン（박세진）「宮中宴享飲食文化に現れた餅の位相に関する研究」（梨花女子大学校国際大学院修士論文、二〇一〇年）二四頁。
（5）朝鮮時代に宮中の医薬を担当した官庁。
（6）朝鮮時代に医薬と一般市民の治療を担当した官庁。
（7）高麗・朝鮮時代において国家の政務を担当した六つの官府のうちの一つ。
（8）朝鮮時代に国王や王妃の衣装を作り、宝物や国宝などを担当した官庁。
（9）朝鮮時代の賤民には白丁、巫堂、広大（大道芸人のような者）、喪輿を担ぐ者、妓生、工匠などがある。
（10）官庁で妓生の名前を記録した名簿。
（11）掌楽院が縮小され、一八九五年に掌礼院に、二年後には教坊司となり一九〇七年に掌楽課となった。
（12）孫禎睦「開港期韓国居留日本人の職業と売春業、借金業」（『韓国学報』一八、一九八〇年）、「日帝下の売春業—私娼と公娼」（『都市行政研究』三、一九八八年）。
（13）山下英愛「韓国近代の公娼制度の実施に関する研究」（梨花女子大学校修士論文、一九九一年）。
（14）宋連玉「大韓帝国期の〈妓生団束令〉〈娼妓団束令〉—日帝植民化と公娼制導入の準備過程—」（『韓国史論』四〇、一九九八年）。
（15）カンジョンスク（강정숙）「大韓帝国日帝初期ソウルの売春業と公娼制度の導入」（『ソウル学研究』一一、一九九八年）。
（16）クォンドヒ（권도희）「二〇世紀妓生の音楽社会史的研究」（『韓国音楽研究』二九、二〇〇一年）、クォンドヒ「一九世紀女性音楽界の構図」（『東洋音楽』二四、二〇〇二年）、キムヨンヒ（김영희）「『藝壇一百人』記事の中の妓生に対する研究」（『韓国舞踊教育学会誌』一〇—二、一九九九年）、ソジヨン（서지영）「表象、ジェンダー、植民主義：帝国男性が見た朝鮮の妓生」（『アジア女性研究』四八—二、二〇〇九年）。
（17）藤永壮「植民地朝鮮における公娼制度の確立過程」（『二十世紀研究』五、二〇〇四年）。
（18）許娟姫「韓国券番成立過程の導入期に関する研究」（『人間文化論叢』八、二〇〇五年）。
（19）川村湊『妓生「もの言う花」の文化誌』（作品社、二〇〇一年）。

(20) 李能和『朝鮮解語史』(東洋書院、一九二七年)。
(21) ソジヨン「植民地時代妓生研究（二）—妓生組合の性格を中心に」(『韓国古典女性文学研究』一〇、二〇〇五年)、クォンドヒ「二〇世紀官妓と三牌」(『女性文学研究』一六、二〇〇六年)。
(22) ファンミヨン(황미연)「日帝強占期妓生の社会的活動とその歴史的意味」(『民俗学研究』二八、二〇一一年)。
(23) パクエギョン(박애경)「妓生を眺める近代の視線—近代初期新聞媒体に現れた妓生関連記事を中心に」(『韓国古典女性文学研究』二四、二〇一二年)。
(24) 皇城新聞、一九〇二年一二月四日。
(25) キムヨンヒ『開花期大衆芸術の花　妓生』(民俗院、二〇〇六年)一四~一五頁。
(26) 官妓とは異なり一般社会に存在した賤民音楽集団のことを指す。
(27) アンソンヒ(안선희)「券番女妓教育研究」(淑明女子大学校大学院修士論文、二〇〇五年)一四頁。
(28) ソジヨン「植民地時代の妓生研究（一）」(『精神文化研究』二八—二、二〇〇五年)。
(29) ベクトゥサン(백두산)「近代初期ソウル地域劇場文化の形成過程研究」(ソウル大学校大学院博士論文、二〇一七年)。
(30) 大韓毎日申報、一九〇八年二月一九日。
(31) チュヨンハ(주영하)「朝鮮料理屋の誕生：アンスンファンと名月館」(『東洋学』五〇、二〇一一年)一四一頁。
(32) 名月館の本店として一九一五年一月に設立された。毎日申報、一九一五年一月三日。
(33) イジョンノ(이정노)「日帝強占期ソウル地域の妓生の料理店の活動と踊りの演行方式」(『韓国文化研究』二九、二〇一五年)一二三頁。
(34) 韓国精神文化編『韓国留聲器音盤目録』(民俗院、一九九八年)一七~一八頁。
(35) 『純宗実録』二巻、一九〇八年八月二七日。
(36) 大韓毎日申報国漢文版、一九〇八年九月一六日。
(37) 「妓生団束令」一九〇八年九月二五日、警視庁令五号。
(38) 『書類綴』五二~五七頁。
(39) 『書類綴』「妓生及娼妓団束令施行心得」と「取締規則」五八~六五頁。
(40) これまで妓生組合や券番組織に対する内容は音楽社会、舞踊楽、文学などの研究で少しずつ扱われてはきたが、妓生組合の嚆矢及び変遷史に関する研究が本格的に登場し始めるのは二〇〇〇年代に入ってからである。

(41) クォンドヒ「二〇世紀妓生の音楽社会的研究」「二〇世紀前半期の民俗楽界形成に関する音楽社会的研究」（ソウル大学校大学院博士論文、二〇〇三年）。
(42) イジェオク（이제옥）「一九三〇年代の妓生の音楽活動の考察」（『韓国音楽史学報』第三〇集、韓国音楽史学会、二〇〇四年）五九六〜五九八頁。
(43) チャンユジョン（장유정）「二〇世紀初妓生制度研究」（『韓国古典女性文学研究』韓国古典女性文学会、二〇〇四年）一〇一〜一〇二頁。
(44) チャンユジョンは、ノドンウン（노동은『韓国近代音楽史』ハンギル社、一九九六年、五四七〜五六〇頁）は妓生組合と娼妓組合を統一したものとして認識しており、京城遊女組合と漢城娼妓組合から妓生組合が作られたように論じているだけでなく、妓生たちの旅行証と請願書を娼妓たちのものと混同して論じているという間違いを指摘している。しかしこれ以外にも他の性格を持った妓生組合と娼妓組合を概念的に区別しなかったり（ファンボミョン（황보명）「植民地権力による体の統制」（『生活文物研究』一五、二〇〇四年、八九〜九六頁）、これにより妓生組合の公演活動を娼妓組合の活動として間違えて述べている事例（ファンミヨン「全羅北道券番の運営と妓生の活動を通した植民地近代性の研究」全北大学校博士論文、二〇一〇年、五八頁）などが少なからず発見され、まだこのような誤謬が後続の研究にも反復して再生産されているのが実情である。
(45) ソジヨン「植民地時代の妓生研究（Ⅰ）—妓生集団の近代的再編様相を中心に」（『大同文化研究』五三、成均館大学校東アジア学術院、二〇〇六年）。
(46) 川村湊著、ユジェスン（유재순）訳『妓生「もの言う花」の文化誌』（ソダム出版社、二〇〇一年）一六九頁。
(47) クォンドヒ（二〇〇一年、前掲）三三五頁。
(48) クォンドヒ（二〇〇三年、前掲）一三五頁。
(49) チャンユジョン（二〇〇四年、前掲）一一八頁。
(50) パクエギョン「妓生を見つめる近代の視線—近代初期新聞媒体に現れた妓生関連記事を中心に」（『韓国古典女性文学研究』二四、二〇一二年）三三四頁。
(51) チャンユジョン（二〇〇四年、前掲）一一七頁。
(52) キムヨンヒ（二〇〇六年、前掲）二六頁。
(53) 大韓毎日申報、一九〇九年四月一五日、官妓たちは妓生団束令発令以前である一九〇七年と一九〇八年にかけて何度か慈善演奏会を開いたが、官妓集団としての最後の公演も京城孤児院のための慈善演奏会であった（大韓毎日申報、一九〇八年七月一三日）。
(54)『妓生及娼妓ニ関スル書類綴』のうち妓生団束令発令直前「官妓参考ノ件」の一頁を見ると、当時宮中の官妓は月給をもらっている薬房妓生六名、尚房妓生一名、そして月給をもらっていない妓生が約一〇〇名であると記録されており、三頁目の官妓の名前、年齢、住所、妓夫の名前、所属管轄警察署などの名簿を見ると、東署二名、西署一六名、中署一四名、南署五七名で八九名の官妓がいたことを確認することができる。
(55)大韓毎日申報、一九〇九年一〇月二二日。
(56)大韓民報、一九一〇年二月二二日。
(57)大韓毎日申報、一九一〇年四月九日。
(58)毎日申報、一九一一年一〇月三日。
(59)毎日申報、一九一二年二月七日。
(60)官妓のなかで京妓は妓夫がいたため有夫妓と呼ばれ、地方の郷妓（外方妓）は妓夫がいないため無夫妓と呼んだ。
(61)毎日申報、一九一八年一月二七日。
(62)キムヨンヒ（二〇〇六年、前掲）一六五頁。
(63)漢南妓生組合が漢南券番になった後の毎日申報一九一七年一一月二八日の記事に「本券番が一九一七年二月に創立したあらゆる新旧歌舞を懸命に練習（後略）」とあるが、これを見ると漢南券番という名称は一九一七年七月二八日に許可されており、二月の創立当時は漢南妓生組合であったことが分かる。
(64)毎日申報、一九一七年八月二日。
(65)毎日申報、一九一七年一一月九日。
(66)毎日申報、一九一四年二月一五日「藝檀一百人」。
(67)チャンユジョン（二〇〇四年、前掲）一一二頁。
(68)毎日申報、一九一九年一一月九日。
(69)毎日申報、一九一九年一二月九日の記事のことを指す。
(70)毎日申報、一九一九年一二月九日。
(71)一九〇七年一月三一日、大邱の廣文社会長金光済と副会長徐相敦などが、一三〇〇万ファンを国民の力で償還しようと

「國債一千三百萬圜報償趣旨書」を投稿し、当時「大韓毎日申報」「皇城新聞」「帝国新聞」「万歳報」「大同報」など言論機関が積極的に支援し、咸鏡北道から済州島に至るまで全国の各界階層の人々が賛同した愛国運動。
(72) 大韓毎日申報、一九〇七年四月五日。
(73) 大韓毎日申報、一九〇七年三月二六日。
(74) 李尚根「国債報償運動に関する研究」(『国史館論叢』第一八集、一九九〇年) 一七～一九頁。
(75) 望哭とは遠い所で王や両親が死去した場合、その場所に行くことができないため、その方を向いて悲しみ泣くことを意味する。
(76) 毎日申報、一九一九年一月二四日。
(77) 毎日申報、一九一九年一月二七日。
(78) 毎日申報、一九一九年一月二九日。
(79) イヒョニ (이현희)『韓国近代女性開花史』(イウ出版社、一九七八年) 二四八頁。
(80) 京畿道史編纂委員会『京畿道抗日独立運動史』(京畿道史編纂委員会、一九九五年) 八一九頁。
(81) 毎日申報、一九一九年四月三日。
(82) パクソクブン (박석분)・パクウンボン (박은봉)『人物女性史―韓国編』(セナル、一九九四年) 五八頁。
(83) チョンヨソプ (정요섭)『韓国女性運動史』(一潮閣、一九七四年) 五八頁。
(84) 毎日申報、一九一九年三月三一日。
(85) パクソクブン・パクウンボン (一九九四年、前掲) 五六～五七頁。
(86) チョンヨソプ (一九七四年、前掲) 九一頁、毎日申報、一九一九年四月二四日「統営騒擾妓生　懲役六箇月―釜山の騒擾公判」。
(87) 毎日申報、一九一九年六月二〇日「騒擾妓生　公判」。
(88) 独立運動史編纂委員会『独立運動史』二巻 (一九七一年) 一六九頁。
(89) 統営妓生に対する保安法違反判決文が二〇〇八年二月に韓国行政安全部国家記録院により公開された。
(90) 独立運動で功績を納めた人物に対し、建国勲章として大韓民国章、大統領章、独立章、愛国章、愛族章の五等級の勲章及び建国褒章、大統領表彰などを授与している。

第八章　明治大正期の樺太・サハリンにおける公娼と半公娼

井潤　裕

はじめに

札幌市の都心部には狸小路というアーケード商店街がある。札幌在住歴の長い人ならば、「狸小路はポンポコシャンゼリゼ」というコミカルなＣＭソングを覚えていることだろう。現在でも人気の観光スポットの一つであり、アジア各国から多数の観光客が訪れている。この狸小路の「狸」とは、実は私娼をさす隠語であった。越野武によれば、「〔狸小路界隈で〕町屋が建ちはじめるのとほとんど同時」、一八七三年頃には「狸小路の称が聞かれ、通り名の由来となった『狸』つまり私娼が出没しはじめた」[1]。

札幌には歓楽街として全国的な知名度を有するススキノがあり、その発祥が公設薄野遊廓であったことも広く知られている。それとは対照的に、この狸小路が私娼街であったことはほぼタブー視され、少なくとも表立って語られることはほとんどない[2]。この狸小路にかぎらず、北海道では、函館・小樽・旭川・根室など各地に多数の花街・遊廓が存在した。樺太においてもそれは同様である。だが、〈ススキノ以降・ススキノ以北〉の花街・遊廓については、

（本書の序章で今西一も指摘するように）きわめて断片的な知見が散見されるのみである。とくに樺太については、遊廓の沿革や法制度などの基本的な情報すら明らかにされてこなかった。本章はこうした事情を背景として、日露戦争後の樺太と、一九二〇年から二五年まで日本の軍政下にあった北サハリンにおける管理売買春制度とその実態を整理概括するものである。

公娼・私娼・半公娼

まず章題にあげた「半公娼」なる語について、説明を加えておく必要があろう。樺太における売買春業は、北海道などと同様、①貸座敷における娼妓と、②料理屋における芸妓・酌婦の二種に大別することができる。このうち、本来の公娼（法によって認可された娼婦）は貸座敷の娼妓のみであり、「字義からいへば、娼妓に非ずして売笑を為す者は渾て私娼」である。[3] この「私娼を置いて居る営業者の表面の業態は　概ね料理店及飲食店であって　稀に宿屋・席貸業・喫茶店もあるが、其の何れにしても世間体は飽くまで正業を標榜して居る」にすぎない。[4] つまり、①は公娼、②は私娼となる。しかし、後述するように、大正初期の樺太においては本来の公娼にあたる貸座敷と娼妓が消滅し、料理屋の芸妓・酌婦が、あたかも公娼のように扱われていた。

事実、樺太の芸妓・酌婦は当初より公娼である娼妓とほぼ同様の扱いを受けていた。すなわち、彼女たちは一般的な娼妓と同様に、役所に届け出を出して鑑札を受け、毎月の売り上げから税を払い、かつ健康診断と称する検黴を受診する必要があった。両者の違いは、娼妓が貸座敷指定地以外に居住できないのに対し、芸妓・酌婦にはその制限がないことである。ゆえに、大正期の樺太では、この両者を公娼・私娼と分類しておらず、前者は貸座敷に集められた「集娼制」、後者は市街地に分散した「散娼制」と称されていた。

こうした事情に鑑み、本章では貸座敷や娼妓とともに、芸妓・酌婦とその抱え主となっていた料理屋に焦点をあて、樺太の芸妓と酌婦をあえて「半公娼」と位置づけて論じている。だが、筆者もこの半公娼という呼称が最適と考えているわけではない。ただ近年の関連研究では公娼制や廃娼運動にその力点が置かれ、私娼・街娼・芸妓・酌婦などに関しては実態解明が十分とはいいがたいため、総体的な比較検証は難しい。この点については、今後の研究の進捗とともに、相応しい歴史的位置づけがなされることを期待したい。

本章の内容は以下の通りである。まず、第一節では、黎明期の樺太における公娼・半公娼の法制度と実態を明らかにする。第二節では、樺太とその周辺領域で展開した半公娼の実態を点描する。第三節では、一九二〇年にはじまる北サハリンの軍事占領（保障占領）期における半公娼制の概況を論じる。第四節では、大正後期の南樺太における公娼・半公娼の拡大について述べていく。

一　黎明期の樺太における公娼・半公娼

樺太民政署期の法制度

まずは樺太庁設置以前の、軍政期における公娼制の成立事情を概括しておこう。日露戦争の最末期である一九〇五年七月、日本はサハリン島へ第一三独立師団を送り、同島を武力制圧した。その後ポーツマス講和条約によって同島の北緯五〇度以南が日本に譲渡され、樺太と呼ばれることとなった。同地に公式の行政機関である樺太庁が設置されるのは一九〇七年四月一日であり、それ以前は同地に駐屯した樺太守備隊と、軍に民政を委託された樺太民政署が経営統治の責を担っていた。樺太庁設置以前の樺太の市街地はコルサコフ（一九〇八年に大泊に改称）・ウラジミロフカ（豊原）・マウカ（真岡）の三カ所であり、コルサコフに民政署本署が、残る二カ所に支署が置かれた。[5]

樺太庁設置以前の樺太における公娼・半公娼制度は、以下の四つの法令によって制度化されていた。（一）支署令第六号「貸座敷及娼妓取締規則」、(二) 支署告示第五号「芸妓並に宿屋料理屋及飲食店の雇婦女に関する件」、(三) 軍令第三四号「宿屋営業取締規則」、(四) 軍令第三五号「料理屋及飲食店営業取締規則」である。(一)(二)は、占領直後の一九〇五年九月九日付で、(三)(四)はやや遅れて一九〇六年二月二一日付で公布施行された。

これらの規則の特質を順に見ていこう。まず(一)「貸座敷及娼妓取締規則」は、三章二六条で構成され、内地における同名の規則にほぼならったものであった。すなわち、指定地域のみで貸座敷営業を許可し(第一条)、遊客人名簿の記載などを義務づけていた(第七条)。娼妓については、支署に置かれた娼妓名簿への登録(第一三条)、登録証票の携行(第一五条)、健康診断の受診(第二一条)、貸座敷指定地域内での居住(第一七・一八条)を義務づけていた。[6] 注目すべきは、第一二条によって、名簿に登録された娼妓以外の者が「娼妓稼」をなすことは禁止されている点である。ゆえに、娼妓以外の売買春営業は厳密には違法行為であった。ただし、この娼妓稼の何たるかは条文では定義されていない。

次に、(二)「芸妓並に宿屋料理屋及飲食店の雇婦女に関する件」は、樺太における公娼・半公娼の特質の一つといえるものである。この告示の第二条により、芸妓・酌婦のみならず当該店舗の女性従業員全般が、健康診断の受診と、健康証書の携帯を義務づけられた。さらに、第六条では、支庁長が必要と認めた場合は「一般婦女に対し健康診断を施行する」ことを定めた。[7] 娼妓以外の女性に対して実質的な検黴を義務づけた先行事例としては、一八九四年に公娼制度の廃止を断行した群馬県の例がある。群馬県では公娼廃止後に「だるま屋」と呼ばれた私娼営業が猖獗を極めることになったため、芸妓に対しても健康診断を義務づけていた。ただし、樺太の場合は、芸妓以外の女性にまでひろく健康診断を命じた点がやや異なっていた。

(三)「宿屋営業取締規則」と(四)「料理屋及飲食店営業取締規則」は、国内における同種の法令を踏襲したものであり、樺太における特色として特筆すべき項目はない。また、これらの規則では料理屋と飲食店を何によって分けるのかも明確にされず、売買春行為についての言及もない。

これらの規則により、これらの営業には高額の免許料が課されていた。（一）により定められた貸座敷営業免許料は一〇円、娼妓名簿登録料は三円で、[8]料理屋・芸妓の営業免許料は支署告示第二号によって、料理屋業は五円、飲食店は三円、芸妓は五円と定められた。[9]

黎明期樺太における公娼・半公娼の営業実態

樺太領有初年の（一九〇五年）末における営業者の数は「料理屋業一四、貸座敷業二、芸妓二一、娼妓二、飲食店一一」と報告されていた。[10]すでに、料理屋と飲食店という珍妙な区分がなされていた。（その定義は明文化されていないものの、今西一によれば、芸妓を抱えられるのが料理屋で、抱えられないのが飲食店であるという。）

翌一九〇六年八月の時点では、コルサコフで貸座敷六・芸妓六一・娼妓二一、ウラジミロフカで芸妓一〇、マウカで芸妓二四が登録されていた。[11]こうしたコルサコフの遊廓地は「絃声湧くが如き不夜城の巷」たる梅ヶ枝町であり、福島楼、三浦屋、丸吉、丸梅、山形屋、金剛楼などがあった。[12]同年に作製されたコルサコフの地図では、遊廓指定地とされた梅ヶ枝町に貸座敷六軒が記載されている。「丸大支店福島楼（二棟）」「丸梅　岩内　第三支店」「丸吉」「山四　貸座敷山形楼」「丸川第二支店　貸座敷三浦屋」である。また、料理屋四軒、宿屋三軒も確認できる。料理屋の多くは栄町および本町大通界隈で開業していた。「定席　いろは亭」「和洋御料理旅館　樺太館」「旅人宿北見館」「和洋御料理　丸尾」「和洋御料理　丸北　占領亭」「一久　菓子商旅人宿　兵庫や」「山仙　旅館　陸奥館」である。[13]のちに大泊で第一の旗亭となったのは岡野家だが、半田午吉の回想によれば、当時の岡野家は「丸太で造って天井も張ってない、隙間には新聞紙を張る」ようなバラックであった。ゆえに、店の格からいえば「中の上」というべき存在であったが、[14]幾代や第一亭などの上流店が引き揚げたこともあり、一九〇八年には「岡野屋は絃妓十数を抱へ、独占の姿あり」と称されるようになっていた[15]。

ウラジミロフカには「料理屋飲食店合して二六戸」があり、主なものとして精養軒、東洋亭、喜楽亭、蛭子亭の名が前掲『樺太案内 全』に記されている[16]。同地を代表する料理屋は幸亭であった。その女将である伊藤カツは女性ながら樺太での立志伝中の人物として知られていた。彼女は、もとは東洋亭の抱え芸妓『お幸』であったが、一九〇七年に独立創業し幸亭を立ち上げた。当初は、ウラジミロフカ旧市街地の「ロシヤ人の牛舎の壊れたものを借りて、其の場へ筵を敷いて」店舗にしていたが[17]、軍人や役人に多くの贔屓を得て旗亭の筆頭にあがるようになった。

『樺太案内 全』によると、西海岸の拠点市街地マウカの遊廓指定地・春雨町には五二戸があった。その筆頭に挙げられていたのは「稚内【にある遊廓】の支店丸萬」で、この他に百足屋、曙、山中屋などの名があがっていた[18]。一九〇七年作成のマウカ市街地図によれば、春雨町にはのべ二八名の地権者がおり、特筆すべきはそのうち一二名が女性名となっていることである（他の地区は圧倒的に男性の比率が高い）。同地図上には「明ぼの」「中谷」「丸萬」「丸メ」「丸美」の屋号が記されている。さらに、同地図の広告欄によれば、丸萬の本店は稚内本通にあり、さらに菫町にて「和洋御料理　北進館」も経営していた。これと同様に、丸メと明ぼのもまた、菫町に支店となる料理店を経営していた[19]。つまり、比較的規模の大きな業者は、貸座敷と料理店を併行して経営していた。

樺太庁期における法制度

一九〇七年四月一日に樺太庁が成立し、前述の諸法令に代わって、新たに施行された庁令第一六号「貸座敷及娼妓取締規則」、庁令第一四号「料理屋及飲食店営業取締規則」、第一五号「芸妓及酌婦取締規則」が同日付で公布・施行された。

このうち、貸座敷と娼妓に関しては、やはり内地で施行された同規則を準用したもので、前述の取締規則と比較して大きな変更点は認められない。一方、新たに定められた「芸妓酌婦取締規則」では、芸妓・酌婦となる者は支庁長に届け出て許可証を受領すること（第一条）、支庁長が必要と認めた場合は健康診断書を提出すること（第七条）が義務づけられた。[20]とくに同条項は、実質的には「検黴の義務」として機能していた。さらに、第八条第一項では、所轄支庁長が風俗または衛生上必要と認めた場合、使用人の健康診断書の提出を命じることができると定められていた。[21]つまり、前節で論じた「一般婦女に対する健康診断」を命じた支署令第五号の第六条は、形を変えて踏襲されていたのである。

谷口英三郎は、「芸娼妓酌婦等の健康診断に就いては　当局者は占領と共に直ちに励行の方針を持続して　以て今日に至れり」とその著書のなかで現状を述べ、この措置を、以下のように弁護している。曰く、「公娼ではない者にまで健康診断を行うのは非文明的である」という批判に対し、それは「樺太の実情に通じていない者の観察であり、芸妓・酌婦は「娼妓と何ら撰ぶ所なく」「病毒の媒介機関」なのだと。[22]法規上においては、娼妓と芸妓・酌婦には明確な違いがある。しかし、谷口の言にみるように「芸妓や酌婦も、娼妓と同様である」という「常識」は強固であり、その常識が、芸妓・酌婦による半公娼制には不可欠であった。

このほか、娼妓と芸妓・酌婦の相違点は、前述のように、居住地の制限が前者にのみ課されたことであった。貸座敷の営業地域については、一九〇七年四月一日の庁告示第五号により定められた。具体的には、ウラジミロフカでは、市街地の北西端にあたる「西六条西側及西七条南二丁目及南三丁目」、コルサコフでは旧クシュンコタンに近い「コルサコフ　梅ヶ枝町二丁目、三丁目、四丁目」、マウカでは市街地南端の「春雨町」であり、いずれも市街地の端部であった。[23]他方「料理屋及飲食店営業取締規則」では、特に立地には制限が課されなかったため、いずれの市街地でも、ほぼ中心部に料理屋の並ぶ歓楽街が形成された。つまり、料理屋の方が貸座敷よりも、地理的条件においてはるかに有利であった。

樺太庁もまた、貸座敷と料理屋に改めて高額の営業税を課した。一九〇七年の課税額は、貸座敷が年額一二円、料理屋は一等で年額三〇円、最下等の五等でも年額一二円、飲食店は一等が年額一〇円、最下等の四等で年額三円であった[24]。料理屋は高利益の商売とみなされており、一九一一年に改訂された課税額では、料理店業は一等で年額七〇円、最下等の八等でも年額一二円となっており、特に高級料理店への課税額が倍額以上にはねあがっていた[25]。また貸座敷には「租税賦課徴収細則」第一〇条により、自家で調理した飲食物を提供している場合は料理店業税を併せて賦課されたため、立地条件とともに、この点も料理屋より不利であった[26]。娼妓・芸妓・酌婦への営業税をみると、芸妓は月額二円（一四歳以下は一円）で、娼妓と酌婦は月額一円であった[27]。

黎明期における貸座敷の消滅

さて、樺太の管理売春制度における特徴は、公娼が一度消滅しているという点である。これは群馬県などのように廃娼運動の結果ではなく、すべての貸座敷が転廃業したための自然消滅であった。真岡では一九一〇年二月に[28]、大泊では一九一一年中に、豊原でも一九一二年一一月に[29]、娼妓が消え、貸座敷は消滅していた。『樺太日日新聞』によれば「本島の実情に比較的適合する遊廓類似な料理店の為めに自然圧倒さるゝ結果」であり、貸座敷の消滅は競争に敗れた結果と認識されていた[30]。秋山審五郎は一九〇九年ころの花柳界を「大に消沈の常態に陥れり」とした後、特に大泊（コルサコフ）は、樺太庁が一九〇八年八月にウラジミロフカ（豊原）へ移転したこともあり「多大の寂寞を来たした」としている。とりわけ遊廓地の梅ヶ枝町には「現今は丸吉楼、山形楼の二」棟が残るのみだといら。他方、ウラジミロフカは豊原と名を変え、樺太庁も移転してきて「大に面目を更めたるも　一般の不況にて盛況を呈せず」という。マウカが名を改めた真岡も、「同地の不漁と共に振はず　丸万、明ぼの等僅かに絃声を絶ざるのみ、遊郭も亦頗る寂寞を極むと云ふ」[31]。参考までに表1に娼妓検黴成績を付す。

表１　樺太における娼妓検黴成績
［受検者延人員（有病者）単位：人］

	豊原支庁	大泊支庁	真岡支庁	合計
1908	（芸妓酌婦と合算記載のため、不明）			1,527（189）
1909	32（2）	613（38）	185（2）	831（42）
1910	239（3）	175（4）	12（0）	426（7）
1911	252（2）	66（0）		318（2）
1912	221（4）			221（4）

樺太庁編『樺太庁治一般 第二回〜第五回』（樺太庁・1910〜1913年）より作成。

このような不況下において貸座敷と料理屋との競争となれば、条件的に不利な貸座敷が衰微するのは必然であった。かくて、樺太の遊廓は一度消滅したのである。この後、料理屋の芸妓・酌婦が一九二〇年まで唯一の業態となり、散娼制度と称して是認されることとなった。このように、私娼との競争に敗れた公娼が完全に淘汰されるのはやはり異例であり、特筆すべき事例であろう。

二　北辺地域における公娼・半公娼的業態の展開

こうした半公娼的業態は、むろん樺太において突如として生起したものではない。料理屋による売買春営業とその黙認という状況は、帝国北辺の各地で見られ、樺太の周辺地域ではむしろ一般的な現象でさえあった。特に道北の小市街地においては、貸座敷指定地が限定されていたこともあり、料理屋による売買春業が常態化していた。ここでは樺太のほか、北海道北部・ロシア極東における実例をあげよう。

樺太における半公娼

大正前期の樺太は、基幹産業となる大泊・泊居・豊原・真岡・落合の製紙・パルプ工場が各地に建設され、急速な発展をみせていく。まず、これらの工場建設工事により各市街地には多数の建設作業員が流入した。また、第一次大戦により欧州からのパルプ輸入が途絶したため、樺太産パルプの需要は高騰し、工場のある市街地にパルプマネーの恩恵が舞い込んだ。この大戦景気を背景に、売買春営業も拡大の一途をたどった。『樺太日日新聞』によると、一九一六年四月ころにおける樺太全島の「料理店兼曖昧屋」の数は二三〇軒で、芸妓二四〇名、酌婦五六五名であった(32)。

一九一六年四～五月に『樺太日日新聞』紙上で一七回連載された、天海生による「樺太売笑婦の研究」は、「樺太が集娼制【公娼】を採らずして依然散娼制【半公娼】を固執して居るのを大なる見識として賛する」とし、半公娼制を全面的に支持していた。これによると、独身男性の比率が高い樺太への移民者が必要とするのは「共棲み共稼ぎの出来る肌合の女」であり、「女郎は形式に流れ過ぎて居て　兎角に馴染みが悪い」のに対し、「酌婦は其遊びが簡易で　一切形式に拘泥せぬから　馴れ易すく親しみ易く　又真に打解け易い」としている(33)。それゆえ「集娼制度の女郎は人妻になり悪くして　散娼制度の芸酌婦は人妻になり易い」とし、さらに樺太で「人妻の前半生を調査して見ると、少なくとも十分の七は」芸酌婦であったことを強調していた(34)。なぜ芸妓・酌婦の方が娼妓よりも人妻になりやすいかは不明であり、彼の議論はやや論理性に欠け、理解しがたいが、いわゆる身請けの料金が安かったのかもしれないとも思われる。

このような「出逢いの場」としての料理屋の状況は、『北海タイムス』の新聞記者・河合裸石の『薩哈嗹の旅』と題した紀行文でもみることができる。ここでは彼が樺太大泊の花柳界について論じた部分に注目したい。曰く、「淪落の女は栄町、旭町、本町などの所謂料理屋の暖簾を下げた家に必ず四五人宛群をなして」おり、「荒んだ皮膚の色や濁った眼には少しの艶めかしい匂ひがなく『捨て鉢の女』らしい所があった」という。彼女たちの中でも「少しく渋皮のむけた女は直ぐ身請けされて、医者の奥さんになったり、宿屋の内儀さんになったり、パルプ会社員の妻になったりする」ことがあり、「千円から二千円位で身請けの相談が成立する」という。その一方で、「職工や漁夫の女房になる女は、僅か五十円か百円で身請けされる」と、女性たちの行く末について論じている。[35] 河合は「或るパルプ会社の職工」の証言として、「白首【娼婦のこと】程安いものはありません、五十円も出せば箪笥や鏡台や柳行李や茶箪笥の果てまで持って来て嬶《かかあ》になって呉れます。可厭《いや》になれば何時でも棄てる迄です。白首程調法なものはありません」としていた。[36]

こうして「棄てられた嬶」は、結局はふたたび酌婦となり、『捨て鉢の女』の風情を漂わせるようになるというのが、河合の観察であった。確かに、当時の樺太にとっての散娼制度は、何らかの事情や曰くを抱えて樺太へ渡ってきた独身男性たちにとって、格好の「出逢いの場」となっていたかもしれない。ただ、そこには「金で買われた女房」という関係性があり、天海生が美談に仕立てたような「共棲み共稼ぎの出来る肌合の女」ではなかったと思われる。

北海道北部の公娼・半公娼

北海道北部については、やや時代は下るが、渡部一英『北海道及花街』により、一九二五年頃の貸座敷・料理屋の展開状況を確認することができる。ここから道北地域における「花柳界」の概況を摘記すると、【名寄町】料理店組合加盟者二一軒・本玉二四名・半玉六名・酌婦五〇名、【稚内町】貸座敷五軒・料理屋組合数一七軒・芸妓三二名・酌婦約四〇名、【士別町】料理店一七軒・芸妓一五名・酌婦約三〇名、【留萌町】貸座敷九軒・料理屋一一軒・見番二軒、【増毛町】貸座敷三軒・料理屋一六軒などであった。[37] 北海道で貸座敷所在地は六二カ所をかぞえ、枝幸・鬼脇・鴛泊・香深・船泊・羽幌・苫前・鬼鹿・焼尻にも貸座敷が設けられていた。[38] さらに「北海道の新興地で貸座敷の無い所では、芸妓並びに酌婦の数が頗る多い事実」があると総括され、「他の業種と比較しても、料理店が一番高い税率を課せられ」、その「新陳代謝は甚し」く、「料理店位割に合はぬ営業は無いやうに思はれる」とも述べている。[39]

次にあげるのは、日露戦争直前における利尻島の例である。一九〇二年度における利尻郡仙法志村の概況報告では、同村は創建して日が浅いため、村民たちが「悪臭醜俗」に染まり、「夏期漁業の収穫あるに会せば　部内三四の料理店飲食店に於て密売淫の多き」状況にあったという。一方で、村役場はこの「密淫売」からしっかり税金を徴収しており、同年度の地方税収入には芸妓税計一〇四円が記録されていた。[40]さらに翌一九〇三年の報告書でも、「密売淫は毎年漁期料理店飲食店に於て行はれ　遊郭なく且警察の取締なきが為　年々猖獗」と慨嘆まじりに報告される一方、芸妓税の計一二八円のうち、九四円が滞納状態にあったという。[41]

このように、北海道北部地域には、漁業および林業で季節労働にあたる男たちをめあてにした花街が形成されていた。指定地がないために貸座敷のおけない利尻島・名寄・士別などでは、芸妓・酌婦がその担い手になっていた。また、貸座敷指定地でも、たとえば増毛のように、料理屋が繁盛して貸座敷の衰退を招く状況が見られた。[42]ただし、北海道では、樺太のように貸座敷が完全に撤退した例はなく、娼妓以外の女性に対する検黴もおこなわれていなかった。[43]

露領沿海州・北サハリンにおける曖昧屋・料理屋

一九一八年八月、枢密院議長（山県有朋）の秘書官であった入江貫一らの一行は、北サハリンの中心市街地であるアレクサンドロフスク（亜港）へ赴き、亜港を代表する商人の一人である高村権次郎の手配によって、北サハリンの要地を視察した。この時、「戸数五百ばかり」の亜港には、五軒の日本人商店があったと入江は述べている。すなわち、前述した高村商店の他に「仕立屋が二軒、斬髪屋が一軒と曖昧屋が一軒」の五軒である。この曖昧屋のおもな顧客は、市街地の郊外に居住し、労働者として生計を立てていた一〇〇名ほどの朝鮮人と、数百人の中国人であった、と入江は述べている[44]。

この亜港ばかりでなく、ニコラエフスク（尼港）にも、日本人の経営する「遊郭」が存在していた。尼港はアムール河口域の港湾都市で、二〇世紀初頭には日本人の漁業経営（主にサケマス漁）が盛んになり、「水産加工、そして輸送用の樽詰めなどに雇われる季節労働者で、町の人口は三〇、〇〇〇人にまで膨れ上が」るようになっていた[45]。とりわけ島田元太郎などの日本人漁業家たちが莫大な利益をあげていた。

一九〇八年に小樽の藤山商会の支配人として同地に赴任した市川與一郎は、尼港の郊外にあった「日本遊郭」の存在と、その入口で強盗同然の行為に及ぶロシア人兵士たちの様子を回想している。

> 例へば尼古来斯克《ニコラエフスク》の西北端にクラースナヤ、ホナール（紅燈の義）と言ふ日本遊郭があって、第一楼から第五楼迄実に堅牢な　而かも設備の充実した立派な遊郭があった、此遊郭付近の通路に当時四つ角辻には常に夜間兵士が七八名隊を組んで四隅に蹲まり　目欲しき通行人を覗つて居る[46]。

ここで市川は「日本遊郭」としているが、尼港がロシア帝国領である以上、これは貸座敷ではなく、他地域と同様の料理店が、あたかも遊廓のように営業していたものとみられる。いずれにせよ、樺太周辺の地域では、料理屋・芸妓・酌婦による売買春営業が常態化していたことがわかる。ただし、これらは原則的に当局の黙認のもとでなされたものであった。

三　北サハリン軍事占領期における半公娼制度

北サハリン軍事占領と半公娼制の展開

こうした樺太における半公娼制度を法制化して移植した例が、以下に述べる軍事占領下の北サハリンであった。一九一七年の十月革命にはじまるロシア帝国の崩壊と、内戦と日本軍による干渉は、北辺地域においても大きな混乱をともなう社会変動をもたらした。特に、一九二〇年におこった尼港事件は、ニコラエフスクの市街地を廃墟と化しただけでなく、日本軍がサハリン北部とアムール河口域を軍事占領する口実となった。日本政府は「正当な政府によって尼港事件の損害賠償がなされるまでの担保として」サハリン州を占領下におくことを宣言し、同地域を占領、アレクサンドロフスク（亜港）に薩哈嗹州軍政部を駐屯させて軍政を布いた。亜港の市街地には、内戦を逃れてきたロシア人や、商機や労働機会などを求めてきた日本人・朝鮮人・中国人などがひしめき合う、猥雑なコスモポリタンが現出していた。そして、こうした渡航者たちをめあてにして、料理屋と酌婦たちが姿を見せていた。

この北サハリン軍事占領期における料理屋・芸妓・酌婦のおかれた状況を、まず法制度の観点から確認しておく。『薩哈嗹派遣憲兵史』は、芸妓・酌婦に対する取締規則が制定された事情について、以下のように述べている。曰く、北樺太占領以前より少数の売春婦はいたのだが、占領後に「南樺太を始め　北海道其他西伯利方面より芸妓、酌婦先を争ふて渡来し」、「移住者の多数独身者なるに乗じ」「所々に蟠拠して春を売り風紀を紊り」「花柳病を伝播し弊害少なからざりし」ため、「青島、樺太及露国の法令等を参酌して規則を制定」したという[47]。その規則が、以下にあげる軍政部令四号「宿屋、料理店、飲食店営業取締規則」（一九二〇年九月一日施行）と、同第五号「芸妓酌婦取締規則」（同日施行）であった。

この中で注目すべき条文は、「芸妓酌婦取締規則」第九条の「所轄憲兵隊は風俗又は衛生上必要と認むるときは営業者に対し　其の指定したる医師の作成したる従業者の健康診断書を提出せしめ　隔離若は解雇を命ずることを得」であろう。すなわち、必要であれば従業員に対して健康診断書の提出を命じるとした一項は、樺太民政署および樺太庁の規則と同様のものであった。

第五号の「芸妓酌婦取締規則」は、願出許可の提出（第一条）、許可証の携帯（第三条）、健康診断の受診（第四条）などを義務づけた比較的簡便なものであった。やはり、芸妓・酌婦への健康診断を重要視しており、憲兵立ち会いのもと、週一回の受診が義務づけられた(48)。

また『薩哈嗹派遣憲兵史』には「芸酌婦が軍隊官衙又は宿舎に紊りに出入りせしめざること」「軍隊官衙及其の宿舎に出入すべからざる件」を幾度も説諭していたことが記されている(49)。芸妓・酌婦がかなりの頻度で軍隊宿舎に出入りし、売買春行為をおこなっていたことをうかがわせる。このように、樺太の半公娼制度は、一九二〇年にはじまる北サハリンの軍事占領において、ほぼ完全な形で模倣されていた。

北サハリンにおける半公娼の実態

こうした北サハリンにおける半公娼制度を、人びとはどのように見ていたのだろうか。まず、前述の市川與一郎は、押し寄せる男たち以上に目を引いた料理屋たちについて、海外発展の先駆者が娘子軍《じょうしぐん》となっている現実を、やや慨嘆混じりに論じている。市川は半公娼的な営業が公然と、かつ大々的に展開していた亜港の状況に懸念を覚えざるを得なかったようだ。

海外発展の先駆者が娘子軍なりとは屡々耳にする所、果せる哉　亜港の現況も亦之が左券たらんとす、嚮に多聞支隊の上陸せし当初に在りては醜業婦僅に三、四名に過ぎざりしに　今や優に三百余名を算し　市街の一隅に隠然一郭を為し　将に当市財界の一勢たらんとす、其の可否は姑く之を措くとするも　翻て海外発展の典型たる支那人を視るに　当市在留支那人二百二十一名中　女子は単た一名なるは果していかなる暗示を吾人に与えつゝある哉乎(50)

前述した北海タイムス記者の河合裸石もまた、北サハリンへと売られていく女性たちの噂をききとめていた。曰く、「近来は亜港行きの女がポツポツある」として、「栄屋の花ちゃんが五千円で売られた」「旭屋の秀勇さんが六千円で連れて行かれた」という(51)。新占領地である亜港に向かって、樺太方面から芸妓が流入していた様子をうかがうことができる。さらに河合は「昼顔の花」という一節を設け、亜港のバザール附近に「バラック式の建物」が建ち並ぶ料理屋街の様子や、そこで堂々と売買春を営業する人びとの姿を描写している。

其処にはバラック式の建物が並んでゐて、暗い家の中からは淪落の女の笑ひさゞめく聲が賑やかに聞える。戸毎に垂れた屋号染め抜きの暖簾を潜ると、廊下を挟んで左右に幾つかの部屋がある。部屋と言っても薄板又はカーテンで囲ったに過ぎない。甚だしいのは屛風で席を画し衆客夢を混ずるのさへある。併し斯うした建物の多くはバザール街附近のみで、少しく離れた町には露人の家屋を借入れたり、安普請ながらも人家の体をなした料理屋もある(52)。

河合によれば、入舟、射水楼、亜港軒、バイカル軒、勝の家などの料理屋が大小合わせて三四軒もあり、中でも亜港軒はチタやウラジオストクから「九十何名の若い上玉を輸入したので嫖客は雪崩を打つの有様」だという(53)。さらに、女性の年齢は一五歳から三〇歳くらいまでの者が多く、総計で二一三名を数え、「客の多くは軍夫、大工の群れで、是に次ぐのは通訳や軍属が多く　兵隊さんは陸海軍とも余り見受けぬやうだ」とも述べている。その理由は遊興費が高額なためで、「三十分乃至一時間で十円」、飲食物を加算すると一五円から二〇円になるとし、「兵隊さんは五割引」といっても、一兵卒には手が届かない値段であった[54]。

戦時気分の漂ふた所だけに憲兵の佩剣に驚く要もなく、寧ろ其筋の保護の下に白昼公然と戯れてゐるのである。…彼等は一日に数十名の嫖客を綾なし、各自が平均二百円以上の玉代を揚げてゐる。収入は主人と折半、若しくは主人六分本人が四分の約束であって、既に五千円以上の借金をサラリと返済し、現在、二三千円の貯蓄をしてゐる凄い女もあるといふ。…官憲は彼等に二週間に一度宛の検黴を行って居るもの丶、入院の設備が無いから治療も完全に行われぬ。憲兵隊で聞くと樺太方面から来た女は一番病毒が多く、殊に大泊の女の八分は有毒であるさうだ[55]。

河合の記述は北サハリンにおける半公娼について、さまざまな事実を伝えてくれている。こうした売買春営業には憲兵による暗黙の保護がある（と認知されていた）こと、彼らが莫大な利益をあげていたこと、二週間に一度「検黴」を実施しているが治療の手段が不十分であったこと、樺太方面から渡航した芸妓・酌婦たちの多くが有病という「訳あり」で流れてきた（と認知されていた）ことなどである。

次に、高島米吉による『シベリア出兵従軍記』でも、亜港へと向かう船中で、娼婦たちの姿が描写されている。高山の訪れた一九二二年、占領後二年を経過した状況にあっても、亜港や尼港の売買春業はやはり盛況で、便船の度に女性の補充がなされていたようである。

三等船客のなかには、前借で身を売った娼婦が、四、五人いる。この人たちも生活の心配におびやかされ、お金のために寒風肌を刺すという極北の地まで、おのれの身の肉を売りに行かなければならぬのだ。何処まで行くことか、非常に沈んで、不安らしい顔をしていた。…この船に乗り込んだ娼婦のなかの一人、でぶでぶ太った中老の婦人は、彼女らの取り締まり格であるらしい。…彼女たちは亜港に上陸するのだという。なかに、春ちゃんと呼ばれる二十歳前後の女はちょっと可愛い顔をしていたが、一番口数が多く…しかし、春ちゃんのほかの二人は、気のふさいだ顔をしていた。一人は二十二、三、もう一人は三十前後の大年増とでもいっておこうか。…植民地では、この商売がいちばん金になるそうな。一昨年、亜港に三人ほどの娼婦を連れて上陸した無一文の男は、今では十数万のお金持ちになっているという。(56)

次に、亜港で高島は、市川與一郎や河合裸石と同様に、いかがわしい料理屋のひしめく状況に驚きの念を抱いていた。亜港の料理屋は、河合のみた頃とほとんど変わらない「殺風景な」仮設店舗で営業を続けていたことがわかる。

日本街のいたるところが料理屋であった。「入船屋」「熊の屋」「喜楽亭」などと麗々しく看板を掲げた料理店である。ところが、その料理店もいたって殺風景な家の構造で、貨物倉庫そっくりの御料理屋が大半を占めているのだから驚く。飲食店も多い。雑貨屋、理髪店もかなりある。(57)

さらに、亜港から赴任先のニコラエフスク（尼港）へ向かった高島は、取材を続ける中で日本人の経営する「曖昧屋」に案内された。ここでは「バルヂニア」と呼ばれた娼婦たちの状況が語られている。この時期になると、日本人だけではなく、朝鮮人やロシア人の女性も「バルヂニア」となっていた。

公園の夜は暗い。それでも白樺の下のベンチには、ロシアの青年が逍遙として腰掛けていた。ここにバルヂニアが出没するからご案内しようと、九兵衛大人が言うので来たのであったが、それらしい姿はない。…バルヂニアとは「夜、横行する怪しげな女」のことをいうのである。（バザールの方角に坂を下り、「三港ホテル」という日本人経営の酒場に連れ込まれた。）そこでは、所謂バルヂニアが二人ばかり赤い布を頭に巻いたり、ちょっと変な帽子をかぶったりして、客の相手をしていた。支那人のいるところには支那人が行く。ロシア人のいるところにはロシア人が行くのは当然だ。しかし日本街に行けば、軒並み怪しげな料理店にいる女たちの許には、ロシア人も来れば、支那人、朝鮮人、日本人さまざまなのである。その大抵は、おぼつかない日本語を操って、主として日本の女を目的としているとか。(58)

また、高島は「『民報』子の井関氏。裏面探訪しきり、花柳界を出没。憲兵の横暴、花柳界を荒らす。軍人将校、憲兵と共同して悪行為をなす者あり」というメモを残していた。(59) 猖獗を極めた料理屋による売買春業を取り締まろうとしない憲兵たちは、河合・市川・高島らの新聞記者には、黙認あるいは癒着として映っていた。これは、北サハリンに導入された半公娼制度がいかに欺瞞的な制度だったかを物語っており、軍事占領期の負の側面として無視できない部分といえよう。

北サハリンにおける半公娼の概況

最後に、こうした北サハリンにおける料理屋・芸妓・酌婦の概況を確認しておこう。アレクサンドロフスクにお

表2　軍事占領期北サハリンにおける料理屋・飲食店数［単位：軒］

		1920	1921	1922	1923	1924
料理屋	本国人（内地）	48	65	61	44	40
	本国人（朝鮮）		2	2	2	4
	支那人			2		
	露国人				2	1
	合　計	48	67	65	48	45
飲食店	本国人（内地）	29	94	68	66	24
	本国人（朝鮮）			2	1	
	支那人		8	11	15	16
	露国人		1	1	4	4
	合　計	29	103	82	86	44

薩哈嗹軍政部「大正十三年度　北樺太統計表　薩哈嗹軍政部」18頁より作成。

ける芸妓・酌婦の数は、一九二一年一一月ころに芸酌婦二五〇名（日本人二三四名、朝鮮人一六名）と報告されている。[60] 撤退を間近に控えた一九二五年二月の時点でも芸妓四六名（すべて日本人）、酌婦一五二名（日本人一二八名、朝鮮人一二名、露国人支那人各六名）となっていた。[61] 前述の高島は「ニコラエフスクにおいては一九二二年現在で、娼婦を有する料理店は二七軒。娼婦一六五人。うち鮮人約三〇名。支那人二名。ロシア人一六人。日本人約一二〇人。日本人は大抵熊本、天草辺の者多し。チタ、ウラジオ方面から流れ来て、昨年冬営した女性は八七人」と記録している。[62]

さらに具体的な数字は『大正十三年度　北樺太統計表　薩哈嗹軍政部』によって確認できる。まず、ここに登録された料理屋・飲食店の店舗数を表2に示した。やはり、日本人経営の料理屋・飲食店の数が圧倒的に多いものの、数は少ないながら各国人の料理屋が存在していたことに着目すべきであろう。

次に、芸妓・酌婦数を表3に示した。芸妓として登録されていたのは日本人のみであるが、一九二一年以降は朝鮮人・中国人・ロシア人の酌婦がすでに存在していた。また、芸

表3　軍事占領期北サハリンにおける芸妓・酌婦数［単位：人］

		1920	1921	1922	1923	1924
芸妓		37	52	66	59	46
酌婦	内地人	124	187	123	180	133
	朝鮮人		17	48	29	37
	支那人		9	13	14	7
	露国人		4	14	18	12
	計	124	217	298	241	189
合計		161	269	364	300	235

薩哈嗹軍政部「大正十三年度　北樺太統計表　薩哈嗹軍政部」18 頁より作成。

妓・酌婦数のピークは一九二二年の三六四名であり、それ以降は徐々にその数を減じていた。これは一九二二年に尼港など大陸方面から撤退したため、軍事占領の将来性が不安視されたことなどを反映したものであろう。

四　大正期樺太における遊廓の復活と半公娼の地域的拡大

豊原における遊廓の再建

一九一八年にはじまるシベリア干渉戦争（シベリア出兵）は、樺太においても小さからぬ影響をもたらした。大泊や真岡はニコラエフスク方面に派遣される部隊の中継地となり、島民は北方の新天地に浅からぬ関心と野心を宿しはじめていた。特に一九二〇年以降は、尼港事件との関連で「守備隊駐屯が愈々実現」される様相となり、「風紀取締に関する方針も従来とは面目を革め」られると予想されていること、貸座敷営業の出願がなされていると報じられた(63)。

一九一九年八月一〇日の『樺太日日新聞』には「料理店以外でする芸妓酌婦の密淫売は仮借無く検挙する／豊原警察署の大英断」との見出しで、「豊原署長は此の方面に於ける悪弊除去に就き深く念とする所あり、最近料理店以外個人の居宅に外泊した芸妓某に対し、密淫売として相当の処分を為し　尚ほ今後斯の如き場合にはこの方針を以て飽く迄厳密な取締をする相である」と報じられた。[64] 続いて一一月二一日にも「悪徳料理店の横行は斯くして漸次矯正さる／豊原警察署に於ける密売検挙方針」との見出しで、「種々なる悪計を巡ら」す一部の料理店を取り締まることを報じている。ここで列挙された悪計は「教唆又は強迫による芸妓酌婦の出願」、子女に対する「略取誘拐」、芸酌婦へ登録させるため「一夜造りの養子縁組を為す」こと、「無鑑札で酒席に侍らせ淫売を強制」することが挙げられている。[65] さらに、一九二〇年三月に、「西一条某料理店主」が、消滅していた遊廓地での営業を出願したことが報じられた。[66] 当初の論調は「何を苦しんでか　嫖客の遊興上不便極る比較的遠隔な豊原の遊郭指定地に　之を設けんとするが如きは　彼此の打算上その真意容易に判断されぬ節がある」と、やや否定的であった。[67]

しかし、同年一〇月に芸妓取締規則が改正され、芸妓の外泊が取締の対象となり、[68] さらに「某消息筋」の話として、「密淫売の取締方針」に「根本的改正」が施されると報じられる頃から、論調は一変する。すなわち、「料理店営業者」は「従来同様なる営業継続」を保証されていないとされた。[69] その理由として、「公娼を認めざる以前」ならともかく、遊廓再建後は「当然の結果として　現在営業者に対する売淫取締方針に　在る程度の改善」がなされるのは「極めて明白」であり、「類似の営業を持続するが如きは恐らく望みて得られざる」ことだと、警鐘を鳴らしていた。[70] この「某消息筋」が、料理店の芸妓・酌婦による売買春行為を公娼とはみなしていないことは明白である。実際、以下のような行もある。料理店営業者の中には「現行の検黴制度を以て、芸妓酌婦が行ふ淫売の公認を裏書きするもの」とみなす者もいる。だが、これは芸妓・酌婦への健康診断書の提出を義務づけた取締規則の第七条を「変則的に適応し」ただけの「已むを得ざるに出でたる方便」で、いわば「公娼設置以前に於ける花柳病防辺の一方便に過ぎざる」のだと。ゆえに「芸酌婦が公娼の設置後に於て　彼等の許されざる淫売を行ふ能はざる」ことは必然の結果だと断言していた。[71] 最後に、現状での貸座敷出願者九名はいずれも料理店営業者であるとし、「現在の料理店営業者が貸座敷に転業するこそ理想的」だと結論していた(72)。

また、この「某消息筋」は、取締官憲が「一方に公娼を認め　其の反面に於て　私娼の売淫を黙認するが如き撞着」をするはずがないともいい、芸妓酌婦は黙認された私娼にすぎないことを強調していた。だが、こうした言説は、これまで芸妓・酌婦が、一般的には公娼とみなされていたことの裏返しでもあった。

こうした動きに対し、料理店側も対応を協議し、「従来の営業振りに風紀上の改善を施し、比較的謹慎的態度により営業を継続する」ことを確認した。それは「縦令其筋に於ける要求」が「建物坪数の最小限度」や「不燃質の構造」を求めるような、「内地に於ける貸座敷類似のもの」ではないことを確認したためであるという。また、官憲の側が「営業者の苦衷を察し」、できるだけの便宜をはかるという方針が「仄聞」されるとも報じられた(73)。すなわち、「消息筋」の主張とは裏腹に、いわゆる官憲と業者が一部料理店の移転を落としどころとして妥協をはかり、料理店での売買春は引き続き黙認されることになったことがうかがえる。

とはいえ、国際的には廃娼運動が大きな高まりを見せ、日本も一九二一年には公娼制度を禁止する国際条約に批准するのだから、豊原における遊廓の再建は、こうした風潮に逆行するものであった。これに対し、上記の記事では性欲の緩和のための必要悪だというスタンスで、公娼を容認する立場を取っていた。すなわち、「公娼廃止論の如きは少なく共　現在の社会組織の中にあっては到底其実行を期する事は不可能」であり、「人間が神仙の域に達した暁は知らず」、現状においては「社会の何かにか性欲の衝動を緩和すべき施設の必要」を強調した。また、公娼がないために「現在の嶋内各地に於ける如く　密売淫の跋扈跳梁を殆んど黙認し　彼等をして擅に風紀を紊さしめつゝある」のだから、「自然公娼を設け　而して是等の営業に従事する者を一区域内に集め」るのが良策であると、むしろ料理屋の存在を口実に、遊廓の新設を擁護していた(74)。そして、なおも反対を表明する一部の料理店業者に対して「実に同情すべき点がある」としながらも、「大多数者の福利に反する個人的欲望を　何所迄も固執すると云ふ事は決して賢明なる遣り方でない事を自覚」すべきであると諭し、「新運命の開拓に精進」すべきだと忠告している。[75]

ただ、こうした遊廓の建設は一九二〇年中はほとんど進捗せず、「池田某による貸席が年末までに開業するか否か」という状況であった。[76] これでは従来の料理屋連と対抗するのは難しいとして、『樺太日日新聞』は当局の取締不徹底を批判していた。曰く、芸妓・酌婦による「売淫行為を黙認同様の状態にあらしむる位なら　強いて貸席を設くる必要もあるまい」という。そして、現状では「恐らく約四十軒に近い豊原の料理店にとっては何等の影響もあるまい」と断言し、「極力従来の料理屋に対する取締を厳重に」実施し、「現在の魔窟を廓清する時期を早からしめる」と同時に、「貸座敷業者の数を増し　以て嫖客の需用に応ずべき十分の設置を為さしむる」努力が必要だと論じていた。ただし、「其手加減は非常に至難な問題」であり、規制の〈手加減〉に失敗すれば「却って折角の目的を滅茶苦茶にする事になる」との懸念も示していた。[77] すなわち、公娼を優遇し、私娼の取締を厳格にすることには賛意を示しながらも、「現在の料理屋に対する取締を急に厳重にするといふ事は不可能」であるとし、ある程度の《二重規範》の維持は必要だとの見解を示していた。

それでも一九二一年中に遊廓内での妓楼建設は進み、一九二二年の『樺太日日新聞』の元旦には、「豊原町遊郭営業者一同」による年賀広告が掲載された。これにより、以下の一六軒の妓楼の名を確認することができる。すなわち「福井楼・朝日楼・金昇楼・弥生楼・第一豊新楼・第二豊新楼・西花楼・第三豊新楼・北越館・角海老楼・福島楼・敷島楼・天徳楼・一文字楼・高砂楼・大喜楼」であった。

かくして遊廓は復活したが、前記の記事の予測通り、この遊廓は料理屋連の脅威とはならなかった。また、同様の状況は真岡でも見られ、翌二一年に真岡町台町に遊廓が再建されたが、同様に、規模は小さなものにとどまっていた（後述の表4を参照）。なお、大泊では遊廓の再建はされなかった。

北サハリンからの引揚と半公娼の地域的拡大

一九二五年にいわゆる日ソ基本条約が結ばれ、あしかけ五年に及んだ北サハリンの軍事占領は終焉を迎えた。このとき、撤退する派遣軍と歩調をあわせ、ほとんどすべての居留民が帰国の道を選んだ。北樺太日本人会による『保障占領中の北樺太と引揚前後の事情』によれば、「多大なる損害を被りたる引揚民は財力涸渇し　其移住地を遠隔の地に求むる事を許さゞる」状況にあった。(78) そのため、居住者の「大部分は西海岸恵須取　又は東海岸東知取方面に移住」した。ここでは、日本人だけでなく「鮮人も又内地人に伍して南樺太に移り　一部は北鮮地方に帰還」したという。(79)

芸妓・酌婦を抱えた料理屋たちもその例外に漏れなかった。『樺太日日新聞』によれば、亜港の「娘子軍」一行の「大部分は南樺太に移転先の見当をつけ」、「主として新興のパルプ工場を建設する恵須取と東知取村に根城を拵える計画をたて」「すでに当局の許しを得てゐる」という。しかも「知取村には〔一九二五年〕五月一三日頃に約二〇戸の料理屋が百余名の美形を引率し　営業用品一式を直ちに整へ開業する段取」になっていると報じられた。(80)

その結果、樺太における芸妓・酌婦への傾斜は一段と大きくなった。それを端的に示した『樺太日日新聞』記事がある。この記事によれば、樺太庁保安課による一九三三年度末の統計として、娼妓が豊原と真岡を合わせてわずか九二名であるのに対し、「事実上娼妓と何等変わらぬ人生の裏街?を歩む闇の女」酌婦が八六五名、「表面上芸を売物とするといふことを表看板にしてゐる封建時代の遺物?」芸妓が五七八名という数字を挙げている。(81) 表4にみるように、一九三〇年代になっても、樺太において遊廓・貸座敷のある地域は豊原と真岡の二カ所に過ぎなかったが、全島に広がった料理屋がその代替機能を果たし、一五〇〇名近い芸妓・酌婦がこれらの店に抱えられていた。

表４　娼妓、芸妓、酌婦数（1930〜39年）［単位：人］

年次別	娼妓	芸妓	酌婦	計	警察署別	娼妓	芸妓	酌婦	1939年
1930	176	884	1, 319	2, 379	豊原	50	61	16	127
1931	161	797	1, 189	2, 147	落合		48	93	141
1932	136	703	948	1, 787	大泊		47	74	121
1933	110	547	821	1, 487	留多加		8	10	18
1934	97	561	820	1, 487	本斗		33	22	55
1935	106	551	941	1, 598	真岡	26	67	14	107
1936	104	560	958	1, 622	野田		10	31	41
1937	92	544	930	1, 566	泊居		30	91	121
1938	84	517	866	1, 467	恵須取		165	265	430
1939	76	581	985	1, 642	元泊		3	19	22
					知取		39	80	119
					敷香		70	270	340

樺太庁編「樺太衛生概況」103〜105頁により作成。

朝鮮人系の料理屋・酌婦の出現

半公娼制度の地域的拡大とともに、もう一つ特筆すべき点は、北サハリンより移住してきた朝鮮人によって料理屋が開業され、多数の朝鮮人酌婦が従業するようになったことである。それまでの樺太では、日本人女性以外の芸妓・酌婦は原則として認められていなかった。

しかしながら、一九二〇年代に入ると、「朝鮮人酌婦」という存在が確認できるようになる。たとえば、一九二〇年一〇月五日付の『樺太日日新聞』は、「鮮人のみを抱妓とする風変りの料理屋　真岡で出来る」という見出しで、朝鮮人酌婦を売り物とした料理屋の建設計画があることを報じている。この記事では、某氏が栄町三丁目の料理店若竹の土地を二万円で買収し、ここに「四千余円で建物を請け負わしめ」、酌婦として「鮮人を抱ふる為め　朝鮮に向け人を派した」ことと、まもなく「鮮人酌婦七八名を抱妓として一風変わった料理屋を開業する筈」が報じられている[82]。ただし、ここで「風変わり」といわれるほど、朝鮮人を酌婦とする店が当時はまだ珍しかったことがわかる。

その後、「朝鮮人酌婦」の数は次第にその数を増していく。「樺太在留朝鮮人一班」と題された警察関係の内部資料によると、売買春関係の朝鮮人の数は以下の推移をたどっている。すなわち、一九二四年一二月末には貸座敷一・娼妓一二・芸妓三・酌婦一一八であり、翌二五年末には貸座敷二・娼妓一一・芸妓二・酌婦三〇五のほか、料理屋三六であった。その翌年（二六年）には料理屋三五、貸座敷一・娼妓四・酌婦二四二と微減しているものの、いわゆる朝鮮人による売買春業者は急速に増えていた。一九二七年六月現在での地域別での内訳をみると、大泊で料理屋一一・酌婦六七、知取で料理屋一〇・酌婦八〇などが目立った数字となっている。(83)

同資料によれば、こうした急速な朝鮮人系業者の増加を当局も警戒していた。曰く、最初に渡来した朝鮮人業者は、一九二二年末に北樺太より大泊に移転してきた朴某という人物で、朝鮮系の業者は「営業方法の巧み」さと、「本邦人酌婦に比して美人多き」ために、「繁栄を来たし」ており、「益々巨利を得んとして、遂には朝鮮内地より盛んに酌婦を連れ来た」る状態だという。(84)特に大泊では旭町の料理屋界隈で「朝鮮料理屋」の看板を掲げて大々的に営業していた。朝鮮人酌婦は日本語を話せず、また芸事ができるわけでもないため、「淫を売る以外に客を遇する方法を知らざる」だけでなく、日本人より遊興費が安かったため、労働者などに歓迎され、多くの遊客を吸収しているという。(85)

知取でも状況は似ているのだが、ここでは「酌婦営業の許可を受け」ていない無許可営業者が四十数名に達しており、「警察当局に於てもその処置に困難を感じ居れり」という状況であった。(86)さらに同資料では、主要な朝鮮人料理屋業者九名の資産状況にも言及している。この中には、すでに朝鮮で数万円相当の田地を購入していた者もいた。(87)

これを放置しておけば「朝鮮遊郭を無制限に設置」するのと同様で、「風俗上遺憾」であるばかりでなく、「一般渡来朝鮮人の増加」を招来するため、「樺太における朝鮮人統治の問題に関連して頗る考慮を要する問題」だと捉えられていた(88)。こうした状況を踏まえ、当局は一九二五年七月にその取締方針を決定し、「爾今朝鮮人芸娼妓酌婦に対しては一切其の営業を許可せざる」こととなった。そのため、「同年以降彼等は其の数を増加すること能はずして年々減少し、料理屋営業者は其の寄寓すべき酌婦又は芸娼妓を失ひ」最後には廃業せざるを得ない状況となった(89)。

それゆえ、朝鮮人料理屋業者は、料理屋業と酌婦業の営業許可を得るため、一九二五年八月、二六年三月、二七年七月と、連名で請願書・陳情書を出すなど、精力的に運動をしていた。曰く「併合以来均しく日本人なれば　朝鮮人に対し外国人扱の感あるは実に遺憾」であり、「同一国民として権利の均等を希ふものなり」という。朝鮮人女性にのみ酌婦営業を認めないことへ「差別的取扱に対する怨嗟」の念を示すとともに、「営業者の自由を拘束する」「人権問題」だと論じていた。しかし、当局としては、大挙して朝鮮人が渡来するようになれば、「多大の支障あり」と判断し、最初の方針（許可せず）を変更するつもりはないとの意向を示していた(90)。

少なくとも、一九二六年ころには、樺太で朝鮮女性を実質的な娼婦として営業させていたのは同胞である朝鮮人の業者たちであり、樺太庁はむしろそれを規制したいと考えていたことがわかる。

性病の蔓延

最後に、こうした公娼・半公娼制度の動静に関連して、樺太における性病感染の実態について述べておきたい。結論を言えば、樺太では黎明期より女性たちへの健康診断を強いてきたが、こうした措置は性病患者の減少にはつながっていなかった。

まず一九〇六年にコルサコフに開設された公立南部病院は、この地の九割の患者を診察する医療機関であったが、患者数の最も多いのが「花柳病」であった。すなわち、それまでの患者総数一七七八名のうち、ほぼ四分の一

表5　樺太における性病患者数［単位：人］

年次	梅毒					軟性下疳	淋病性諸病	合計	罹病率(%)
	第1期	第2期	第3期	遺伝病	計				
1919	891	1, 068	397	247	2, 603	1, 391	2, 130	6, 124	
1920	971	1, 189	361	328	2, 849	1, 038	2, 583	6, 470	
1921	1, 157	1, 121	461	351	3, 180	909	2, 538	6, 627	
1922	1, 046	1, 342	640	444	3, 472	1, 024	2, 573	7, 069	
1923	1, 771	1, 847	794	488	4, 900	1, 510	4, 073	10, 483	
1924	ND	ND	ND	ND	ND	ND	ND	ND	
1925	ND	ND	ND	ND	ND	ND	ND	ND	
1926	2, 400	2, 085	2, 085	649	7, 219	2, 005	5, 803	13, 843	6. 7
1927	2, 519	2, 562	1, 281	802	7, 193	2, 143	6, 669	16, 025	8. 9
1928	2, 680	2, 703	1, 371	822	7, 577	2, 261	8, 980	16, 818	6. 9
1929	2, 700	2, 710	1, 402	828	7, 680	2, 321	7, 120	17, 121	6. 9
1930	2, 472	2, 291	1, 061	820	6, 644	1, 533	6, 418	14, 595	5. 3
1931	1, 506	1, 712	724	487	4, 529	931	4, 671	10, 121	3. 4

樺太庁編『樺太庁治概要』（樺太庁、1923年）137頁、『樺太年鑑』（樺太敷香時報社、1933年）493～494頁により作成。

にあたる四四三名に達し、しかも、その四分の三が女性であったという。(91)

次に、『樺太庁治概要』『樺太年鑑』により、一九一九～二三年における性病患者数を表5のようにまとめた。『樺太庁治概要』の「風俗警察」の項によれば、「芸妓及酌婦に対して従来同様芸妓酌婦取締規則に依り　或は健康診断書の提出を促し　或は風俗を紊乱する虞ある行動を抑圧すると同時に　一面宿屋飲食店営業者に対しては取締規則に依り　斯種婦人の寄寓乃至招致を禁じ　以て密売淫の防圧に努め　更に貸座敷及娼妓取締規則の励行に依り　風俗嬢は勿論娼妓と対貸座敷営業者との関係に於ける保護上にも万全を期しつつあり」としているが、(92)一九二三年の段階ですでに一万人を超す性病患者の存在は、やはり問題視されるべきであろう。

また、一九二五年の『樺太日日新聞』には、徴兵検査を担当した一等軍医の談話が掲載されている。ここでは以下の四点が指摘されている。①「花柳病は本徴募区中で大泊が最多数で約七パーセントを示している」こと、②全島を平均すると「約四、五パーセント」となって「之を全国の平均数一、五パーセントであるのと比較すると、三倍余の多数となる」こと、③海外植民地では「青島の三、六パーセントが最高率」だが、樺太は「之よりも余程多数で」あり「我帝国内に於て厳然頭角を現してゐる」こと、④しかも他に「花柳病のための病変の跡をとめてゐるものが可なり」存在しており、「之等を合算すると非常な多数になる」ことである。(93)

検黴制度には性病を抑制する効果がほとんどないことはすでに多くの指摘があるが、樺太の場合は、他地域よりも広範な範囲の女性たちに健康診断を実施したにもかかわらず、非常な高率で性病が蔓延していた。

おわりに

本章では以下の諸点について言及した。

（1）樺太では、占領直後から樺太民政署によって娼妓及貸座敷取締規則が公布され、公娼制度が導入された。同時に、料理屋・芸妓・酌婦についても、それぞれ取締規則が定められ、彼らは高額の課税と引き替えに売買春行為が黙認された。

（2）公娼である貸座敷の認可地域は、大泊・豊原・真岡の三カ所に設定されていた。だが、いずれの貸座敷も一九一二年末までには廃業し、娼妓は存在しなくなっていた。厳密な意味での公娼制度は、この時点で一度消滅していたのである。その代わりとして、法的には黙認された私娼にすぎない芸妓と酌婦が、あたかも公娼のような位置づけとなり、一般的にもそのように認知されていた。

（3）一九二〇年に、取締規則の改正がなされ、豊原における遊廓の設置が計画された。このとき、従来の料理店による売買春営業を問題視する議論が『樺太日日新聞』誌上でもなされた。しかし、結局は一部の料理屋が遊郭地へ移転するなど限定的な改革にとどまり、公娼制度をめぐる諸問題はほとんど解決されなかった。

（4）同じ一九二〇年に、北サハリンでは日本の軍事占領がはじまり、この地でも樺太「直輸入」の、料理屋・芸妓・酌婦による「半公娼制度」が導入された。最盛期には料理屋六七軒・飲食店一〇三軒が登録され、そこでは三五〇名を超える芸妓・酌婦が一九二五年の撤退に至るまで活動していた。そこでは朝鮮系・中国系・ロシア系の料理屋・酌婦も存在した。

（5）一九二五年に日ソ基本条約が結ばれ、北サハリンの軍事占領が終焉を迎えると、この地で活動していた売買春業者と女性たちの多くは、南部の樺太――当時、大規模製紙工場の新設で急速に市街地化が進んでいた恵須取や知取へ移転していった。その結果、樺太における芸妓・酌婦の増加・拡散傾向に拍車がかかることになった。北海道や樺太のような帝国の北辺では、芸妓や料理屋のもつ私娼的側面の意味が、内地（本国）とは明らかに違っていた。今後は、この差異を前提として、管理売春制度を見つめ直す必要があるだろう。

第八章　注

（1）越野武「狸小路」（札幌市教育委員会編『開拓使時代（さっぽろ文庫五〇）』北海道新聞社、一九八九年）七八頁。
（2）札幌狸小路発展史編纂委員会編『札幌狸小路発展史』（札幌狸小路商店街商業協同組合、一九五五年）では、私娼街と呼ばれていたことには言及されていない。また、狸小路商店街の公式ホームページ（http://www.tanukikoji.or.jp/shiru/）では、『札幌繁昌記』の一節を引用した後に、「言葉巧みに男を誘った女たちをタヌキになぞらえたのが、由来の定説」と説明しているが、この女たちが私娼であったことには言及していない。
（3）内務省警保局編『公娼と私娼』（内務省警保局、一九三一年）三一五頁。
（4）内務省警保局編『公娼と私娼』三一六・三一九頁。
（5）設置当初の樺太民政署はサハリン島北部西海岸のアレクサンドロフスク（亜港）に設置された。だが、ポーツマス条約によりサハリン島北部はロシアに返還することとなったため、樺太民政署の本署はコルサコフに移転した。
（6）JACAR（アジア歴史資料センター）Ref. B13080480200、樺太官報（7-1-5-12）（外務省外交史料館）［0043］～［0047］
（7）JACAR（アジア歴史資料センター）Ref. B13080480200、樺太官報（7-1-5-12）（外務省外交史料館）［0042］
（8）JACAR（アジア歴史資料センター）Ref. B13080480200、樺太官報（7-1-5-12）（外務省外交史料館）［0097］
（9）JACAR（アジア歴史資料センター）Ref. B13080480200、樺太官報（7-1-5-12）（外務省外交史料館）［0022］
（10）山田保永［樺太守備隊司令官］「民政施行の状況報告の件」（『明治三十九年満密大日記　自五月至八月』）。
（11）白土宇吉・秋山審五郎『樺太案内 全』（函館小島大盛堂、一九〇六年）五九頁。白土宇吉は北民と号する樺太黎明期の言論人の一人で、『樺太レヴュー』なる週刊雑誌を発刊していた。
（12）白土宇吉・秋山審五郎『樺太案内 全』五九頁。
（13）五十嵐武彦編「樺太哥爾薩古夫市街区画地連絡地図」一九〇六年（北海道大学スラブ・ユーラシア研究センター所蔵資料）【http://srcmaterials-hokudai.jp/photolist_sm.php?photo=sm02】
（14）豊原町編『三十年間の思ひ出を語る：座談会／樺太日日新聞社』（豊原町、一九三六年）二七頁。
（15）秋山審五郎『南樺太』（北進堂、一九〇九年）二二八頁。
（16）白土宇吉・秋山審五郎『樺太案内 全』六五頁。
（17）豊原町編『三十年間の思ひ出を語る』二三～二四頁。
（18）白土宇吉・秋山審五郎『樺太案内 全』六五頁。
（19）「樺太マウカ市街区画図」（一九〇七年）個人蔵。
（20）樺太庁長官官房編纂『樺太法令類聚』（脇田嘉一、一九一二年）二七〇頁。
（21）樺太庁長官官房編纂『樺太法令類聚』二六八頁。
（22）谷口英三郎『樺太殖民政策』（拓殖新報社、一九一四年）四三四頁。谷口英三郎は明治初期の『樺太日日新聞』で主筆をつとめ、樺太庁長官平岡定太郎のブレーンの一人でもあった。
（23）樺太庁長官官房編纂『樺太法令類聚』一二七頁。
（24）古賀鶯渓『最新樺太案内』（私家版、一九〇九年）一二五～一二六頁。
（25）樺太庁長官官房編纂『樺太法令類聚』四四五～四五二頁。
（26）樺太庁長官官房編纂『樺太法令類聚』四五五頁。

(27) 樺太庁長官官房編纂『樺太法令類聚』四五〇〜四五一頁。
(28) 樺太庁編『樺太庁治一斑 第五回』(樺太庁、一九一三年) 二七九頁。
(29) 樺太庁編『樺太庁治一斑 第三回』(樺太庁、一九一一年) 三四二頁。
(30)「豊原町の遊郭は満吏排すべき計画でも無いが」『樺太日日新聞』一九二〇年三月二四日。
(31) 秋山審五郎『南樺太』二二八頁。
(32)「樺太売笑婦の研究 (八) 天海生」『樺太日日新聞』一九一六年四月三〇日。
(33)「樺太売笑婦の研究 (三) 天海生」『樺太日日新聞』一九一六年四月二五日。
(34)「樺太売笑婦の研究 (四) 天海生」『樺太日日新聞』一九一六年四月二六日。
(35) 河合裸石『薩哈嗹の旅：薩哈嗹案内』(いろは堂書店、一九二一年) 一〇〜一一頁。河合裸石は明治末期から昭和初期にかけて北海道で活躍した作家・ジャーナリストである。新潟県出身で両親とともに石狩郡厚田村に移住した彼は、同地において代用教員として奉職した後、『北海タイムス』の記者となっていた。
(36) 河合裸石『薩哈嗹の旅』一二頁。
(37) 渡部一英『北海道及花街』(北海之花街発行所、一九二五年) 一七七〜一八八頁。
(38) 渡部一英『北海道及花街』一九六頁。
(39) 渡部一英『北海道及花街』二六一、二七一頁。
(40)「仙法志村事務並に部内概況報告」(利尻町史編集室編『利尻町史 史料編』利尻町、一九八九年) 一五八、一六六頁。
(41)『利尻町史 史料編』一六八、一八二頁。
(42) 渡部一英『北海道及花街』一八六、一八八頁。
(43) なお、たとえば戦前期の小樽においても芸妓に対する検黴制度が存在したことを、今西一からご教示いただいたが、この点について筆者はまだ確認が取れていない。
(44) 入江貫一『露領樺太覗記』(東方時論社、一九二〇年) 四七〜四八頁。
(45) A. Ya. グートマン (斉藤学訳)『ニコラエフスクの破壊　尼港事件総括報告書』(私家版、二〇〇一年) 五〜六頁。
(46) 市川與一郎『に12　尼港問題と西比利亜の前途 (草稿)』(余市町教育委員会所蔵市川文庫)。市川與一郎は明治末期から昭和初期にかけて小樽・樺太で活躍したジャーナリストである。その経歴やニコラエフスクとの関係については、拙稿「アジテーター市川與一郎と「物語」としての尼港事件」(『境界研究』特別号、二〇一四年) 九九〜一一九頁を参照のこと。

(47) 憲兵司令部編『薩哈嗹派遣憲兵史』(憲兵司令部、成立年不明)一二五頁。
(48) 憲兵司令部編『薩哈嗹派遣憲兵史』一二五頁。
(49) 憲兵司令部編『薩哈嗹派遣憲兵史』一二七頁。
(50) 市川與一郎「亜港小観」『に1　尼港事件関係文献1』(余市町教育委員会所蔵市川文庫)
(51) 河合裸石『薩哈嗹の旅』一〇～一一頁。
(52) 河合裸石『薩哈嗹の旅』一二頁。
(53) 河合裸石『薩哈嗹の旅』四〇頁。
(54) 河合裸石『薩哈嗹の旅』四一頁。
(55) 河合裸石『薩哈嗹の旅』四二～四三頁。
(56) 高山米吉・高山真『シベリア出兵従軍記』(無明舎出版、二〇〇四年)四三～四五頁。
(57) 高山米吉・高山真『シベリア出兵従軍記』五一頁。
(58) 高山米吉・高山真『シベリア出兵従軍記』七八～七九頁。
(59) 高山米吉・高山真『シベリア出兵従軍記』八七頁。
(60) JACAR(アジア歴史資料センター)Ref. B07090827100「薩哈嗹州占領地施政一件 第二巻」[0098]。
(61) JACAR(アジア歴史資料センター)Ref. C07061735100「亜港戸数人口職業別統計表送付の件 大正一四年共三冊其の一」『大正一四年共三冊其の一西受大日記』(防衛省防衛研究所)。
(62) 高山米吉・高山真『シベリア出兵従軍記』九六頁。
(63)「料理店以外でする芸妓酌婦の密淫売は仮借無く検挙する　豊原警察署の大英断」『樺太日日新聞』一九一九年八月一〇日。
(64)「悪徳料理店の横行は漸くして漸次矯正さる　豊原警察署に於ける密売検挙方針」『樺太日日新聞』一九一九年一一月二一日。
(65)「豊原町に遊郭を設くべく某より出願」『樺太日日新聞』一九二〇年三月二三日。
(66)「豊原町の遊郭は満更排すべき計画でも無いが」『樺太日日新聞』一九二〇年三月二四日。
(67)「豊原に遊郭実施の暁には無理な芸酌婦の廃業と家屋建築問題で　現在料理店の大恐慌である」『樺太日日新聞』一九二〇年三月二六日。
(68)「本島に於ける芸酌婦取締規則近く改正されん　また芸妓酌婦一恐慌乎」『樺太日日新聞』一九二〇年七月一四日。

(69)「豊原に遊郭が設つと現在の料理店は如何なる乎　上」『樺太日日新聞』一九二一年七月二一日。
(70)「豊原に遊郭が設つと現在の料理店は如何なる乎　上」『樺太日日新聞』一九二一年七月二一日。
(71)「豊原に遊郭が設つと現在の料理店は如何なる乎　下」『樺太日日新聞』一九二一年七月二一日。
(72)「豊原に遊郭が設つと現在の料理店は如何なる乎　下」『樺太日日新聞』一九二一年七月二一日。
(73)「遊郭問題の展開にて豊原各料理店の前途果して如何?・」『樺太日日新聞』一九二〇年七月二八日。
(74)「遊郭設置は実現を見つゝある　一部の反対者も考へを立直すが宜しい」『樺太日日新聞』一九二〇年一〇月五日。
(75)「遊郭設置は実現を見つゝある　一部の反対者も考へを立直すが宜しい」『樺太日日新聞』一九二〇年一〇月五日。
(76)「徹底的でない貸座敷問題　当局の取締加減は如何」『樺太日日新聞』一九二〇年一二月八日。
(77)「徹底的でない貸座敷問題　当局の取締加減は如何」『樺太日日新聞』一九二〇年一二月八日。
(78)吉田辰次郎『保障占領中の北樺太と引揚前後の事情』(北樺太日本人会、一九二七年)二五頁。
(79)吉田辰次郎『保障占領中の北樺太と引揚前後の事情』二五頁。
(80)「亜港の娘子軍か同勢二百名で知取へ転来する　村民目尻を下げて待つ」『樺太日日新聞』一九二五年四月一五日。
(81)「女ならでは明けぬ国　闇に咲く花全島で千五百名　娼妓は豊真で僅か九十二名」『樺太日日新聞』一九三四年三月二〇日。
(82)「鮮人のみを抱妓とする風変りの料理屋　真岡で出来る」『樺太日日新聞』一九二〇年一〇月五日。
(83)樺太庁警察部「昭和二年十月　樺太在留朝鮮人一斑(警察研究資料　第三輯)」(私家版、一九二九年)。
(84)樺太庁警察部「昭和二年十月　樺太在留朝鮮人一斑」一一一頁。
(85)樺太庁警察部「昭和二年十月　樺太在留朝鮮人一斑」一一四頁。
(86)樺太庁警察部「昭和二年十月　樺太在留朝鮮人一斑」一一四～一一五頁。
(87)樺太庁警察部「昭和二年十月　樺太在留朝鮮人一斑」一一五～一一六頁。
(88)樺太庁警察部「昭和二年十月　樺太在留朝鮮人一斑」一一二頁。
(89)樺太庁警察部「昭和二年十月　樺太在留朝鮮人一斑」一一二頁。
(90)樺太庁警察部「昭和二年十月　樺太在留朝鮮人一斑」一三四頁。
(91)井原辰五郎『実用樺太案内』(小島大盛堂、一九〇九年)一一四頁。
(92)樺太庁編『樺太庁治概要』(樺太庁、一九二四年)四一七頁。
(93)「体格は差甚しく　花柳病の多きは日本一」『樺太日日新聞』一九二五年六月一九日。

第九章　植民地朝鮮における愛国婦人会
―併合から満洲事変までの軍事援護と救済活動―

広瀬玲子

はじめに

本章の目的は、植民地朝鮮における官製婦人団体である愛国婦人会（以下朝鮮愛婦とする）の、韓国併合後から満洲事変までの活動を明らかにすることにある。愛国婦人会が、女流大陸進出論者、奥村五百子の強力な働きかけと軍部の支援により、一九〇一（明治三四）年に創立された女性軍事援護団体であることは周知の事実である。(1)その組織化は日本本土にとどまらず、台湾に一九〇四年、朝鮮に一九〇六年に誕生した。(2)朝鮮においては、日露戦争の遂行と同時進行する、大韓帝国の植民地化と軌を一にして愛婦が誕生した。

朝鮮愛婦について、筆者はすでに別稿を発表している。(3)朝鮮における愛国婦人会誕生の背景には、植民地支配に女性植民者の力が必要とされたこと。とりわけ、「遅れた」朝鮮女性を文明化に導くものとして、日本女性の役割が期待されたこと（「文明化の使命」）。反面、武力で植民地民衆を抑圧する警察・軍隊を援護する存在が必要とされたことを明らかにした。さらに戦時下、大陸の兵站基地として位置づけられた朝鮮において、本土以上にすみやかな軍事援護活動を行うことが要請され、朝鮮愛婦は朝鮮婦人をも組織しながら、それに応えたことを明らかにした。

以上のことから見えてくるのは、愛国婦人会といっても、内地において課せられた役割と、植民地において課せられた役割に、文脈上の相違が出てくるということである。軍事援護活動は、植民地においては被支配民族への支配・抑圧を支えることを意味する。愛国婦人会台湾支部の研究によれば、一九〇四年の誕生から一九一六年までは、「植民地戦争」への協力期と指摘されている。台湾においては、被植民者を支配・抑圧するための協力が愛婦に課せられたのである。かたや内地の愛婦は、日露戦争時の華々しい軍事援護活動が終息すると、愛婦平和時不要論に出くわすことになった。それでは朝鮮愛婦は韓国併合後どのような役割を求められたのだろうか。本章ではその点を明らかにしたい。

扱う時期を韓国併合後から満洲事変までとしたのは、以下の理由に拠っている。愛婦は併合による植民地化を歓迎し、朝鮮王室と緊密な関係を築き、上流婦人を入会させていった。植民地化に抵抗する義兵闘争は継続していたが、朝鮮総督府はそれを押さえ込む武断政治を行い、憲兵警察制度を施き、朝鮮駐劄軍を守備隊として一一〇箇所に分散配置した[4]。このようななかで起こったのが、一九一四（大正三）年第一次世界大戦への日本の参戦である（当時は日独戦争と呼ばれた）。内地を含め、愛婦は早速軍事援護活動を再開する。折り重なるシベリア出兵で、朝鮮は兵士を送り出し、また出征兵士の通過点となった。一九二〇年には尼港事件、琿春領事館襲撃事件が起こり、日本軍が間島出兵を行い、朝鮮からも第一九師団が出兵した。日本政府がシベリア派遣軍撤退を表明したのが一九二二年六月であり、実際の撤退完了は一九二五年五月であった。一九一九年には三・一独立運動が起きた。一九二二年には北部元山にロシアから多くの軍人（白軍）と避難民が逃れてきた。一九二三年には関東大震災が発生し、朝鮮人の大量虐殺が起こり、罹災朝鮮人が釜山から上陸する。一九二八（昭和三）年には第二次山東出兵があり、朝鮮から第二〇師団が出兵した。さらに一九三〇年には間島暴動が起り第一九師団が出兵した。このような多事に対して、朝鮮愛婦に要求された役割はどのようなものであり、愛婦はどのように応えたのだろうか。台湾の愛婦は一九一六年から教化機構への転換を図ったとの指摘がされている。また内地の愛婦も、第一次大戦終結以後は社会事業活動へ活路を見出したとの指摘がある。結論を先取りして言うなら、朝鮮愛婦においてはこれらとは異なった様相が見えてくる。朝鮮愛婦は二つの側面を持っていた。第一には、第一次世界大戦への参戦・シベリア出兵などを援護し、朝鮮内における三・一独立運動などを始めとする民族独立運動を鎮圧する軍隊・警察を援護し、中国東北部やロシアと接する国境警備員を援護するという側面である。第二には、社会事業や救済事業を通じて「日鮮融和」を図り、朝鮮女性を「文明化」し組織するという側面である。(5) 一九一〇年から一九三一年九月の満洲事変開始までの朝鮮愛婦はこの二側面の活動を同時に展開した。本章では第一の側面に焦点を当て、朝鮮愛婦の具体的な活動を追う。そのことが、延いては女性の植民地責任の一端を明らかにすることにつながると考える。(6)

一　愛国婦人会朝鮮本部の出発

朝鮮愛婦は、一九〇六（明治三九）年に愛国婦人会韓国委員本部として活動を開始していたが、一九一〇年の韓国併合に伴って、名称を愛国婦人会朝鮮本部と改称した。そして一九一一年二月、朝鮮本部規則を制定した。それによれば、事業を拡張する狙いのもとに、朝鮮本部を総督府所在地に、支部を道所在地に置き、支部はその管轄区域中便宜の地に委員部を置くこととなった。(7) 歴代の本部長と主幹は表1に掲げた。

五月二七日に朝鮮愛婦第二回総会が昌徳宮で華々しく開催された。参会者は七〇〇名（会員六〇〇名、来賓一〇〇名）と盛会だった。開会後、愛婦評議員寺内正毅総督夫人が、愛婦総裁閑院宮載仁親王妃智恵子の諭旨を朗読し、

表1　歴代愛国婦人会朝鮮本部長

	就任年月日	氏　名	夫の地位	主幹 主事 専任主事
1	1906. 1. 19	鶴原　誠子	統監府総務長官	大橋　次郎
2	1908. 10. 24	石塚　忍子	々	々
3	1910. 12. 24	山縣　隆子	総督府政務総官	々
4	1919. 9	水野　萬寿子	々	々
5	1922. 6. 20	有吉　久子	々	々
6	1924. 7. 4	下岡　松子	々	々
7	1925. 12. 3	湯浅　咲枝子	々	々
8	1927. 12. 26	池上　濱子	々	々
9	1929. 6. 22	児玉　澤子	々	々
10	1931. 6. 19	今井田　為子	々	大橋⇒吉田継衛
11	1936. 8. 4	大野　テル子	々	吉田継衛⇒吉永貞

『愛国婦人会朝鮮本部概要』1941年より作成。

さらに会長安部篤子の祝辞が披露された。列席の李王妃が「本会は国家公共事業に対し其の資する所尠からず尚将来に於ても此処に住する内地及び朝鮮の婦人に於て互に相提携し以て斯業をして益益発展せしむるに努力せられんことを望む」との、祝詞を述べた。次いで寺内総督が、「帝国有事」に際して「軍人を救護慰愛するの精神」より設立されたという愛婦の趣旨を確認したうえで、「平素より其の分に応じ正淑の気風を養成して会員外の人々にも推し及ぼし又勤倹の美風を興し其の資を以て国家有事の資に宛てしむるの覚悟をなさん事を望む」と祝辞を述べた。さらにこの祝辞を朝鮮婦人会員のために訳して披露した。出席する会員には、質素な服装で参列するよう事前に申し渡してあった。式典以外に各種余興が準備された。日韓軍楽隊の奏楽・少女らの手踊り・朝鮮綱渡りと曲芸・陸軍軍楽隊奏楽・滑稽仮装の舞踏・模擬店などである。[8]

李王妃からは一〇〇〇円の下賜金が贈られ、寺内総督夫人からは五〇〇円が寄贈された。また、寺内総督は、余興の「少女手踊の技芸」に対して一〇〇円を寄贈した。[9]

こうしたデモンストレーションが功を奏し、会員五四六名と賛助会員一四二名を新規に獲得している。(10)内地本部では、会務拡張に功のあった者多数に対して、有功章授与・謝状授与を行った。(11)

併合直後の朝鮮における愛婦の活動は、駐劄軍慰問・病院慰問・寄港軍隊慰問などの軍事援護であった。一九一〇年一〇月には、駐劄軍楽隊を慰労接待し、これに対し和田軍楽隊長が感謝状を贈呈している。一一年五月三〇日から三一日には龍山駐劄軍を慰問。六月一七日には平壌愛婦支部が軍隊・憲兵隊を慰問。一二年六月には羅南駐劄旅団司令部各部隊慰労活動写真会、清津守備隊及び保線隊慰労活動写真会、咸興駐劄連隊慰問の活動写真会、元山守備隊及び陸軍運輸部慰問活動写真会を開催した。一三年五月には光州支部が守備隊その他有志を慰藉する幻燈活動写真会、木浦委員部が守備隊慰安の活動写真会を、六月には江原道金化郡で軍隊慰問の活動写真会、鉄原郡で軍隊慰問の活動写真会を開催。一〇月には、朝鮮駐劄軍隊慰問の活動写真会・筑前琵琶演奏を行った。一一月には、元山委員部が元山守備隊を、咸興支部が咸興守備隊を慰問している。慰問の内容は軍隊の家族をも呼んで活動写真鑑賞、軍楽隊の演奏、筑前琵琶の演奏などである。特に活動写真が多用されている。龍山駐劄軍を慰問の際は三〇〇〇余名が集まった。また、この年には満洲駐劄軍隊の通過帰還・交代派遣を朝鮮全土で送迎接待した。(12)

一九一一年六月一日には、朝鮮本部が龍山衛戍病院の傷病兵七三名を慰問。六月一九日には、平壌愛婦支部が平壌衛戍病院の傷病兵三八名を慰問。一二年六月には、朝鮮本部が龍山衛戍病院慰問。一〇月にも龍山衛戍病院に傷病兵を慰問、物品を寄贈し慰藉。(13)一三年五月六日には、朝鮮本部が龍山軍新式病院の四四～四五名の患者を慰問し、蓄音機と音譜数十枚を寄贈している。九月には、大邱支部が衛戍病院大邱分院入院患者を慰問し、りんご・ぶどうを寄贈した。一一月には、朝鮮本部が大邱衛戍病院を慰問し菓子折りを贈呈した。一四年六月には、朝鮮本部有志一三名が龍山衛戍病院負傷病兵を慰問しタオル・煙草を贈与している。(14)この時期に負傷兵が出るということは、植民地支配に抵抗する義兵闘争への鎮圧で負傷した兵士であることは推測に難くない。力での支配を愛婦は支えていた。

一九一一年五月には、入京した第二艦隊乗組員下士卒四〇〇余名を、一〇月には津軽艦乗組水兵を景福宮に招待し、茶菓でもてなした。一四年二月には、練習艦浅間・吾妻乗組下士卒八〇〇余名の京城見学を接待、第二艦隊乗組下士卒を接待。五月には、軍艦利根乗組下士卒を接待している(15)。

二　第一次世界大戦への参戦と援護

一九一四（大正三）年八月二三日、日本はドイツに宣戦布告して第一次世界大戦に参戦した。愛婦本部は早速諭旨を発し、戦争遂行を支える姿勢を表明した(16)。さらに九月一四日本部並びに各支部に対して通牒を発した。出征軍人に慰問品を贈り、連合国の将校下士卒へも同様にするようにとの方針に従って、支部において慰問方法を定め実施後本部へ報告せよという内容だった。さらに戦死者・準戦死者（負傷者）には会長名の弔詞と供物として金三円を贈ることも通牒した(17)。

朝鮮愛婦の立ち上がりはすばやかった。内地本部から各支部への通牒を待たず、宣戦布告直前の八月一八日に南大門駅に本部旗を掲げ出征軍人を歓送、七〇余名へ仁丹・ハンカチーフを寄贈した。八月二〇日には、全州支部が臨時総会を開き、応召軍人家庭慰問を開始した。八月二四日には、京城軍人会・赤十字社と「密接なる連絡をとることに」した。八月二六日には、仁川委員部が篤志看護婦人会と連合し、応召軍人一〇〇余名の家族の訪問を終了している。群山委員部も協議会を開催し、出征軍人送迎・遺族慰問を開始した(18)。八月三〇日からは、南大門駅または龍山駅から出征する軍人の歓送を開始し、仁丹やハンカチーフの餞別を行った。出征者家族の慰問も開始し、生活困難な留守家庭に対しては金品を贈与している。一〇月一日には、出征家族を招いて京城神社で戦勝祈祷会を行った。出征軍人に対しては、慰問状（美人絵葉書）を送り、朝鮮各地在住の出征者家族二〇〇余名に対して、一〇月一三日慰問品・慰問状を送った。また慰問袋の募集を開始した。このような愛婦の活動について、「去八月二三日宣戦の詔勅が煥発せられてから、こ丶朝鮮半島に於ける愛国婦人会の活動は実に鮮かなものである」と評されている。(19)

このような立ち上がりの早さをもたらしたものは、第一次世界大戦への愛婦朝鮮本部の積極的な対応である。朝鮮本部は内地本部の通牒に先駆けて「出征軍人家族慰問救護方法規定」を策定した。その要約は以下の通りである。

一、朝鮮本部は各道警務部、憲兵隊及各地軍人後援会等に依頼し各地出征軍人の住所氏名及家族の在否並に生活状態等を取調べ出征軍人台帳を作る
二、朝鮮より出征した軍人に対して支部委員部は勿論本部においても時々慰問状を発する
三、応召軍人出発に際して本部の旗を掲げ役員中数名の当番を定めて見送り物品を贈呈する
四、出征軍人家族中生計困難者へ救助の方法を講ずる
五、京城軍人後援会の事業を援助するため本部役員及会員から醵金を集める。役員五〇銭、会員二〇〜三〇銭
六、出征軍人家族の本会会員には希望により会費を免除する
七、八、九、十（略）
一一、此際一面会務の拡張を図る為め未だ入会せざる有志婦人に対しては勧誘状を発し入会を促す
一二、職員は勿論会員は共に自今一層質素倹約を旨とし以て本会の趣旨に副うようにする

このように応召軍人とその家族に対する対応をいち早く定めた。さらに、「内鮮篤志婦人に対する勧誘書」を発

した。その内容は以下の通りである。

（前略）御承知の通り本会の事業は本会主唱者故奥村刀自の所謂『半襟一掛』の入費を節約して会員となりたる本邦婦人を以て組織せられ有事の際に於ては出征軍人の遺族家族を慰撫救護して後顧の憂なからしめ一般国民をして尚武の気を養ひ以て護国の基礎たらしめ平時に於ては勤倹淑徳の美風を振作して大和婦人たる本分を全ふせんことを期するにあるを以て其任務は殊に重大なるものに有之殊に今回の時局に際しては本会は固より内地各支部とも非常の活動を要するに鑑み我朝鮮本部に於ても会務上一層の奮励を要する次第に御座候就ては此際広く篤志婦人諸姉の愛国心に訴へ多数の御援助の下に本会の目的を遂行致度候間諸事御多端の折柄に可有之候得共本会に御入会被下相共に斯業の発展に御尽力相成候様相願度別紙規則書類相添此段得貴意候　敬具

大正三年九月

愛国婦人会朝鮮本部

あらためて愛婦の精神を強調し、多くの婦人の関心を集め軍事援護活動を展開する中で会員を獲得しようとしたのである。[20]

また朝鮮本部や各委員部においては、一〇月三日～三〇日の間に慰問袋の寄贈を承諾しているが、その数は陸軍へ一万三二〇〇個、海軍へ二三〇〇個となっている。各方面に呼びかけ、会員が作成し、集めて軍に寄贈した慰問袋は、結果として四万四六一八袋（約一万八〇〇〇円）であった。[21]

地方の支部においても動きが見られる。義州支部において、出征軍人慰労金を募集すべく呼びかけると、「一般鮮人がお金を出す者数知れず」四〇〇余円に達すると報じられている。[22]

一九一五年一月七日には、朝鮮本部が京城ホテルで新年茶話会を開き、名士夫人五〇余名が参集している。総督府病院長の芳賀博士が、赤十字社の看護婦が欧州戦線に派遣され、「各国から非常に歓迎されて居るのは、日本婦人が将来の発展の為めに、国民挙つて嘉すべき事」との講演を行った。戦争中であり、「例にない質素な」茶話会だった。(23)

出征者への援護は継続して行われるが、この年の力点は一〇月二日に開催する、朝鮮愛婦第三回総会の準備に置かれた。この総会に日本赤十字社総裁閑院宮・愛婦総裁閑院宮妃の出席が内定していたためである。七月には準備の会合が開始され、その後数回にわたって綿密な打ち合わせが行われた。(24)またこの総会に合せて会員獲得の動きを活発化させた。役員夫人は勧誘活動を行い新規加入者が多数出ていると報じられている。(25)その中には「朝鮮上中二流婦人の入会者が不少」との報道もあった。(26)第三回総会は一〇月二日閑院宮・閑院宮妃出席のもとに八〇〇〇余名(愛婦会員三五〇〇、遺族・廃兵約五〇名)が参集して盛大に行われた。(27)総裁宮妃が下賜した金品を受け取った朝鮮在住の軍人遺族・廃兵一一三名について、戦死負傷場所を尋ね、今後も慰問・救護の必要があるかどうか、困窮の原因を調査するよう朝鮮本部は通牒を発している。(28)

一九一六年から一九一八年は軍隊慰問送迎・海軍寄港艦の士卒歓迎が頻繁となる。加えて連合国の傷病兵に対する慰問活動も開始した。さらに明治神宮奉賛会への献納金集めが行われた。

一六年・一七年とも一月七日、京城ホテルにて名刺交換会を行っている。二六名の主だった顔ぶれのほか、多数が参加した。(29)

一六年は朝鮮に配置される軍隊に大きな変化が起こる。一九一三年の大正政変の原因となった二個師団の増師が第三六議会で六月二一日に決定したのである。これにより朝鮮には第一九・二〇師団が配置されることになり、従来配置されていた守備隊に代えて大幅な交代移動が開始された。(30)愛婦もこの送迎に追われることになる。朝鮮本部では、京城府と連合して四月一六日から龍山停車場に接待所を設置し、第一九師団交代軍隊の送迎準備を行い、五月二六日には第六九連隊第一大隊の帰還を歓送した。この間の送迎は前後二六回に及んだ(31)。

朝鮮本部は、海軍練習艦が寄港すると、下士卒を茶菓や巻煙草で饗応した。一六年一月二八・二九日には、吾妻・磐手の一三〇〇名に(32)、一七年一月四・五日には、八雲・常盤の六五〇名に(33)、二月二三〜二五日には、千歳の水兵に(34)、四月四・五日には、千代田の水兵に(35)、一八年二月九・一〇日にも千歳の二〇〇余名を接待している(36)。

陸軍の慰問も盛んに行った。平壌支部においては、一六年五月三日に平壌滞在中で「不日出発」予定の歩兵第三一旅団第六九連隊と、平壌衛戍病院を慰問(37)。二五日には、残りの兵員の帰還を送り、後日新着する軍隊の遠来の労をねぎらうべく、旅団長・連隊長・衛戍病院訪問を決定している。一二月には、朝鮮本部が京城衛戍病院・分院・療養所の士官四名、下士卒七一名にタオル・煙草数個を寄贈。一七年にも同様なことを行っている(38)。一七年一一月二一〜二七日には、第一九師団所属除隊兵士の龍山発着に際し茶菓・煙草を饗応。二七日、三〇日には、第二〇師団第四〇旅団歩兵第七九連隊本部の龍山転営、到着部隊に対して本部役員が出迎え。一二月二一〜七日は新人兵士の歓迎を行った(39)。

一九一七年から連合国の傷病兵罹災者に対する慰問活動が始まる。二月に朝鮮本部は、連合国傷病兵罹災者慰問会の趣旨に賛同し、応分の慰問金募集を開始した。そのために慈善演芸会を行い、収益金を寄贈しようとした(40)。慈善演芸会は三月一七日に京城本町有楽館で開かれた(41)。平壌支部においては、本会員・一般有志に対して一〇銭以上五〇銭以内の金額で任意の寄付を募った(42)。長湍郡委員部では講演会を開催し、会員・一般婦人五〇余名が出席し、慰問金が一〇円以上集まった(43)。全州でも演芸会を開き、二〇〇余円を集めた(44)。こうした活動の結果、一七年一〇月二二日に慰問金は二六六〇円に達し、内地本部に送られた(45)。

一九一六年には明治神宮奉賛会が行われることになり、愛婦はその趣旨に賛同し、寄付を募った。朝鮮本部は、会員及び一般婦人は一〇銭以上五〇銭以内、家族中児童の分として、一銭以上一〇銭以内を七月一〇日期限で呼びかけた。支部長以下、七月一〇日を目指して努力中と報じられた(46)。咸興支部では朝鮮人五〇〇円、内地人二〇〇円、会員朝鮮婦人九〇円の寄付があった(47)。平壌支部では、管内篤志四九二人から一五〇円五八銭の寄付を得た(48)。全州支部では、三三二円一〇銭を集めた(49)。この結果、奉賛会に愛婦は四八〇〇余円を奉献した(50)。

朝鮮愛婦の活動として特に注目すべきは愛国貯金組合運動の開始である。朝鮮本部は一九一六年六月二五日の地久節奉祝第二回家族会に際して「愛国貯金組合規約」を発表し実行に移すことを明らかにした。具体的には主幹の大橋次郎が「会員諸姉に愛国貯金を勧告す」を読みあげた。その内容は、今や「国々の富力、云ひ代へれば持久力」が戦争の勝敗に関係するという総力戦の時代に突入していることを指摘し、日本の富力を支える一方策として、「愛国婦人会員が率先して愛国貯金とも名くべき一種堅実なる貯金をすることにしたならば、其の効果は決して少なくない」というものだった。

「愛国貯金組合規約」の概要は、京城在住の愛婦会員有志で組織する。会員外の女子でも会員の紹介により組合員となることができる。毎月応分の貯金をする（三〇銭以上つまり、一日一銭）。貯金通帳は各自保管する。組合員には愛国貯金箱を配布する。貯金はみだりに払戻しの請求はできない。利子は一年五分四毛とする。というもので、勤倹貯蓄によって「一家を富まし、延いては国を富ますということは、取りも直さず愛国婦人会の精神が実現される所以」と謳っていた(51)。

これはまさに朝鮮本部独自の運動だった。この時期内地において同様な動きはない。内地で愛国貯金組合運動が開始されるのは、一九二七（昭和二）年に内務省社会局主導のもとに勤倹奨励婦人団体委員会を立ち上げ、外資償還に当てるため愛国貯金の名目で、「一家一日一銭以上の貯金を励行せん」と決議したところからである(52)。この時の内務省社会局部長が朝鮮総督府秘書課長の経験がある守屋栄夫、勤倹奨励婦人団体委員会委員の一人に、一九一九年から一九二二年にわたって愛婦朝鮮本部長を務めた水野萬寿子が入っていることから、愛婦朝鮮本部の経験を内地に生かしたと推測することが可能である。(53)植民地での活動経験が内地に先駆けており、それが持ち込まれたのである。

三　シベリア出兵・尼港事件・第二次山東出兵への援護

第一次世界大戦に参戦中の一九一八（大正七）年八月二日、日本はシベリア出兵を宣言した。当該地にいるチェコ・スロバキア軍の保護を名目として、「露国の領土保全」「内政不干渉」をうたっていた。この出兵は一九二五年五月一五日に北樺太派遣軍の撤退が完了するまでの長期にわたることになった。その間に一九二〇年の尼港事件をはさんでいる。朝鮮在住男子が出征し、また出征軍隊は朝鮮を通過していった。二〇年三月二日には、出兵の名目が、「朝鮮・満洲への過激派の脅威阻止」に変更された。沿海州や間島と国境を接する朝鮮にとって、緊張状態が継続することとなった。

また、一九二八年には第二次山東出兵から済南事件と軍事的緊張状態が朝鮮半島を覆った。

朝鮮本部は、一八年八月六日ただちに常務委員会を開催し、「出征軍人慰問並家族救護に関する実施要件」を議定し、九月七日に常務委員会を開催し実施要件実施を定めた。実施要件は以下のとおりである。(54)

一、〇〇団大部隊朝鮮経由出征に対し其の行を盛にするため軍隊の輸送開始当日より龍山駅に於て役員其の他一般会員交代に出張歓送迎に努め夜間は本部事務員詰め切り歓送迎に従事すること。

二、本部直轄内出征軍人家族慰問に就ては不取敢当部事務員をして各家族を歴訪せしめ生活の状態及出征所属部隊名等調査したるに多少救護の必要ある見込の者も差向き金品の寄贈を要せざるを以て出征軍隊の送迎を終りたる後役員中当番を定め戸別訪問に当たること。

三、出征軍人慰問のため広く慰問袋を取纏めむとす。其の時機は本部に於て見計らひ役員に通牒し袋縫ひ等は各役員其の他有志に於て引受くること。

一八年における朝鮮本部の活動の総計を見ると、出征部隊に対して、龍山発着回数一五〇回、送迎日数三七日間、送迎者延人員数二四五九名。絵葉書贈呈数二万四〇〇〇枚・巻煙草寄贈数しらぎく二六万本（京城軍人後援会と合同で）。凱旋部隊に対して、龍山発着回数四四回、送迎日数一七日間、送迎者延人員数二二四名。巻煙草寄贈数しらぎく六万八〇〇〇本（京城軍人後援会と合同で）。送迎に要した費用六二五円一七銭となった。慰問袋は、本部取扱一万六六〇〇個（一万四六〇〇個を陸軍へ、二〇〇〇個を海軍へ）。支部委員部取扱三万五三〇〇個（二万五八〇〇個を陸軍へ、九五〇〇個を海軍へ）となった。(55)

シベリア出兵開始時は多くの慰問品が寄せられたが、その後熱気が下火になったことを憂えて、一九一九年八月に愛婦協賛委員（賛助会員のことか―筆者注）である燕岐郡守が慰問品の提供について愛婦本部へ依頼状を発送した。出征兵士の苦労は依然として続いていることを訴えたものであった。郡守は、第一回の慰問品は果実などが腐敗して始末に困ったこと。形も不揃いで梱包に困った点を指摘し、今回は一袋五〇銭（一袋に数人で出金しても良い）として、慰問品の選定と購買は公州支部で扱う。寄贈者は二五日までに現金を添えて燕岐郡庁まで申し込むようにと指示した。(56)

一八年から一九年の二年間で本部に集約された慰問袋は七万六四八三封（五万五〇〇余円）となった。また、龍山駅を通過する出征並びに帰還部隊の送迎は、一九四回。接待慰問の品として与えた絵葉書三万六八四〇枚、巻煙草

三五万七六〇〇本であった。このほか『朝鮮事情要覧』（印刷物）一万二八四〇枚を寄贈した。(57)

ここに興味深い記事がある。愛婦大邱支部では、シベリア出征軍人への接待を行おうとするが、「少数の会員にて手不足」を感じたため、中山支部長が「芸妓の協力」を得ようとした。「芸妓検番」も「快諾」し、一八年九月一〇日夜から「明石」の芸妓一同が出動して婦人会員と協力して接待。一一日夜は「芳千閣」の芸妓が揃いの衣装で定刻に駅に出たところ、一般会員から、「芸妓と共に働くのは面白くない。今夜から芸妓の協力を中止せよ」という不満の声が挙がった。抗議を受けた中山支部長は会員で「種々協議」することを提案した。抗議した会員が「頗る強硬」に主張したため、「結局、芸妓の出動をとりやめる」という結果となった。「芸妓たちは誠意を無視され大いに不満」を持ったというのである。抗議した会員の真意は、芸妓たちが接待に参加することで、兵士のいわゆるセクハラ発言をますます誘発しそうだというところにあったとコメントされている。いずれにせよ素人婦人といわゆる玄人婦人の間に葛藤が生じていたことが明らかである。ここには愛婦会員となることで女性の「国民化」すなわち地位向上を図ろうとするときにも、女性間に線引きがなされることが示されている。戦時下に突入すると、こうした線引きが消され、芸妓・娼婦らもこぞって愛婦会員になり愛婦の活動に参加するが、そうした時期とは異なる様相が見られる。(58)

尼港事件とは一九二〇年、アムール川河口のニコライエフスクにおいて、ロシア革命後の赤軍・白軍・パルチザン部隊が入り乱れる中で、赤軍パルチザンが引き起こした大規模な住民虐殺事件である。被害者の中に日本人居留民・日本領事一家・駐留日本軍守備隊を含んでいた。また建築物が完全に破壊され街が廃墟となった。(59)

尼港事件に対して朝鮮本部は、殉難者七〇〇余名の追悼会を六月二七日京城南山東本願寺で行い（愛婦主催、在京各婦人会賛同）、各遺族に「其状況を添へ」慰問状を送った。(60)弔慰金募集は朝鮮本部で決定した。寄附額については有志（男）は任意、会員並びに一般婦人は一〇銭以上一円までとした。取扱いは愛婦本部・支部とし、他の婦人団体取りまとめ分は、希望により朝鮮本部でまとめることにした。募集期限を八月末日とし、官憲を経て各遺族に分配することとした。(61) その結果一一月一九日に集った弔慰金二万三〇六七円余（約六万人）を内務省に送付し配分方を依頼した。(62) 朝鮮半島から見ると、第一次世界大戦への参戦とシベリア出兵は、連続する対外出兵であり、一連の対外戦争だったといえる。

一九二八（昭和三）年四月、山東居留民保護を名目に第二次山東出兵が行われ、朝鮮からも第二〇師団歩兵第七七連隊（平壌）・第七九連隊（龍山）が出兵した。五月三日には日本軍と中国国民政府軍が衝突する済南事件が起り日本軍は済南城を占領した。撤兵は翌年となった。

京城府と朝鮮愛婦は龍山から出征する兵士に対して官製はがき四万二〇〇〇枚を贈り慰問した。これに対して第七九連隊長より謝意が示された。(63) 咸興支部は済南へ出征する兵士への慰問金募集のため、六月三日から五日にかけて咸興劇場で活動写真会を予定した。マキノプロの作品『忠魂義烈　実録忠臣蔵』（一九二八年公開）を上映し、来客の入場料を慰問金に当てることとした。(64) 釜山支部も出征軍人に送る慰問袋を募集した。六月二六日に府会議室で慰問袋の整理を行い、計一一八八袋を発送している。(65)

以上のように、対外出兵という侵略行動を愛婦は積極的に支える役割を演じた。

四　国境警備員慰問活動

同時期、朝鮮本部は、国境警備にあたる警察官・憲兵に対する慰問を大々的に開始する。これはシベリア出兵の名目が、「朝鮮・満洲への過激派の脅威阻止」へと変更されたことと大きな関係があった。国境地帯を経て「赤化」思想が浸透することを防止すべく、警備強化を援護しようとしたのである。国境付近は朝鮮から逃れた独立運動家の活動地域ともなっていた。一九二〇（大正九）年一一月一五日には、講演会を開催し、「国境警官憲兵の家庭状況」と題して、国友警務課長・三浦憲兵司令部副官が講演している。[66]「妻も銃取り応戦す」と歌われる国境警備の厳しさが話されたと推測する。

朝鮮愛婦は、尼港事件の弔慰金募集が終了したので、さらに「国境方面に出動せる憲兵警官の家庭訪問」を行うことにした。[67]家族慰問は、朝鮮北部の咸鏡北道・咸鏡南道・平安北道で計画された。三三〇余里の国境に配置される警察官憲兵の家族一六三八人、そのうち婦人が一一四九人、子供は四八九人であり、「邦家の為職務のためとは云へかかる不便不利の僻地に昼夜殆ど不眠不休で活動する夫を内助してゐる警察官や憲兵の家族には大いに同情をせねばならぬ」と、家族に寄贈すべき慰問金品を募集した。[68]事実、国境地帯は不穏な状況が続いていた。警察官となっても、任地が平安北道・咸鏡北道だと聞くと避けて逃げる者が相次ぎ、またこの地域は離職者が多いと報道されていた。[69]

慰問は三回にわたって行われた。第一回が一九二〇年一二月で、慰問袋四二五二封と慰問金一万四七七円四六銭が贈られた。[70]一九二一年七月の第二回までに、内地や台湾からの援助があった。内地本部は、慰問物品の寄贈資金を捻出するバザーを開催し、収益と支部篤志家の醵金を合せた一万円余を朝鮮本部に交付した。[71]台湾支部は、内地本部からの依頼を受けて三五〇円を寄贈した。[72]このほか、各府県本部・北海道・樺太各支部・赤十字社篤志看護婦人会からの援助も得て、慰問袋六三六七封と慰問金二万二〇八円六〇銭が贈られた。[73]第三回は一九二三年一二月で、慰問袋四八二九封が贈られた。[74]二三年は関東大震災への慰問も重なった。以上のように、シベリア出兵援護と国境警備員慰問は、朝鮮においては朝鮮・満洲への過激派の脅威阻止という点で同じ意味を持っており、連続していた。朝鮮愛婦はそれを援護したのである。

五　三・一独立運動弾圧への支援

一九一九（大正八）年三月一日には、朝鮮全土を震撼させた独立運動が起こった。在朝日本人を震え上がらせた事件である。朝鮮在住の日本人が恐怖にとらわれ、門を閉ざし家にこもったと言われている。多くの朝鮮人の犠牲者が出たが、鎮圧にまわった憲兵や軍隊にも死傷者が出た。

愛婦はすばやい動きを見せている。朝鮮本部については、「鎮撫警戒の為日夜惨憺たる労苦を嘗め努力しつゝある軍隊憲兵警察官及暴動に依り生じたる死傷者に対し慰問の意を表すべく目下活動の準備中なり」と報じられている。(75) 九日には京城市内の警備に当っている憲兵・警察職員に対して巻煙草・菓子を寄贈した。この他騒擾地の各支部にても同様の動きをした。さらに一二日には、当局官憲の依頼により愛婦の建物の一部を警備兵の宿舎に提供している。(76)

警備の警官・憲兵警察官への慰問金募集（二〇銭以上五〇銭以内）を開始し本部及び各支部委員部で三月末までに一九九六円九九銭を取り纏めた。これは後に三一六一円余に達したので官憲へ配分を依頼した。(77)

朝鮮本部は、「騒擾事件殉難者遺族弔慰」として、一九年に憲兵将校下士卒殉難遺族五名に、弔慰金一五〇円を贈り、二〇年には、郡守公吏警察官殉難遺族二四名に、弔慰金二五〇円を贈った。(78) 愛婦は朝鮮民族を弾圧する側に身を置き、軍隊・警官・憲兵を支援したのである。

ただし、この独立運動に関する記述は、愛国婦人会の正史ともいうべき飛鋪秀一『愛国婦人会四十年史』には一言も書かれていない。執筆されたのが一九四一年という植民地下であったことと関係があろう。この事件は総督府や政府にとっては隠しておきたい事実だった。

この事件によって、長谷川好道総督と山県伊三郎政務総監は更迭され、九月二日に斎藤実総督と水野錬太郎政務総監が京城の南大門駅に到着。馬車に乗り換えて発車したところに爆弾が投げつけられた。愛婦は負傷者への慰問を行った。[79] この交代によって、愛婦朝鮮本部長は政務総監夫人水野萬寿子となった。

愛婦は朝鮮本部顧問に斎藤総督夫人を新たに迎え、九月一八日に役員会を開催した。その会合には閔李王職長官夫人・李夏栄子爵夫人・李載覚侯爵兄夫人・李鋼公家女官・閔高陽郡守夫人等朝鮮婦人が出席した。ここでは本部長水野萬寿子が「会務の拡張と内鮮婦人の幸福増進」を訴えている。植民地支配に対する朝鮮人側の未曾有の抵抗を前にして、朝鮮婦人との「融和」が急務とされ、このような会合が持たれたのである。[80]

朝鮮独立をめざす人々による一九二〇年の琿春領事館襲撃事件、一九三〇年の間島暴動に対する第二次間島出兵には第一九師団が出兵したが、これらの出兵に対する愛婦の対応は不明である。

六　露国避難民救済活動

一九二二（大正一一）年一〇月二三日から一一月六日にかけて、九〇〇〇人以上のロシア人避難民が二六隻の艦船等に分乗して朝鮮北部の元山に上陸した。その半数以上はロシア革命による混乱状態のなかで、赤軍との戦いで負傷した傷病兵を含む白軍軍人らであった。[81] 総督府は、避難民を「一定ノ地域ニ制限収容」し、軍人は「彼等ノ来船シタル船舶ニ起臥セシメ自由ニ交通来往セシメス」という対応をとった。[82] 総督府は避難民の収容所を新たに建築することなどを決定し、救護班・衛生班などを配置し、傷病兵や患者の治療は日赤朝鮮本部が行うこととした。一般避難民に対する収容・給与品などは政府が引き受ける。軍人に対する食糧は政府が補給し船内で自活させるという方針を決めた。[83]

新聞は「露国避難民の傷病者に手当をするのに大忙がし　松下日赤出張所主任談」と報じた。(84) 日赤朝鮮本部と愛婦朝鮮本部は、一一月二五日から「露国避難民傷病者救護慰問金」の募集を開始した。期間は一二月二五日まで。寄附額は任意だが二〇銭以上一円以内とし、金銭以外の物品も受け付けるとした。(85) この募集は朝鮮内にとどまらず、日本内地の日赤と愛婦へも依頼している。京都・長野・福島などでは呼応して救護金を集めたことが確認できる。(86) 秋田支部・福岡支部など多くの支部も呼応している。(87) 台湾支部は内地本部の依頼で一〇〇円を寄贈した。(88)

朝鮮本部は一一月二九日京城ホテルで役員会を開き、ロシア難民救済金募集について議論した。(89) 咸興支部では日赤や咸興基督教青年会と協力して救済事業を行った。(90) 平壌では一二月一〇日、日赤支部と愛婦支部主催で慈善音楽会を開催して救護金を集めた。(91) 全州支部と大邱支部は衣類などの物品を寄贈している。(92) 朝鮮各道の愛婦支部と日赤支部が集めた金額は一万五八六七円七六銭、このほか朝鮮本部長有吉久子や、会の重鎮である京口貞子ら本部役員や会員が集めた金額が四三五一円六銭五厘だった。(93) 日赤と愛婦が取りまとめた救護金は、一九二三年一月二〇日までで合計三万七七三一円五銭に達した。(94) 最終的には各方面から日赤と愛婦が集めた慰問寄贈金品の総額は金七万一四五五円二六銭、物品（真綿等）一二七箱、慰問袋三一三一点に達した。(95) このような救済活動は、ロシア革命を妨害し、「赤化」思想の広がりを防ぎ、革命から逃れた人々を援助するという日本政府の方針に沿ったものであった。

七　関東大震災への対応

一九二三（大正一二）年九月一日に起こった関東大震災は、朝鮮総督府にとっても大きな衝撃だった。当初は内地における被害の実態を把握することに追われるが、六日には、朝鮮人の内地渡航を阻止し、翌七日には公務以外での在朝日本人の内地渡航を禁止した。七日以降朝鮮人罹災者の帰還が始まるが、警視庁は八日には内地から朝鮮への帰還を阻止する通牒を発した。これは朝鮮半島の民衆へ、内地で起った朝鮮人に対する虐待・虐殺の事実が伝えられることを恐れたためである。総督府は推進してきた「内鮮融和」が揺らぐことへの警戒を強めた。朝鮮内においては朝鮮人の不穏な動きを阻止しようと、監視や集会禁止の措置がとられた。情報も統制され、『京城日報』は朝鮮人への宣伝として罹災日本人と朝鮮人が助け合ったという「美談」を掲載した。このような体制を整えたうえで罹災者への援助が開始された(96)。

日本全国で救済活動が展開されるが、朝鮮愛婦もその一翼を担った。朝鮮では総督府が「民心安定に関する通牒」を発し、各道知事から一般に周知された。そして各方面から義捐金品を集める体制が整えられていく。このような組織的援助体制は台湾には見られない。愛婦は日赤とともに、日本赤十字社愛国婦人会朝鮮本部救護施設を立ち上げ、極めて積極的な活動を行う。全一三道にまたがる愛婦の組織が慰問袋・衣類・履物・食糧・毛布などを集めている(97)。九月一五日には第一回分慰問衣類一七五箱三万二九五六点を釜山から東京震災事務局へ発送している。第二回分は二一日に慰問衣類一〇三箱三万一五六〇点を、第三回分は二六日に慰問衣類二四箱二八四三点を発送した(98)。会寧市民有志は九月七日に集り震災救済について協議し、日赤と愛婦・会寧面・共栄会・記者団・各町総代が中心となって義捐金と慰問袋を二一日まで募集した。民間側から五七九六円九九銭、官吏側から六六五円八五銭、愛婦側から二〇四円二〇銭、計六六六七円四銭と慰問袋一五〇個を九月二二日に道庁に送った(99)。

九月末までに義捐金三万八八〇余円（王族よりの一三〇〇円を含む）、慰問品白木綿一一〇〇反で衣類数千枚・新古衣類一〇万点・真綿・ちり紙を発送している(100)。

引き続き救済活動は行われた。羅南・清津・晋州では愛婦と仏教団体・基督教団体などが慰問袋や衣類を募集した(101)。京城では京城婦人連合会(102)の大会が予定されていたが、罹災民救済の場となった。罹災民に夜具を寄贈しようと、一一月一六日に婦人講演会が、一七日から二日間学生連合大学芸会が開かれた。会費は一人五〇銭とし、「入場者は内鮮婦人に限る」とした[103]。講演会の演壇に立ったのは池田工学士夫人（内地在住）・総督府矢島社会局長（内地視察から帰る）・相川京城第一高女教諭・金道参与官夫人（朝鮮人）の四名だった。池田は震災の恐ろしさを体験として語り、復興のための冗費節約を訴えた。矢島は内地被害の深刻さを語り救済に婦人の力を発揮するよう訴えた。相川は欧米の例を挙げて救済活動は女性の役割であり、女性が社会的に覚醒することを望むと訴えた。三箇所に設置された「情けの籠」に寄捨する参会者が多かった。斎藤実総督夫人は五〇円を寄贈した[104]。三日目の学芸会は、市内一〇小学校男女生徒・愛婦京城幼稚園・彰徳幼稚園の内鮮児童を含めて多くの婦人が参集し聴衆一六〇〇余名であった。「京城公会堂開設以来婦人児童のかゝる盛況を呈したことは全く前例ない事で、同胞救済の人類愛が如何に高潮に達し、各婦人団体の熱愛が溢れてこの結果を見たことを想像するに難くない」。朝鮮婦人の多くも会員券持参で参集したことについて、「如何程そんじょそこらの役人達が口を酸くして内鮮融和を叫ぶより一の現実がどれ丈偉大か解らない」と報じられた[105]。このように集った寄附金から一〇〇〇円三四銭を毛布蒲団代として寄贈した[106]。罹災者を日本人と呼ばず「同胞」と呼ぶことで、「内鮮融和」を掲げてきた朝鮮人と日本人の間に、裂け目・ほころびが生まれることを回避しようとした。

大邱支部は罹災者救済の音楽活動写真大会を一二月一二日に開催し、入場料全額を蒲団毛布寄贈に充てた[107]。

愛婦内地本部の集計によると、朝鮮愛婦は救済経費として一一万九一六〇円を支出し、義捐金として三万四三三六円六五銭を寄贈したことになる[108]。

見落とせないことは、このような内地被害者への支援と同時に、罹災して帰還してくる朝鮮人の慰撫に努めていることである。総督府警務局長だった丸山鶴吉は、震災が起こるやいなや釜山桟橋で慰撫活動を行うよう指示していた。丸山によれば、九月七日に一人の罹災青年が釜山へ逃れてきたという報告を受け、其の青年を「優遇して親切に取扱ひ」「良い食物を与へて休養させ、気を落着けてから郷里に送還」せよと命じ、直ちに警務職員を釜山に派遣した。八日二名の避難民が釜山へ来た。この後の措置について以下のように述べている。

釜山の桟橋に彼等の為めに収容所を急造して、食事を供給したり、慰安の途を講ずる設備を調へて、愛国婦人会其他の婦人団体を動員し、手厚く彼等を優遇し、せめても東京で悲惨な目に遭つた彼等を親身に世話することに依つて彼等の気持ちを幾分でも緩和するやうに努めた。同時に内地沿道の各県知事に依頼電報を発して、帰国途中の彼等を優遇すべく頼んだ。釜山では知事夫人を初め道庁高等官の夫人令嬢迄出て、惨ましい姿をして興奮しきつて、一船毎に帰る朝鮮同胞を心から労はつたが、これは尠からず人々の心情を和らげる一つの働きとなつた。(109)

女性たちが慰撫活動に早速動員され、役割を果たしていることがわかる。愛婦はこのような役割を期待され、応えていく。この後も続々と釜山には朝鮮人罹災者が上陸した。次の記事は大邱での慰撫活動の様子を伝える。

帰鮮する鮮人避難者約七百名は十一日釜山に上陸した是等多数の者は労働者で若干は学生も混つてゐたが大邱駅に下車したのは同日二回の列車で合計五十三名であつた道庁は大邱駅に鮮人避難者慰安事務所を設け駅員も応援して湯茶及び赤十字社及び愛国婦人会から寄贈の菓子等を饗応し直に帰郷するものは帰途に就かせ大邱に一泊する者十余名には道庁に於て宿泊料を負担して旅館に宿泊せしめて翌朝出発せしめた此後も続々此種の帰還者がある筈であると。(110)

罹災朝鮮人への慰撫は内地でも行われた。東京の朝鮮総督府出張所では、罹災朝鮮人救護と授産通信事務を行うことになった[111]。総督夫人・政務総監夫人（朝鮮愛婦本部長）は、東京青山に作られた避難朝鮮人収容所を一〇月一八日に訪問し、婦人子ども及び傷病者七〇名に菓子折りを贈り、朝鮮人妊婦に産衣を贈った[112]。

前述のように、帰還朝鮮人を迎えた釜山では釜山官民と連絡して慰問・診療・食糧給与・旅費支給・船車無賃輸送・人事相談を行った。大邱はじめその他通過駅においても慰問施療・食糧給与を行った。一〇月末日までの帰還者は、震災以外の地よりの者を含めて二万八四四三名だった[113]。

このような慰撫活動は、朝鮮の支配を安定させるために行われたと言ってよい。内地で行われた朝鮮人への虐待・虐殺の事実を広まらせないための懐柔策であった。朝鮮における震災救助活動は、単なる人道主義からの援助というよりは、「内鮮融和」を掲げる朝鮮支配にほころびを起こさないというところに力点があり、愛婦はその役割を遂行した。

おわりに〜「銃後」を超える

以上、韓国併合から満洲事変までの間、植民地朝鮮で愛国婦人会がどのような活動を展開したかを見てきた。以下簡単にまとめたい。

朝鮮半島は対外侵略の基地となった。出征する軍隊・通過する軍隊・寄港する軍隊を慰問・援護する役割は女性に求められた。第一次世界大戦参戦、シベリア出兵、第二次山東出兵という対外侵略への援護を朝鮮愛婦は積極的に忠実に行ったということができる。大戦勃発時のいち早い立ち上がりが評価されたように、愛婦の幹部級婦人たちは「居場所」を見出したといえよう。朝鮮内外での民族独立運動に対する弾圧への援護として軍隊警察慰問、国境警備員慰問を行った。植民地支配に抵抗する民衆を抑え込む役割を演じたのである。さらに植民地支配の安定をはかるために、関東大震災時は罹災朝鮮人への慰撫活動を展開した。「同胞」意識を喧伝することで、「内鮮融和」にほころびを起こさないよう救助活動を行った。「救済は婦人の役割」という言説には、救済活動を担うことが女性の「国民化」すなわち地位向上につながるという含みがこめられており、女性の覚醒を促すものであった。このような形で植民地支配の担い手としての自覚が期待されたのである。露国避難民救済の活動は、ロシア革命を妨害し、赤化思想が世界に拡散することを防ぐという日本の国策に沿うものだった。このように朝鮮愛婦は援護と救済という役割を期待され、その期待に見事に応えることを通して植民地支配に加担したのである。在朝日本人女性の植民地責任は、朝鮮愛婦の活動からその一端が明らかである。

最後に、朝鮮半島における多事は、援護・救済の領域、いわゆる「銃後」の領域にのみ女性をとどめておいたのかという点について、若干の問題を提起したい。

国境警備にあたった警察官の妻が銃撃訓練を受け、非常時には「匪賊」と対戦し犠牲者が出たことはよく知られている[114]。朝鮮北部では銃を執ることが警察官の妻には要求された。いやより広範囲の女性たちにも要求されていた。一九二五（大正一四）年一〇月三一日の天長節に、茂山の「内鮮婦人連数十名が」「警察官を指揮官兼審判官として戦闘演習をやり射撃大会を催した」[115]。羅南でも同年一一月二九日に、在郷軍人会支部長と歩兵七十六連隊長の発起で婦人も参加する懸賞射撃大会が予定された[116]。こうした射撃訓練は女学校生にも及んだ。一九二七（昭和二）年六月三〇日に平壌在郷軍人会が民衆射撃大会を開催したところ、平壌高等女学校では、「国防第一線の地である朝鮮にをる女も一朝有事の際は男子に伍して大いに活躍せねばならず、銃の操方、射撃位は会得しておかねばならぬ」と、「上級生を参加せしめて係軍人の指導のもとに女学生達も銃を執つて実弾射撃を行つた」ことが写真入りで報道されている[117]。写真には腹ばいになり銃を構える女学生と、それを見守る数名の在郷軍人の姿がある。このような女性・女学生を対象にした射撃訓練は、満洲事変以後には満洲・台湾・内地でも行われた。朝鮮においても同様である。だが一九二〇年代の朝鮮北部では、女性たちに「銃を執る」ことが想定され、要求されていたのである。これはこの時期の朝鮮半島北部が如何に多事であり緊張感に包まれていたかを示している。そのなかで、本来的には男たちが負っていた銃を執る役割が、女性たちにも課せられた。そうした意味で「銃後」を超えることを女性たちは要求され、応えようとしていたといえるのではないだろうか。この点の検討は次の課題としたい。

※本章の作成にあたり、日本学術振興会科学研究費補助金「女性の植民地責任に関する研究―朝鮮を中心に」（研究代表者：平子玲子（広瀬玲子））ならびに「帝国日本の移動と動員」（研究代表者：今西一）を受けた。

第九章　注

（1）愛婦についての研究は、千野陽一『近代日本婦人教育史』（ドメス出版、一九七九年）、同「解題　愛国・国防婦人運動展開の軌跡」（『愛国・国防婦人運動資料集』別冊、日本図書センター、一九九六年）、佐治恵美子「軍事援護と家庭婦人―初期愛国婦人会論―」（近代女性史研究会『女たちの近代』柏書房、一九七八年）、石月静恵「愛国婦人会小史」（津田秀夫先生古希記念会編『封建社会と近代』同朋舎出版、一九八九年）、片野真佐子「初期愛国婦人会考―近代皇后像の形成によせて」（『女の社会史　一七―二〇世紀―「家」とジェンダーを考える』山川出版社、二〇〇一年）などがある。

（2）台湾における愛国婦人会については洪郁如「日本の台湾統治と婦人団体―一九〇四～一九三〇年の愛国婦人会台湾支部に関する一試論―」（『立命館言語文化研究』一〇―五・六号、一九九九年）、同「『愛国婦人会台湾本部沿革史』解説」（『愛国婦人会台湾本部沿革史』下巻、ゆまに書房、二〇〇七年）がある。

（3）히로세 레이코「대한제국기 일본 애국부인회의 탄생」（『여성과 역사』二〇一〇年一二月、「大韓帝国における愛国婦人会の誕生」　原文は韓国語）、広瀬玲子「植民地朝鮮における愛国婦人会―一九三〇年代を中心に―」（『北海道情報大学紀要』第二二巻第二号、二〇一一年）、同「植民地支配とジェンダー―朝鮮における女性植民者―」（『ジェンダー史学』第一〇号、二〇一四年）、同「植民地朝鮮における愛国婦人会―韓国併合から満州事変開始まで―」（『北海道情報大学紀要』第

二八巻第一号、二〇一六年）。
（4）坂本悠一「植民地支配の最前線としての帝国軍隊」、徐民教「韓国駐劄軍の形成から朝鮮軍へ―常設師団の誕生」（坂本悠一編『地域の中の軍隊七　帝国支配の最前線』吉川弘文館、二〇一五年）二九頁、一七三頁。
（5）第二の側面については広瀬玲子「植民地朝鮮における愛国婦人会―韓国併合から満州事変開始まで―」を参照されたい。
（6）ここで言う植民地責任とは永原陽子「「植民地責任」論とは何か」（永原陽子編『「植民地責任」論―脱植民地化の比較史』青木書店、二〇〇九年、二四～二九頁）にならっている。女性の植民地責任については、拙稿「女性の植民地支配責任を考える」（『北海道情報大学紀要』第二〇巻第二号、二〇〇九年三月）も参照されたい。
（7）『朝鮮社会事業要覧』一九二三年八月、『毎日申報』一九一一年二月八日、飛鋪秀一『愛国婦人会四十年史』（一九四一年）一七一～一七二頁、三井光三郎『愛国婦人会史』（一九一二年）附録一七～二二頁。
（8）「愛国婦人会彙報」『毎日申報』一九一一年五月二五日、「愛国婦人会総会」同一九一一年五月二六日、「愛国婦人会後聞」同一九一一年五月三〇日、『愛国婦人』第二二七号附録、一九一一年六月一五日、同第二二九号附録、一九一一年七月一五日。
（9）三井光三郎『愛国婦人会史』三三四～三三七頁、「愛国婦人会彙報」『毎日申報』一九一一年五月二六日、「愛国婦人会御下賜金」『毎日申報』一九一一年五月三一日。
（10）賛助会員は支援者（男性）。「愛国婦人会成績」『毎日申報』一九一一年六月九日。
（11）『愛国婦人』第二三二号附録、一九一一年九月一日、「婦人会功労表彰」『毎日申報』一九一一年八月二三日。
（12）『毎日申報』一九一〇年一〇月一日、『毎日申報』一九一一年六月二日、『毎日申報』一九一一年六月二三日、飛鋪秀一『愛国婦人会四十年史』二八六頁、『愛国婦人』第二五七号附録、一九一二年九月一三日、『愛国婦人』第二七八号附録、一九一三年八月一日、『愛国婦人』第二八九号附録、一九一四年一月一五日。
（13）『毎日申報』一九一一年五月九日、『愛国婦人』第二六一号附録、一九一二年一一月一五日。
（14）『毎日申報』一九一一年六月三日、『毎日申報』一九一一年六月二三日、飛鋪秀一『愛国婦人会四十年史』二八六頁、『愛国婦人』第二八四号附録、一九一三年一一月一日、『愛国婦人』第三三七号附録、一九一五年八月一五日。
（15）『毎日申報』一九一一年五月三日、『毎日申報』一九一一年一〇月一一日、『愛国婦人』第二九四号附録、一九一四年四月一日、『愛国婦人』第三三七号附録、一九一五年八月一五日。
（16）飛鋪秀一『愛国婦人会四十年史』二三七～二三八頁。
（17）飛鋪秀一『愛国婦人会四十年史』二三九頁。

(18)『京城府史 二』(一九四一年)一一九～一二〇頁、『愛国婦人』第三〇六号附録、一九一四年一〇月一日、『愛国婦人』第三〇九号附録、一九一四年一一月一五日。

(19)「戦乱と愛国婦人会朝鮮本部の活動」(『朝鮮公論』第二巻第一一号、一九一四年一一月)。同号には、戦勝祈祷会の写真・慰問袋作成に励む会員の写真・山と積まれた慰問袋の写真が掲載されている。『愛国婦人』第三〇七号附録、一九一四年一〇月一五日、『愛国婦人』第三〇九号附録、一九一四年一一月一五日、『愛国婦人』第三一〇号、一九一四年一二月一日、『愛国婦人』第三一一号附録、一九一四年一二月一五日、『愛国婦人』第三一三号附録、一九一五年一月一五日にも詳しい記事が掲載されている。

(20)『愛国婦人』第三〇五号附録、一九一四年九月一五日、『愛国婦人』第三〇六号附録、一九一四年一〇月一日。

(21)『京畿道報』第一二五号、一九一四年一二月一八日、『愛国婦人』第三一三号附録、一九一五年一月一五日、飛鋪秀一『愛国婦人会四十年史』二三七～二四六頁。

(22)「出征軍人慰労金」『毎日申報』一九一四年一〇月一三日。

(23)婦人記者「愛国婦人会新年茶話会」(『朝鮮公論』第三巻第二号、一九一五年二月)。

(24)「赤十字総会準備」『毎日申報』一九一五年七月一一日、「赤愛総会順序愈決定」『毎日申報』一九一五年九月二〇日、「赤愛総会参列者一万に達する見込」『毎日申報』一九一五年九月二二日、「赤愛総会開会順序」『毎日申報』一九一五年一〇月一日。

(25)「赤愛勧誘好況」『毎日申報』一九一五年七月二五日。

(26)「赤十字社及愛国婦人会総会」『毎日申報』一九一五年一〇月二日。

(27)「赤愛朝鮮本部総会総裁宮同妃殿下御台臨有功賞特別社員章親授」『毎日申報』一九一五年一〇月三日、飛鋪秀一『愛国婦人会四十年史』三〇〇頁。

(28)「愛婦会와遺族廃兵」『毎日申報』一九一六年三月二日。

(29)「京城に於ける愛国婦人会の新年会」(写真)『朝鮮及満洲』第一〇三号、一九一六年二月一日、「愛婦会新年会」『毎日申報』一九一七年一月七日。

(30)庵逧由香「朝鮮に常設された第一九師団と第二〇師団」(坂本悠一編『地域の中の軍隊七　帝国支配の最前線』)。

(31)『愛国婦人』第三六二号、一九一七年二月一日、「愛婦軍隊送迎」『毎日申報』一九一六年五月二八日。

(32)「愛婦의士卒歓迎」『毎日申報』一九一六年一月二九日。

（33）「愛婦의海軍慰労」『毎日申報』一九一七年一月七日。このときは、宿泊旅館に落語家を派遣し、余興を演出している。
（34）「愛婦会의水兵接待」『毎日申報』一九一七年二月二四日。
（35）「愛国婦人会接待」『毎日申報』一九一七年四月六日。
（36）「愛国水兵歓迎」『毎日申報』一九一八年二月九日。
（37）「愛婦軍隊慰問会」『毎日申報』一九一六年四月三〇日、「赤愛両会와軍隊」『毎日申報』一九一六年五月一九日。
（38）「愛婦軍隊送迎」『毎日申報』一九一六年五月二八日、『愛国婦人』第三六二号、一九一七年二月一日、『愛国婦人』第三八六号、一九一八年二月一日。
（39）「愛婦의軍隊送迎」『毎日申報』一九一七年一二月二日。
（40）「連合傷病兵慰問会」『毎日申報』一九一七年二月二四日。
（41）「愛婦慈善演芸会」『毎日申報』一九一七年三月一一日、「京城に於ける愛国婦人会の欧洲戦慰問演芸会」『朝鮮及満洲』第一一八号、一九一七年四月一日。
（42）「平壌　連合傷兵와寄付」『毎日申報』一九一七年三月七日。
（43）「長湍　愛婦講演会」『毎日申報』一九一七年三月八日。
（44）「全州　慈善会二百円」『毎日申報』一九一七年三月二〇日。
（45）『愛国婦人会朝鮮本部概要』（一九四一年）六二頁。『愛国婦人』第三八六号、一九一八年二月一日には二六六六円八七銭とある。
（46）「愛婦人神宮奉賛献金勧誘」『毎日申報』一九一六年四月二三日、「神宮献金와愛婦」『毎日申報』一九一六年六月四日。
（47）「咸興에서　奉賛会献金」『毎日申報』一九一六年七月一三日。
（48）「平壌에서　愛婦人会의献金」『毎日申報』一九一六年八月四日。
（49）「全州에서　愛国婦人会의献金」『毎日申報』一九一六年九月二八日。
（50）飛鋪秀一『愛国婦人会四十年史』二八六頁、「彙報」『朝鮮』朝鮮総督府、第八一号、一九二一年一一月。献金した人数は、会員以外を含めて三万三三二六名とある。
（51）大橋次郎「会員諸姉に愛国貯金を勧告す」「愛国貯金組合規約」『愛国婦人』第三五〇号、一九一六年八月一日、『愛国婦人』第三六二号、一九一七年二月一日。
（52）内務省社会局社会部長守屋栄夫「国運の進展と婦人の覚醒」『愛国婦人』第五三八号、一九二七年二月一日、東京市社会部長守屋栄夫「愛国貯金と婦人の覚醒」『愛国婦人』第五四三号、一九二七年七月一日。
(53) 守屋栄夫については、松田利彦「朝鮮総督府秘書課長と「文化政治」―守屋栄夫日記を読む」(松田利彦編『日本の朝鮮・台湾支配と植民地官僚』国際日本文化センター、二〇〇八年)を参照。守屋と同時期総督府政務総監を務めた水野錬太郎・夫人で愛婦朝鮮本部長を務めた萬寿子は非常に親密な関係にあった。朝鮮に在官中の守屋は、萬寿子と面会一六回、書簡七五通を交わしていた。
(54)『愛国婦人』第四〇二号、一九一八年一〇月一日。
(55)『愛国婦人』第四〇九号、一九一九年一月一五日、「咸興 慰問袋如山」『毎日申報』一九一八年一一月二三日、「慰問袋募集」『大阪朝日新聞 鮮満版』一九一八年一一月六日など多数報じられている。朝鮮で発行された『大阪朝日新聞』は、「鮮満附録」「鮮満版」「朝鮮朝日」「朝鮮朝日南鮮版」「朝鮮朝日朝鮮西北版」と名を変えるが、ここでは『大阪朝日』で統一する。
(56)「出征軍人に慰問品寄贈 第二回の企画」『大阪朝日』一九一九年八月二八日。
(57)「彙報」『朝鮮』朝鮮総督府、第八一号、一九二二年一一月。
(58)「芸妓連排斥さる 出征軍人接待につき」『大阪朝日』一九一八年九月一六日。
(59) 原暉之『シベリア出兵―革命と干渉一九一七―一九二二』(筑摩書房、一九八九年)、麻田雅文『シベリア出兵―近代日本の忘れられた戦争』(中央公論新社、二〇一六年)。
(60)「彙報」『朝鮮』朝鮮総督府、第八一号、一九二二年一一月。
(61)「尼港殉難追悼会 南山東本願寺にて」『大阪朝日』一九二〇年六月二五日。
(62)『愛国婦人』第四六一号、一九二〇年一一月二一日。なお「彙報」『朝鮮』朝鮮総督府、第八一号には弔慰金二万三二六〇余円とある。
(63)『京城彙報』第八二号、一九二八年七月。
(64)「済南出動兵士 慰問金募集の愛婦活写会」『大阪朝日』一九二八年五月二九日。
(65)『釜山』第三巻第七号、一九二八年七月号。
(66)「愛婦講演会」『毎日申報』一九二〇年一一月一四日。
(67)「出動憲兵警官の家庭訪問」『大阪朝日』一九二〇年一一月九日。
(68)「国境警備員家族慰問 愛国婦人会朝鮮本部の活動」『大阪朝日』一九二〇年一二月一日。
(69)「任地が北鮮と聞いて警官が逃腰になる―当局は鎮静宣伝に汲々」『大阪朝日』一九二一年三月一七日。

(70)「慰問袋와感謝」『毎日申報』一九二一年一月一八日、「彙報」『朝鮮』朝鮮総督府、第八一号、一九二一年一一月。
(71)「愛婦会慰問袋」『毎日申報』一九二一年一一月二九日、飛鋪秀一『愛国婦人会四十年史』三三四頁。
(72)『愛国婦人会台湾本部沿革史』二四七〜二四八頁。
(73)「彙報」『朝鮮』朝鮮総督府、第八一号、一九二一年一一月。
(74)『愛国婦人会朝鮮本部概要』（一九四一年）六四頁。
(75)「愛婦活動準備」『京城日報』一九一九年三月九日（三月八日夕刊）。
(76)『愛国婦人』第四一八号、一九一九年六月一日、「愛婦の活動」『京城日報』一九一九年三月一二日（三月一一日夕刊）。
(77)『愛国婦人』第四一八号、一九一九年六月一日、『愛国婦人』第四二一号、一九一九年七月一五日、『愛国婦人』第四三六号、一九二〇年三月一日、「愛婦の慰問金一千円に達す」『京城日報』一九一九年四月一二日。「彙報」『朝鮮』朝鮮総督府、第八一号、一九二一年一一月とは金額に若干の相違がある。
(78)「彙報」『朝鮮』朝鮮総督府、第八一号、一九二一年一一月、『愛国婦人』第四三六号、一九二〇年三月一日には殉職憲兵五名の遺族へ弔慰金一一〇円を贈呈とある。
(79)「婦人会活動負傷者慰問」『毎日申報』一九一九年九月五日、「愛婦慰問協議」『毎日申報』一九一九年九月七日。
(80)『愛国婦人』第四二七号、一九一九年一〇月一五日。
(81)元山にやってきた避難民については、『露国避難民救護誌』（朝鮮総督府、一九二四年）を使用した論文、倉田有佳「元山のロシア人難民」（長縄光男・沢田和彦編『異郷に生きる―来日ロシア人の足跡』成文社、二〇〇一年）に詳しい。本章もそれに学んでいる。
(82)大正十二年二月二十三日高警第六〇四号　朝鮮総督府警務局長「秘　在元山露国避難民等ニ関シ「セミヨノフ」ノ断片」JACAR（アジア歴史資料センター）Ref. B03051288600 露国革命一件／出兵関係／反過激派関係／元山避難民　第三巻（1-6-3-24_13_28_2_003）（外務省外交史料館）。
(83)「露国避難民救護策　収容所の建築給与品の補給」『大阪朝日』一九二二年一二月七日。
(84)「露国避難民の傷病者に手当をするのに大忙がし　松下日赤出張所主任談」『大阪朝日』一九二三年一月二日。
(85)『露国避難民救護誌』（朝鮮総督府、一九二四年）一九五頁、「避難民救護金募集」『東亜日報』一九二三年一月二七日。
(86)「高秘別第一八一号　大正十二年一月二十九日　京都府知事池松時和」「高秘収第六九九号大正十二年三月一日　長野県知事本間利雄」「高機第三二六号大正十二年三月五日福島県知事岩内衛」JACAR（アジア歴史資料センター）Ref. B03051288600

露国革命一件／出兵関係／反過激派関係／元山避難民 第三巻（1-6-3-24_13_28_2_003）（外務省外交史料館）。
(87) 朝鮮総督府『露国避難民救護誌』一一七頁、一九六頁。
(88)『愛国婦人会台湾本部沿革史』二四八～二四九頁。
(89)「同情金募集協議 愛国婦人会で」『東亜日報』一九二二年一二月一日。
(90)「露避難民의救済事業烽起」『毎日申報』一九二二年一二月一二日。
(91)「露民救護音楽会」『東亜日報』一九二二年一二月二四日。
(92) 朝鮮総督府『露国避難民救護誌』一三〇頁。
(93) 朝鮮総督府『露国避難民救護誌』一二三～一二四頁、一九六頁。
(94)「避難民慰金三万円」『東亜日報』一九二三年一月二一日。
(95) 朝鮮総督府『露国避難民救護誌』一一五頁。
(96) 関東大震災への朝鮮における対応については、丸本健次「関東大震災に対する植民地朝鮮での反応」（『アジア民衆史研究』一〇号、二〇〇五年）に学んでいる。
(97) 東京市編『東京震災録（後輯）』（一九二六年）九二九～九五〇頁の記述に詳しい。
(98)「愛国婦人活動금품을 모집중」『毎日申報』一九二三年九月一四日、『愛国婦人』第四九九号、一九二三年一一月一日。なお、震災後に発刊された『愛国婦人』第四九八～五〇〇号は表紙が挿絵抜きの真っ白であった。弔慰を表したものと推測する。
(99)「会寧の義捐金と慰問袋」『大阪朝日』一九二三年九月二九日。
(100) 飛鋪秀一『愛国婦人会四十年史』四一一頁、『愛国婦人』第四九九号、一九二三年一一月一日。
(101)「大震災と各地の義捐金」『大阪朝日』一九二三年九月二〇日。
(102) 京城連合婦人会は一九二〇年六月二〇日に設立された。京城の各種婦人団体のゆるやかな連合であり、設立のきっかけは大阪朝日新聞社が行った「家庭・お伽講演会」であった。愛婦もここに参加している。
(103)「素晴らしい前景気の罹災民に夜具寄贈の婦人講演会と学芸会」『大阪朝日』一九二三年一一月一六日。
(104)「罹災民に同情せよ 各弁士の熱弁に聴衆感動す 京城婦人連合会総会」『大阪朝日』一九二三年一一月二〇日。
(105)「同胞救済学芸会 満堂唯感激に酔ふ 婦人大会第三日」『大阪朝日』一九二三年一一月二二日。
(106)「蒲団毛布代寄贈 凍える震災地同胞へ 京城連合婦人会より」『大阪朝日』一九二三年一二月九日。

(107)「震災罹災者救済の音楽活動写真大会 愛国婦人会大邱支部の催し」『大阪朝日』一九二三年一二月一二日。
(108)「愛国婦人会雑事」『愛国婦人』第五〇二号、一九二四年二月。
(109) 丸山鶴吉『五十年ところどころ』(大日本雄弁会講談社、一九三四年)三四九頁。
(110)「帰鮮する避難者」『大阪朝日』一九二三年九月二〇日。
(111)「朝鮮総督府出張所で罹災鮮人救護と授産通信事務を扱ふ」『大阪朝日』一九二三年九月二七日。
(112) 東京市編『東京震災録(後輯)』九三一頁。
(113) 東京市編『東京震災録(後輯)』九三一～九三二頁。
(114)「女も銃を執つて立つ 悲壮なる国境第一線警察官忍苦の生活」『大阪朝日』一九二四年七月四日、「第一線に立つ 夜も昼も国境を守る苦難 妻も拳銃位は射たねばならぬ 国境線二百五十里(七)」『大阪朝日』一九二四年九月一八日。
(115)「内鮮の婦人達が小銃を借り集め戦闘演習や射撃大会 不逞に悩む国境で」『大阪朝日』一九二五年一一月五日。
(116)「婦人も交る懸賞射撃大会 羅南で開催」『大阪朝日』一九二五年一一月二四日。
(117)「優しい腕に銃を執つて 平壌の女学生が射撃の練習を」『大阪朝日』一九二七年六月三〇日。

第十章　在韓日本人女性の戦後
―引揚げと帰国のはざま―

玄　武岩

はじめに

帝国日本の解体により、朝鮮から日本の政治的・経済的・人的な勢力が一掃される。ところがそれに逆行する日本人の流れが存在した。いわゆる在韓日本人女性である。戦前から朝鮮人と婚姻関係を結び朝鮮に暮らす日本人妻は、民族問題で離別することもあったが、多くは敗戦国の影を引き継ぎながら、独立した旧植民地での生活を選択した。

一方、日本から帰還する朝鮮人は日本人の妻を携える者が少なくなかった。ほとんどが労働者である戦前の日本在住の朝鮮人は、家族を朝鮮に残した者や未婚者には日本の女性を求める者が多かった。また、日本の女性の側も戦争期間には日本人の男性が少なかったので、相互に求め合う場合が自然に見られた。(1) このように日本に居住していた朝鮮人男性と日本人女性の家族も、そのどちらかに居住地を選ばなければならなかった。今後も自由に行き来できると思った日本人女性の多くは夫に同行することになる。(2)

これらの在韓日本人女性については、日韓ではとりわけ一九六五年の国交正常化以降は行き来が比較的自由となり、記事やノンフィクションをとおして早い段階からその存在が知られていたが[3]、学術的な蓄積は乏しい。社会学者の金應烈が一九八〇年代に行った在韓日本人女性の生活史の研究が先駆的な成果としてあげられるが[4]、その後の研究も在韓日本人女性の互助団体「芙蓉会」や共同生活施設「慶州ナザレ園」でのインタビューによる体験にもとづいた生活史の記述が中心である[5]。在韓日本人女性の移動・定住・帰国に関する実証性にもとづいた歴史的実態の解明は皆無に近い。

本章は、日本が帝国主義的な拡張を展開するなかで生成され、民族・階級・ジェンダーの結節点に位置する在韓日本人女性がどのように「戦後」の韓国をくぐりぬけてきたのか、その移動と定住、帰国と送還について、日韓関係の政治的交渉をたどりながら考察する。そこからは、日韓の人びとを絡み付ける植民地政策の帰結が、国民国家の「境界」と衝突することでゆがめられた帝国日本の移動と動員の戦後風景の一面が見えてくる。

一　民族・階級・ジェンダーの結節点

帝国日本の拡張と解体のなかで、ポストコロニアルの視点に立ち「継続する植民地主義」として帝国／植民地を生きた女性を考察することはきわめて重要である。こうした視点は、帝国主義とともに海外に進出・移住することになった「日本人女性」についても、「引揚物語」という被害者言説にとどまらない、「民族・階級・ジェンダー相互の関係性」（金富子）からのアプローチを可能にする[6]。

朝鮮半島において、「民族・階級・ジェンダー相互の関係性」のゆがみをもたらしながら日本人と朝鮮人の家族形成を後押ししたのが、国策として推進された戦前の「内鮮結婚」であろう。植民地朝鮮では、支配民族と被支配民族の身分差は決定的であっても、同化政策を推進する帝国は「内鮮結婚」を奨励することで民族間の結婚が行われた。

一九二一年に「朝鮮人と内地人との婚姻の民籍手続きに関する件」（朝鮮総督府令九九号）が制定されることで、「内地」（日本）と「外地」（朝鮮）という地域籍間の身分行為にともなう戸籍手続きが整備された。[7] これによって「内鮮結婚」は制度的障壁が解消され、「内地人女性」の朝鮮戸籍への転籍が増加する。さらに、一九三〇年代になり皇民化政策が推進されるにつれ、朝鮮における「内鮮結婚」の数も徐々に増え、次第にその形態も朝鮮人男性と日本人女性の結合が多くなる。[8]

しかし「内鮮結婚」は、在留日本人の多くが植民地のホワイトカラー職種に従事する「搾取投資型植民地」であった植民地朝鮮よりも、「内地」や樺太など「移住型植民地」である「外地」のほうが活発であった。[9] 階級的矛盾が民族的矛盾を凌駕すれば、女性にとって「内鮮結婚」は生活向上のためのひとつの選択肢になりえただろう。とくに植民地帝国において「内鮮結婚」は民族間の結婚であっても「国際結婚」という意識は希薄であって、その敷居は幾分低かったといえる。

それでも支配と被支配の民族関係は、多くの許されざる結婚を生み出した。一九三九年一二月の警察調査では朝鮮人男性と日本人女性の配偶数九五七七組のうち、法律婚として入籍した数が二三六三組、事実婚として内縁関係にある数が七二一四組であった。また一九三八年から一九四二年までに朝鮮人男性と日本人女性による婚姻届出件数は、朝鮮が一八〇人であったのに対し、「内地」は五二四二人であった。[10]

こうした統計からも、戦後、朝鮮人の夫とともに「内地」から朝鮮に渡った日本人女性の数が少なくなかったことがうかがわれる。このように外部に吐き出される（＝階級）しかなかった植民地支配国（＝民族）の女性（＝ジェンダー）としての日本人は、帝国の破綻と反転的再編のなか、ゆがみとねじれの重荷が集中することで歴史に翻弄されたのである。

　日本の敗戦と朝鮮の解放という政治的激動は、在韓日本人女性にも国境線という「境界」を意識せしめた。婚姻関係を証するものがあれば自由に行き来できた終戦前とは異なり、「渡鮮」と「帰国」は家族関係を維持するか解消するかという問題に直結した。しかも朝鮮での生活は、敗戦国の影を引き継ぎながら旧植民地で生きることを意味した。

　ただし、朝鮮での生活を選んだ日本人妻たちを苦境に追い込んだのは、私的領域における家族関係であった。日本の家族と訣別して朝鮮にやってきたものの、敗戦国民の嫁を見る家族のまなざしは冷たく、あげくに夫に見捨てられることもしばしばあった。夫には本妻がおり冷遇されたすえ別れることもまれではなかった。それもあって戦後の日本人引揚げの計画輸送が一段落する一九四六年の春以降は、引揚げ業務にあたっていた釜山日本人世話会では、「日鮮結婚に破れて帰国する婦女子たち」の送還がひとつの仕事になっていた(11)。

　米軍政当局からの撤退命令を受けて、釜山日本人世話会職員が一九四八年七月に引き揚げると、日本人の引揚業務は慶尚南道厚生課に一任され、引揚げのための収容所は「帰還日本人収容所」に改称された。この時期に釜山日本人世話会が釜山《プサン》市内の日本人女性を個別訪問して調べて、一七〇人を確認した。南朝鮮全体では一六七七人がいると公表されたが、実際は三〇〇〇人に達すると推定された(12)。

二　引揚者から帰国者へ(13)

日本国籍を剥奪された朝鮮籍元日本婦人

　しかし在韓日本人女性にとって本当の試練はこれからであった。一九五〇年の朝鮮戦争の勃発は、在韓日本人女性の「在韓」の根拠である朝鮮人夫を連れ去り、困窮した生活に追い打ちをかけた。そして多くの日本人女性が戦禍を逃れ、日本に帰国すべく釜山をめざすことになる。戦争避難民が殺到した釜山には各地に避難民収容所が設けられていたが、これらの日本人女性を収容したのが小林寺（草梁洞）および智恩院などの寺院や、玩月洞、赤崎（現南区牛岩洞）などの避難所であった。次第に小林寺と赤崎が帰還日本人収容所のメインとなる。

ところが、朝鮮に残り、あるいは夫とともに戦後朝鮮に渡った日本人女性の帰国は、後述するようにもはや恣意的に行える事柄ではなかった。戸籍等が確認できない場合は長期の収容所生活を強いられることも少なくなかった。在韓日本人女性の帰国手続きは、まず本人が日本の家族に連絡して本人記載のある戸籍謄本および身元引受証明書を入手し、写真をそなえて釜山の韓国外務部に「撤退申請」をする。そのリストを日本の外務省が入手して、本籍地の確認、身元引受人の有無を調査して入国を許可したように、それには複雑な手続きを要した。(14)

こうした収容所での生活を日本人女性はどのように生き抜いたのだろうか。

在日作家の張赫宙は一九五一年七月および一九五二年一〇月に新聞・雑誌の特派員として朝鮮戦争の取材を行い、ルポや小説など多数の作品を残している。最初の訪韓で取材した『毎日情報』の特約記事は、戦況や政治情勢、戦災民および避難民の暮らしに関心を寄せながらも、最後に「取り残された日本婦人」のエピソードで締めくくられている。(15)その記述はわずかであったが、このときの取材記録はのちに発表される「異国の妻」「釜山港の青い花」「釜山の女間諜」など小説のモチーフになる。

「引揚《マヽ》日本人収容所と終戦直後にかけた看板のまま」である小林寺の日本人収容所を訪れた張赫宙は、(16)「本堂にぎっしり詰ったひと達は戦災民で、韓国人の夫が、戦死したり、行方不明になったり、北鮮軍当局の手で殺されたりしたので、未亡人になり、祖国の日本に帰る他ないという身上の人ばかりであることが、間もなくわかった」。(17)

在韓日本人女性の惨状を生々しく描いているこれらの作品には、日本人女性が実家から戸籍謄本が届かず、長期間収容所での生活を強いられる様子も見られる。

　在韓日本人女性が帰国できなかったのは、日本にとってこれらの女性が「終戦前から朝鮮（韓国）に居住していた者であっても正確に言えば引揚者とは言えない」存在だったからである。「日本における戸籍を抹消せず、韓国人と内縁関係にあった日本婦人のみが日本人引揚者とな」り、韓国人の夫に入籍した者は「（朝）鮮籍元日本婦人」とされた(18)。つまり、戦前に朝鮮人男性との法律婚によって「内地」の戸籍から除籍された日本人女性は、後述するように「純然たる日本人」と見なされなかったのである。

　朝鮮戦争前は、これらの「鮮籍元日本婦人」に対しては、全般的な取り決めが決まらないまま、戦前から朝鮮に居住した者には「引揚者」として引揚証明書を、戦後に渡航した者は「渡航者」として上陸証明書を交付して帰郷させていた。ところが朝鮮戦争が勃発し、戦乱を避けてＧＨＱ（連合国軍総司令部）が承認した船舶で引き揚げる者のなかには「鮮籍元日本婦人」も含まれていた。しかし戦争によって夫と死別したり離婚したりした日本人女性や子どもの「身分関係の変動を今後積極的に立証することは頗る困難」であった(19)。日本政府は「鮮籍元日本婦人」の入国手続きおよび許可等の取り扱いについて対応を迫られる。

　日本の立場は、「朝鮮籍元日本婦人」に対して、「日本に縁故（落着先）のない者は、原則として乗船を保留すること」であった(20)。外務省はＧＨＱとの交渉で、「日本に本籍を有する者」と、「朝鮮籍元日本婦人」の場合「内地に確実な身元引受人のある者及びその子供」については日本入国が「適当と思われる」としたが、そうでない場合は日本入国が「不適当と思われる」と申し入れた(21)。

　するとＧＨＱは外務省との折衷をへて、「朝鮮籍元日本婦人」の身元について、身元引受者の経済的能力の有無や、本人の渡鮮が戦前なのか戦後なのか、またそれが自発的なのか強制的なのか、そして正式結婚なのか内縁関係なのかについて調査するよう求めた(22)。調査項目にはさらに思想や刑事関係、政治的関係についても含まれたように、社会経済的な側面だけでなく治安面でも「朝鮮籍元日本婦人」は考慮の対象となった。

こうした身元調査には多くの時間を要し、それが小林寺など帰還日本人収容所における日本人女性の帰国が滞る要因となった。釜山で「日本人と称している」帰国希望者の身元調査について、外務省は一九五一年一月以後たびたびＧＨＱから要請されるが、その二三九名について正式に報告したのは四月三日であった。翌月の報告で、その後身元確認の要請があった者を含めた五八五名のうち三六三名は「帰国適当者」としたが、継続審査中の者を除く五九名については、「入国不適当」と回答した。身元引受人となるはずの家族に引き受ける意思がなかったり、本籍や家族が確認されなかったりしたことがその主な理由であった。[23]

当時の日本法務府は、一九五一年四月一九日に出した民事局長から各地方法務局長への通達で、サンフランシスコ講和条約の発効にともない、朝鮮人および台湾人が日本の国籍を喪失することを定めたが、「朝鮮籍元日本婦人」もその対象となった。[24] 同通達は「もと内地人であった者でも、条約の発効前に朝鮮人又は台湾人との婚姻、養子縁組等の身分行為により内地の戸籍から除籍せらるべき事由の生じたものは、朝鮮人又は台湾人であって、条約発効とともに日本の国籍を喪失する」（第一条第三項）ことを示したのである。

こうしたケースで多くの日本人女性が長期間の収容所生活を余儀なくされた。一九五〇年一一月六日に興安丸が引揚者を乗せて佐世保に入港するが、「引揚者」でない場合ＧＨＱの許可がないと乗船を許されなかった。それから公式に韓国政府が在韓日本人女性の帰国船を配船して一九五一年五月二九日に第一号船が出港するまで、小林寺の帰還日本人収容所にいる六〇〇人余りの日本人女性と子どもは数カ月間を収容所で生活した。その間、一日米三合と現金五〇円が支給されて細々と暮らしていたが、それもインフレによって物価が高騰し、命をつなぐのに精いっぱいであった。

ただ日本政府は、韓国当局（社会部）が「日韓親善のために努力する」として救援品を送るなどしていたことから、

「食糧に不自由することなく保護されている模様」と見ていた。[25] 一方で韓国からすれば、一九五一年一月の国務会議で外務部長官が、帰国申請がある四五三名の在韓日本人女性を帰国させることついて報告したように[26]、戦時中に日本人女性を収容し続けることは得策ではなかっただろう。

「異国の妻」たちの帰国

帰還日本人収容所で長期間の生活を強いられる日本人女性たちは、一九五一年三月に「釜山市草梁洞日本人引揚者一同」の名義で日本政府に早期の帰国を要請する嘆願書を送った。嘆願書は、「韓国政府側の手続を完了して唯々帰国出来つ《ママ》日を希望に約六〇〇名の婦女子が待つ事久し三カ月或は四カ月の人達の経済的の必迫《ママ》は云ふに及ばず幼い子等の明るい顔は日に日に衰へ病にたおれる者犠牲になる者　十二月も過ぎ一月を待ち二月を待ち三月が訪れても吾々には帰国出来そうふ《ママ》何の希望もあたへられて居りません」と訴えた。[27]

この時期に日本の対応が滞ったのは、一九五一年三月一七日に参議院の「在外同胞問題に関する特別委員会」で外務省引揚課長が述べたように、「法規的なバック・グラウンドを発揮させなければならない状況にあった」からである。引揚援護庁は、「内地に戸籍を有する者は当然引揚げ得る」としながらも、「日本人であるということが戸籍上わかり〔中略〕総司令部によって入国を許可された鮮籍日系婦女子に対しては〔中略〕純然たる日本人の引揚というものでは」ないという立場であった。[28]

すなわち、「曽つては日本人であったが、朝鮮人としてのはっきりした意識を持って向うに踏みとどまる意思があった」り、「終戦後向うに不法渡鮮するか何かで行った」在韓日本人女性は、「日本を放棄して朝鮮に籍を移すという気持もあったかも知らん」存在であった。これらの女性が「戦乱の渦中に巻き込まれました結果、今になって帰るということに」なると、「これをいわゆる引揚該当者としての日本人として取扱うか、或いは今は朝鮮人であるから、これは日本国のほうへ移民の形で入るかという」判断が必要になったのだ[29]。

一九五一年五月三〇日に在韓日本人女性および子どもたち六〇人を乗せた送還船が門司港に入港すると、新聞各紙は「韓国の妻」「異国の妻」の帰国を大きく報じた。この第一次の送還以来、一九五四年末までだけでも、五四回にわたり一六九五人が韓国の定期船によって帰国した。そのうち、終戦後はじめて日本に引き揚げた者が五七七人、終戦後日本から渡航して帰国した者が四四〇人であり、これらの在韓日本人女性の子どもと思われる入国者（韓国籍の者、または入籍の手続きをしないもの）が六六三人であった[30]。一九五〇年代はこのように韓国が送還するかたちで在韓日本人女性の帰国が行われた。

図1　韓国の送還船に乗船する日本人女性一家
（1951年5月28日・韓国国家記録院）

しかしすべての「韓国の妻」が帰国できたわけではない。一九五二年に入っても小林寺や赤崎の収容所にはなお五〇〇人を越える収容者がいた。この時期は日本政府も「被収容者の全員が全くの無一物」で、「大半が沖仲仕人夫自由労働者婦女子は旅館料理屋の女中日本船の炊事洗濯等に従事しかろうじて糊口を凌ぎ一部婦女子は闇の女として街頭を彷徨し引揚船の配船を待望しおり」と[31]、その苦境を把握していた。

ところがサンフランシスコ講和条約の発効により日本が主権を回復することで、韓国の第一三次の帰還船からはＧＨＱの許可業務を外務省が引き継いでも、帰国許可は遅々として進まなかった。韓国側は、日本が在韓日本人に対して入国許可や本人確認の手続きを踏むことなく、また本籍不明者についても身元引受人の保証のみで入国させるよう要求していた。とうとう韓国外務部は一九五二年一一月一六日、日本人の本国送還が遅れている責任が日本政府にあると非難する声明を発表するに至る[32]。

こうした状況で、帰還日本人収容所の在韓日本人女性は、今度は在韓国戦災日本人引揚者委員会を結成して、一九五二年七月に再び「母国が自由独立を獲得し」たにもかかわらず戸籍の確認ができない等の理由で入国許可を出さないことに抗議し、「韓国政府が日本人と認めた者は無条件で帰国させるよう」求める嘆願書を外務省に提出した。それに対して、外務省は「無制限に放任すれば、いろいろな不正入国が行われることは前例をみても明らか」としたうえ、「日本国民たる国籍の証明は日本政府固有の権限」だとして、あくまでも正式な手続きにのっとって処理すると回答した[33]。

これらの在韓日本人女性が、すべて入国許可が下りない理由で帰還日本人収容所に留まるのではなかった。なかには自己都合で居すわる者もいた。帰国後の日本での生活にも不安があったのだ。在韓日本人女性は帰国しても、朝鮮人とは内縁関係のまま「日本人」である者はともかく、「韓国籍」の場合外国人登録証をもたされて引揚寮にも入れず、夫の死亡確認が証明できないと離婚もできない状態で、子どもたちも無国籍のままで野放しにされることもあった[34]。親と絶縁して朝鮮に向かった場合は家族の「冷たい仕打ちに合い、知友の家を転々、わずかな生活保護費で路頭に迷っている人々もある」と、当時の新聞は伝えている[35]。

結局、これらの日本人女性において戦前と戦後は連続するものであった。それに断絶をもたらしたのは日本の敗戦でも朝鮮半島の独立でもなく、韓国での生活に見切りをつけ帰国することだったのである。

釜山外国人収容所

朝鮮戦争中に帰国を希望する在韓日本人女性は、小林寺などの帰還日本人収容所に分散していた。そして朝鮮戦争が停戦して釜山外国人収容所（釜山収容所）が開設されるとここに収容される。一九五〇年代に多くの日本人漁夫が抑留されたことで知られる釜山収容所は、最初に帰国する在韓日本人女性の収容のためにつくられたのである。

朝鮮戦争停戦後の一九五三年一一月七日に数カ所の帰還日本人収容所が集められ、釜山の槐亭洞新村《クェジョン》（現砂下区槐亭三洞）に外務部釜山出張所管轄の外国人収容所がオープンした。(36) 槐亭洞は釜山の中心部から四キロほど離れた郊外に位置し、一九五一年から避難民の村を建設するとの噂があった。本格的に村がつくられるのは一九五四年七月のことであり、釜山市内のバラックを撤去して戦災民を移住させるために二〇〇〇戸の敷地を確保してできた村が新村である。(37) 槐亭洞はかつてから避難民収容所の候補地でもあって、新村の建設が本格化する前に収容所が設置されたのである。

釜山収容所は、当初は在韓日本人女性の送還のための待機施設として規模も小さかった。したがってこれらの日本人女性およびその子どもは「自由送還者」として外務部の管轄下にあった。「自由送還者」は、収容所生活を送りながらも出入りが許されたこともあり、子どもたちは町に出て英語や数学を勉強することもあった。(38)

朝鮮戦争が停戦しても、韓国人の夫を失い、あるいは生活苦のゆえ子どもを連れて日本に帰国するため釜山をめざす人は絶えなかった。一九五六年三月一九日に李承晩《イスンマン》大統領が釜山収容所を訪問し、九六人の日本人女性（三六人）およびその子ども（六〇人）と面談して「帰国を望むならば、交通の便宜を提供する」と語り、同月二九日に日本から入国許可が下りず長期間収容されている者も含め、全員を一方的に送還した。

このように韓国側が一方的に日本人女性を送還することになったのは、日本政府の事務停滞が原因であった。当時の日本の新聞が「日本政府が何故韓国からの日本人送還をちゅうちょしているのかわからない」と嘆いたように、(39) 在韓日本人女性が帰国を切望しながらも釜山収容所で足止めされることは不可解なこととして映っていた。一九五八年六月にも釜山収容所には五二名が収容されていた。この時期、韓国外務部はおよそ一二〇〇〇人の日本人女性が居住し、その子どもの数は三〇〇〇人にのぼると推定していた[40]。

朝鮮戦争後、韓国政府はいわゆる「李ライン」を越えた日本漁船の拿捕を本格化し、乗組員の日本人漁夫が刑期を終えても釜山収容所に抑留されることになる。釜山収容所で「自由送還者」の日本人女性はこれらの日本人漁夫を迎え入れた。収容棟こそ異なるものの、在韓日本人女性と同じ収容所内で生活した日本人漁夫は、これらの日本人女性を介して私物を売却し食糧などを購入した。やがて両者の収容棟も隔離され、急増する日本人漁夫に対応するべく、釜山収容所の機能も抑留船員の収容施設へと変容していくのである。

一九六〇年代に日本漁船の拿捕が沈静化すると、釜山収容所は再び日本人女性の収容がメインとなり、法務部釜山出入国管理事務所の外国人出国待機所として存続することになる。一九六〇年九月には七世帯一六人がここで帰国を待っていた。釜山の外務部出張所だけでも、終戦から一五年間およそ八〇〇〇人の在韓日本人女性が帰国手続きのために訪れてきた[41]。身の寄せ場のない在韓日本人女性は、釜山収容所から帰国の途についた。

図2　釜山収容所（外国人出国待機所）で帰国を待つ日本人女性一家（1965年・桑原史成）

三　在韓日本婦人会から芙蓉会へ——否定された「在韓日本人」

在韓日本婦人の素顔

一九六〇年四月、強硬な反日政策をもって対日関係を取り繕ってきた李承晩政権が市民革命によって倒れた。そして民主党政権（張勉内閣）が成立すると、自由主義的な雰囲気のなかでにわかに日本ブームが起こり、さらに翌年五月に軍事クーデターで権力を掌握した朴正熙《パクチョンヒ》政権は日韓国交正常化を押し進めることで、日韓関係にも好転の兆しが見えた。帝国日本による植民地支配の恨みを一身に負わされ、「倭色一掃」の気勢に押し込まれ身をひそめて生きてきた日本人女性たちにも、韓国の政治情勢の変動は大きな転機となった。

日本人であることはおろか、日本語を口に出すことすらできなかった在韓日本人女性たちは、反日・排日の気配のゆるみのなかで、望郷の念を支え合う同じ境遇の人たちと集うことになる。依然日本への帰国を希望する在韓日本人女性が釜山に集結するなか、帰国が現実的ではない人たちも戦後一五年が経ち、家族との再会のため一時帰国（里帰り）の希望を膨らませる。こうした出来事が在韓日本人女性を結集させるモメンタムとなった。

ただ、在韓日本人女性が自ら声をあげていくには、定住と帰国に向けた具体的な条件が整わなければならなかった。すなわち、在韓日本人女性が韓国で定住し、または日本へ帰国しうる歴史に翻弄された存在であることが認知される必要があったのだ。一九六〇年代にこうした在韓日本人女性に目を向ける人たちがあらわれ、たんなる「韓国の妻」ではなく、戦後取り残された「在韓日本人」として女性たちが素顔をあらわすことになる。

一九六〇年九月に小坂善太郎外相を団長とする親善使節団が訪韓した際、そこに五人の在韓日本人女性が訪れ、韓国政府に一時帰国の許可について働きかけるよう訴えた。(42)同年一一月に韓国を訪問した民間団体である日韓親和会の鎌田信子は、在韓日本人女性の話を聞き、彼女らの里帰りについて日本政府と交渉した。(43)「戦後初」とされる日本人女性の訪韓に、在韓日本人女性は胸を躍らせた。

一九六一年二月にも九人の女性が外務省に「戦時中、内鮮一体の空気の中で結婚し、子供を育ててきたが、私たちの切なる願いは祖国の復興ぶりを見て老いさき短い両親などに会うことです」と訴える陳情書を送った。(44)そして外務省が一九六一年四月初旬に韓国政府に一時帰国について特別なはからいを申し入れると、韓国政府は同年七月に駐日韓国代表部を通じて「一年間の帰国期限を認める」との意向を伝え、日韓両政府の日本人妻の集団里帰りに関する協定が進められることになる。(45)

日韓両赤十字社の交渉で協定がまとまるのは一九六二年一〇月であった。ところが、里帰りが認められても、パスポートの取得やビザ・再入国の手続きが必要になるのはともかく、ほとんどが貧しく暮らす在韓日本人女性に旅費を捻出する余力などなかった。結局、赤十字の援助で里帰りが実現するのは一九六四年九月であった。このとき在韓日本人女性五五人が集団里帰りし、翌年の一九六五年九月には六六人が第二陣として里帰りを果たした。

日本人女性の永住帰国についても新たな動きがあった。一九六一年六月一九日、韓国木浦《モッポ》の社会事業家尹鶴子《ユンハクジャ》が日本赤十字社を訪問して、韓国に在住する元日本婦人等の現状について語ったのがきっかけであった。尹鶴子は約一〇〇〇人に上る在韓日本人女性が夫と別れ、子どもをかかえて生活に困窮しているので、早急に帰国できるようにして欲しいと援助を求めたのである。(46)

尹鶴子（田内千鶴子）は務安《ムアン》郡庁官吏の娘として朝鮮に渡り、木浦貞明女学校で音楽教師となったのち、戦前から朝鮮で伝道師の夫尹致浩《ユンチホ》とともに孤児院共生園を運営した「在韓日本人妻」であった。尹鶴子は朝鮮戦争のさなかに夫が行方不明になっても戦争孤児を引き取り、「孤児たちのオモニ」として木浦の市民に親しまれた。(47)

尹鶴子の訪問を受けて、日本赤十字社が翌日の六月二〇日、韓国赤十字社に対して韓国在住の日本人で帰国を希望する者の調査を依頼すると逐次回答が寄せられた。韓国赤十字社は、一九六一年八月一一日に在韓日本人は一〇〇九人で、うち永住帰国を希望する者は一二〇人と発表した(48)。九月八日には第一次名簿が、一一月二一日にはより詳細な第二次名簿が日本赤十字社に渡された。それによると六六世帯二〇六名が帰国を希望し、五一世帯九四人が里帰りを希望しているとのことであった(49)。その後も調査が進み、徐々に在韓日本人の実態が明らかになる。

こうして日韓の赤十字社が支援する在韓日本人女性の永住帰国が推進されることになる。この時期の調査による帰国希望者二四七人については、日本赤十字社から日本政府に申達され、政府の手による身元調査の結果、入国を許可する旨韓国に通報された者一七七人、そのうち六八人が一九六一年度に帰国した。第一次の二二人（引揚者九人含む）の永住帰国は一九六一年一二月二三日に実施された。その協議のため、日本赤十字社の掛川巌外事課長と外務省アジア局東アジア課の鶴田剛事務官が訪韓した(50)。

韓国赤十字社の協力のもと帰国が実現した者の数は、一九六二年が四四八人、一九六三年が一八一人、一九六四年が二七三人、一九六五年が一七二人であった(51)。

否定された「在韓日本人」

永住帰国の進展や里帰りの実現に活気づいた在韓日本人女性たちは、日本の親善使節団の訪韓の際に面会を要請するなどして、各地で三々五々集うようになる。一九六一年七月に韓国政府が在韓日本人女性の一時帰国を認めたことを受けて、外務省アジア局東アジア課の前田利一課長が訪韓した際にも、在韓日本人女性は同課長を迎え帰国手続きをめぐる座談会を開いた。こうして一時帰国が現実味を帯びると、座談会に集まった三〇人余りの人たちが中心となって、帰国手続きの斡旋を目的とする日本婦人世話会を立ち上げた(52)。

しかしここに集まることができた人たちは、まだましなほうであった。日本婦人世話会が日本人女性を探す過程で目の当たりにしたのは、極貧の生活にあえぐ、一時帰国の費用すら捻出できない人たちの姿であった。一方、ソウル中心部にある明洞カトリック教会にも自由に日本語がしゃべれることから日本人女性が集まり、その名を弥生会と称した。弥生会も一九六二年八月に日本赤十字社を訪問して、速やかに帰国手続きを履行するよう陳情した。(53)

一時帰国の手続きはもちろん経済的な相互扶助が喫緊の課題であった在韓日本人女性たちは、一九六二年一二月に二つの団体を統合して翌月在韓日本婦人会を発足させた。このとき会長に選任されたのが、一九四四年に朝鮮人の夫と朝鮮に向かい、公州《コンジュ》で女学校の教師を務めた平田照世である。日韓国交正常化の機運が高まることで会員数も増え、地方にも支部が結成された。一方、釜山には早い段階から日本人女性の集いが生まれていた。終戦まもない一九四七年からカトリック教会を中心に日本人女性が集まり、食料や衣類の配給を受けていた。一九六二年にソウルの在韓日本婦人会の存在を知った釜山の日本人女性たちは支部設置を申し入れ、在韓日本婦人会の釜山支部となる。

ところが、この合流に異議を唱えた一部の人たちが別途に在釜山日本人婦人親睦会を結成して活動を展開したものの(54)、一九六六年に釜山日本総領事館の勧告により両団体は統合することになる(55)。この一九六六年には在韓日本婦人会が芙蓉会にあらためられ、芙蓉会はソウル本部と釜山本部が独自に活動を展開することになる。長年にわたり芙蓉会釜山本部を率いることになる国田房子もこの時期に芙蓉会に加わった(56)。

在韓日本婦人会が生まれたことは画期的であった。日本や韓国の支援品が同会を通じて極貧者に渡された。さらに同会が日本に向けて支援を訴えて資金を募り、極貧者の一時帰国の費用をまかなうことができた。こうした活動を中心にして各地の日本人が集結して団体を組織し、一九六三年五月には公報部に登録して公認団体となった。その後、同会は外務部（六四年）、保健社会部（六五年）に移管される。

ソウルや釜山には在韓日本婦人会の事務所がオープンし、会の看板も掲げられた。一九六五年六月に日韓条約が締結されたことは、在韓日本人女性にとっても一大事件であった。日本公館に掲げられた日の丸を見て抱き合い、「お国が私たちを守ってくれる」と涙したと伝えられる。[57]ところが、日本の本格的な韓国進出は在韓日本人女性に思わぬ影響をもたらすことになる。

日韓条約により人的交流が活発になると、日本語や日本の歌が鳴り響くような「親日行動」がやり玉に挙げられ、在韓日本婦人会もそのあおりを受けた。一九六五年八月にソウル市警は在韓日本婦人会の登録の取り消しを関係当局に要請した。同会の規約が会員資格として「韓国に居住《(ママ)》する日本婦人」と掲げているにもかかわらず、そこに多数の韓国国籍者が含まれていることが問題視されたのだ。ソウル市警の発表によると、同会ソウル支部の会員一六二人のうち、日本国籍者は四一人で、六二人が韓国国籍、一二人が二重国籍、四六人が国籍不明であった。[58]日韓国交正常化を見据え、諸部門に浸透する「日本」を警戒する声が高まるなか、「韓国人」が日本語を使い、日本名を名乗ることが容認できなかったのである。

いくつかの新聞がこの件を報じることで在韓日本婦人会は批判にさらされる。しかし同会は一九六五年二月に規約の「韓国に在住する日本婦人」という会員条項を「韓国に在住する日本国籍を持つ夫人および婚姻により韓国国籍を持つ日本出身の夫人」に変更することを外務部に申し出て承認されていた。調査に乗り出した保健社会部婦女課も同会に事情を聴き、すでに規約が変更されていること、日本名の使用も設立当初からのことであることを確認し、同会の目的も親睦と福祉向上にあると結論を下した。[59]ソウル市警の圧力にさらされた在韓日本婦人会は、規約の変更に先手を打つことで解散の危機を乗り切ることができた。

ところが、そこに追い打ちをかけたのはほかならぬ日本政府であった。一九六六年に日本大使館が設置されることで在韓日本人女性たちが祖国に込めた期待は、ほどなく裏切られた。日本人として扱って欲しいという在韓日本人女性らの要望に、日本大使は「あなた方一代は日本人として扱いましょう」と答えたものの、そうした処遇の約束は果たされなかったのだ。それどころか、「在韓日本婦人というのはあなた方のことではない、今度日本からここへ来る人のことだ」といわれ、在韓日本婦人会の名称も日本大使館に否定されたのである。(60)

韓国では「似非韓国人」と非難され、日本からも「日本人」として認められなかったのが在韓日本人女性であった。日韓が国交を正常化しても、戦争に翻弄され、国籍に惑わされた女性の尊厳と人権は回復されなかった。一九六六年に在韓日本婦人会が芙蓉会へと名称をあらためるのは、こうした経緯からであった。大使館から「かわいい花の名前でもつければ無難」といわれて名付けたのが「芙蓉会」であった。(61)

芙蓉会の名付け親は、日本に連れられた朝鮮王朝最後の皇太子李垠《イウン》と政略結婚した皇族である梨本宮家の出身で、一九六三年に帰国を許された夫とともに韓国に向かった「在韓日本人妻」の李方子女史とされる。

図3　釜山で日本にいる兄を探す在韓日本人の親子
（1964年・桑原史成）

四　日韓国交正常化が開いた帰国への道

在韓日本人女性の実態調査に乗り出す日本

一九六〇年代は日韓関係が改善に向かい、両国の赤十字社が在韓日本人女性の永住帰国や一時帰国を支援することで、政府間の交渉も行われた。しかしながら、困窮する生活を強いられる在韓日本人女性への日本政府の関心は受け身の対応に終始した。日韓の国交が正常化されても、日本政府の在韓日本人女性に対する認識は、これらの女性の「在韓日本人」としての位置を否定したように、根本的に一九五〇年代と変わりはなかった。

ただ、一九六〇年代は日韓の往来も可能となり、韓国を訪れるジャーナリストもあらわれた。一九六四年七月に韓国へと飛び立った報道写真家の桑原史成は、激動する政治情勢を生きる韓国の人びとにレンズを向けながらも、朝鮮戦争を取材した張赫宙と同様、在韓日本人女性の存在を見逃さなかった。そのリポートは『太陽』（一九六五年三月号）に掲載された。一九六四年と六五年に実施された在韓日本人女性の一時帰国も各紙で報じられた。

しかしようやく素顔をあらわし始めた在韓日本人女性は、日韓国交正常化にともない活性化する交流の波に埋もれていく。最初に奪われたのが「在韓日本人」としての存在性だった。そして人道問題として行われた日韓赤十字社による在韓日本人女性の帰国支援も、もはや国家間の取り決めによって進められる事柄とされ、打ち切られることになる。

それでも遅れてきた在韓日本人女性とその子どもたちの存在が、日本社会の植民地支配の記憶をえぐりださずにはいられなかった。作家の藤崎康夫が在韓日本人の存在に関心を抱くきっかけも、東京の夜間中学校で日本語を学ぶ帰国者の子弟に接したことであった。自らも幼少期を朝鮮半島で過ごした藤崎は教職を投げ打って、一九六七年四月に釜山を訪問して以来、十数回にわたり取材を重ねた[62]。同年から雑誌に在韓日本人女性および子どもに関する記事を多数執筆し、それらをまとめて一九七二年には『棄民―日朝のゆがめられた歴史のなかで』を上梓した。

一方、一九六八年三月五日に『朝日新聞』が「日本へ帰りたい！貧困にあえぐ在韓邦人」と題する見出しの記事で、その困窮する姿を報じたことで風向きも変わっただろう。しかし日本政府が在韓日本人女性の問題に取りかかる直接的なきっかけは、同年一一月に衆議院農林水産委員会の所属議員（理事）が訪韓し、帰り際に釜山の日本総領事館で在韓日本人女性の陳情を受けたことであった。同行した足立篤郎衆議院議員は釜山で貧民窟に暮らす日本人女性に会って涙し、そのことを直接佐藤栄作首相に訴えた[63]。

一九六八年一二月三日、韓国の駐日大使が韓国大統領の祝電を携えて自民党総裁選で再選を果たした佐藤首相を訪問し、日韓の懸案事項について協議を行った。その際、佐藤首相は韓国側に在韓日本人女性の帰国についても協力を要請した[64]。日韓の国交正常化からおよそ三年が経って、ようやく日本政府は在韓日本人女性の帰国を促進する対策に乗り出したのである。四日後の一二月七日に、佐藤首相は外務省に対して、釜山に集結しつつあるといわれる韓国の日本人妻の処遇について人道的立場から検討するよう指示した。

韓国に留学中の清水安世が在韓日本人女性の「予想を上回るみじめな暮らし」に衝撃を受け、佐藤首相にその窮状を訴える手紙を出したのは[65]、首相が指示を出した後の一二月一五日であったが、国会でもこの手紙のことが取り上げられた[66]。一留学生に帰国への手助けを訴えなければならないほど、在韓日本人女性は追いつめられていたのである。

国費による帰国

日本政府から正式に在韓日本人女性の調査を依頼された韓国政府は早速調査に着手した。駐日大使が佐藤首相から協力を要請された翌日、外務部は日本側の要望を法務部および内務部に伝え、在韓日本人の数や居住地、定着の動機、国籍状況、生活程度、帰国希望者数、外国人登録関係などに関する調査を求めた。在韓日本人の数について行政機関による公式の調査が行われたのはこれがはじめてであろう。

法務部は早くも一二月二六日に回答を寄せたが、その調査は各行政区の管轄内に外国人登録をした日本人の数に限られていた。韓国国籍者や外国人登録をせずに「不法滞在」状態にある人たちの多くは調査結果には反映されていない。だとすると、翌年三月一四日に警察外事課が各地で調査を進め内務部が回答した調査結果がより詳細である。調査結果によれば、在韓日本人の数は一四二六人で、うち女性が一一〇二人、男性が三二四人であることが判明した。[67]

ただし、内務部では、作業が複雑で膨大であるため名簿の作成までは困難としていた。したがって、これらの人びとの帰国意思を確認して積極的に名簿を作成する必要はないが、日本大使館が独自に調査を実施する場合はできる限り協力することにした。それもあって、釜山の日本総領事館でも管轄地域の慶尚南北道、全羅南道、済州島を対象に調査を実施したが、訪ねて行っても日本人であることを隠そうとし、口が利けないふりをする者もまれではなかった。また総領事館の存在も知らず、その調査の目的も理解せず、ただひたすら日本人であることが知られるのを恐れる者もいた。[68]

このように、在韓日本人の数については、地方で息をひそめてひっそりと暮らす日本人がいることを考慮に入れなければならない。前述の藤崎が韓国のジャーナリストにいわれたように、「日本人であることを隠している人が多いので、また苦しい生活を送っている人ほど表面にはで」難く、「仮に数字が出ても信頼できないもの」だったのである。[69]

とはいえ、内務部の調査からは在韓日本人の生活実態を垣間見ることができる。居住地としてはソウルが突出しているものの、比較的少ない江原道や済州道を除けば全国各地に分布していることがわかる。国籍別は、韓国国籍が七八三人、日本国籍が四八九人で、二重国籍が四六人、無国籍が一〇八人であった。生活レベルは、上流が七〇人、中流が二〇五人、下流が一一五一人で、ほとんどが貧しい生活をしていることが見てとれる。その一方で、帰国希望者の数は二二三人と少ない。帰国は、貧しい生活から抜け出すひとつの選択肢ではあったが、それは成人した子どもや韓国人の夫との離別を強いるため現実的ではないと思われたのだろう。

帰国を希望する人たちにも現実的な問題が立ちはだかっていた。日本政府が在韓日本人の受け入れ態勢を整え、帰国旅費を支援するとしても、その日暮らしの人びとにとって永住帰国の申請や旅行証明書の交付のため何度も上京することはたやすいことではなかった。また、日韓国交正常化後は、外国人登録が強化されたにもかかわらず、そうした情報について無知であったり、登録費用を支払えず放置したりした出入国管理法の違反者は、罰金を支払わないと出国が許されなかったのである。

これらの問題について協議するため、一九六九年一月七日に韓国外務部は駐韓日本大使館鶴田剛領事と意見交換を行った。鶴田領事は、在韓日本人の貧しい生活程度に鑑み、出入国管理法の違反者に賦課された罰金についての善処と、韓国政府の旅行許可書の発給において便宜をはかることを考慮して欲しいと述べた。(70)同年二月二五日に日本大使館は公式に口上書を外務部に手交し、在韓日本人の実態調査に対する韓国側の協力と上記の帰国希望者に対する罰金賦課についての善処のほか、韓国居住者にも罰金を軽減・削減し、出入国管理法上の手続きおよび帰国申請を釜山でも行えるようにすることを要請した。さらに韓国国籍者に対して旅行証明書の交付手続きを簡素化するよう求めた。

韓国政府は在韓日本人をめぐる日本側の申し入れをほぼ受け入れた。出入国管理法違反者についての罰金も情状が参酌されれば適切に軽減することにし、永住帰国を希望する場合は「出国勧告措置」を出して罰金を免除することにした。後日、日本政府の要請によって、一年であった滞在期間の更新期限も三年に延長された。

五　在韓日本人女性の戦いの始まり

引揚げと帰国のはざまで

一九五〇年代、「朝鮮籍元日本婦人」は自ら戸籍謄本を入手して韓国政府に「撤退申請」をし、日本政府の許可のもとで韓国側が配船した船舶で帰国した。一九六〇年代には日韓赤十字社が協定を結んで窓口となり、釜山までの旅費を韓国赤十字社が、九州までの旅費を日本赤十字社が負担して帰国が行われた。日韓国交正常化によりソウルと釜山に日本大使館と総領事館が開設されてからは、両公館で帰国申請を受けつけることで手続きに要する時間も大幅に短縮された。ただ、戸籍謄本の入手や身元保証人の確保に困難な人は依然多く、日韓の赤十字社も帰国支援から手を引くことになる。

そして一九六九年四月、日本政府の支援による在韓日本人女性の帰国が開始される。日本政府は韓国側に在韓日本人の帰国に向け協力を要請する一方、一九六九年度予算に「在韓邦人援護費」として一二〇〇万円を計上した。日本政府が公式に在韓日本人の帰国対策に乗り出したことは、たしかにこれまで在韓日本人女性の帰国を阻んできた問題を部分的に解消した。戸籍謄本や身元保証人の問題は、世代の交代のなかで朝鮮戦争時よりも厳しくなっていたが、戸籍謄本のほか多様なルートで日本人であることを証明する道が開き、受入先を国が斡旋する方策も導入された。不安が残る帰国後の生活についても生活保護が受けられるよう手配された。

一方、韓国からの出国許可については、韓国人の夫とは内縁関係にある日本国籍者の場合、外国人登録をしない出入国管理法違反者についても日本政府が韓国政府に善処を求めることで解決した。戸籍謄本を取り寄せるための切手代すら工面できず、旅行証明書を申請する余裕もない窮乏する人たちにとって、韓国が便宜をはかることの意味は大きかった。

これまでも在韓日本女性の苦境についてはたびたび新聞や雑誌で紹介されたが、日本政府が重い腰をあげるには、日韓の国交関係が回復して往来が活発になり、国会議員や政府関係者が現実を目の当たりにしたことが大きかった。マスメディアをとおして想像したことを越える在韓日本女性の窮状が、そこにはあったのだ。この時期の国会では、「朝鮮籍元日本婦人」を「純粋な日本人」ではないとして排除しようとする一九五〇年代来の視線も緩まり、在韓日本女性に同情する声が幅を利かせた。

佐藤首相が在韓日本人女性の帰国対策を指示した直後の一九六八年一二月一七日の衆議院外務委員会で、社会党の帆足計議員はこの問題が「戦争の犠牲の一つ」であるとし、戸籍謄本の入手についての困難な状況を述べその解決策を求めた[71]。これに対して愛知揆一外相は、同件が「人道問題」であると明確にしたうえ、問題解決に向けて関係各省に協力を要請していると答弁した。法的地位として在韓日本人女性を「朝鮮籍元日本婦人」と見なす限り、国籍問題はなお大きな壁として立ちはだかっていたが、国会ではむしろ「やかましいことを言う法務省」に批判が向けられた[72]。法務省も立場を軟化せざるをえなかったのである。

日韓会談では在韓日本人の法的地位に関する議論はほとんど行われなかった。在日韓国人法的地位委員会では、日本側はたびたび相互主義の立場から在韓日本人婦女子の処遇について取り上げることもあったが、あくまでも参考事項としてであり、深く議論されることはなかった[73]。在日韓国人の法的地位が日韓協定で定められたのとは違って、在韓日本人は不可視な存在であったのだ。それでも第二回日韓議員懇談会（一九六九年二月二五日）では、安保・経済問題のほかに在韓日本人女性の帰国問題も日韓の政治レベルで公式の議題となった。

とはいえ日本政府の帰国対策は多くの問題をはらんでいた。日本政府が在韓日本人女性の帰国対策に乗り出す前は、韓国側から帰国希望者の名簿を受け取った外務省が、法務省に戸籍の確認を依頼してその結果を韓国側に通報し、法務省は「日本人」としての法的資格に適合する在韓日本人女性を選別して入国審査において便宜をはかることで済んだ。しかし公式に政府が帰国の援護を施すのであれば、入国後の帰郷費用や受入先の手配、生活支援の業務を厚生省が担当することになる。ところが、「水ぎわまでの責任」だという外務省、「やかましいことを言う」法務省、斡旋した受入先への定着に固執する厚生省の関係各省の足並みがそろわず、国と自治体間の責任範囲も明確ではなかった。

だとすると、帰国を希望する在韓日本人女性に対する関係省庁の認識は、一九五一年三月一七日の参議院在外同胞引揚問題に関する特別委員会で示された前述の、「戦乱の渦中に巻き込まれました結果、今になって帰るという」認識と根本的には変わらなかったといえる。日本政府による帰国対策が開始されても、在韓日本人女性は「なぜいまさら帰るのか」と問い詰められなければならなかった。在韓日本人女性はこうした日本政府の認識に立ち向かい、国に異議を申し立てるのである。

韓国引揚者同胞親睦会の結成

日本政府の帰国対策によって、日本国籍者の永住帰国は順調に進められた。一九六九年度から七一年度までの三年間に二〇五世帯四八五人が引き揚げた。しかし政府のいう「引揚者」とは、「昭和二〇年八月一五日まで引き続き六箇月以上本邦以外に生活の本拠を有していた者」(引揚者給付金等支給法)を指す。終戦後、帰還する夫に同伴して渡航した者は「引揚者」として扱われず、「自由意志により残留した者」と見なされた。

とくに韓国国籍者の場合さまざまな困難に直面する。一八歳以上の二世代の同伴が認められない高齢の在韓日本人女性は単身で帰国するしかなかった。また、日本へは外国人の身分の入国であって、したがって外国人登録をしなければならない。日本の地を踏んで最初に直面するのが、自ら日本の国籍を放棄した覚えも説明を受けたこともなく一方的に剥奪され、日本人であることを否定される理不尽な処遇であった。日本国籍を取得するには、三年が経って帰化(簡易帰化)するか、裁判を起こして認められるしかなかった。

日本国籍を有する者であれば「引揚者」として東京の引揚寮に入居することもできたが、韓国国籍者の場合「帰国者」として身元引受人がいる本籍地への定着を帰国の条件とされた。兄弟のだれかが身元引受人になったとしても、そこに生活の糧を得るすべはなく、都市部での居住を望んでも許されなかったのである。さらに、帰国時に同伴できる家族にも制限があったが、そもそも「引揚者」か「帰国者」かにかかわらず、子どもの教育は最も切実な問題であった。帰国者の子弟が日本語を学べる場所は、東京の夜間中学しかなかったのだ。

一九七二年六月七日、韓国から帰国する四家族七人が関釜フェリーで下関に着いた。そこには芙蓉会ともかかわり在韓日本人女性の帰国を支えてきた当時六六歳の西山梅子の姿もあった。北海道出身の西山は、強制動員された朝鮮人男性と結婚して、終戦後に小樽から朝鮮半島に渡って以来、二六年ぶりの帰国であった。夫に先立たれ、韓国に四人の子世代を残した単身での帰国であった。

一九六九年来の政府事業による帰国とあって、港には下関市福祉事務所や門司検疫所の係が出迎えていた。西山らはその係を前にして声明を読みあげ、指定されていた引揚先へいくことを拒否した。そして引揚者が自立していくためのある程度の受け入れ態勢をもつ東京にいくことを求め、フェリー事務所の一室にすわり込んだ。のちの一九九四年に受け入れ先のないまま成田空港に降り立ち、そこですわり込みを始めた中国残留婦人の「強行帰国」を、西山らの在韓日本人女性は先取りしていたのである。

しかし社会的反響を呼んだ中国残留婦人の「強行帰国」とは異なり、在韓日本人女性のすわり込みは九州以外ではほとんど報じられず、世間の注目を集めることはなかった。西山らは下関市・門司検疫所の斡旋で旅館に入り三日間外務省職員と交渉したものの折り合いがつかず、斡旋された居住地への定着を拒否して東京に向かった。外務省からすれば「行き過ぎた要求」であったが、希望する東京都の引揚者寮・常盤寮には入れなかったものの、浮浪者の一時宿泊施設である東京都一時保護所・新吉寮に居すわって当局と交渉を続けた。

西山らに待ち構えていたのは日本の「非情」であった。韓国国籍者の場合、日本への上陸後六〇日以内に外国人登録をしなければならなかった。西山らはこうした受け入れ態勢に反発したものの、支援者らと相談して時間切れ寸前に外国人登録を行った。さらに西山らが身元保証人のいる本籍地での居住を拒否することで、日本政府は韓国帰国者の受け入れを一時中断する措置をとり、そうした圧力にも耐えなければならなかった。朝鮮半島を植民地支配した日本全体が負うべき負債を、韓国にいる弱い婦女子だけで償わなければならなかった悲運について、日本政府も日本国民も他人事としてしか捉えなかったのだ。[74]

こうした在韓日本人女性たちの抗議活動を支えたのが、『棄民』の著者である藤崎や教育学者の小山毅（専修大学助教授、当時）、カメラマンの本橋成一らが一九七二年四月に立ち上げた在韓日本人棄民同胞救援会である。彼らは一九七一年一月に国際教育研究会を発足させて在韓日本人問題に取り組んできた。その過程で積極的に運動を起こしていくことの必要性を痛感したグループが在韓日本人女性の組織づくりに取りかかる。[75]在韓日本人女性の問題を解決するには、自らが声を上げ、関係当局に訴えていかなければならないと思われたからだ。

こうして一九七一年六月六日に東京在住の帰国者が集まり、初の会合を開くことになった。そして藤崎・小山らが世話役となり、八月一日に結成総会を開催して韓国引揚者同胞親睦会が結成された。結成総会では要望書を採択し、①日本国籍・韓国国籍の区別なく生活・福祉・教育のため、就職斡旋および職業訓練、子どもの日本語指導機関の充実、引揚寮の完備と地方在住者向けの住宅斡旋を、②残された夫・子ども・家族の帰国のため、家族単位での国籍と居住地の選択の自由と引揚げ・帰国・入国の手続きの簡素化を、③帰国できない同胞のため、「国」による身元確認・身元引受人の法的保障および国籍問題の解決、帰国費用の保障を求めた。[76]

韓国引揚者同胞親睦会はこれらの要望事項を「日韓併合時代の未処理問題」として位置づけ、「私たちが人間として人間らしく生きてゆくための緊急を要する問題」の解決を求めてデモ行進を行った。親睦会は首相官邸をはじめ、外務省・法務省・東京都などにも要望書を送り面談を申し入れた。韓国でもこうした動きに呼応し、在韓日本人女性たちは「故国引揚希望者及び残留家族一同」の名義で日本大使館に「未処理問題」の解決を訴えた。

帰国者支援要求の先駆け

そうした最中での西山らの帰国であった。韓国引揚者同胞親睦会は西山らの帰国に備えて後援会を立ち上げて抗議行動を支えていく。下関での帰国の記者会見では、声明文を読み上げた西山に続き、同親睦会も抗議文を発表した。西山らは厚生省など役所前や都内各地で韓国帰国者の実情を訴えるビラを配った。彼女らを奮い立たせたのは、「あまりにも実情を無視して官僚的な温かみのない措置をとろうとした政府への抗議と、過去二七年間、人道的な立場で真剣にわれわれの苦しみに対して一度も手を差し延べようとしなかった日本の〈政治〉への抗議」の気持ちであった(77)。

韓国で長年にわたり在韓日本人女性の生活を支援して「日本人妻の母」と呼ばれた西山が帰国し、日本の冷淡な受け入れ態勢に「過去のことにケリをつけようとしないおかしな国」である日本の責任を「死ぬまで追及する」と意気込むことで(78)、韓国引揚者同胞親睦会も勢いづいた。成人した長男以外の三人の娘を連れて帰国し常盤寮に入居した一人を除く西山ら三人は、これから韓国に残してきた子世代を呼び寄せなければならなかった。そのためにも同親睦会の要望は切実であった。

西山らの要求はより具体化したかたちであらわれた。住宅の斡旋、職業訓練および紹介、日本語指導機関の充実は、これらの機能をもつ引揚者センターの設立への要求へと発展したのである。日中国交正常化によって中国残留日本人の帰国が実現し、こうした機能をもつ中国帰国者定着促進センターが埼玉県所沢市に設立されるのは一九八四年のことである。帰国者センターの必要性は、その一〇年以上も前から在韓日本人の帰国者によって唱えられていたのである。

さらに西山らは、在韓日本人を放置したことについての日本政府の責任を追及した。これもまた、二〇〇二年一二月に中国残留孤児が東京地裁に、「多くの日本人孤児たちが中国に残され、生存していることを承知しながら、これを無視し、あるいは放置して長期間その帰国を阻んできた被告・国の違法性」を問いただし、帰国後にも「普通の日本人として生活していけるための必要な施策を実施してこなかった国の責任を問う」て提訴したことに通じる[79]。帝国主義と植民地政策が生み出した戦争被害者に対する国家の「棄民」の責任を、在韓日本人女性は問い始めたのである。

西山は東京の都営住宅に居をかまえ、韓国引揚者同胞親睦会の代表として在韓日本人および韓国帰国者の抱える問題解決に努めることになる。帰国者子弟の教育に当たる夜間中学の先生らとともに「引揚げ・帰国者センター」設立実行委員会を立ち上げ、センターの設立運動に力を入れた[80]。帰国者が日本語も含め日常生活に必要な事柄を学習するため一定期間入居できる施設の意義と必要性を体現していたからにほかならない。

西山らの戦いは、二〇〇〇年代の中国残留日本人の国家賠償請求訴訟のように国を提訴するまでにはいたらなかった。だが、主に女性である在韓日本人の発生原因について国の責任を問い続けたことは、のちに帰国者支援政策の樹立を要求する運動の先駆けであったといえる。

おわりに

いわゆる「中国残留邦人等帰国支援法」が制定されるのは一九九四年のこと。歴史に翻弄された在韓日本人女性は自らの歴史的存在性を表出した。帰国して関係省庁に陳情書を送り続け、各地でビラを配って訴えた西山らの「行き過ぎた要求」は、やがて戦後日本の歴史的責任が問われる国の事業として確立していく。在韓日本人女性とその帰国者の存在性は、「引揚者」が時代の経過とともに「帰国者」へと移り変わっていく戦後の溝に落とし込まれ、そして忘却された。

日韓国交正常化後に日本政府が在韓日本人女性の帰国対策に乗り出すなか、そこから落ちこぼれた人たちを受け入れる在韓日本人女性の民間の保護施設として一九七二年に帰国者寮・ナザレ園（現慶州ナザレ園）が開設された。それにともない、在韓日本人女性の出国待機所として機能した釜山収容所も役割を終えただろう。その釜山収容所は、「李ライン」を越えたことで長期間抑留された日本人漁夫にとっては怨念深い場所であったが、在韓日本人女性にとっては最後の拠り所であった。

帰国する在韓日本人女性の待機施設としての釜山収容所は、戦後日本の国民国家の再編の過程で、その身元を調査して、戸籍が確認され身元引受人がいる場合にのみ受け入れる排除と包摂の装置であった。そこからは多くの日本人女性の子どもたちが未知の世界に旅立っていった。在日コリアンの子どもでもなく、韓国からのニューカマーの子どもでもないこれらの子世代は、言語やアイデンティティの問題を抱えた独特なエスニック・マイノリティであるが、帰国者としても在日コリアンとしてもその存在性はすっぽり抜け落ちている。

一九八二年にテレビ西日本が在韓日本人女性をテーマにした番組「海峡―在韓日本人妻たちの三六年」を放映し、同年に上坂冬子が『慶州ナザレ園―忘れられた日本人妻たち』を著して反響を呼ぶと、読売新聞西部本社でも「在韓日本人妻里帰り」キャンペーンを展開するなど、在韓日本人女性の問題が注目され支援も施された。しかし一九五〇年代から七〇年代までに帰国した在韓日本人女性やその子どもたちが、どのように日本社会に溶け込んでいったのかについての記録をたどることは難しい。

在韓日本人女性として、朝鮮戦争による多くの孤児たちを育てた尹鶴子や西山梅子の生き様に触れれば、「国境に近い女の歴史のなか」から「両民族の限界破り的機能を果たすところの媒介者の思想」（森崎和江）をすくいあげることができる。[81] 在韓日本人女性は、もはや慶州ナザレ園や芙蓉会でしか会うことのできない不可視な存在であるが、その「国境に近い女の歴史」の一断面からは、日韓関係における「境界」にとらわれないもうひとつの歴史的空間が浮かび上がってくる。

第十章　注

（1）森田芳夫『朝鮮終戦の記録―米ソ両軍の進駐と日本人の引揚』（巖南堂、一九六四年）八一九頁。
（2）藤崎康夫『棄民―日朝のゆがめられた歴史のなかで』（サイマル出版会、一九七二年）一一四頁。
（3）藤崎康夫『棄民』、上坂冬子『慶州ナザレ園―忘れられた日本人妻たち』（中央公論社、一九八二年）、石川奈津子『海峡を渡った妻たち―ナザレ園・芙蓉会・故郷の家の人びと』（同時代社、二〇〇一年）。
（4）金應烈「在韓日本人妻の貧困と生活」（『社会老年学』一七号、一九八三年）、金應烈「在韓日本人妻の生活史」（『韓国学研究』八号、一九九六年）（韓国文）。
（5）小林孝行「戦後の在韓日本婦人についての基礎的研究」（『福岡教育大学紀要』第三六号（第二分冊）、一九八六年）、綛谷智雄「在韓日本人妻の生活世界―エスニシティの変化と維持」（日本植民地研究会編『日本植民地研究』一〇号、一九九八年）、山本かほり「ある『在韓日本人妻』の生活史―日本と韓国の狭間で」（『女性学評論』八号、一九九八年）。
（6）金富子『継続する植民地主義とジェンダー―「国民」概念・女性の身体・記憶と責任』（世織書房、二〇一一年）。
（7）金英達「日本の朝鮮統治下における『通婚』と『混血』―いわゆる「内鮮結婚」の法制・統計・政策について」（『関西大学人権問題研究所紀要』三九号、一九九九年七月）一三～一四頁。
（8）鈴木裕子「内鮮結婚」（大日方純夫編『日本家族史論集13　民族・戦争と家族』吉川弘文館、二〇〇三年）一六六～一七六頁。
（9）三木理史『移住型植民地樺太の形成』（塙書房、二〇一二年）八七～八九頁。
（10）金英達「日本の朝鮮統治下における『通婚』と『混血』」三一～三三頁。
（11）森田芳夫『朝鮮終戦の記録』八二一頁。
（12）森田芳夫『朝鮮終戦の記録』八一八～八二七頁。
（13）本節は、拙稿「日韓関係の形成期における釜山収容所／大村収容所の『境界の政治』」（『同時代史学会』七号、二〇一四年）の第Ⅱ節を再構成したものである。

(14)法務研修所編『在日朝鮮人処遇の推移と現状』(湖北社、一九七五年)一三九〜一四〇頁。
(15)張赫宙「(本紙特約・第二報)故国の山河」(『毎日情報』六(一一)、一九五一年)。
(16)張赫宙「釜山港の青い花」(『面白倶楽部』一九五二年九月号)四九頁。
(17)張赫宙「異国の妻」(『警察文化』一九五二年七月号)一五一頁。
(18)作成者不明「鮮籍元日本婦人の入国及び就籍の問題について」外務省外交史料館所蔵『太平洋戦争終結による在外邦人保護引揚関係　韓国残留者の引揚関係　第一巻』(K-7-1-0-15)／韓国国家記録院所蔵(CTA0003364)。以下、『引揚関係　第一巻』に略す。なお、本章における外務省外交史料館の資料は韓国国家記録院所蔵分を使用した。
(19)作成者不明「鮮籍元日本婦人の入国及び就籍の問題について」、外務省外交史料館所蔵『引揚関係　第一巻』。
(20)「引揚者等の取扱に関する出入国管理庁と引揚援護庁との業務協定について」引揚援護庁援護局長より各都道府県知事あて、一九五〇年一二月二一日、外務省外交史料館所蔵『引揚関係　第一巻』。
(21)作成者不明「在韓国の元日本人に関する身元調査に関する件」一九五一年二月一七日、外務省外交史料館所蔵『引揚関係　第一巻』。
(22)外務省管理局引揚課「在朝鮮日本婦女子引揚に関する件」一九五一年三月一日、外務省外交史料館所蔵『引揚関係　第一巻』。
(23)引揚課「在朝鮮日本婦人引揚に関する件・経緯」一九五一年五月一一日、外務省外交史料館所蔵『引揚関係　第一巻』。
(24)森田芳夫『朝鮮終戦の記録』八二九頁。通達の正式名称は、「平和条約の発効にともなう国籍および戸籍事務の取扱に関する昭和二七年四月一九日付民事甲第四三八号民事局長通達」。
(25)外務省管理局引揚課「在朝鮮日本婦女子引揚に関する件」一九五一年三月一日、外務省外交史料館所蔵『引揚関係　第一巻』。
(26)「国務会議録報告に関する件」総務処長より大統領および国務総理あて、一九五一年一月二六日、韓国国家記録院オンライン検索(BG0000007)。
(27)「在釜山引揚待機者の帰国促進嘆願書」、外務省外交史料館所蔵『引揚関係　第一巻』。
(28)参議院在外同胞引揚問題に関する特別委員会、一九五一年三月一七日、「在朝鮮の日本婦女子の引揚」に関する武野義治引揚課長の答弁(国会議事録検索システム)。
(29)参議院在外同胞引揚問題に関する特別委員会、一九五一年三月一七日、「在朝鮮の日本婦女子の引揚」に関する森崎隆日本社会党参院議員の質疑（国会議事録検索システム）。
(30) 法務研修所編『在日朝鮮人処遇の推移と現状』一四一頁。
(31) 入国管理庁下関出張所門司〔不明〕より外務省亜細亜局第二課あて、一九五二年一月一一日、「韓国内の諸情勢に関する件」外務省外交史料館所蔵『韓国残留者の引揚関係雑件　第二巻』（K-7-1-0-15）／韓国国家記録院所蔵（CTA0003365）。
(32)『日本経済新聞』一九五二年一一月一七日。
(33)「韓国在住日本婦女子の帰国又は入国に関する陳情に対する回答」（別添「嘆願書」）和田アジア局第五課長より大韓民国釜山市草梁洞小林寺収容者内在韓国戦災日本人引揚者委員会山内モヨあて、一九五二年九月三〇日、外務省外交史料館所蔵『太平洋戦争終結による在外邦人保護引揚関係雑件　韓国残留者の引揚関係　第三巻』（K-7-1-0-15）／韓国国家記録院所蔵（CTA0003366）。
(34)『朝日新聞』一九五二年一二月一七日（朝刊）。
(35)『朝日新聞』一九五二年一一月二三日（朝刊）。
(36)『朝日新聞』一九五三年一一月一四日（朝刊）。
(37) 釜慶歴史研究所『砂下区誌』（釜山広域市砂下区庁、二〇一二年）一三七頁（韓国文）。
(38) 金敬烈『関門ルポ　寄港地』（青河出版社、一九五八年）八九頁（韓国文）。
(39)『読売新聞』一九五六年三月二五日（朝刊）。
(40) 金敬烈『関門ルポ　寄港地』九六頁。
(41)『釜山日報』一九六〇年九月二五日。
(42)『朝日新聞』一九六一年七月一五日（夕刊）。
(43)『読売新聞』一九六一年八月一日（夕刊）。
(44)『朝日新聞』一九六一年七月一五日（夕刊）。
(45)『読売新聞』一九六一年七月三一日（朝刊）。
(46) 厚生省『続々・引揚援護の記録』（一九六三年）二二一頁。
(47) 尹鶴子（田内千鶴子）については、江宮隆之『朝鮮を愛し、朝鮮に愛された日本人』（祥伝社新書、二〇一三年）を参照。
(48)『読売新聞』一九六一年八月一二日（朝刊）。
(49) 厚生省『続々・引揚援護の記録』（一九六三年）二二一頁。

(50)『京郷新聞』一九六一年一二月一五日。
(51)日本赤十字社『日本赤十字社社史稿　第七巻（昭和三一年〜昭和四〇年）』（一九八六年）一七六〜一七七頁。
(52)平田照世「在韓日本婦人会の立場よりみた日本婦人の状況」（『親和』一二三号、日韓親和会、一九六四年）一七頁。
(53)『読売新聞』一九六二年八月七日（朝刊）。
(54)『読売新聞』一九六三年一一月二〇日（朝刊）。
(55)韓国引揚者同胞親睦会『会報』第三号（一九七一年一一月）二一頁。
(56)後藤文利『韓国の桜』（梓書院、二〇〇七年）七四頁。
(57)後藤文利『韓国の桜』七七頁。
(58)『京郷新聞』一九六五年八月一八日。
(59)保健社会部婦女課「社会団体規約変更」一九六五年八月三一日（起案）、韓国国家記録院所蔵『法人登録台帳（芙蓉会／家事院）一九六四―一九六五』（BA0760182）。
(60)本橋成一「七人の引揚げ者―在韓日本人の二十七年」（『母の友』二三三号、福音館書店、一九七二年一〇月）七八頁。
(61)『朝日新聞』一九六六年九月一七日（朝刊）。
(62)『朝日新聞』一九八五年四月二九日（朝刊）。
(63)第六一回国会内閣委員会第二七号、一九六九年六月五日、足立篤郎衆議院委員の質疑（国会議事録検索システム）。
(64)文書番号JAW12053、駐日大使より外務部長官あて、一九六八年一二月三日、韓国国立国会図書館所蔵『在韓日本人帰還問題　一九六八―六九』（C-0025）。
(65)『朝日新聞』一九六八年一二月二五日（朝刊）。
(66)第六〇回国会外務委員会第一号、一九六八年一二月一七日、帆足計衆議院議員の質疑（国会議事録検索システム）。
(67)「在韓日本人状況調査回報」内務部より外務部長官あて、一九六九年三月一四日、韓国国立国会図書館所蔵『在韓日本人帰還問題　一九六九』（C1-0032）。
(68)北出明『釜山港物語―在韓日本人妻を支えた崔秉大の八十年』（社会評論社、二〇〇九年）一一五頁。
(69)藤崎康夫「在韓日本人の現状」（『展望』一一六号、一九六八年）一四五頁。
(70)作成者不明「在韓日本人帰国問題」、韓国国立国会図書館所蔵『在韓日本人帰還問題　一九六八―六九』。
(71)第六〇回国会外務委員会第一号、一九六八年一二月一七日、帆足計衆議院議員の質疑（国会議事録検索システム）。

(72) 第六一回国会内閣委員会第二七号、一九六九年六月五日、足立篤郎衆議院議員の質疑（国会議事録検索システム）。
(73)「第七次韓日全面会談法的地位委員会第四次会議録」駐日大使より外務部長官あて、一九六四年一二月二一日、韓国東北亜歴史財団所蔵『第七次韓日会談法的地位委員会会議録及び訓令 Vol. 1』（東北亜ネット史料ライブラリー）。
(74)『朝日新聞』一九七六年八月一〇日（夕刊）。
(75) 長沼石根「『研究会』から『運動体』へ―在韓日本人棄民同胞救援会（サークル歴訪）」（『朝日アジアレビュー』三（三）、一九七二年九月）一六四頁。
(76) 韓国引揚者同胞親睦会『会報』第三号（一九七一年一一月）二頁。
(77) 岡本愛彦「なぜ、日本の旗がたたないの?―天皇への直訴と在韓日本人妻」（『潮』一七二号、一九七三年一〇月）二八九頁。
(78) 小山毅「在韓日本人妻の息衝く叫び」（『現代の目』一三（一〇）、一九七二年一〇月）一三五頁。
(79) 井出孫六『中国残留邦人―置き去られた六十余年』（岩波新書、二〇〇八年）一六八頁。
(80)『朝日新聞』一九七六年八月一〇日（夕刊）。
(81) 森崎和江『異族の原基』（大和書房、一九七〇年）一二頁。

あとがき

東アジアは確実に〝危機の時代〟を迎えている。「慰安婦」少女像の問題ひとつをとっても、日韓の歴史認識の断絶には深いものがある。幸い私たちの研究会には、日本学術振興会の科学研究費（基盤研究(A)「帝国日本の移動と動員」）が当った。そこで前回の基盤研究(B)「一九〜二〇世紀北東アジア史のなかのサハリン・樺太」に続いて、海外、特に東アジアでの調査と研究が可能になった。前回の成果の一部は、今西一編『北東アジアのコリアン・デイアスポラ』（小樽商科大学出版会、二〇一二年）にまとめている。

今回の共同研究は、二〇一三年から始まり、初年度は共同研究者の問題意識の確認に重点をおいた。そこで、七月に大阪の釜ケ崎の現地見学会、共同研究者の書評会を行った。そして、八月末から九月初めにかけてハワイ大学およびホノルル周辺の移民関係資料の調査を実施した。その後ボストンに移動し、ハーバード大学で「移動と動員」に関するテーマでワークショップを開催した。ハーバード大学のデビット・ハウエル教授とアンドルー・ゴードン教授には大変お世話になった（以下、肩書きは企画当日のものである）。さらにワシントンD.C.へ移動して、米国国立公文書館よび米国議会図書館などで所蔵資料の調査を行った。五〇年を経過した資料は一応全面公開になっているアメリカの制度は、本当に羨ましいかぎりである。

次いで二〇一四年一月初旬に台湾調査を開始し、南投市の国史館台湾文献館を訪問して台湾総督府文書の調査を実施した。台南では台湾原住民の市会議員と懇談し、日台の先住民政策や脱植民地化について意見交換した。台湾では、「民族別の選挙があるのに、日本ではアイヌ民族の代表がなぜ国会にでていないのか」と、日本の民族政策の遅れを厳しく叱咤された。そして台南の国立台湾歴史博物館を見学して、学芸員から親切な説明を受けた。その後、台北へ移動して国立台湾大学歴史学部で研究会をもって交流をはかった。同大学の周婉窈教授には大変お世話になった。

さらに二月末から三月初旬にかけて韓国調査を行い、朝鮮戦争の体験についてのインタビュー（安秉直ソウル大学名誉教授他）、安山市〝故郷の村〟でのサハリン引き揚げ者からの聞き取り、忠南大学（許粹烈教授）、東国大学（金洛年教授）、漢陽大学（鄭夏美教授）等と次年度韓国で行う研究会の打ち合わせ、国家記録院での資料調査を行った。安先生のインタビューは、今西一「解放後、韓国知識人の歩み―安秉直氏に聞く―」上・下に公表している（『小樽商科大学　商学討究』第六七巻四号、第六八巻一号、インターネットで検索可能、以下同様）。

二〇一四年度は、八月末に韓国調査を行い、八月二三日にはソウル大学洛星台研究所、二四日には忠南大学でセミナーを実施した。韓国の植民地研究の第一人者たちとの研究会で、有意義な集まりであった。二五日から二八日までは韓国の研究者と一緒に済州島を訪れ、趙誠倫済州大学教授から戦前の済州島の移民問題などについて詳しい説明を受け、後に済州四・三平和記念館等で資料調査と聞き取り調査を行った。

一〇月一八・一九日には、立命館大学において「グローバリゼーションと現代歴史学」というシンポジウムを行い、一八日午前中は、「東アジア研究の架橋」というテーマで、漢陽大学の院生五名の報告、討論を行った。午後は、「中国現代史の再検討」というテーマで、北京大学教授の徐勇、劉一皋、王元周三氏に報告してもらい、奥村哲首都大学東京教授のコメントを受けて討論した。一九日は、「国民国家論と民衆史」というテーマで、今西一大阪大学招へい教授、アンドルー・ゴードン教授、三谷博東京大学教授、長谷川貴彦北海道大学教授、安田常雄神奈川大学教授、安丸良夫一橋大学名誉教授が報告し討論した。このシンポの記録は、「シンポジウム　グローバリゼーションと現代歴史学」という表題で、『小樽商科大学　商学討究』第六五巻四号に掲載している。

二〇一五年一月には京都で研究会を持ち、共同研究者が報告するとともに、永井和京都大学教授と上杉聰関西大学講師から「従軍慰安婦」問題の研究状況について報告を受けて討論した。

二〇一五年度は、六月に外村大東京大学教授を招いて、朝鮮人強制連行問題について研究会を行った。九月には中国上海の日本軍「慰安所」、南京の大虐殺、重慶爆撃の調査を行った。上海師範大学では、中国慰安婦問題研究センター所長の蘇智良教授らと懇談し、中国における「慰安婦」研究の現状について教示を受け、同大学の「慰安婦」資料の展示室を見学した。蘇教授らの努力により、私たちが訪問した翌年一〇月に、同大学の構内に海外で五番目、中国で初めての「慰安婦」少女像が建てられ、「中国慰安婦資料館」も一緒に開館された。

南京では、まず南京師範大学の南京大虐殺研究センターの張連紅教授らと研究会を持った。同大学の学生たちは、南京の高齢者から大虐殺の話を聞いており、それをレポートにしている。同大学の教授たちも同行して、歴史档案館（公文書館）の見学が許された。何度か中国を訪れたが、档案館に入れたのは北京に次いで二度目であった。南京師範大学の教授の紹介もあるのだろうが、資料の写真撮影なども自由に許可された。その後、南京大虐殺遭難同胞記念館を訪問したが、まず驚かされたのはその見学者の多さであった。韓国の済州四・三平和記念館の閑散とした状況に比べると、平日だというのに超満員であった。

重慶では、空爆の跡地や重慶中国三峡博物館を見学した。中国では有数の博物館と言われており、展示も充実していた。「愛国教育」の問題もあるが、中国各地の資料館、図書館、博物館などは充実してきている。それに比べて日本は危機的な状況である。

次いで一〇月一五日、キャンパスプラザ京都で、二度目の大型シンポジウム「敗戦七〇年―東アジアの脱植民地化―」を開催した。今西一、荒敬長野大学名誉教授、鳥山淳沖縄国際大学教授、蘇瑤崇静宜大学教授、趙誠倫教授らによって、日本、沖縄、台湾、韓国の占領体制の比較・検討を行った。なお同記録は、今西一「シンポジウム敗戦七〇年―東アジアの脱植民地化―」という表題で、『小樽商科大学　商学討究』第六七巻一号に掲載している。

さらに、二〇一六年二月末から三月初めにかけて、沖縄本島、石垣島、西表島の調査を行った。同調査では、琉球大学で共同研究者塩出浩之琉球大学准教授の『越境者の政治史』(名古屋大学出版会、二〇一五年)の書評会を開き、沖縄史研究の第一人者西里喜行琉球大学名誉教授の聞き取りを行った。西里氏からの聞き取りは、同年一二月末に補足の聞き取りを行い出版に向けて努力中である。

最終年度である二〇一六年度は、共同研究者石川亮太立命館大学教授の『近代アジア市場と朝鮮』(名古屋大学出版会、二〇一五年)の書評会を、谷ケ城秀吉専修大学准教授と古田和子慶応大学教授を招いて行った。

それにしても多くの海外・国内の研究者が、多忙ななかでよく協力してくれたものである。感謝にたえない。また本共同研究の間でも、いつも研究成果に厳しい批判と暖かい激励をいただいていた、松尾尊兊先生、西川長夫先生、安丸良夫先生、牧原憲夫氏など、この本を読んで最初に意見を言っていただきたかった方々が逝去されている。本書を御霊前に捧げたい。

最後になったが、本書を二〇一七年度の科学研究費補助金研究成果公開促進費の交付対象に採択していただいた日本学術振興会と、学術出版物の危機のなかで本書の出版を引き受けてくださった大阪大学出版会に改めてお礼を申し上げたい。(JSPS KAKENHI Grant Number JP17HP5082)

編者代表　今西　一

二〇一七年一〇月三日

ら 行

わ 行

A～Z

ま　行

や　行

た　行

な　行

は　行

か　行

さ　行

人名索引

あ 行

や　行

ら　行

わ　行

は　行

ま　行

な　行

た行

さ　行

事項索引

あ 行

か 行

リンの中の日本：都市と建築』（東洋書店、2007 年）、『稚内・北航路：サハリンへのゲートウェイ』（北海道大学出版会、2016 年）など。

広瀬　玲子（ひろせ　れいこ）
早稲田大学大学院文学研究科博士後期課程修了。博士（文学）。現在北海道情報大学情報メディア学部教授。専門は近代日本思想史・女性史。著書に『国粋主義者の国際認識と国家構想―福本日南を中心として―』（芙蓉書房出版、2004 年）、科学研究費補助金研究成果報告書『帝国の少女の植民地経験―京城第一高等女学校を中心に―』（2012 年）。論文に「日清・日露戦間期における女性論」（『東アジアの国民国家形成とジェンダー』青木書店、2007 年）、「植民地支配とジェンダー―朝鮮における女性植民者―」（『ジェンダー史学』第 10 号、2014 年）、「朝鮮における女性植民者二世：京城第一公立高等女学校生の経験」（『梨花史学研究』第 53 輯、2016 年）など。

玄　武岩（ひょん　むあん）
1969 年生まれ。東京大学大学院人文社会系研究科博士課程修了。博士（社会情報学）。現在、北海道大学大学院メディア・コミュニケーション研究院准教授。専門分野はメディア文化論、日韓関係論。著書に『韓国のデジタル・デモクラシー』（集英社新書、2005 年）、『統一コリア―東アジアの新秩序を展望する』（光文社新書、2007 年）、『コリアン・ネットワーク―メディア・移動の歴史と空間』（北海道大学出版会、2013 年）、『「反日」と「嫌韓」の同時代史―ナショナリズムの境界を越えて』（勉誠出版、2016 年）、共著に『興亡の世界史 18　大日本・満州帝国の遺産』（講談社、2010 年）、『サハリン残留―日韓ロ 百年にわたる家族の物語』（高文研、2016 年）など。

山直司編『コンタクト・ゾーンの人文学Ⅳ　ポストコロニアル』晃洋書房、2013年）など。近刊として、『植民暴力の記憶と日本人』（大阪大学出版会）。

天野　尚樹（あまの　なおき）
1974年生まれ。北海道大学大学院文学研究科博士後期課程単位取得退学。博士（学術）。現在、山形大学人文社会科学部准教授。専門分野は北東アジア境界政治史、サハリン島地域研究。著書に、『樺太四〇年の歴史—四〇万人の故郷』（原暉之と共編、一般社団法人全国樺太連盟、2017年）、論文に、「田舎の「革命」—革命・内戦期サハリン島の地域構造」（『アリーナ』第20号、2017年）など。

三木　理史（みき　まさふみ）
1965年生まれ。関西大学大学院文学研究科博士課程後期課程中退。関西大学博士（文学）。現在、奈良大学文学部教授。専門分野は歴史地理学・交通地理学。著書に、『移住型植民地樺太の形成』（塙書房、2012年）、『国境の植民地・樺太』（塙選書、2006年）、『都市交通の成立』（日本経済評論社、2010年）、『樺太四〇年の歴史—四〇万人の故郷』（共著、一般社団法人全国樺太連盟、2017年）など。

石原　俊（いしはら　しゅん）
1974年、京都市生まれ。京都大学大学院文学研究科（社会学専修）博士後期課程修了。博士（文学）。現在、明治学院大学社会学部教授。専門分野は、社会学・歴史社会学・島嶼社会論。著書に、『近代日本と小笠原諸島—移動民の島々と帝国』（平凡社、2007年、第7回日本社会学会奨励賞受賞）、『殺すこと／殺されることへの感度—2009年からみる日本社会のゆくえ』（東信堂、2010年）、『〈群島〉の歴史社会学—小笠原諸島・硫黄島、日本・アメリカ、そして太平洋世界』（弘文堂、2013年）、『群島と大学—冷戦ガラパゴスを超えて』（共和国、2017年）など。

水谷　清佳（みずたに　さやか）
1979年生まれ。大阪市立大学大学院文学研究科後期博士課程単位取得退学。修士（文学）。専門分野はアジア都市文化学。現在、東京成徳大学人文学部国際言語文化学科准教授。論文に、「韓国ソウル市におけるストリートアーティストの変遷と活動—市事業から自立型アーティストへ—」（『東京成徳大学研究紀要』第24号、2017年）、「地域学研究としてのソウル学と日本におけるソウル研究」（『東京成徳大学研究紀要』第19号、2012年）など。

井澗　裕（いたに　ひろし）
1971年釧路生まれ。北海道大学大学院工学研究科博士課程修了。博士（工学）。2000年第1回小渕フェローシップ派遣研究員、2004年北海道大学スラブ研究センターCOE研究員。現在は同共同研究員。専攻は都市・建築史およびサハリン樺太史。著書に『サハ

編者・執筆者紹介

今西　一（いまにし　はじめ）
1948年生まれ。立命館大学大学院文学研究科修士課程修了。農学博士（京都大学）。小樽商科大学名誉教授。専門分野は日本近現代史。著書は『近代日本成立期の民衆運動』（柏書房、1991年）、『近代日本の差別と村落』（雄山閣、1993年）、『近代日本の差別と性文化』（同、1998年）、『国民国家とマイノリティ』（日本経済評論社、2000年）、『文明開化と差別』（吉川弘文館、2001年）、『遊女の社会史』（有志舎、2007年）、『近代日本の地域社会』（日本経済評論社、2009年）、『世界システムと東アジア』（編著、日本経済評論社、2008年）など。

飯塚　一幸（いいづか　かずゆき）
1958年生まれ。京都大学大学院文学研究科博士後期課程単位取得退学。文学修士。現在大阪大学大学院文学研究科教授。専門分野は日本近代史。著書に、『田中秀央　近代西洋学の黎明―『憶い出の記』を中心に―』（菅原憲二・西山伸との共編著、京都大学学術出版会、2005年）、『日本近代の歴史3　日清・日露戦争と帝国日本』（吉川弘文館、2016年）、『明治期の地方制度と名望家』（吉川弘文館、2017年）など。

執筆者紹介（執筆順）

石川　亮太（いしかわ　りょうた）
1974年生まれ。大阪大学大学院文学研究科博士後期課程修了。博士（文学）。現在、立命館大学経営学部教授。専門分野は朝鮮半島、東アジア経済史。著書に、『近代アジア市場と朝鮮――開港・華商・帝国』（名古屋大学出版会、2016年、日経・経済図書文化賞受賞）。論文に、「20世紀初頭の沿海州における朝鮮人商人の活動―崔鳳俊を中心に」（今西一編『北東アジアのコリアンディアスポラ――サハリン・樺太を中心に』小樽商科大学出版会、2012年）など。

中村　平（なかむら　たいら）
広島大学大学院文学研究科准教授。2007年博士（大阪大学、文学）。2001年修士（台湾大学、文学）。人類学・思想史・歴史学・日本学といった領域で研究。論文に、「『困難な私たち』への遡行：コンタクト・ゾーンにおける暴力の記憶の民族誌記述」（田中雅一・奥

帝国日本の移動と動員

2018年1月31日　初版第1刷発行　［検印廃止］

編　者　今西　一・飯塚一幸

発行所　大阪大学出版会
代表者　三成　賢次

〒565-0871　大阪府吹田市山田丘2-7
大阪大学ウエストフロント
TEL　06-6877-1614
FAX　06-6877-1617
URL：http://www.osaka-up.or.jp

印刷・製本　尼崎印刷株式会社

Printed in Japan

ISBN 978-4-87259-596-3 C3021